U0401843

Theory of
International Politics

国际政治学理论

（第二版）

梁守德 洪银娴 ◎ 著

北京大学出版社

图书在版编目(CIP)数据

国际政治学理论/梁守德,洪银娴著.—2版.—北京:北京大学出版社,2013.4

ISBN 978-7-301-22306-2

Ⅰ.①国… Ⅱ.①梁…②洪… Ⅲ.①国际政治-政治理论-高等学校-教材 Ⅳ.①D5

中国版本图书馆CIP数据核字(2013)第054021号

书　　　　名	：国际政治学理论(第2版)
著作责任者	：梁守德　洪银娴　著
责 任 编 辑	：金娟萍　张盈盈
标 准 书 号	：ISBN 978-7-301-22306-2/D·3299
出 版 发 行	：北京大学出版社
地　　　　址	：北京市海淀区成府路205号　100871
网　　　　址	：http://www.pup.cn
新 浪 微 博	：@北京大学出版社
电 子 信 箱	：ss@pup.pku.edu.cn
电　　　　话	：邮购部 62752015　发行部 62750672　编辑部 62753121
	出版部 62754962
印 刷 者	：三河市博文印刷厂
经 销 者	：新华书店
	965毫米×1300毫米　16开本　21印张　296千字
	2000年7月第1版
	2013年4月第2版　2014年4月第2次印刷
定　　　　价	：37.00元

未经许可,不得以任何方式复制或抄袭本书之部分或全部内容。
版权所有,侵权必究
举报电话:010-62752024　电子信箱:fd@pup.pku.edu.cn

第 2 版 序

《国际政治学理论》从 1994 年正式出版以来将近 18 年了,如果从 1991 年北京大学校内铅印教材算起,已超过 20 年了。20 多年来,许多高校仍在继续使用,以此书为教材和必读参考书使我倍感欣慰。

当今世界,国际政治理论主要以权力政治为中心和以权利政治为中心两大类。本书的最大特点就在于突出中国特色,从权利政治的角度,构建自己的体系,论述国际政治的重大问题。权利政治,说到底就是维护人权、主权与球权,充实完善人权、主权与球权,正确处理人权、主权、球权间的相互关系,使三权相辅相成,实现完整的统一。这是本书的中心思想,也是本书的立足点和终极点。

当然,本书出版之时,这些思想还是初期的、萌芽的,并未用文字正式表述出来,但作者的意愿是明确的。此次北京大学出版社决定再版此书,作者来不及修订,决定书后附录三篇论文,用以补充、订正,使之更加完善。故此以"序"为名加以说明,引起关注。

我常说,本书是国际政治的"入门书",常称为"ABC 读本",本书再版的用意,主要在于"抛砖引玉",引起对中国国际政治学理论建设的探讨和辩论。我认为应主要集中在三个问题上:(1) 如何突出中国特色?(2) 如何确定权利政治的内容及其同权力政治的区别?(3) 如何构建科学体系?

理论来源与实践。从历史实际看,人权思想问世在先,主权法定最早,球权也因人权与主权的互动而同时登上国际舞台。1648 年,欧洲各国从分裂走向统一合作的三十年战争的结束和《威斯特伐利亚和约》既法定了人权和主权，又宣布了球权的诞生。18世纪，美国的《独立宣言》、法国的《人权宣言》正式实践了人权与主权。从《威斯特伐利亚和约》《维也纳和约》，中间经过两次世界大战，到《国际联盟盟约》和《联合国宪章》，各国的人权和主权得到广泛的认同，从国内法扩大为国际法。以《联合国宪章》和国际法准则为核心的国际社会的球权，从无到有，由小到大，涉及领域由少到多，不断拓宽扩展，都是由主权国家在清算战争罪行的大前提下，妥协、协调，既维护人权、主权又对等转让主权的结果。战后亚非拉民族独立运动的兴起，中国新民主主义革命的胜利和一系列主权国家的涌现，世界演变成为以主权国家为基础的国际社会。当今世界正在发生深刻复杂的变化，和平与发展仍然是时代主题。世界多极化、经济全球化深入发展，社会信息化持续推进，科技革命孕育新突破，和平、发展、合作共赢的原则取得更大共识，正在向全球多层次全方位拓展。国际社会发生的这些重大实践，必然催生中国国际政治学理论的深化和繁荣。

  国际社会的演变至少说明：一部《国际政治学理论》，既可以是战争与和平论、大国争霸论、主权国家间关系论，也可以是人权、主权、球权间关系论。我们应该在权利政治理论上深下工夫，改革创新，力求早日百花齐放，开花结果。

  既然是抛砖引玉，当然真诚地期望激起千层浪，说了上面一些话，算是作者的诚意！

梁守德

2012年11月20日于蓝旗营小区

目 录

导论　国际政治学的研究对象和中国特色 / 1

第一章　总论　国际政治的总体全貌 / 40
　　第一节　国际政治是国际社会的体现 / 41
　　第二节　国际政治是一种综合现象 / 47
　　第三节　国际政治是一个整体 / 53

第二章　行为体论　国际政治的诸角色 / 59
　　第一节　国际政治行为体的基本条件 / 59
　　第二节　国家行为体 / 63
　　第三节　非国家行为体 / 77

第三章　体系论　国际政治的体系系统 / 91
　　第一节　国际政治体系的基本特征 / 92
　　第二节　国际政治体系的形成 / 95
　　第三节　国际政治体系的演变 / 103

第四章　格局论　国际政治的基本结构 / 109
　　第一节　国际政治格局的主要角色及其更新 / 110
　　第二节　国际政治格局的主角关系及其改组 / 127
　　第三节　国际政治格局的式样及其演变 / 141

第五章　主题论　国际政治的主要内容与安全 / 151
　　第一节　国际政治的主题与国际安全 / 151

第二节 战争与革命的主题 / 155
第三节 和平与发展的主题 / 165

第六章 动力论 国际政治的作用力及其基本状态 / 182
第一节 国际政治发展动力的特征和类型 / 183
第二节 国际政治发展动力的矛盾运动 / 187
第三节 国际政治发展动力的基本状态 / 195

第七章 秩序论 国际政治的稳定秩序与国际机制 / 209
第一节 国际秩序同国际机制的关系 / 210
第二节 国际新秩序和国际机制的基本原则 / 224
第三节 当今世界的国际新秩序方案 / 237

第八章 时代论 国际政治所处的时代环境 / 254
第一节 科技革命发展的新时代 / 255
第二节 军事演变的新时代 / 261
第三节 社会发展的新时代 / 267

附录1 试论冷战后国际政治中的主权与"球权" / 285
附录2 中国国际政治学理论建设的探索 / 303
附录3 中国国际政治学学科建设的回顾与思考 / 316
后记 / 331

导 论
国际政治学的研究对象和中国特色

国际政治学是世界性的综合学科,有自己特定的内容和基本规律,但不同国家的国际政治学均注入各自的鲜明特色。当今世界的国际政治学,学派林立,种类繁多,尤以美国、苏联和中国的国际政治学最具代表性。当然,同美国的国际政治学学科建设相比,中国国际政治学起步较晚,当前正处于开创阶段。

一、国际政治学的兴起

国际政治学主要是围绕权利、权力和利益来认识和研究国际社会演变和发展规律的一门新兴学科,其任务是揭示国际社会行为体间相互政治作用及其演变发展的一般规律,具有综合性强、理论性强和现实性强的特征,属新兴的、独立的学科范畴。简言之,国际政治学就是研究国际社会演变和发展规律的科学。

国际政治学是一门跨学科的新兴学科,它是从政治学、法学、经济学等学科分离出来,经由边缘学科发展成为一门独立学科的。国际政治学属于政治学的范畴,但两者的根本任务不同。政治学的特定任务是研究国内社会行为体间相互政治作用的一般规律,国际政治学则是研究国际社会行为体间相互政治作用的一般规律。它们虽然联系密切,但国际政治学不是政治学的简单延伸,而是具有自己独特的规律性。在国内学术界,学者们常常把国际政治学等同于国际关系学,这

国际政治学理论

虽然反映了国际关系学突出政治,以政治关系为主要内容的现实,但随着国际社会的演变发展和学科建设的深入,应该把两者的研究对象和主要内容严格区别开来。国际政治学突出的是政治角度,以权利、权力和利益为中心,强调的是安全,包括政治安全、军事安全和经济安全,重点研究国际社会中政治关系、政治现象和经济、文化的政治影响。目际政治学的永恒主题是战争与和平。国际关系学应该突出研究经济关系、政治关系、军事关系、文化关系的总和,重点研究国际社会中各种关系的相互关系。所以说,国际政治学不能等同于国际关系学,也不应看作国际关系学的分支。

随着国家的出现和相互交往的开始,特别是资本主义的崛起,揭示国际政治关系和政治现象的思想理论观点相继问世。中国的《孙子兵法》、希腊修昔底德(约公元前460—前400)的《伯罗奔尼撒战争史》、意大利但丁(1265—1321)的《帝制论》、意大利马基雅弗利(1469—1527)的《君主论》、荷兰格劳秀斯(1583—1645)的《战争与和平法》、英国霍布斯(1588—1679)的《利维坦》、英国边沁(1748—1832)的《道德与立法原理概论》、普鲁士卡尔·冯·克劳塞维茨(1780—1831)的《战争论》等著作,均揭示过国际体系,描述过战争和争霸冲突,揭露过"强国为所欲为"的罪恶,论述过"国无常友,亦无常敌"的规律性现象。他们或是要求保护弱小和实现和平,或是呼吁制定国际法标准和建立维持和平的国际组织,特别是早就提出了诸如军备竞赛、威慑、权力、权利、实力、安全、均势、联盟等世人所熟知的国际政治词汇,并于1789年第一次使用"国际关系"的概念。这些思想和观点虽然均渗透在政治学、国际法、外交史等学科中,但已宣告国际政治学即将脱胎而出。从19世纪中叶开始,马克思主义和列宁主义的创始人马克思、恩格斯和列宁,也在自己的科学理论体系中精辟地论述了国际政治的重大问题。

国际政治学,作为一门相对独立的学科的形成,是第一次世界大战前后的事情。同其他社会科学学科具有不同性质和类型一样,国际政治学从学科形成之日起,就是学派林立,多种多样,各主要国家都有自己的国际政治学。如果以国家分类,主要有英国的国际政治学、美国的国际政治学、法国的国际政治学、前苏联的国际政治学、中国的国际政治学,等等。如果按性质加以区别,大体可分为马克思主义国际政治学和西方资产阶级国际政治学两大类。一些发展中国家也形成了自己的国际政治理论流派。由于具有独自的特点,我们把它列为第三类。三类国际政治学虽然代表的利益不尽相同,思想体系各异,价值观念多种多样,但均对国际政治学的建设与发展作出了自己的贡献,为人类正确认识世界,推动世界的和平与进步提供了各种理论武器。

二、国际政治学的研究对象

关于国际政治学的研究对象,国内外学者众说纷纭。或说研究国际社会,或说研究国际体系,或说研究国家间政治关系,或说研究主要角色,或说研究行为体,等等。这些提法从不同角度出发,均言之成理,各有所长,且具深度,基本上符合实际。但是要提出一个既接近学科真理,又有中国特色的完整表述,还应进行深层次的探索和讨论。正是基于这样的认识,我们有一个新设想和新提法。我们认为,国际政治学的研究对象,应该是国际社会中政治体系、格局、秩序的形成和演变的规律。

把握和理解国际政治学的研究对象应该立足于国际社会。国际社会是当代世界的客观存在,它主要由阶级政党、民族解放组织、国家和国际组织所组成,以它们为行为体,其中最为重要的是国家。正是这些行为体的相互作用,在国际社会内形成了世界经济、政治和文化的体系、格局和秩序。国际社会就是世界政治经济与国际关系的总和。其中世界经济体系、格局和秩序是联结国际社会的纽带,是其赖以运转的基础。由于国际社会行为体间在政治、经济、文化等领域中的相互作用都具有政治性,可以说,国际政治体系、格局和秩序就是国际社会的集中体现。国际社会同国内社会不同,它不具备国家属性,也无世界政府,没有统一的主权、统一的法律、统一的价值观念和统一的伦理道德,其组成单位遍及全球,错综复杂,不仅政治经济体制和文化传统千差万别,而且发展不平衡,悬殊极大,甚至相互对立,战争相见。在国际社会中,国家权益高于一切,国家主权神圣不可侵犯,因而政治经济权力分散,也极不平等,处于多中心状态。国际社会只是由于行为体间相互政治经济和文化作用而联结在一起,以世界经济和国际政治的体系、格局和秩序为纽带和主要表现形式。因此,对国际政治体系、格局和秩序进行深层次考察和分析,当然应该立足于国际社会。

国际政治学的研究对象应该宏观同微观相结合,着眼于国际政治的整体。国际政治涉及多领域,分布多角度,纵深多层次,主要表现为以权利、权力、利益为核心,以综合国力和军事实力为依据的种种关系,是战争与和平、强权与民主、剥削与发展、结盟与不结盟、动乱与秩序等等现象的总称。这些关系和现象都是国际政治的内容,以它们为国际政治学的研究对象不无道理,但过于具体,容易以偏概全,不够完善、准确。完整地说,国际政治是行为体间相互作用形成的既对立又统一的有机整体。这个有机整体主要表现为体系,也包括其结构——格局和秩序,是国际政治体系、国际政治格局和国际政治秩序的总和。国际政治中的众多关系和现象,不仅包含在总和之中,而且始终围绕体系、格局和秩序运转。这是深层次的探索。它表明,国际政治学的研究对象有三个层次:(1) 国际政治体系;(2) 国际政治格局;(3) 国际政治秩序。

当今世界,学术界均在使用"体系"、"格局"和"秩序"的概念,但不少学者并未对之加以科学界定与区分,往往混用的多。中国国际政治学新学科建设的严整性与准确性,要求将它们分别加以科学界定。事实上它们之间是有所不同的。

国际政治体系是国际社会行为体间相互政治作用形成的既对立又统一的有机整体。它是一个历史范畴,是资本主义生产方式的产物。它同世界经济体系的形成同步进行,密切相联,且以世界经济体系为基础。国际政治体系同世界经济体系一样,最初是资本主义一统天下,主要由以资本主义强制分工为前提的世界生产体系、以资本主义不平等交换为纽带的世界贸易体系、以垄断资本为核心的世界金融体系和以帝国主义统治和掠夺为基础的世界殖民体系所组成。可以说,这就是第一次全球化,即以垂直统治和掠夺为特征的全球化。由于西方列强争夺世界和地区霸权的冲突和战争,特别是全世界无产阶级和被压迫民族争取独立和解放的运动,资本主义一统天下的世界体系日渐破裂,殖民体系日渐瓦解,先后形成了资本主义世界体系与社会主义世界体系,以及垄断资本主义国家体系、民族主义国家体系和社会主义国家体系。这些体系以世界经济为联结纽带,相互依存,相互渗透。它们共处一球,主要围绕国家权益,在竞争、冲突和协调、合作中,沿着一个新方向演变与发展,即以主权国家为基础的全球化潮流。作为国际政治体系,无论是资本主义一统天下,还是两种制度、三类国家竞争共处,以及全球化潮流,都具有整体性、联系性和不平等性的基本特征。

国际政治格局寓于国际政治体系的母腹之中,是充当主角的行为体间相互政治作用形成的一种结构。它以"主角"、"主要关系"和"式样"为基本要素,其中以"主要关系"为核心。长期以来,国际政治格局的形成与演变,均以军事集团的实力组合为依据,以战争及其结局为标志,以大国控制世界为目标。社会制度的差异,虽对国际政治格局产生重大影响,但从来不是决定性的。随着反法西斯战争的胜利以及一系列新兴社会主义国家和民族主义国家的诞生,国际政治格局演变的依据、标志和目标均发生了重大的变化,但并未改变实力对比和组合的决定性因素。冷战结束以后,国际政治格局呈现出新的特点。实力仍然是最重要的。在政治格局中,不再完全是军事实力决定一切,以经济和科技为中心的综合国力日益占据重要地位。除强大实力的关键性作用外,还有起制约和平衡的力量。在格局中,战争不再是唯一的标志,随着新兴力量的崛起和经济科技实力的增长,也可能通过和平方式更新主要角色的地位和改变主要关系。在格局中,主要关系不再仅仅表现为集团对抗和大国争夺,还出现了相互协调与合作,特别是反霸与争霸、主权与强权的较量日趋增多。

国际政治秩序,也以国际政治体系为依托,指的是主要角色相互作用的运行机制和规则。它以主角的对外战略及其实施为基础,表现为主要角色在国际政治体系和国际政治格局中的地位顺序,其基本特征是稳定。国际政治秩序从一开始就是由充当主角的国家设计,经其相互作用建立的。其主要内容是,大国控制世界,战争威胁人类,强权政治横行天下,大多数国家和民族处于从属的地位。旧国际政治秩序,就是强权,就是服从。秩序是人为的,可以调整,可以突破,带有很强的主观性。当代世界,由于国家权益的不同,充当主角的国家都有自己的"秩序"方案。当然,任何一个国际新秩序方案要想为世界大多数国家所接受并自觉遵守,都将是一个长时期的曲折过程。

国际政治体系、格局、秩序,均属动态范畴。它们紧密相联,不可分割。尽管它们之间主体不同,分别为行为体和主要行为体,即主角,且从抽象到具体,相互作用形成的整体、结构和体现一定规则的运行机制,表现并不一样,但它们之间的关系是局部同整体的关系,重点同一般的关系。国际政治体系,分全球体系和区域体系,它不是各行为体政治之和,也不是世界各种政治现象杂乱无章的混合体,而是有着深刻的内在联系,相互制约,相互作用,并按一定的规律运动。这种内在联系和规律运动的具体体现就是国际政治的基本格局,这种内在联系和规律运动的运行机制和规则就是国际政治秩序。"格局"和"秩序"属"体系"的关键性组成部分,外延小,只体现在主角和主角间关系上,比较清晰;"体系"范围广,由所有行为体组成,只能从"格局"和"秩序"中显示自己的面貌。"体系""格局""秩序"的关系,类似"天空""星座"与"轨道"的关系。"天空"包括"星座",但不等于"星座"。"天空"是通过"星座"来显现和被认识的,不弄清"星座",就难以了解"天空"。"秩序"表示"星座"的位置及其运行顺序和运行轨道,通过秩序就也能正确地认识"格局"与"体系"。

国际政治体系是国际社会的客观存在,从"体系"出发,就能宏观地研究国际政治。国际政治秩序是主角国家对外战略相互作用的结果,从"秩序"着眼,就能微观地研究国际政治。国际政治格局突出主角间关系,涉及战争与和平、冲突与合作、强权与民主、人权与主权、剥削与发展等重大政治现象,从"格局"入手,就能把"宏观"与"微观"结合起来,综合研究国际政治。中国国际政治学以国际政治体系、格局和秩序为其主要研究对象,突出"综合性"特征,有机地把宏观、微观结

导论　国际政治学的研究对象和中国特色

合起来,从全局与局部的统一、抽象与具体的统一、一般与重点的统一出发,既能避免局限性和片面性,又能进行深层次探索。具有这些特征规定的研究对象可能更接近科学真理。

国际政治学以国际社会的政治体系、政治格局和政治秩序为主要研究对象,其最大优点在于全面完整显现全球范围内国际政治的面貌,即能深入揭示全球范围国际政治的整体内容,综合全球范围国际政治的基本特征,突出全球范围国际政治的掠夺本质。

依据主要研究对象,我们把国际政治的起点定为19世纪末和20世纪初,主要以垄断资本的国际化活动为前提。帝国主义国家的侵略扩张活动把资本输往世界各地,把民族压迫带往全球,将革命从国内推向国外,变成国际革命,引起全球性的深刻变动,最终产生了世界范围的国际政治,决定了国际政治的掠夺本质和不平等的特征。帝国主义国家走上掠夺全世界的道路,并相互争夺。垄断资产阶级连同无产阶级变成国际性的阶级,国内矛盾扩大为国际对抗。殖民地半殖民地的被压迫民族及资产阶级,作为垄断资本在国外造就的新对立面,开始卷进国际政治旋涡。垄断资本的国际活动不仅加剧大国争霸,扩大民族压迫,带来战争灾祸,而且推动社会主义和新兴民族主义从理论变为现实。世界人民正是从垄断资本的国际活动所造成的严重后果中,开始选择新的社会制度。因此,正确认识垄断资本及其同社会主义和新兴民族主义从理论到实践的关系,乃是研究国际政治的基础和前提。国际政治的形成和演变,虽然以主要国家的兴衰为标志,围绕国家权益,通过国家关系的分化组合表现出来,但从本质上看是同垄断资本和社会主义、新兴民族主义的国际活动分不开的。

依据主要研究对象,我们分析研究国际政治,抓住了"国家权益"这个纽带,把纷繁复杂和错综多变的国际政治联结为体系、格局和秩序,理顺了各式各样关系的来龙去脉,揭示了形形色色国际政治现象的不可分割性及其实质。国家权益,也称国家利益,即权利、权力和利益的统称,它以国家主权原则为分界线,区分为强权利益和主权利益。强权利益由权力所决定,以实力为依据,它超出主权范围,是非正义的、不可取的。主权利益即主权范围内利益,由国际社会公认,以国际

7

法为依据,是相互平等和互不侵害的。它虽靠实力去争取和维护,但是是正义的,理应受到世界各国的尊重。国家权益政治,主要指的是主权利益同强权利益之间的政治,以及强权利益间政治和主权利益间政治。国家权益因国家具有三重性(即民族性、阶级性和国际性),因而是民族利益和阶级利益的统一,本国利益和各国利益的结合。我们既不能将国家权益政治简单归结为阶级政治,又不能漠视和否定它的阶级实质。国家是由阶级政党统治的,世界上多数国家又是实行议会民主制和多党制或一党制,阶级政党利益同国家权益不可分割。这不仅表现在执政党和议会党团活动对国家权益的影响,更为重要的是,今天的政党政治明天上台执政就变成国家政治,阶级政党利益就名正言顺地表现为国家权益。国家权益中的全民族性和阶级实质都是客观事实。国家权益同意识形态和社会制度也有密切的联系。虽然不能把国家权益变成纯粹的意识形态和社会制度的追求,但各国的国家权益都是为巩固和加强各自的社会制度服务的。国家权益不是孤立的,总是同他国利益相联系,或对等,或强制,均离不开世界。一般来说,强权利益活动以实力为基础,也较多注意意识形态的作用,常常以社会制度和意识形态的差异作为干涉他国内政的借口,而主权利益活动虽有意识形态的影响和社会制度的确定,但主要以国际法为依据,且相互尊重。因此,在国际政治中,对各国的国家权益应作具体分析,标准就是国际法原则。这就是说,在国家权益的追求中,忽视和排斥意识形态和社会制度的影响和作用是不现实的,但处处以意识形态为纲,输出社会制度,也是错误的,行不通的。国家权益作为国际政治的直接目标和主要表现形式,不仅将国际政治明确区分为三个层次:强权利益政治即强权政治、主权利益政治即民主政治、强权利益与主权利益间政治即强权与民主间政治,而且在国际政治中突出国际法准则,区分正义与非正义。这是具有重大意义的。国家权益,在形式上是平等的,实际上至今还未完全平等过,这主要是实力界定和大国中心造成的。当今世界,新旧格局正在交替,大国中心开始逐渐向国际社会中心转移,以实力为基础的国家权益越来越多地受到国际法的制约,这不能不是国际政治的重大发展。

导论 国际政治学的研究对象和中国特色

依据主要研究对象,我们论述国际政治,主要立足于世界大国兴衰的现实。从英、俄、法、德、日、美六大国将世界瓜分完毕,经协约国与同盟国的争霸,德、日、意法西斯与英、美、苏、中反法西斯同盟的对抗,到美苏两极的冷战及其终结,世界开始又向多极化发展,国际政治既丰富多彩,又纷繁复杂,但均围绕主要国家的兴衰,在体系、格局和秩序上演变和发展。当今世界的国际政治以美国、俄国、中国、西欧(或德国)、日本和第三世界的区域性组织的对外战略原则及其相互作用为基本特征。美国、俄国、中国、西欧(或德国)、日本和第三世界的区域性组织,虽然社会制度各异,综合国力不等,所起作用不尽相同,但都是当代世界的主要角色,集中了当代世界的所有的基本矛盾,成为推动国际政治发展的动力,在国际政治的体系、格局和秩序中具有举足轻重的地位。它们的对外战略原则及其相互作用,以国家为主体,表现形式多种多样,既有国家权益的冲突,又有强权政治的角逐,且相互渗透,错综复杂,从而构成了当代国际政治的主要内容。它们之间的相互关系虽然集中了当今世界的各种矛盾,但却通过国家权益而使这些矛盾相互作用形成了一种"合力",或表现为突变式状态,或表现为渐进式状态,推动国际政治的发展,当然,不是直线行进,而是曲折运动。它们之间相互作用,虽也受意识形态和社会制度的影响和制约,但起决定作用的还是综合国力的竞争和这些国家对外战略的正确与否及其运作艺术。因此,正确判断主要角色及其相互关系乃是正确认识国际政治的捷径。

三、国际政治学的马克思主义理论

马克思主义的国际政治理论,由马克思和恩格斯首先提出,列宁加以充实、完善,形成了自己的体系,其后又以中国的毛泽东、周恩来和邓小平为代表,适应国际社会的演变,说明新现象,回答新问题,给予马克思主义的国际政治理论以极大的丰富和发展。从中国的角度看,马克思主义的国际政治理论前后共经历了四个时期。

马克思和恩格斯从来就是从经济和政治两个方面来观察和研究世界的。他们最早用唯物史观揭示了国际社会演变发展的规律。在

《马克思恩格斯全集》中,关于国际问题的论著和文章占据多数,并于1857年和1864年开始使用"国际关系"和"国际政治"的概念。马克思和恩格斯的国际政治理论,立足于欧洲舞台,以自由资本主义为依据,认为:(1)国际社会是一个体系。资产阶级对世界市场的开拓,"使一切国家的生产和消费都成为世界性的了"[1],同时使未开化和半开化的国家从属于文明的国家,使农民的民族从属于资产阶级的民族,使东方从属于西方"[2]。从此,民族国家开始在经济上"处在'世界市场的范围内',在政治上'处在国家体系的范围内'"[3]。马克思和恩格斯确认国际政治包括民族关系和阶级关系两条线,是一个完整的整体。(2)资产阶级和无产阶级是国际社会"两个起决定作用的阶级"[4],充当了国际政治的主要行为体。资产阶级时代的特点,是"整个社会日益分裂为两大敌对的阵营,分裂为两大相互直接对立的阶级:资产阶级和无产阶级"[5]。"工人没有祖国",资产阶级也是"到处落户,到处创业,到处建立联系"。它们作为国际性阶级,不是就形式来说,而是指的内容。就形式来说,它们都是民族的阶级,就内容来说,它们的经济状况是国际的,它们相互敌视也是国际的。"各国的资产者虽然在世界市场上互相冲突和竞争,但总是联合起来并且建立兄弟联盟以反对各国的无产者"[6],"应当以各国工人的兄弟联盟来对抗各国资产阶级的兄弟联盟"[7]。"无论在什么地方",国内也好,国际也好,它们之间的斗争均成为"当前的主要斗争"[8]。马克思和恩格斯是从资本主义的生产关系和市场联系来确定国际政治行为体的地位,因而特别看重国际性的资产阶级企业和金融机构,如西欧各国的东印度公司和股份公司。这些企业和金融机构,以资产阶级为主体,不属国

---

[1] 《马克思恩格斯选集》第1卷,人民出版社1995年第2版,第276页(本书使用《马克思恩格斯选集》的引文均引自该书中文第2版,以下不一一注出)。
[2] 《马克思恩格斯选集》第1卷,第277页。
[3] 《马克思恩格斯选集》第3卷,第308页。
[4] 《马克思恩格斯选集》第1卷,第241页。
[5] 《马克思恩格斯选集》第1卷,第273页。
[6] 《马克思恩格斯选集》第1卷,第308页。
[7] 《马克思恩格斯选集》第1卷,第310—331页。
[8] 《马克思恩格斯选集》第1卷,第241页。

导论 国际政治学的研究对象和中国特色

家直接控制。他们虽然也重视民族和国家特别是俄国、普鲁士、奥地利、英国和法国在国际社会的活动和作用,但总是寓国际关系于阶级关系之中。马克思和恩格斯亲自组织共产主义者同盟、第一国际和第二国际。他们号召"全世界无产者联合起来",以无产阶级的国际联合对抗资产阶级的国际联合,充分显示了两大国际性阶级在国际社会的主要行为体作用。(3) 争霸和侵略战争是"国际政治的秘密"①。革命是国际政治的重要内容,"它是世界性的",将"有世界性的活动场所"②,至少在欧洲同时发生同时胜利。压迫其他民族的民族是不能获得解放的。工人阶级应当首先反对称霸欧洲的反动堡垒——沙皇俄国,洞悉国际政治的秘密,监督本国政府的外交活动,在必要时就用能用的一切办法反抗它;在不可能防止这种活动时就团结起来同时揭露它,努力做到使私人关系间应该遵循的那种简单的道德和正义的准则,成为各民族之间的关系中的至高无上的准则"③。并以此作为"争取工人阶级解放的总斗争的一部分"④。无产阶级革命不仅在于最终"根绝一切战争"⑤,用国际主义的民主政策去取代旧制度的血腥而又怯懦的政策,而且要诞生一个新社会,"这个新社会的国际原则将是和平"⑥。在马克思和恩格斯看来,革命同战争和建立新社会紧密相联,同为国际政治的主题。他们以世界革命为中心,着眼于通过无产阶级的国际性活动,"改变"和"加速"其他国家"原来的发展进程"⑦,并重视同被压迫民族的联系,把新旧制度的更替作为观察和处理国际政治的最高准则。

列宁的国际政治理论形成了一个完整的体系,它全面而又系统地揭示了帝国主义时代国际社会演变和发展的规律。其主要内容有:(1) 国际社会已从欧洲资本主义体系演变为帝国主义"对世界上绝大

---

① 《马克思恩格斯选集》第2卷,第607页。
② 《马克思恩格斯选集》第1卷,第241页。
③ 《马克思恩格斯选集》第2卷,第607页。
④ 《马克思恩格斯选集》第2卷,第607页。
⑤ 《马克思恩格斯选集》第3卷,第19页。
⑥ 《马克思恩格斯选集》第3卷,第19页。
⑦ 《马克思恩格斯选集》第1卷,第241页。

多数居民实行殖民压迫和金融扼杀的世界体系"①。这个世界体系在经济上以铁路、轮船、电报、电话为纽带,由金融密网所笼罩;在政治上以殖民地半殖民地为形式,靠殖民统治所控制;在军事上以战争和战争威胁为武器,用暴力来维护。各个阶级,各个民族,"不仅生活在单个的国家中,而且生活在一定的国家**体系**中"②。这就决定了作为当时国际社会集中表现的国际政治必然深深打上帝国主义的烙印,深刻揭示了国际政治的实质:"公然掠夺弱者。"③(2)世界区分为压迫民族,即帝国主义民族,和被压迫民族,即殖民地民族。这是当时国际社会最本质的和必然的现象,并超越两大国际性阶级成为国际政治最主要的行为体。国际资产阶级不再是兄弟的联合,而分裂为垄断资产阶级和殖民地半殖民地民族资产阶级。帝国主义造就了国内外两个对立面,"把东方各族人民卷入了国际政治生活"④,"把小国卷进世界经济和世界政治的旋涡"⑤,从"国际政治的客体"变成"参与决定世界"命运的积极因素。国际无产阶级也一分为二,区别为革命部分和机会主义部分,两大类民族的工人在经济上政治上和在思想上或精神上"有区别",所处"实际地位"是"不一样"的。无产阶级所反对的不再是国际资产阶级的兄弟联盟,而只是帝国主义垄断资产阶级,它只有和被压迫民族(包括民族资产阶级)联合起来,才能实现自己的解放,完成肩负的历史使命。两大国际性阶级的活动虽然存在,但随帝国主义的出世而分化,被融合于两类世界性民族之内。十月革命胜利以后,列宁十分重视大国的活动,特别是苏维埃俄国的活动,认为"帝国主义战争以后,各民族的相互关系、全世界国家体系,将取决于少数帝国主义国家反对苏维埃运动和以苏维埃俄国为首的各个苏维埃国家的斗争"⑥。但列宁在战后世界的划分中明确把苏维埃俄国同殖民地半殖民地划为一类,不仅看作国际无产阶级的代表,也视为被压迫民

---

① 《列宁全集》第27卷,第2版,第327页。
② 《列宁全集》第47卷,第2版,第523页。
③ 《列宁全集》第20卷,第2版,第248页。
④ 《列宁全集》第37卷,第2版,第322页。
⑤ 《列宁全集》第28卷,第2版,第96页。
⑥ 《列宁全集》第39卷,第2版,第230页。

族的代表,肩负起全部重担,"充当世界反帝国主义斗争的先锋"①。列宁完全肯定共产国际用"全世界无产者和被压迫民族联合起来"的口号,"更改"马克思和恩格斯的"全世界无产者联合起来"的口号"是正确的"②。这充分表明在当时全球范围的国际政治中,帝国主义民族同殖民地半殖民地被压迫民族的行为体作用及其相互关系具有重要地位。(3) 战争与革命是世界的主题。帝国主义时代的战争区分为正义战争与非正义战争,突出的是帝国主义战争。帝国主义战争,即争夺世界霸权和扼杀各弱小民族的战争,是不可避免的,其主要原因在于争夺殖民地,"破坏**对方**的霸权"③,在于"保存资本主义"④,"延缓资本主义崩溃",在于经济政治发展不平衡规律引起的实力发生变化,重新瓜分世界,抢夺"特权"⑤。帝国主义战争不可避免,根植于帝国主义的本质,立足于整个欧洲国家体系的全部政治,是欧洲各国经济和政治相互关系的产物,是帝国主义用来解决国际矛盾的合法方法,它同和平一样是"**资本主义**生活的一种合乎规律的形式"⑥。帝国主义战争产生于帝国主义,但不能说,帝国主义的本性就是战争。帝国主义本性是剥削和掠夺,战争只是帝国主义为了追逐高额利润所采取的一项政策,使用的一种形式。帝国主义时代的和平,区分为帝国主义的和平、人民群众的和平,以及社会民主党的和平。帝国主义的和平,或"民主的"和平,只不过是"前后两次战争之间的'喘息'"⑦,是对人民群众的欺骗。人民群众的和平,只是反映了对战争的不满情绪,也是无法实现的。只有社会民主党的和平同社会主义革命相联,才是真正的和平。因为"摆脱战争惨祸的唯一途径就是开展争取社会主义的革命斗争"⑧。战争引起革命,革命制止战争。革命本来是一

---

① 《列宁全集》第37卷,第2版,第314页。
② 《列宁全集》第40卷,第2版,第74页。
③ 《列宁全集》第27卷,第2版,第404页。
④ 《列宁全集》第28卷,第2版,第79页。
⑤ 《列宁全集》第28卷,第2版,第79页。
⑥ 《列宁全集》第26卷,第2版,第44页。
⑦ 《列宁全集》第27卷,第2版,第431页。
⑧ 《列宁全集》第27卷,第2版,第46页。

国内部事务,让它走向世界,主要是帝国主义造成的。帝国主义殖民体系,将革命从国内推向世界,变成国际现象。号召世界革命原意是用来对付世界战争,取得社会主义的完全胜利。社会主义革命和民族民主革命一样,其直接目标是反对帝国主义。社会主义革命的兴起,不完全是国内阶级关系尖锐化的结果,它"将是经过一些国家对另一些国家进行剥削","再加上对整个东方进行剥削的道路来完成的"①。世界革命主要指的是东方殖民地半殖民地的民族民主革命②,它以苏俄为中心,由共产国际指挥,依照不同民族的不同特点,更多以民主形式的多样化逐步向社会主义过渡。(4)两制国家间关系的原则是和平、和平共处和做生意。十月革命前后,世界政治的"焦点"发生两次大的转变:一是"从**帝国主义战争**向**帝国主义和平**的转变"③,二是从帝国主义直接武装干涉苏俄的战争向两制国家的"均势"的转变,最终造成了"世界政治中一种特殊的局面"④。社会主义共和国毕竟能在资本主义包围中生存下去了。这是"有决定意义和贯穿一切事变的现象"。帝国主义时代"国际关系的实质就是公然掠夺弱者",而苏维埃俄国"建立的完全是另外一种国际关系,这种关系使一切被压迫民族有可能摆脱帝国主义的压迫"⑤。苏俄极为珍惜两制国家间的均势和平,为此,先是实施"唤起国际革命"⑥战略,继而将战略重点转向正确处理两制国家间关系。苏俄一方面严格把世界革命排除在国家的外交政策之外,反对给别国"定做革命",输出革命,在"全世界范围内斗争已经转到"经济方面的形势下,改而"主要"用苏俄的"经济政策对国际革命施加我们的主要影响"⑦,放弃过去以军事援助、军事进攻影响世界革命仅仅寄希望于战场的做法。另一方面全力维护均势和平,实行和平共处政策和发展经济贸易关系。"社会主义共和国不同世界

---

① 《列宁全集》第43卷,第2版,第390页。
② 《列宁全集》第37卷,第2版,第321—323页。
③ 《列宁全集》第28卷,第2版,第341页。
④ 《列宁全集》第42卷,第2版,第1页。
⑤ 《列宁全集》第40卷,第2版,第109页。
⑥ 《列宁全集》第34卷,第2版,第6页。
⑦ 《列宁全集》第41卷,第2版,第325—326页。

发生联系是不能生存下去的,在目前情况下应当把自己的生存同资本主义的关系联系起来。"①为此,必须"同各国人民和平相处,把自己的全部力量用来进行国内建设"②,"转到和平经济建设的任务"③;必须"对资本主义的西方在经济上要千方百计地加以利用,加强和加紧利用"④,"取得资本主义遗留下来的全部文化,用它来建设社会主义";必须"抓住时机,尽一切力量哪怕以最大的让步为代价,建立起贸易关系"⑤,使两制国家"从战争关系变为和平的和贸易的关系"⑥。当然,两制国家间的经济贸易关系是"经济战争","是共产主义和资本主义这两种方式、两种形态、两种经济的军事较量"⑦,"即使不是最后一次也是接近最后一次的殊死斗争"⑧,但这种经济贸易关系,能够胜过任何一个"敌对的政府或阶级的愿望、意志和决定"⑨,迫使它们同苏俄和平相处;能够捍卫社会主义国家的生存与发展,有利于把"创造高于资本主义的社会结构的根本任务",即把"劳动生产率""提到首要地位"⑩,显示社会主义国家的优越性;能够影响世界革命,推动被压迫民族摆脱帝国主义压迫的斗争。一旦解决经济发展的任务,就能在国际范围内取得真正的最终的胜利。

同马克思和恩格斯相比,列宁的国际政治理论有许多新的思想、新的观点:(1)立足于世界舞台,把国际政治问题同帝国主义体系紧密相联。在帝国主义时代,各种根本问题只能从帝国主义存在的观点来考察。没有一个对内对外政策的重大问题可以不顾这种趋向而解决。列宁的国际政治理论也不例外。(2)以两大类民族为国际政治的最主要行为体,把重点从两大国际性阶级的活动转向两大类世界性

---

① 《列宁全集》第41卷,第2版,第167页。
② 《列宁全集》第37卷,第2版,第354页。
③ 《列宁全集》第38卷,第2版,第279页。
④ 《列宁全集》第41卷,第2版,第185页。
⑤ 《列宁全集》第40卷,第2版,第104页。
⑥ 《列宁全集》第41卷,第2版,第15页。
⑦ 《列宁全集》第40卷,第2版,第77页。
⑧ 《列宁全集》第43卷,第2版,第93页。
⑨ 《列宁全集》第42卷,第2版,第332页。
⑩ 《列宁全集》第34卷,第2版,第168页。

民族的活动,紧紧围绕帝国主义战争、世界革命和两制国家间趋势三条线及其相互关系,并随着国际形势的变化突出不同的重点。(3) 从世界经济与政治间相互关系的角度观察和研究国际政治,虽然更多重视政治领域,突出政治视野,并以世界革命为主要内容,但日益转向经济基础,使之同经济相结合。特别在苏俄的外交政策上往往把经济发展和世界革命同样作为处理国际关系和推动世界进步的最高原则。

毛泽东思想是马克思主义、列宁主义同中国实际相结合的产物。同马克思主义、列宁主义包含有国际政治理论一样,毛泽东思想中也有丰富的系统的国际政治理论,其特征是从中国的国情和所处的国际环境出发,其代表人物是毛泽东和周恩来。他们的主要理论观点有:(1) 国际社会以两大阵营的对抗为中心,日渐出现"第三种立场"和"第二个中间地带"。美国特别放肆地干涉中间地带各国的内部事务,"是霸中间地带为主"①。随着美苏两个超级大国争夺世界霸权,两大阵营日趋破裂,产生了控制与反控制的斗争,世界开始一分为三,形成三个世界。美国和苏联是第一世界,它们原子弹多,也最富,是超级大国。亚洲(日本除外)、非洲和拉丁美洲发展中国家是第三世界。中间派,欧洲、日本、加拿大,是第二世界。中国属于第三世界,因为政治、经济各方面不能与超级大国、富国比,只能与一些较穷的国家在一起。从两大阵营到两个中间地带,到三个世界的划分,表明原有的"帝国主义"和"社会主义"概念已不能准确反映国际政治现实,社会主义国家同西方国家之间开始出现"共同点"②。意识形态因素退居次要地位,国家利益突出出来,并成为不同社会制度、不同发展程度国家的共同利益基础。两大阵营、两个中间地带和三个世界,均以国家为基础,先后由帝国主义国家、社会主义国家和民族主义国家,以及穷国、富国和超级大国所组成。以国家利益为基础的国家间关系成为观察国际形势和判断国际格局的主要依据。毛泽东和周恩来先后使用社会主义国家、帝国主义国家、民族主义国家以及富国、穷国和超级大国的概念表明,他们虽然重视两大国际性阶级和两类世界性民族在国际社会的

---

① 《建国以来毛泽东文稿》第7册,中央文献出版社1992年版,第393页。
② 韩念龙主编:《当代中国外交》,中国社会科学出版社1988年版,第188页。

地位和作用,并开展党际外交和民间外交,但日渐把主权国家的活动看作国际政治最主要的行为体。(2)现在的世界处在革命和战争的新时代。战争不可避免,世界大战具有两种可能性,是能够"推迟"和"制止"的。由于"东风压倒西风",爱好和平力量的加强,推迟世界大战的可能性也在增长。帝国主义也会研究历史,总结教训,不敢轻易发动新的世界战争。世界战争的主要危险,先是来自帝国主义的侵略政策和称霸世界的野心,继而来自美苏两个超级大国争夺世界霸权。"现在还要估计一种情况,就是发动战争的疯子,他们可能把原子弹、氢弹到处摔。"①关于世界战争的前途,无非两种可能:一是战争引起革命,二是革命制止战争。革命包括"国家要独立,民族要解放,人民要革命",但亚洲、非洲、拉丁美洲广大地区,"是世界矛盾的焦点","是帝国主义链条中的薄弱环节","是目前世界革命风暴的主要源泉"②,主要由它们组成的第三世界,"是反殖、反帝、反霸的主力军","定将给整个的旧世界以决定性的摧毁性的打击"③。同战争与革命相比,结论还是一个:"和平为上。"④中国需要和平,世界各国需要和平。希望战争,不要和平的,仅仅是少数帝国主义国家中的某些依靠侵略发财的战争集团。但是,世界和平的取得,主要依靠世界各国人民的坚决斗争,必须旗帜鲜明地反对帝国主义战争,不能害怕战争,也不能对帝国主义抱不切实际的幻想。如果帝国主义要发动战争,那就别怪我们搞革命。应该有备无患,从最坏处着想。"世界上的事情你不想到那个极点,你就睡不着觉。"⑤毛泽东对战争与革命的估计,都有"极点"之处,其最终着眼点是和平,只不过以斗争求和平,从不空谈和平。革命是用来对付战争的,世界战争之后将会带来革命形势的大发展,和平更有保障。这就是毛泽东在战争、革命与和平问题上的辩证法。(3)认清敌友是国际关系的首要问题。两大阵营和三个世界

---

① 《人民日报》1963年9月1日。
② 《红旗》1963年第3、4期。
③ 1966年10月25日毛泽东的贺电。
④ 《毛泽东外交文选》,中央文献出版社、世界知识出版社1994年版,第208页。
⑤ 1955年9月5日毛泽东在第十五次最高国务会议上的讲话。

的划分,都是以敌友关系为前提的。国与国之间应遵循独立自主与和平共处五项原则,坚决反对帝国主义和霸权主义。独立自主,相信自己的力量,依靠自己的力量,自尊、自爱、自立、自强,"不信邪,不怕鬼",不容许帝国主义再有一丝一毫的干涉。和平共处五项原则是一个长期的方针,不是为了临时应付的。独立自主与和平共处五项原则的本质特征是在维护国家主权利益上互利、对等,适合所有国家的情况,符合所有国家的主权利益,它既是摆脱帝国主义控制的产物,又是反对帝国主义和霸权主义的武器。帝国主义区分为"最大"的帝国主义和"二等"帝国主义;霸权主义,即苏联社会帝国主义。美帝国主义是真老虎,也是纸老虎,苏联社会帝国主义是这样,原子弹也是这样具有两重性。它们争霸全球,是新的世界战争的策源地,成为全世界人民的共同敌人。世界各社会主义国家、新独立的民族主义国家、一切爱好和平的国家,以及全世界被压迫民族、被压迫人民,必须加强团结,结成最广泛的国际统一战线,战略上藐视,战术上重视,集中主要目标,反对最凶恶的美帝国主义和美苏两个超级大国的霸权主义。

同列宁相比,毛泽东和周恩来的国际政治理论的最大贡献在于,他们更重视国际社会中国家这个最主要的行为体。他们先是强调帝国主义国家、社会主义国家和民族主义国家间的关系,后则突出穷国、富国和超级大国间的关系。两大国际性阶级和两类民族的作用在他们的国际政治理论中逐渐退居次要地位。他们同样认定国际政治中的主题是战争与革命,但与其说带有较强的意识形态色彩,不如说更多着眼于国家安全。他们说世界战争的危险始终存在,但不像列宁那样完全从社会制度出发,而是着眼于国家的侵略扩张政策;不像列宁那样只讲"不可避免",而承认有两种可能性;不像列宁那样大谈战争与革命的关系,即不是战争就是革命,而较为重视和平,在战争与革命关系中掺进了一个"和平",即希望有一个和平环境,主张和平共处。他们也谈世界革命,认为"国家要独立,民族要解放,人民要革命",是不可抗拒的历史潮流,但不像列宁那样着眼于社会制度的更新,要求建立世界苏维埃社会主义共和国联邦,而主要是反对战争政策和侵略政策;不像列宁那样建立世界革命的指挥部,组织革命,指挥革命,而更多是从道义和物质上援助与支持亚非拉地区的反帝革命;不像列宁那样寓国家关系于世界革命之中,主张阶级利益高于一切,而明确区分两者的界限,更为重视国家的独立和主权的完整。

建设有中国特色的社会主义理论,包含有创新的国际政治理论,是马克思主义同当代中国国情和现时代世界发展相结合的产物,是以邓小平为代表的中国政府对马克思主义、列宁主义和毛泽东思想的重大发展,具有划时代的历史意义,开创了马克思主义国际政治理论的新时期。

以邓小平为代表的中国政府面对的是冷战结束前后国际社会发生重大转折的新时期,格局新旧交替,形势错综复杂,因此必须转换脑筋,改变传统思维模式,敏锐地把握时代发展和国际社会演变的脉搏和契机,对世界新现象和新问题作出新的解释和新的回答。邓小平提出的国际政治新理论主要有:(1) 和平与发展是当今世界的两大主题,即"世界上真正大的问题,带全球性的战略问题"。当今世界,和平力量的增长超过了战争力量的增长,一是维护和平的国家增多,整个第三世界,整个欧洲,包括西欧和东欧,"都是维护和平的力量"。欧洲是决定和平与战争的关键地区。二是制约战争力量本身的经济发展。经济发展是制约战争的决定性因素。如果中国在本世纪末达到小康水平,那么制约战争的力量将有很大的增长。如果中国再经过30年到50年的建设接近发达国家水平,那时候战争就更难打起来,不是说完全没有可能,而是更难打起来。"如果下一世纪50年里,第三世界包括中国有一个可喜的发展,整个欧洲有一个可喜的发展,我看那个时候可以真正消除战争的危险。"① 三是世界还未出现新的战争策源地,"两个超级大国不敢轻易发动战争"②。美苏两家打不起来,就不会有世界大战。"世界上不愿打仗的国家增多了",世界战争可以避免。不同社会制度和不同发展水平的国家都把经济发展问题摆在首位,在注重本国经济建设的同时,特别强调发展对外经济关系和国际合作关系,力求把本国的经济同世界经济接轨,使国内经济建设同世界经济发展融为一体。和平是发展的前提,发展是和平的基础,两者紧密相联,不可分

---

① 《邓小平文选》第3卷,第233页。
② 《人民日报》1985年10月7日。

国际政治学理论

割。整个第三世界,整个欧洲,包括西欧和东欧"都是维护和平的力量","都需要发展"。经济优先已成为当前国际关系的重要因素,过去"过多地认为世界大战很快就要打起来,忽视发展生产力,忽视经济建设。现在根据新的观察,新的分析,下决心,一心一意搞建设"。(2)"霸权主义是践踏别国主权的行为。"①它不是一个国家,也不具体指哪个国家。反对霸权主义,以国际关系公认准则为标准,并不人为地树敌,乱反一气;反对霸权主义,不以意识形态和社会制度的异同划线。1972年《中美上海公报》、1989年《中苏联合公报》,都是说双方不谋求霸权并且反对其他国家谋求霸权的努力。中国的原则是:谁搞霸权主义就反对谁,谁在什么时候什么地方搞霸权主义就在什么时候什么地方反对谁,即使反对霸权主义也不放弃同推行霸权主义政策的国家在和平共处五项原则的基础上,建立和发展正常的友好合作关系。(3)国与国间的关系应超越意识形态和社会制度的分歧,以国家利益为出发点,以互相尊重主权和领土完整、互不侵犯、互不干涉内政、平等互利、和平共处五项原则为基础,严格遵守联合国宪章和公认的国际关系准则。正是以符合联合国宪章精神的正当国家利益为依据,中国不仅同第三世界发展中国家,而且同包括美国在内的西方国家,"具有广泛的共同利益"和"共同责任"。处理国与国之间的关系,和平共处五项原则是最好的方式。其他方式,如"大家庭"方式、"集团政治"方式、"势力范围"方式,都会带来矛盾,产生利害冲突,激化国际局势。(4)在和平共处五项原则的基础上建立和平、稳定、公正、合理的国际政治经济新秩序。国际新秩序的基本内容是:各国人民都有权根据本国具体情况,独立自主地选择符合本国国情的社会制度和发展道路;国家无论大小、强弱、贫富,都应当作为国际社会的平等成员参与国际事务;国与国之间应当相互尊重,求同存异,平等相待,友好相处;国与国之间的分歧和争端,应当遵照联合国宪章和国际法准则,和平解决,不得诉诸武力和武力威胁;国际事务应由世界各国平等参与协商解决,不能由大国垄断,任何国家不得谋求霸权,推行强权政

---

① 《人民日报》1991年3月31日。

治;改革旧的国际经济秩序,代之以公正合理、平等互利、等价交换的国际经济新秩序。这就是说,中国的国际新秩序,主张以和平与发展为共同目标、以和平共处五项原则为共同法律依据、以国家主权利益为共同利益基础,实行"一球多制",竞争共处。

同毛泽东、周恩来的国际政治理论相比,以邓小平为代表的中国领导人的国际政治理论提出了许多开拓性的创新见解。他们观察和研究国际社会始终以政治同经济的结合为基础,但更多注重经济因素,第一次把生产力标准引进国际政治,认为"经济优先"已成为国际关系的重要因素。国际政治不仅包含和平与安全,也涉及经济合作与共同繁荣的问题,不应单从社会制度和政治安全出发,而忽视发展生产力,忽视经济建设。他们的国际政治理论开始在国际政治中突出各国经济建设和经济贸易关系,并与世界和平、国家安全与主权独立紧密结合。他们严格区分国际政治与国内政治的范畴,第一次把世界革命排除在国际政治之外,认为国际政治的主题是和平与发展,不再是战争与革命,开始在国际政治中超越社会制度的异同,确立维护国家独立和主权,促进世界和平与发展的直接目标。他们完全从国家权益出发观察国际形势,判断国际政治,主张在国际关系中用和平共处五项原则取代集团政治关系和"大家庭"关系,认为社会主义的中国不仅同广大的发展中国家同命运、共呼吸,而且同发达资本主义的西欧各国,甚至美国,具有"广泛的共同利益"和"共同责任"。社会制度的异同,并不成为国家间关系的主要障碍。

马克思主义国际政治理论如此丰富、完整,且不断充实和发展,为什么还有人提出怀疑,拒不承认呢?我想这里面的原因很多,但至少有两点需要弄清楚。第一,他们认为马克思主义经典作家是政治家,所提出的国际政治理论是服从于革命需要的形势分析,最多算是世界革命的理论。殊不知这些经典作家既是革命家,又是理论家,世界革命的理论寓于国际政治理论之中,两者密不可分,这是历史的必然现象,符合当时的世界实际,无可指责。何况后来的代表人物适应国际社会的演变,不断地对之加以更新和发展,进行了新的阐述,作出了新的结论,这正好说明马克思主义关于国际政治理论的科学性。第二,他们忽视了马克思主义的国际政治理论的形成和国际政治理论的学科建设的区别。应该承认,同西方国家相比,社会主义国家的国际政治作为一门独立学科的建设起步较晚,从苏联和中国来说,均是20世纪60年代的事情。60年代上半期,北京大学、中国人民大学、复旦大学将政治系改名为国际政治系。科学院系统和高等院校也增设一批国际问题的研究机构。从此,国际政治学的研究开始从政治家的领域转向学术界,不仅招收专业学生,设置专业课程,确定专业教师,开展专业教学,而且从地区性和专题性研究扩大到综合性的系统理论研究,在国际政治学的建设上取得了丰硕的成果。马克思主义的哲学、政治经济学和科学社会主义早已成为独立的、完整的学科,这是公认的,不会有人怀疑。但同马克思、恩格斯和列宁创立的相关理论相比,从时间上来说,马克思主义的国际政治理论的创立总是稍晚;从学科建设上来看,总有一个过程,因此,绝不能用学科建设的时间早晚来否定马克思主义国际政治理论的诞生。同样,我们也应该把马克思主义国际政治理论的创立和国际政治学作为独立学科的形成明确区别开来。

四、国际政治学的美国学派

国际政治学作为一门独立的学科,首先诞生于第一次世界大战以后的英国和美国。1919年5月30日,出席巴黎和会的英美代表建议在各自国家内建立国际政治与国际关系的学术研究机构,重点进行战争与和平的研究。此后不久,英美各国的大学陆续设置国际政治与国际关系的研究所,开设专业课程,评定专业教授职称。国际政治的研究开始从政治家的领域走向学术界,从多学科的交叉研究成为一门独立的学科,并出现了各具特色的多种流派。正是基于这样的情况,联邦德国的学者以巴黎和会上的建议作为国际政治学诞生的标志,并获得西方国家多数学者的广泛认同。

国际政治学是不断更新和发展的。第一次世界大战后,主要研究中心在欧洲,随后逐渐转移到美国。其理论的发展几经变化,在美国形成了各种流派,主要有:(1)理想主义学派。它盛行于20世纪20—30年代,以英国的思想家弗朗西斯·布雷德利、哲学家伯纳特·博赞克特和曾任普林斯顿大学教授的美国总统伍德罗·威尔逊为代表人物。威尔逊的理论较为完整,其代表作是《论国家》,主张国际关系"实现道德理想","使国家和世界民主化"。1918年1月,威尔逊提出的重振战后世界秩序的"十四点计划",以及随后补充的"四项原则"、"四个目标"和"五点具体要求",构成了他的"理想主义"理论框架。(2)现实主义学派。它盛行于50年代前后,以美国芝加哥大学教授汉斯·摩根索为代表。他的《国家间政治——权力斗争与和平》一书是现实主义理论的经典著作。乔治·凯南、斯坦利·霍夫曼、亨利·基辛格等著名政治家兼学者也是这一学派的代表人物。(3)行为主义学派。它盛行于60年代,以美国学者卡尔·多伊奇、莫尔·卡普兰、戴维·辛格为代表,其知名著作是《国际关系分析》、《国际政治的系统和过程》、《计量国际政治学》等。主要理论有:系统论、一体化论、功能主义论、博弈论、决策论、沟通论等,其特点是科学方法上的创新,强调行为研究、计量研究和实证研究,将自然科学中的某些理论引进国际政治领域,进行统计分析、模型分析和实证分析,使研究精确化和系统化。具体步骤分为:观察—假设—收集资料—统计分析—证明或发现。简单地说,就是概念和假设的形成及用系统的语言进行的解释与"实证的研究方法"。(4)新自由主义学派,它盛行于70年代和80年代,以美国的罗伯特·基欧汉和约瑟夫·奈、琼·斯佩罗、罗伯特·吉尔平为代表,其知名著作有《权力与相互依赖》、《国际关系政治经济学》、《世界政治中的战争与变革》,等等。

美国的国际政治学派及其理论,从内容上来看,主要是理想主义和现实主义之争,虽然现实主义已逐渐为学术界所认可,但它也在不断调整,从未完全排斥理想主义的目标。

理想主义学派的主要观点和主张是:公开外交、民族自决、集体安全、自由和平、裁军非战、航海自由、贸易平等、公理正义、保证国际和平等等。他们要求废除秘密外交,签订和约,"公平处理"殖民地,实现民族自决,依据确定的约章,建立国际联盟,确立新的国际秩序,以确保避免战争,实现和平。理想主义学派的最大特点是,崇尚法律规范和伦理标准,强调国际事务中法律的权利与义务,相信国家利益的自然协调和"世界舆论法庭"实现和平的功能,认为"道德的原则"和"忠诚的原则"是重振世界秩序的法宝。理想主义理论,包含有学者的研究成果,但主要体现了部分政治家的理想。伍德罗·威尔逊当时被美国人称为"书生总统"。理想主义虽然未能从本质上揭示战争的根源,但在一定程度上制约了战争势力,有利于战后世界的和平与稳定;虽然过于理想化,有些脱离现实,但在一定程度上反映了当时世界各国,特别是欧美国家人民厌恶战争和要求和平的愿望,不能不承认是当时一剂较好的医治战争创伤的药方。国际联盟的建立及其活动,虽然被英、法帝国主义所操纵,但由于有苏联的加入和多数国家的努力,也可以成为"揭露侵略者的场所"、"阻碍战争弥漫的和平工具"。正因为如此,威尔逊的理想主义计划及其活动为国际社会所接受,威尔逊本人也被授予当年度的诺贝尔和平奖。当然,从本质上看,威尔逊的理想主义是维护美国的国家利益,其目的是以推行"民主化"为手段,既要取代英法等老牌帝国主义在世界的地位,又力图抵制社会主义的苏俄在世界的影响,以实现"美国世纪",即美国"管理世界"的地位。

现实主义学派以国家为主要行为体,以权力和国家利益为动因,认为权力既是国家的主要手段,又是国家追逐的目的,系统地揭示了冷战时期国际政治的现实。其理论的核心是权力政治,支柱是均势,目的是寻求权力与和平的途径。按照现实主义学派的说法,国际政治就是权力政治。"国际政治像一切政治一样,是追逐权力的斗争。无论国际政治的终极目标是什么,权力总是它的直接目标。"①其具体表现为,保持权力——维持国际社会权力分配的现状,增加权力——帝国主义的对外扩张,显示权力——追求国家的威信与声誉。现实主义学派认为,权力同政治"不可分割",有了权力就有了道德,就有了国家利益,就有了和平,追求权力同追求和平同等重要,应同时进行。在现实主义学派看来,国家利益是由权力界定的,应同其实力相对称,一个国家追求的利益应限制在本国国力所能及的范围之内。在国家利益中,国家的安全居首位,被视为"高层政治",而其他领域,如贸易、金

---

① 〔美〕汉斯·摩根索:《国家间政治》,北京大学出版社 2007 年版,第 55 页。

导论 国际政治学的研究对象和中国特色

融、货币交换等则属于"低层政治"。军事和政治问题在国家间关系中占据着主导地位,是以权力为基础的。生存和安全的前提是权力,因此权力冲突成为一切冲突的核心。国际政治就是冲突政治。现实主义学派特别重视权力均衡,主张通过权力均势来维护国际社会的有利于大国强国的稳定。权力均势以实力为基础,以追寻优势为目的,以不平等为特征,小国弱国往往被作为大国强国的政治筹码。权力均势的建立大体有五种方式:将竞争对手分而治之、重新划分领土疆界或瓜分殖民地和势力范围、军备竞赛、结盟、大国充当两个对抗力量之间的平衡者。现实主义学派把国际政治界定为权力政治,即"支配他人的意志和行为的力量"的政治。它反映了冷战的历史实际,符合美国的国家利益,理顺了国际政治中错综复杂的关系,提出了处理国际事务的方案,较准确地阐述了当时世界的突出问题,其理论是从实际出发的,较为科学,也相当完整;其缺陷和问题在于,它过分强调用权力界定国际利益,又同实力相对称,但未提出判断国家利益正当与否的客观标准,似乎实力大,国家利益就要多,就可扩充权力,实力小,国家利益就得少,就应失去自己的正当权力。这易为强权政治所利用,成为强权外交的理论依据。它过分突出政治,主要从权力和安全角度出发,认为政治可以改变经济,不承认国家对外活动中的经济利益,包括经济安全和经济发展,不顾世界经济和国家政治密不可分的现实,忽视了经济因素对国际政治的影响。这是不完全符合冷战的历史实际的。它过多集中在国家间政治,特别是大国间的权力均衡,维护以不平等为特征的稳定,较少注意中小国家的权利和生存与发展的利益,忽视了国际政治中的多样性与利益协调。

新自由主义学派认为当前世界处于"一个相互依赖的时代",重视包括东西南北关系的全球系统研究和实际政治的问题研究,鼓吹"问题政治"的国际政治观。它不再沿用权力政治观点,把国家安全问题视为国际政治的核心和首要问题,只关注权力、利益、均势、战争与和平的研究,而是把国际政治看作一系列的问题领域,开始突出经济问题对政治问题的作用。它不再只重视冲突与对抗的研究,认为国际政治中除冲突和对抗外,还存在着沟通、协调与合作。现代科技的发展

国际政治学理论

和世界相互依存的加强大大推动了全球范围的合作关系。它提出"复合相互依存理论"和"国际经济政治学理论",主张国际社会进行"多渠道联系",认为军事力量不再起主要作用了,关键在于国家同市场的关系,抓住了国际经济对国际政治的影响。经济政治相互结合,已成为当今世界国际关系的焦点。

　　美国的国际政治学派及其理论在研究方法上进行了重大的革新。行为主义学派的产生,在国际政治学说史上具有重大的意义。行为主义是一场研究方法上的"革命",主张用实证的方法和定量分析来解释国际政治行为,同传统的国际政治研究形成极大的冲突。面对行为主义的挑战,传统研究方法的维护者汇合其要点,组成传统主义学派与之对抗。传统主义学派的代表人物,哈佛大学的斯坦利·霍夫曼教授把国际关系看成是个历史进程,注重国际关系质的变化,强调对国际政治发展演变、因果关系、内在联系的研究。行为主义和传统主义的对立主要表现在:(1)国际政治学是否是可以解释和预测的科学?前者肯定,后者否定,认为政治现象中各种变数和历史的偶然性太多。(2)国际政治学是否涉及价值观和道德伦理?是否需要进行定性分析?前者否定,主张超越、袪除、进行纯学术的研究;后者肯定,主张明辨是非。(3)国际政治学是否可以定量?前者肯定,认为国际政治事件存在某种相似性;后者否定,认为具有重大意义的政治问题无法计量。新现实主义学派也不再片面强调计量化或非计量化,主张经验方法与规范方法的融合互补,定量分析与定性分析的兼收并蓄。新现实主义的基本特征是强调综合性,突出三个"结合",即国际政治与国际经济的结合、宏观研究与微观研究的结合、定量分析与定性分析的结合。

　　美国的国际政治学派及其理论,尽管学派林立,各有重点,且不断更新,但在认识世界、阐述国际社会运动规律上都曾起到或大或小的作用,具有鲜明的美国特色,应该说对国际政治学学科建设作出了自己的贡献。当然追根溯源,究其实质,它们都是为美国的国家利益服务的,因而也就不能不因受资产阶级民主、自由和人权思想的影响而打上不同程度的烙印。应当承认,资产阶级的民主、自由、人权思想,

导论　国际政治学的研究对象和中国特色

是西方国家处理内外关系的最高原则,也是它们在国际社会中维护本国权益的思想武器。正像中国的国际政治学学科建设以马克思主义为指导一样,美国的国际政治理论带有资产阶级民主、自由、人权思想的色彩也是毫不奇怪的。

五、国际政治学的中国特色

国际政治学的中国特色究竟是什么?这是一个十分重要的大课题。准确地、全面地弄清和界定"中国特色"的内容,是建设中国国际政治学的前提和关键。

国际政治学的中国特色,指的是立足中国,面向世界,从中国的角度研究国际政治演变和发展的客观规律。面向世界,研究国际政治演变和发展的客观规律,属于国际政治学研究对象和内容的范畴,它要求以世界为舞台,从宏观入手,综合研究国际全局性问题。立足于中国,并不是以中国为国际政治学的研究对象。尽管中国是世界的重要组成部分,同国际政治的演变与发展息息相关,但国际政治学不是中国政治学。立足中国,主要是要求从中国的国情出发,立足于中国的国家权益,依据国际政治演变和发展的客观规律,独立自主地进行研究和判断。科学总是为实践服务的,国际政治学作为一门综合性学科也不例外。东西方国家的国际政治学,学派林立,观点五花八门,但从其兴起和发展的历史背景和实质来看,就不难发现,它们都是既面向世界,又立足本国,为本国的国家权益服务,带有鲜明的本国特色。中国的国际政治学,不从世界的实际出发,不开展独立自主的研究,不为中国的国家权益服务,就根本无法建设既符合世界实际,又具有中国特色的科学学科。

（一）为什么要强调中国特色?

凡事都具有特殊性和普遍性、个性和共性、形式和内容两个方面。它们总是相联而存在。特殊性、个性和形式离不开普遍性、共性和内容,但没有特殊性、个性和形式就没有普遍性、共性和内容。这是哲学的普通常识。特殊性、个性和形式就是特色。"中国特色"不是政治词汇,可以说是哲学概念,适用于所有领域。"中国特色"同"各国特色"

27

国际政治学理论

一样,同为"特殊性"或"个性",它只能同国际政治学这个"共性"或"普遍性"联结在一起。世界各国的国际政治学,尽管千差万别,丰富多彩,都具有个性,但正是在这些各国特色的个性中存在着国际政治学的共性。没有各国特色的具体的国际政治学,就没有一般的抽象的国际政治学。如果说作为共性的国际政治学指的是研究对象和主要内容的话,那么各国特色,主要表现为形式。"内容"是通过"形式"显示的。作为共性的国际政治学总是寓于各国特色的国际政治学的"形式"之中,不能设想离开"形式",在各国特色的"个性"之外,还有什么"共性"的国际政治学。所以说,只有从特殊性同普遍性的辩证关系、个性同共性的辩证关系或形式同内容的辩证关系中,才能在总体上和相互联结上认识和把握其主要内容演变和发展的客观规律。国际政治学作为一门世界性学科,是普遍性与特殊性的统一、共性与个性的统一、形式与内容的统一。由于普遍性、共性和内容只能通过特殊性、个性和形式而存在,虽然认识普遍性或共性极其重要,但更为重要的是探讨和弄清它的特殊性或个性,这是我们认识国际政治演变和发展的客观规律的基础。正是这一基础,揭示了建设具有中国特色的国际政治学的必要性和紧迫性。

既然研究个性、特殊性和形式是顺理成章的事,各国学者的成果自然具有本国特色,为什么还要特别加以强调?特色的"自然论"不能苟同。事实上,学术界"全盘照搬"外国者有之,人云亦云者不少,受教条束缚者更多。他们并不懂得,强调特色,摆脱形形色色教条式的束缚,不是自发的,而是一项自觉的活动。一般来说,"特色"这个词有三层含义,一曰"独特",二曰"特质",三曰"杰出"①。在中国国际政治学的建设中,强调"中国特色",就是承认国际政治学的多样性,重视开拓性,追求杰出性,并自觉地把"中国特色"作为建设国际政治学过程中应遵循的重要原则。

国际社会是复杂的,又是多样性的。无论社会制度、经济发展模式,还是意识形态和价值观念,均是形形色色,各式各样。至于自然科

---

① 参见《辞海》,上海辞书出版社1979年版,第1446—1447页。

导论 国际政治学的研究对象和中国特色

学和人文社会科学学科,历来派别林立,百家争鸣。同样,国际政治学作为一门新兴学科,也不可能只有一个模式。近代以来,社会主义一直成为人类社会的普遍追求,但从理论到实践,不断演变发展,充实更新,先后诞生有苏联式社会主义、中国式社会主义和其他国家式社会主义。资本主义虽曾一统天下,至今仍然具有生命力,但亦不断突破单一模式,先后出现有荷兰式资本主义、英国式资本主义、法国式资本主义、美国式资本主义、日本式资本主义和第三世界国家式资本主义。至于研究资本主义和社会主义的学科更是名目繁多,理论各异,既相互对立,又互为补充,同样具有美国式、英国式、日本式、苏联式和中国式,等等。国际政治学作为揭示国际社会演变发展规律的科学,出现美国式、英国式、苏联式、中国式,也是顺理成章的。中国国际政治学建设虽然起步较晚,还处于开创阶段,但一定会在国际政治学中独树一帜。这是国际社会多样性所决定的。承认国际政治学的多样性,同承认社会主义和资本主义的多样性一样,虽然有质的共性,但必须同各国实际相结合,突出本国特色。我们强调"中国特色",其目的在于通过独立自主的研究,全面、准确地揭示国际政治的本来面目,完整建设好自己的国际政治学。单一模式,必然陷入片面性;多样性,则可以从不同角度、不同立场揭示事物的内在规律,既可相互补充,力求完整,又可相互争鸣,去伪存真。真理越辩越明,真理不是一次就能被认识的,也不可能被一个国家或一个学派所垄断。

中国是最大的发展中的以社会主义为主体的"一国两制"国家。近代以来,由于帝国主义列强的欺侮和奴役,中国除受尽屈辱外,还远远落后于世界的飞速进步。目前中国虽建立了社会主义制度,但仍处于发展中。中华民族是一个具有光荣传统和优秀文明的民族。中国具有自立于世界民族之林的能力,中国应该对人类作出最大的贡献。1949年中华人民共和国建立,中国人民从此站起来了。近二十多年来,中国的改革开放所取得的巨大成效,香港、澳门的顺利回归,"一国两制"对香港、澳门的吸引力,对台湾的影响力,充分显示了中国人民的智慧和能力。中国的革命和改革本身就是一个伟大的创举,不仅为中国的现代化建设开创了新的局面,而且为世界的和平与发展提供了新鲜经验。中国特色的社会主义,从理论到实践都是新的开拓,不能不在国际社会产生深远的影响。这些重大变化,莫不来源于独立自主,最好地显示了鲜明的中国特色。中国国际政治学的建设,在世界国际政治学之林中起步较晚,更应强调"中国特色"。"中国特色",就是要求在国际政治学建设中自尊、自信、自立,打上中国印记。当然,这不仅仅是一般的中国印记,而且应该是杰出的、开拓创新的贡献。强调中国特色的目的,在于增强自觉性,增加自信心,建设杰出的中国国际政治学。

应该承认,我国哲学社会科学领域内,教条主义和僵化保守曾一度盛行,严重阻碍了学科的建设和发展。在国际政治学建设中,强调"中国特色",就是要求在中国特色社会主义理论指导下,解放思想,实事求是,冲破落后的传统观念和主观偏见的束缚,改变因循守旧、不接受新事物的精神状态。决不能停留在对马克思主义的某些原则、某些本本的教条式理解上,也不能停留在对西方国际政治学理论的迷信上,而必须用辩证唯物主义和历史唯物主义的世界观、方法论去分析和解决问题,使思想适应发展变化的新形势。僵化封闭不能建设中国国际政治学,盲目照搬外国成果也不能建设中国国际政治学。当然,强调"中国特色"不是否定马克思主义的指导,拒绝学习外国优秀成果,限于狭隘性,而是要正确处理好坚持马克思主义的指导同抛弃对马克思主义的某些原则和某些本本的教条式理解的关系,正确处理好学习和吸取外国国际政治学优秀成果同反对盲目照搬的关系。今天,我们强调中国特色,就是要破除迷信,解放思想,开拓创新,独树一帜。

当今世界,中国国际政治学建设,不强调中国特色,就无法自觉地建设中国的国际政治学,就没有中国国际政治学的国际地位,就不可能为世界国际政治学作出中国的杰出贡献。

(二) 怎样突出中国特色?

第一,必须以中国特色的社会主义理论为指导。中国特色的社会主义理论是马克思主义同当代中国和时代特征相结合的产物,是中国发展的马克思主义,对建设中国国际政治学和其他社会科学学科来说,具有直接的现实意义。中国特色的社会主义理论同马克思主义、毛泽东思想的关系,一是坚持、继承,二是扬弃、纠正,三是发展、创新。它的中国特色的具体体现,一是以社会主义初级阶段为特征的中国国情,二是以和平与发展为世界主题的中国客观环境,三是以解放生产力,发展生产力,消灭剥削,消除两极分化,最终达到共同富裕为主要内容的中国根本任务。中国特色社会主义理论就是马克思主义的中国化和当代化。

建设中国国际政治学以中国特色的社会主义理论为指导,特别要注意的是,解放思想,将生产力标准引进国际政治学,强调改革在国际社会的地位与作用。

(1)解放思想,实事求是,以唯物辩证法和唯物史观为核心,追踪和研究变化着的中国和世界实际,说明新情况,回答新问题,作出新结论,使认识与发展相适应,主观与客观相符合,从创新精神出发,处理好继承与发展的关系。为此,必须"换脑筋",破除陈腐教条,转换落后的传统观念,改变因循守旧的意识,不能停留在对马克思主义的某些原则、某些本本的教条式的理解上,也不能停留在传统思维的定势上。要"警惕右,但主要是防左",坚持实践是检验真理的标准,要善于吸取国外的(包括西方的)一切优秀成果,但不盲目照搬,力求独立自主,洋为中用。(2)以经济建设为中心,突出生产力标准,改变过去只重视生产关系的变革,主要从上层建筑判断问题的倾向,把视线转向生产力的发展,通过解放生产力,发展生产力,消灭剥削,消除两极分化,最终达到共同富裕。它要求提高生产力的地位,重视生产力的作用,强调正确处理好生产力与生产关系的关系、生产力与国家间关系的关系、政治与经济的关系,使之更完整更紧密地结合起来。(3)改革开放,建立社会主义市场经济体制。世界经济以市场为基础,是一个整体,各国之间相互依存日渐加深,发展合作,取长补短是完全必要的。对不合理的旧体制、旧模式进行改革也是不可避免的。各国经济必须同世界经济接轨,必须善于同不同社会制度、不同发展模式和不同经济发展水平的国家打交道,求同存异;必须主动适应和参与以西方国家为主体的国际原则和国际组织,同时坚持独立自主,反对霸权主义和强权政治,正确处理好改革与合作以及稳定与进步的关系。

国际政治学理论

第二,必须正确确定中国在国际社会中的实际地位,立足中国,面向世界。中国是当今世界最大的发展中国家、人口最多的联合国安理会常任理事国和首创"一国两制"的最重要的社会主义大国。将当代中国准确定位于世界,就是从中国的实际出发,正确认识当代中国与现时代世界的关系,并公开宣告:中国的主要任务是以现代化建设为中心,发展经济,建设物质文明和精神文明;中国最需要一个和平的国际环境,愿意在和平共处五项原则的基础上同世界上所有国家建立和发展友好合作关系,并反对霸权主义和强权政治;中国愿意尊重和支持联合国宪章的宗旨和原则,积极参与联合国事务,支持所有成员国的正义行动,并推动联合国的改革和更新,使其以新的面貌出现于世界舞台,在国际事务中发挥更大作用。当今中国在国际社会中所处的实际地位,决定了中国对内奉行"发展生产力的社会主义",对外主张"和平的社会主义"。中国独立自主的和平外交的基本目标是,维护我国的独立和主权,促进世界的和平与发展。在涉及民族利益和国家主权的问题上,中国决不屈服于任何外来压力。中国不同任何国家或国家集团结盟,不参加任何军事集团。中国同广大第三世界发展中国家有相似的历史命运和共同任务,同西方发达国家有广泛的共同利益。中国永远不称霸,永远不搞扩张,永远不当"头"。中国的国际新秩序的主张,以和平与发展为共同目标,以和平共处五项原则为共同准绳,以国家主权利益为共同利益基础,实行"一球多制"。世界是多样性的,各个国家之间存在着种种差异。必须尊重各国人民对符合本国国情的社会制度和发展道路的选择。国家无论大小、强弱、贫富,都应作为国际社会的平等成员平等地参与国际事务,国与国之间的纠纷应当遵照联合国宪章和国际法准则,通过协商和平解决,不得诉诸武力和武力威胁。霸权主义和强权政治,少数几个国家垄断和操纵国际事务,为国际新秩序所不容,是行不通的。建设中国国际政治学,认清中国的地位,就是要突出主权与国家权益以及和平与发展的世界主题。

第三,必须继承和弘扬中华民族的优秀文化传统。中国是世界文明古国之一,拥有几千年文字记载的完整历史,文化博大精深,灿烂辉煌。中华民族的传统文化,从先秦诸子开始,儒、墨、道、名、法、阴阳各

导论 国际政治学的研究对象和中国特色

家,学派林立,百家争鸣,各有贡献。兵家名著《孙子兵法》对战争和平也有独到见解。汉代独尊儒术,儒家成为传统文化的代表。随后,儒、释、道,三教鼎立,互争雄长。宋明理学兴起,又进一步补充、充实。至于现代五四新文化运动,更具有时代意义。中华民族的传统文化经历了长期发展和演变,形成了各种思想的合力,当然也包括相互对立的两种文化,如善与恶、科学与迷信、革命与保守。我们弘扬中华民族传统,一要弄清全貌,宏观整体,二要取其精华,去其糟粕。

中华民族的优秀文化传统浩瀚无边,丰富多彩,涉及各个领域。对建设中国国际政治学来说,特别要注意吸取的是:(1)崇尚独立,反对侵略。一部完整的中国史,就是一部维护民族独立的历史。中国历史上的对外战争,多属自卫战争,绝大部分是在中国国土上进行的。举世闻名的万里长城表明,中国的军备建设主要是防御性的。中华民族崇尚独立,不仅珍视本国的独立,也尊重别国的独立。儒家的仁爱,主张"爱人"、"己所不欲,勿施于人",反对"国相攻"、"强执弱"、"众暴寡",认为攻入城池兼并他国,乃是"亏人自利","罪亦厚也"。(2)热爱和平,鄙视攻战。中华民族提倡"和为贵",早已闻名于世。中国是爱好和平的,一般视暴力和战争为非"正道"和非"常道",但也很早就将战争区分为正义与非正义。儒家主张施仁政、德政,反对杀戮,鄙视攻占兼并别国的战争。《孙子兵法》虽然肯定军事是实现国家目标的手法,但并不迷信战争,不宣扬暴力,甚至贬低战争的地位与作用。《孙子兵法》认为,"下兵伐谋,其次伐交,其次伐城,攻城之法为不得已",把出兵攻城视作下下之策。中国近代伟人孙中山临终的遗言也是"和平、奋斗、救中国"。(3)提倡中庸,厌恶极端。中庸之道,是中华传统文化中的重要内容,先为尧舜倡导,提出"允执其中"之说,后为孔子儒家所推崇,特编成《中庸》一书,进行了系统的论述。《中庸》开篇即明确指出:"不偏之谓中,不易之谓庸;中者天下之政道,庸者天下之定理。""中也者,天下之大本;和也者,天下之达通也。致中和,天地位焉,万物盲焉。"中庸之道认为"过犹不及",反对走极端,主张和谐、适度、和平相处。经过儒家的倡导和传播,中庸之道成为中华民族政治家执政的信条、做人的道德规范、同异族打交道的准则。(4)追求

国际政治学理论

大同盛世,主张"天下为公",人与人之间,国与国之间,互爱互助,和睦相处;尊"王道",反"霸道";追求无差别、无贵贱,没有剥削和压迫,没有暴力和战争的理想社会,反映出中国人民历来渴望一种公平合理、安居乐业的和平生活。当然,中华民族的优秀文化传统并不十全十美,仍有许多局限性,但它有自己独特的特点,就是稳定性和包容性,其对异族文化的吸收与消化能力是无与伦比的。在历史的长河中,中华文明没有被别的文明抹杀取代,也没有试图去抹杀或取代其他民族的文明,而是同别的民族文化和平相处,待之以礼,进而吸纳,融化更新。建设中国国际政治学强调继承和发扬中华民族的优秀文化传统,目的在于突出中国特色,但不是要简单沿袭,良莠全搬,也不是提倡狭隘民族主义,轻外排外,自吹自擂,而是坚持推陈出新、古为今用和学习外国、洋为中用的原则,正确处理中国与外国、传统与现代的关系,做好"钻研、吸收、融化和发展"的工作,在内容和形式上努力表现"新鲜活泼的,为中国人民大众所喜见乐闻的中国作风和中国气派",在中国国际政治学中,使注入中华民族优秀文化传统的中国特色更鲜明、更科学。

(三)如何确定中国特色的主要内容?

中国特色问题本来是一个研究和探讨的课题,确定国际政治学的中国特色的内容就更困难。尽管如此,我们还是想谈谈初步看法。我们认为,国际政治学的中国特色至少应该包括下列内容。

(1)以国家权利为核心,超越社会制度和意识形态,突出主权利益同强权利益的关系。英国和美国的国际政治学虽将国家利益置于首位,但随意性大,无统一判断标准,且突出权力,贬低甚至否定国家的权利。这不符合当今世界的现实。从国际社会的实际情况出发,中国国际政治学的建设,应该重视国家权利的地位,除承认权力外,还要突出应享有的权利和利益,并把权利放在首位。为此,我们要高举权利政治的旗帜,加强国际机制的作用,提高联合国及其安理会的权威,以国际准则为行为规范维护主权,反对霸权,处理好主权与人权、主权与球权(全球利益和全球化)的关系。

国家具有双重性:阶级性和民族性。随着科学技术的进步和通信设备的发达,任何一个国家都离不开世界,故应在国家的双重性上增加一个"国际性"。国家的权益离不开国家的三重性,但以民族利益为主。国家权益亦称国家利益,即国家的权力、权利和利益的总称。它以国际法为准绳,区分为主权利益和强权利益。国家的主权利益属主权范围内的利益,即符合主权原则的利益,是国家内阶级利益和民族利益的统一,本国利益和世界各国利益的对等结合。主权利益属国家在国际社会中应享有的权利,不与实力相对称。国家不分大小、强弱、贫富,在享受主权利益上一律平等。主权利益只能争取和维护,不能用实力扩大,一旦扩大就是强权。国家主权利益是独立国家的本质属性和固有的正当权益,为国际社会所公认。西方常说"天赋人权",其实更为重要的是"天赋主权"。同样是"天赋"的,即应享有的、自然的,怎能说"人权大于主权"?没有主权,哪来人权?鼓吹人权大于主权者,只能是强权。国家主权利益,是以相互尊重为前提的。不同社会制度和经济发展模式的国家,在主权利益上都是对等的,应相互尊重,不能干涉,不许侵犯。任何干涉和侵犯都是强权。总之,国家主权利益同强权利益完全不同,它是阶级利益和民族利益的统一,是本国人民群众整体利益的正当体现,以不损害别国主权利益为前提,符合国际法,为国际社会所公认。它不受社会制度和意识形态的制约,也不由权力来决定,不同实力相对称。国家主权利益同强权利益是对立统一的,统称为国家权益。这比"国家利益"的旧提法准确、鲜明。它既能揭示国际政治中的权力关系,又可突出大小国家的正当权利要求,鲜明地区分出"主权"与"强权"的对立。虽然确定主权利益需靠主观判断,且必然受阶级地位、党派背景和价值观念的影响,有某些随意的因素,但把主权利益限制在主权范围之内,以国际法为依据,又同社会制度和"实力"相分离,且相互对等,这就避免了随意性和局限性。一般来说,在国家权益中主权利益间是相容的,强权利益间是不相容的,其矛盾是对抗性的,至于主权利益同强权利益则完全相斥,其冲突是不可避免的。国际社会中的动荡和危机,主要来源于强权利益。为了维护世界和平与发展,避免冲突,防止战争,必须尊重主权利益,反对强权利益。国际政治具体体现为主权利益同强权利益间政治、强权

国际政治学理论

利益间政治和主权利益间政治。国际政治学的中国特色，可以说集中体现在这三类政治上。

当今世界出现的"主权原则过时论"同我们强调的主权利益是不相容的。至于从世界经济的相互依存趋势出发，彼此让出一部分主权，实现共同发展，这同我们所主张的国家主权利益并不矛盾。因为让出部分主权是次要的，且互让互利，由本国独立决策。我们不能把主权原则绝对化，但必须明确反对干涉内政，把让出部分主权变成单方面的行动和强制行动。

国际政治，究其实质均离不开资产阶级和无产阶级的活动，都围绕着国家权益运转。资产阶级和无产阶级是世界上仅有的国际性阶级，它们随着帝国主义的出现而活跃于全球各地。帝国主义给世界带来的最大变化是，世界民族区分为压迫民族和被压迫民族，世界国家区分为帝国主义宗主国和殖民地国家，世界资产阶级区分为垄断资产阶级和民族资产阶级。经过世界人民的长期斗争，世界上先后诞生了社会主义国家、民族主义国家，并与垄断资本主义国家共聚一球。从此，以国家间政治为主要内容的国际关系特别活跃。它既是两大国际性阶级活动的结果，也是阶级关系越出国界走向世界的产物。国际政治从实质上说虽属于阶级政治，深深打下意识形态的烙印，但不等于阶级政治。不能以阶级斗争为纲，把国际政治简单地理解为阶级政治，或只看成是资本主义制度和社会主义制度间的关系。国际政治始终是以国家权益为核心的，其直接目标和主要表现是国家权益。建设具有中国特色的国际政治学，必须立足于国家权益，突出权利的维护和争取，强调强权与主权的区分。

（2）把生产力标准引进国际政治领域，确立经济优先观点，注重政治同经济的相互渗透。英国和美国的国际政治学，特别是现实主义学派，不太强调政治同经济的联系，过于突出政治，后来虽然重视政治经济的统一，提出国际经济政治学新理论，也只是看重国家同市场的关系。以往的马克思主义国际政治理论，虽然是以经济为基础观察和研究国际政治，但更多是从生产关系出发，注重交换关系、贸易关系及其背后的剥削关系和不平等关系，往往忽视从生产力的角度及其同生

导论　国际政治学的研究对象和中国特色

产关系的关系中研究问题。解放生产力,发展生产力,繁荣经济,提高物质生活和精神生活水准,是人类的共同追求。一个国家的发展也好,国际社会的进步也好,不能仅仅从制度的改革和更新方面去理解,还应该从生产力的解放和发展去观察。判断国际事务的标准,应该主要看是否有利于解放和发展生产力,是否有利于增强国家的综合国力,是否有利于提高人民的生活水平。当今世界,随着殖民主义体系的崩溃和一系列主权国家的诞生,以及冷战的结束和和平与发展上升为时代的主题,影响国家安全稳定和国际关系正常运转的不稳定因素,不再仅仅是强权政治,而是越来越多地来源于经济。因此,国际社会的主要任务应该注重加快生产力的发展,把消除贫穷,缩小贫富差距放在第一位。总结以往的历史经验,解决国际争端,处理国际关系,势力范围的原则和方式行不通,"大家庭"的原则和方式行不通,大国均势的原则和方式也行不通,最有生命力的是和平共处五项原则。和平共处五项原则突出政治与经济的平等互利,关键是互不干涉内政。当然,和平共处五项原则,更多是政治性的,虽包含经济,但以经济关系为主,并未涉及生产力的问题。为了适应国际形势的演变,中国国际政治学的建设应该将生产力标准引进国际政治领域,以"三个有利于"作为观察世界形势、判断国际政治是非和处理国际关系的原则和标准。国际社会应该像认可中国提出的和平共处五项原则一样,接受在中国行之有效的"三个有利于"的生产力标准。和平共处五项原则和"三个有利于"的生产力标准,体现了政治同经济的结合,生产力同生产关系的统一,应该同时成为国际社会的公认准则,列入国际法之中。中国国际政治学的建设应该下大力量进行重点研究,从理论和实际的结合上,给予系统的分析和论证。

（3）以改革促发展,维护世界和平,弄清稳定与进步的关系。战争与和平,历来是国际政治的主题,各国政治家和国际政治学者无不就此著书立说,探源究本,设计种种方案,提出各式各样的建议,力求制止战争的爆发,维护世界和平。两次世界大战前后,国际社会盛行的理论方案大致有:"帝国统治"论、"霸权控制"论、"均势平衡"论、"革命斗争"论,等等,主张通过帝国主义的一统、霸权的控制、均势的协调、革命的破旧立新以推迟和制止战争,实现帝国一统下的和平、霸权控制下的和平、均势瓜分下的和平、革命新体制下的和平。这些和平方案,虽然目标不同,维持和平时间的长短难以预料,但有一个共同点,都是从政治角度出发,以暴力为后盾,紧紧围绕社会制度的兴衰,带有极大的强制性,无法从根本上消除世界战争和侵略战争的危险。随着国际形势的发展,总结战争历史和大国兴衰经验,单从政治上观察事物和解决问题,易陷入片面,也难以持久,必须同经济繁荣相联,以改革促发展,才能有效地防止战争,维护世界和平,促进国际社会的进步。我们可以把这种意见概括为"改革发展"论,并将它作为中国国际政治学建设的一个重要内容,显示出"中国特色"。

战争也好,革命也好,均是国际社会发展的历史必然,除根源于私有制之外,同经济发展也有密切的关系,可以说是经济不强的一种补充手段。当今世界,为了防止战争,维护和平,应该从发展经济上下工夫。如果世界各国经济均得到繁荣,特别是第三世界国家经济有了大发展,世界战争就很难打起来。当今世界,如何促进发展,推动世界的进步呢?历史已经证明,战争给国际社会带来的灾难和破坏极大,世界革命的道路也走不通。随着殖民体系的崩溃,一系列主权国家的独立,世界范围内大规模的群众性运动暂时告一段落;而冷战的结束,世界战争的策源地发生变化,世界不再存在共同性的敌国,世界革命失去客观依据,世界和平得以长期维持。在这种形势下,发展变成国际社会的硬道理,经济发展理应放在第一位。而促进发展唯一有效的手段,是中国提供的改革促发展的经验。当今世界各国,如能共同努力,在国际关系中进行改革,促进世界经济繁荣,就能维护世界的和平与发展。

世界范围内的改革应该是:不针对任何社会制度,在承认"一球多制"的前提下,变革不合理、不平等的具体模式和具体政策;不实行强权和暴力,在平等互利的基础上,实行协商和调整;不搞纯政治优先,在尊重主权独立的原则上,从经济发展入手,并同政治相结合推动世界的进步。

当然,作为国际政治学的中国特色,这些内容虽是主要的,但肯定不够全面、深入，需要充实完善，而且还要在体系结构和形式上下工夫。

我们所著的《国际政治学理论》是一部专门研究国际政治理论的学术性著作。它是建设中国特色的国际政治学的初步探索，其主要任务就是努力从中国特色入手，阐述国际政治学的研究对象和主要内容，并试图建立自己的理论体系。本书共分八章，除导论外，由总论、行为体论、体系论、格局论、主题论、动力论、秩序论、时代论组成。我们试图努力将本书写成一部关于国际政治理论的学术性著作，注重突出中国特色。对有关理论问题和重要概念如国际社会的定义和组成，国际政治体系的含义和形成标志，国际政治格局的含义和基本要素，国际政治秩序的含义和新秩序构想，体系、格局、秩序间的联系与区别，国际政治主题的标准，发展动力的运行特征，殖民主义、帝国主义和霸权主义的区别和不同的特点，以及对国家权益的界定，等等，我们都提出了自己的看法。我们在进行深入研究和探索的基础上，力图开拓创新，使本书既有有说服力的理论分析，又通俗易懂，具有较强的可读性。但由于作者水平所限，笔力欠强，局限性和各式各样的错误在所难免。本书对许多问题只是涉及，并未完全展开。它从现有理论水平出发，对国际政治有关概念所下的定义也不一定准确。特别是关于中国特色的体现，都有待于进一步探讨。当然，任何社会科学理论都有一个探索和不断充实完善的过程。国际政治学也不例外。本书作者最大的愿望是，本书在建设中国国际政治学的探索中所作的努力，以及对国际政治最一般同时也是最有特色的内容和性质的解释和论证是有益的，能够成为建设具有中国特色的国际政治学的一块引玉之砖。

第一章 总论
国际政治的总体全貌

国际政治,属国际社会内的政治关系和政治现象。它有自己的行为体(主要是主权国家),并形成了独特的体系、结构和运行机制,具有特殊的规律性。

学习和研究国际政治,既可从现象和关系入手,又要立足于体系及其结构——格局和秩序,从国际社会的相互联系中把握全局与本质。

国际政治活跃于世界舞台。"世界"这个词,最早是从梵文佛经中引进来的。在佛经词汇中,"世"指时间,"界"指空间,"世界"即宇宙。"世界"最普通的解释是指我们这个星球,即地球上的所有地区和国家。"时"与"空"的结合表明,世界是连成一体的。活跃于世界舞台的国际政治,也是相互联系、不可分割的。这就构成了国际社会。随着科技革命的发展,特别是现代化交通设施和通信手段的发明和运用,地球上的国家和地区间的交往日益频繁。它们相互联系、相互作用产生的国际政治现象与政治关系,必然以一个体系、格局和秩序的面目出现,不可能是孤立的、分割的活动。国际政治是国际社会上演的戏剧,是一个整体,一种综合现象。因此,认识和研究国际政治,必须以国际社会为舞台,立足体系,放眼全局,进行综合的分析判断。

第一章 总论 国际政治的总体全貌

第一节 国际政治是国际社会的体现

一、国际政治的定义

当今世界,国内外学者对"国际政治"、"世界政治"和"国家间政治"三个概念的使用,有的混同,有的区分标准各异。不少学者认为,国际政治就是国家间政治,而世界政治才包含党际政治、国际组织间政治和其他行为体间政治。我们认为,这样区分并不科学,这些均属于国际政治的范畴。国际政治主要体现为国家间政治,但其外延要比国家间政治大,包含所有行为体间政治。世界政治的外延更大,不仅指行为体间政治,而且还包含行为体内部政治,如政党的组织结构与纪律以及国家的政治制度与法规,等等。

为了给国际政治下一个科学定义,首先要弄清"政治"的含义,其次要明确"国际"的内涵,第三还要立足于国际社会,分清国际社会同国内社会的本质区别。

什么叫政治?古今中外,众说纷纭,各有自己的侧重点,概括起来主要有:政治即阶级关系(或利益集团关系)、政治即权力斗争或权力均衡、政治即管理和参与、政治即吃饱饭,也就是物质生活和精神生活的提高(政治学就是烹饪学)、政治即正义道德、政治即权术、政治即决策活动,等等。尽管说法不一,概括繁多,但宏观透视,政治的基本特征是:(1)政治产生于阶级社会,是以不同利益为背景的行为体的活动。确切些说,是一种自觉的高级的决策并付诸实施的活动。(2)政治是围绕权利、利益和权力进行相互作用形成的一种关系。政治就是参与国事,指导国家,确立国家活动的方式、任务和内容。政治中最本质的东西,是国家政权机构和实施决策需要的权力。政治中最重要的东西,就是调整利益关系,建立稳定秩序。(3)政治也是一种上层建筑结构。决策的形成和实施,需要导向,需要强制力,需要合法性,于是形成政治意识(即理论、思想、纲领、路线、方针、政策)、政治组织(即政府、军队、法院、警察等)、政治制度(即基本制度、体制等)和政治文化。这就是说,政治是人类行为体围绕权力、权利和利益作出决

国际政治学理论

策并付诸实施的一种自觉的高级活动,及其相互作用所产生的种种关系和形成的上层建筑结构。

在阶级社会,政治主要指阶级关系和阶级的统治、阶级的管理。各个阶级依据自己的经济地位进行的争取和维护本阶级利益的活动,从来就是政治领域的中心内容。某个阶级走上政治舞台,开展斗争与活动,直至掌握政权,实行统治,实施管理,这是它政治成熟的标志。

国际的"际",即彼此之间①。单个活动,孤立活动或各自活动,无法出现交汇与会合,不能形成"彼此之间"。"际"要求多数,至少两个以上,必须相互接触,相互作用,发生关系。不接触,不相互作用,不发生关系,怎么交汇?怎样会合?没有"彼此之间",即使多数,也产生不了"际"。简单地说,"际"就是关系,"关系"就是矛盾,必然包括相互影响,相互制约,相互依存,相互渗透。国际的"国",立足于国际社会,主要指的是国家,但也包括国际社会其他行为体。国际社会不同于国内社会,全球范围比一国范围更加广泛,涉及问题更多。国际政治不像国内政治那样,只处于一个稳定的体系中,并有得到认可的特定权威,而是活跃于多个体系中,无序有序并存,无公认的共同权威,因而比国内政治更为复杂,更为变化莫测。

国际政治,涉及多方位、多角度,是多层次的。从行为体看,有党际政治、民族解放组织间政治、国家间政治和国际组织间政治,及其相互作用政治,但以国家间政治为主;从范围看,有全球政治、区域政治,遍及世界各个角落;从领域看,以政治领域为主,也涉及经济、军事、文化领域,政治中渗透有经济、军事、文化诸因素,而经济关系、军事关系、文化关系均带有政治性,相互间紧密相联,不可分割;从内容看,包括国家权益间政治、社会制度间政治、意识形态间政治、超国界的宗教间政治和民族间政治,以及强权政治与民主政治等,它们相互联系,相互制约,既矛盾又统一;从性质看,反映的是阶级关系、民族关系与国家关系,其中以国家权益最为突出。

总之,国际政治范围广泛,内容多样,纷繁复杂,且不断变化,很难

---

① 参见《辞海》,上海辞书出版社1989年版,第1105页。

用几句话来概括,下一个科学的定义更难。但是为了学科建设的需要和普及国际政治学的需要,还是有必要下一个定义。凡定义,只能是抓住最基本的东西,即本质性和长期稳定的因素,力求准确、科学,但不可能说清所有具体的问题和现象。正是从这一要求出发,我们给国际政治下了这样一个定义:国际政治,指的是行为体间围绕权利、权力和利益实施外向决策的活动及相互作用形成的有机整体,是全球范围内战争与和平、冲突与合作、强权与民主、人权与主权、剥削与发展、结盟与不结盟、动乱与秩序等现象和关系的统称。国际政治包含三个方面:运行体系、运行状态和运行机制。国际政治具有两重性,它既是围绕权力、权利和利益的矛盾运动,又是追求稳定秩序的过程。应该看到,西方国家立足于权力,一般视国际政治为权力政治,而我们发展中国家应从权利出发,称国际政治为权益政治,把权利放在首位。

从国际政治的定义出发,认识和研究国际政治要弄清三个层次和三个规律性现象。三个层次是:(1)国际政治是行为体在世界范围内为谋取自身权益而实施决策的一种活动,即外向型活动,这种活动是自觉的高级活动,具有能动性和应变性。(2)国际政治是行为体实施决策活动相互作用形成的现象和关系,并联结成独立的整体。(3)国际政治是行为体相互作用呈现出的运行状态和运行机制。三个规律性现象是:(1)国际政治处于多系统中,是相互联系的整体,不可分割;(2)国际政治以权利、权力和生存与发展利益为核心,超越一切;(3)国际政治处于竞争、对抗与协调、合作状态,且相互渗透,日渐遵循国际控制和调节机制的制约。

二、国际社会的基本特征

社会是人们相互作用产生的以共同的物质生产活动为基础而相互联系的人们的总体。社会是由人组成的,离不开人的社会生产活动,其最大特点是人们之间通过各种组织形式和实体的相互联系。社会是由生产关系的"总合"构成的。生产关系的"总合"及其演变,决

国际政治学理论

定了"处于**一定历史发展阶段**上""**具有独特的特征的社会**"①。社会也称人类社会。人类社会是一个包含有若干大小共同体的有机整体,其最重要最基本的活动是社会生产活动,即物质资料生产活动、精神生产活动和人类再生产活动。按历史发展阶段划分,人类社会以一定生产关系为基础可分为原始社会、奴隶社会、封建社会、资本主义社会、共产主义社会五种社会形态;按区域范围划分,人类社会以国家活动为基础可分为国内社会、区域性国际社会和全球性国际社会。

国家是一个历史范畴,国际社会晚于国内社会出现于世界舞台。国家诞生后,随着交往的频繁和活动范围的扩大,国际社会逐渐由地区扩展到全球,变成世界性的国际社会。国际社会属于人类社会的范畴。地区性的国际社会,是人类社会发展到国家进行周边活动的产物。如以中国古代朝贡关系为核心的东亚国际社会,以伊斯兰教为基础的位于欧、亚、非三洲之间的伊斯兰国际社会,以1648年威斯特伐利亚会议为界标的西欧国际社会,等等。全球性的国际社会形成于19世纪末20世纪初,以帝国主义列强将世界瓜分完毕并建立跨洲性的殖民统治为标志。全球性国际社会形成后,地区性的国际社会依然存在,但不再是孤立的,而是属于全球性国际社会的重要组成部分。国际社会不是一成不变的,它按自身固有的规律运转和演变,是不断更新的。由此可见,国际社会位于世界,但世界不等于国际社会。世界是一个地理概念,而国际社会属于政治和法律的范畴。国际社会的构成,主要是国家。由国家间的联系到构成国际社会,需要三个条件:(1)经济联系密切,既分工,又相互依存;(2)主权国家为重要组成单位,相互间既对立,又统一;(3)具有共识的准则为纽带,既无序又有序。一国依靠自己的军力和法律统治世界,如古罗马控制整个西方,英国侵占殖民地建立的殖民统治,只能称作世界帝国和殖民帝国,无法形成国际社会。如果多国并存,并不互相交往,或只是偶然的、间接的、时而进行时而中断的单方面的联系,也无法构成国际社会。只有主权国家间正常的、直接的、持续的政治、经济、文化多方面的联系,才

---

① 《马克思恩格斯选集》第1卷,第345页。

最终形成国际社会。

国际社会究竟是一个什么样的社会呢？它有哪些基本特征呢？

第一，国际社会是一个总系统，或称母系统，包括有许许多多子系统和孙系统。这个总系统涉及政治、经济、军事安全、文明文化等等领域，即政治系统、经济系统、军事安全系统、文明文化系统的总和。国际社会是世界客观存在，它主要由国际性的阶级政党组织和民族解放组织、国家和国际组织等政治、经济、军事、文化行为体所构成，其中最为重要的是国家。正是这些行为体的相互作用，在国际社会内形成了经济、政治、军事、文化系统。国际社会的系统，具体表现为体系及其结构——格局和秩序，国际社会也可以说是政治体系格局和秩序、经济体系格局和秩序、军事安全体系格局和秩序、文明文化体系格局和秩序的总和。世界经济体系、格局和秩序，是联结国际社会的基础和纽带；国际政治体系、格局和秩序则是国际社会的集中体现。

第二，国际社会充满对立统一，既相互联系，又相互冲突。国际社会行为体间关系，诸如党际关系、民族解放组织间关系、国家间关系和国际组织间关系，及其相互作用关系，既包括众多社会制度和意识形态关系，又涉及主权国家间关系、权益关系（即权利、权力与利益关系）等等。它们相互作用，相互制约，具有广泛的共同利益和共同责任，也有种种分歧和对立，既矛盾又统一。

第三，国际社会处于多中心状态，有序与无序并存。国际社会的行为体众多，利益各不相同，既分政治和经济，又有军事和文化，或为法的行为体，或不具备法的属性，但均有自己的特殊利益。其范围遍及全球，错综复杂，不仅政治经济体制和文化传统千差万别，而且发展不平衡，悬殊极大，甚至相互对立，战争相见。国际社会同国内社会不同，它不具备国家属性，也无世界政府，没有统一的主权、统一的法律、统一的价值观念和统一的伦理道德。在国际社会中，国家权益高于一切，国家主权神圣不可侵犯，因而政治经济权力分散，也极不平等，处于多中心状态。国际社会是一个多样性的社会，不仅利益各个特殊，而且分合改组极为频繁，力量中心不断更新。从实际情况出发，应尊重客观事实，承认多样性，反对强制性的统一。国际社会是一个无世界政府的社会,但不是无政府主义的社会。为了人类的共同利益,国际社会逐渐确立了一系列公认准则和国际控制调节机制,这对任何一个组成成员来说都是公平合理的。从实际情况出发,虽然必须反对强制性的统一,但不能不适应国际机制,遵循公认的准则。由于公认准则不具备国内法那样的法律效力和权威性,因而反对强权,维护公认准则,只能是一个协调和斗争的过程,因此,以众多主权国家为基础的国际社会经常处于有序无序并存之中。

当今世界的全球化问题,其实就是国际社会化,它具体表现为市场体系和国家体系的强化。它不是完全的一体化和一致化,仍然是多样化的对应与统一。

三、国际政治显示国际社会的基本面貌

国际社会由于行为体间相互政治经济和军事文化作用而联结成一个整体,形成了一个总系统。世界经济体系、格局和秩序是联结国际社会这一总系统的纽带,是其赖以运转的基础。由于国际社会行为体间在政治、经济、军事、文化等领域中的相互作用都具有政治性,可以说,国际政治体系、格局、秩序就是国际社会这个总系统的集中体现。国际政治必然全面显示出国际社会的基本面貌。

国际政治行为体活跃于国际社会,为国际社会行为体的主要代表。国际政治行为体和国际社会行为体大都同一。因为国际社会行为体除国际政治行为体外,其他领域行为体的活动,无一不具有政治性。国际政治虽以经济为基础,但又是经济的集中表现,且渗透各个领域,政治经济、经济政治、政治军事、军事政治、政治文化、文化政治,可说是无处不在,无时不有。行为体中,国家作为政治的代表,是国际社会的重要组成部分,行为体间的相互作用,国家间的相互作用,是国际社会的主要内容。国家角色演出的国际政治戏剧反映的是国际社会的现实。以国家间关系为核心的包含众多行为体间关系的国际政治只能以国际社会为舞台,以国际社会为源泉,当然能揭示国际社会的基本面貌。

第一章 总论 国际政治的总体全貌

第二节 国际政治是一种综合现象

一、国际政治是世界经济的集中表现

在国际社会中,政治与经济既紧密相联,密不可分,又相对独立,具有各自的内在规律。世界经济,以市场为代表,包括经济体制、实力与规模,以及经济关系,是国际范围内生产、分配、交换、消费等经济活动的总称。国际政治,以国家为代表,包括外交战略、实力与规模,以及政治关系,是国际范围内战争、和平、冲突、合作、强权、民主、主权、人权、动乱、秩序等政治现象的总称。它们之间的基本关系是:世界经济是国际政治的基础,国际政治是世界经济的集中表现。两者不仅相互依存,相互制约,而且相互渗透,相互转化。当然,国际政治是世界经济的集中表现,不是机械地、消极的反映,而是主动地、富有创造性的活动,是一个曲折复杂的相互作用的辩证过程。具体说:(1)国际政治以世界经济为基础和根源。国际政治是伴随着经济生活国际化过程出现的,其体系、格局和秩序的形成与演变取决于世界经济的发展。国际社会所有国际政治关系和现象都可从世界经济中发现其动因。世界各国在国际政治中地位的兴衰反映了它们在世界经济中实力对比的变化。当然,国际政治集中反映世界经济,是从趋势和方向上说的,一般表现为终极原因,不是完全同步,立竿见影。实际情况是,反映或直接或间接,多种多样。国际政治有时以当前经济利益为背景,有时同长期经济战略相一致。对于世界经济的变化,国际政治的反映也快慢不一,时而迅速,时而缓慢,时而灵敏,时而迟钝。(2)国际政治反作用于世界经济。国际政治虽以世界经济为基础和根源,但一旦形成就具有相对独立性,即具有特殊的发展形式和发展规律。因此,国际政治对世界经济的集中表现,往往是主动的、积极的,富有创造性,甚至在特定条件下能够发挥决定性的反作用。国际政治的主动表现在于,它能影响和制约经济政策的制定和实施,对世界经济起导向作用,或促进其繁荣,或阻碍和破坏它的发展。尤其是当战争和

国际政治学理论

军备竞赛成为世界范围内的主要危险时,国际政治的主动表现就显得特别活跃,对世界经济的反作用极大。国际政治中的强权、联盟和合作,反动与革命,以及能否善于正确处理好复杂的国际关系,均能增强对世界经济的影响和反作用。(3)国际政治向世界经济渗透。随着科学技术的进步和国际形势的发展,全球性问题,如和平与发展的世界主题,以及裁减军备、保护生态平衡、外层空间和海洋的和平利用等日益增多。世界各国的相互依存进一步加深,出现更多"你中有我,我中有你"的共同利害关系。这些新的趋势,不仅促使政治军事化转向政治经济化,而且渗进世界经济,相互融合,使其政治化。国际政治与世界经济以互相结合的面目将更多活跃于世界舞台,影响国际社会的发展。

当今世界,国际政治同世界经济的结合,不仅要立足于世界的贸易体制和关系、金融体制和关系及背后的剥削关系、不平等关系,重视世界经济中的生产关系,而且要突出生产力的发展,重视生产力的发展对国际政治的影响。这就是说,我们应该把生产力标准引进国际政治领域,使其同国际法准则一道成为认识国际政治和判断国际关系的同等重要原则。

二、国际政治以国家对外战略的相互作用为主要内容

"战略",原是军事术语,据说最早源于希腊文的"指挥官"和"诡计"一词①,前者意为"将谋",后者表示"奇谋"。西方著名军事理论家克劳塞维茨给"战略"下的定义是:"为了战争目的运用战斗的学问。"②闻名于世的东方战略理论名著《孙子》一书,就是从"兵者,诡道也"这句话开始论述其战略理论的。20世纪初,"战略"一词从军事领域扩大到政治领域,随着全球范围国际政治体系的形成,出现了"政治战略"的概念与理论。当代世界,"战略"一词已为各国广泛使用,涉及各个领域,既有国家战略、全球战略、大战略,也有地区或部门的发展战略和众多的专门战略,各行各业都在研究和制定自己的战略。国

---

① 参见小山内宏:《现代战略论》,吉林人民出版社1975年版,第48页。
② 冯·克劳塞维茨:《战争论》第1卷,商务印书馆1964年版,第103页。

第一章 总论 国际政治的总体全貌

家对外战略,亦称国际战略和全球战略,指的是国家为了国家权益,从国际全局出发,运用外交的谋划和指导。它包括对国际社会所处时代和基本矛盾发展规律的认识、对国际格局演变规律的判断以及对外关系原则和方针政策的制定,其目的是实现本国国家权益,其特点是具有长期性和全局性,是对一个较长时期世界政治、经济、军事、文化等全局发展和演变规律的认识和运用,是对本国的国际环境和国际地位的分析和判断,是对实现国家权益和国际活动路线、原则和途径的谋划和规定。国家对外战略,包括外交政策,但两者区别极大。国家对外战略是对全局的一个较长时期的分析认识和综合谋划,外交政策只是实施国际战略的行动手段和具体措施。两者不仅内容不同,层次和涉及的范围也不一样。国际政治虽然涉及外交政策的制定和实施,但以国家对外战略的谋划、运用和相互作用为主要内容。国际政治不是各国对外战略之和,也不仅仅表现为并存,而是各国对外战略的相互作用。相互作用,既有相互影响与相互制约,又呈现出相互竞争与冲突以及相互协调与合作。国家对外战略的相互作用最终形成结盟与不结盟、集团与非集团、霸权控制与和平共处等形式的种种双边与多边关系,产生战争与和平、强权与民主、剥削与发展、动乱与稳定等等纷繁复杂的政治现象,并联结为一个不可分割的体系及其结构——格局和运行秩序,真正构成国际政治的基本内容。一般来说,以国家对外战略相互作用为主要内容的国际政治,大国对外战略往往起着重大的甚至是决定性作用。第一次世界大战前的国际政治,主要集中在英、俄、法、德、日、美等六个帝国主义大国间的关系上。两次世界大战之间,由于社会主义苏联的建立取代了俄国,国际政治的内容发生重大变化,但上述大国仍起着重要作用。战后世界,随着一系列社会主义国家和新兴民族主义国家的涌现,国际政治中中小国家的联合力量加强了,制衡作用增大了,大国的强权政治受到了沉重的打击,这是不可忽视的重大现象。大国的作用虽然因此有所削弱,但其在国际政治中的地位仍然举足轻重。当今世界,国际政治的主要内容,集中体现在美国、中国、西欧、日本、俄国和以不结盟运动为代表的第三世界国家的对外战略的相互作用上。这些国家当然不全是大国,但都是国际政治中的主要角色。它们之间的相互作用,既有不同社会制度的对抗和国家权益的冲突,也有强权政治的角逐,且相互渗透,错综复杂,集中了当今世界所有的基本矛盾。它们或表现为突变式状态,或处于渐进式状态,最后均形成"合力",在国际政治中发挥作用。

三、国际政治的直接目标和主要表现是国家权益

国际政治主要围绕国家权益运转。它集中体现在世界各国为维护或扩张国家权益的对抗与合作上。自从社会主义制度同资本主义制度共处于一球之后,国际政治深深打上了意识形态的烙印,更新了发展的方向,但其直接目标和主要表现则是国家权益。在国际政治中,国家权益是第一位的、直接的,其他则是第二位的,渗透于国家权益之中。国家权益,又称国家利益,即权利、权力和利益。权利,即合理合法的权力与利益,具有正当性,而一般意义的权力与利益包含合法与不合法两部分,具有不确定性。从包含权利、权力和利益出发,"国家权益"的概念比"国家利益"的概念要明确得多。为了尊重习惯用语,两者混用也无不可。国家权益是国家对外活动的动因,以国际法公认准则为标准,区分为强权利益和主权原则内的利益,简称主权利益。强权利益,是由权力界定的,它以追求霸权、热衷干涉、迷信实力为特征,奉行"强权即真理"的哲学。主权利益指的是国家应享有的权利、权力和利益。国家主权利益建立在主权的基础上,只以主权原则为依据,不以实力为标准,不受社会制度和意识形态的制约,也不由权力来决定。国家主权利益是主权范围内的利益,符合国际法准则,是阶级利益同民族利益的结合及本国利益同世界各国利益在主权原则下的统一。在国际社会中,国家不分大小、强弱,在享受国家主权利益上,一律平等。任何国家只能维护本国的主权利益,不能凭借实力将主权利益膨胀为强权利益。任何国家在维护主权利益活动中均是相互的、对等的,都应把维护本国主权利益同尊重别国主权利益结合起来作为对外政策的出发点,不能借口本国主权利益去损害别国主权利益,变成民族利己主义。主权利益,只能争取和维护,不能扩大,一旦扩大,就是强权。这是区分两种利益的要害。国家主权利益涉及政

治、经济、军事、文化各个方面,属国际社会的客观存在,谁也不能否认。虽然确定主权利益需靠主观判断,必然受阶级地位、党派背景和价值观念的影响,有某些随意的因素,但把主权利益限制在主权范围之内,以国际法为依据,又同"实力"相分离,且相互对等,这就有了客观标准。当今世界,由于主权利益界定的分歧,如领土争端、民族纠纷、边界摩擦,引起较多的冲突和战争。但更为普遍的则是主权利益同强权利益的对立,以及强权利益间的争夺。一些国家或坚持强权利益,损人利己,或把主权利益膨胀为强权利益,滋长扩张野心,造成种种冲突和战争的现象屡见不鲜,这才是国际政治中的根本问题。当今世界,由于科技革命的发展,世界各国在加深相互依存的同时,经济上的不平等和不平衡日益加剧,政治军事化开始转向政治经济化。国家主权利益不仅表现在国家安全上,而且突出了经济发展权益,强权利益也随之由热衷军事权力趋向注重经济和科技的竞争。这一新的趋势必然拓宽国际政治的主要内容和表现形式,使协调与合作同对抗与冲突相互渗透。因此,作为国际政治核心的国家权益政治,不能简单地理解为世界各国为追求自身利益而进行的权力斗争,它也是国家间以权利和生存与发展利益为中心相互作用的表现。国际政治不能片面界定为权力政治,而应是权力政治、权利政治和利益政治的总和。它包括主权利益同强权利益的关系,以及强权利益间关系和主权利益间关系。可以说,国际政治就是权益政治。一般来说,在国际政治中主权利益间是相容的,但如果夸大意识形态因素,或主观判断失误,则也会产生摩擦。而强权利益间则是不相容的,其矛盾是对抗性的。至于主权利益同强权利益则完全相斥,其冲突是不可避免的。这就是造成国际社会动荡和危机的主要根源。

我们把国际政治界定为"权益政治",这比界定"权力政治"准确、全面,更符合国际社会的现实。首先,它是政治与经济的统一,既承认政治军事化,又重视政治经济化趋势。其次,它是理想与现实的结合,既承认权力冲突与实力政策,又突出权利的追求和维护。再次,它是冲突与合作的交汇,既承认对抗与斗争,又强调协调与合作。

综观国际政治发展史,尽管内容丰富多彩,纷繁复杂,但始终围绕

国际政治学理论

一条主线,这就是权力同权利的关系。一般来说,资本主义强国、压迫民族、统治阶级在外向活动中突出权力政治,而弱小国家和新兴阶级的外向活动只能抓住权利政治,以权利同权力的对抗为中心,才能争取和维护自己应有的权益。

四、国际政治充满意识形态色彩

意识形态即政治、法律、道德、哲学、艺术、宗教等社会意识各种形式的总称。意识形态的阶级性最强,实为不同阶级和不同利益集团的价值观念。国际政治不仅深深打上不同社会制度的烙印,也渗透有各种意识形态的色彩。

国际政治,主要是国家间政治。国家既是统治阶级的代表,又是全民族的代表。国家间政治既以国家权益为目标,又是管理国家的统治阶级走向世界的产物,同阶级利益紧密相连。我们不能漠视国家权益中的民族属性,不能简单地把国际政治归结为阶级政治,这是极其重要的,但也要看到国家间关系的阶级实质。国际政治除国家间政治外,还包括意识形态强烈的国际组织间政治和阶级政党间政治。国际性阶级政党的重要作用,不仅表现在它的国际政策和党际活动,而且在于它对国家间关系的影响。国家是由阶级政党统治的,世界上多数国家实行议会民主制和多党制,议会党团的活动就是国家活动的一部分。更为重要的是,今天的政党政治,明天上台执政就变成国家政治,相互间有密切的联系。阶级政党间政治和国家间政治的并存及其相互联系,进一步揭示了国际政治的阶级关系实质。如果追根溯源,国际政治同社会制度和意识形态的异同不可分割。全球性国际政治,始于19世纪末20世纪初,它以垄断资本的国际化和世界被瓜分完毕为形成标志,是两大国际性阶级,即资产阶级同无产阶级从国内走向世界,把阶级矛盾演变为不同社会制度和不同意识形态对抗的产物。帝国主义的侵略和掠夺,把资本输往世界各地,把民族压迫推向全球,用国际分工、世界市场和殖民统治结成了牢固的世界体系。这个世界体系在经济上是用金融密网笼罩的,在政治上是由殖民政策控制的,在军事上是靠军事集团和战争威胁维持的。在这个体系内,帝国主义不仅剥削全世界,而且相互争夺;垄断资本不仅激化国内矛盾,而且在殖民地半殖民地造就了又一个对立面,并使其卷进国际政治旋涡。它们给国际政治带来的最大新现象是:战争引起革命,统治产生反抗。垄断资本促使各国人民开始选择新的社会制度,激起被压迫民族寻求民族自决,推动社会主义和新兴民族主义从理论变为现实。因此,弄清垄断资本及其同社会主义和新兴民族主义从理论到实践的关系,乃是正确认识国际政治的基础和前提。当代世界,存在着两种制度,三类国家,即垄断资本主义国家、社会主义国家和新兴民族主义国家。国际政治虽然以国家权益为直接目标和主要表现,不能把国家权益变成纯粹的意识形态和社会制度的追求,但各国在国际政治中的国家权益活动都渗透有意识形态因素,最终都是为巩固和发展各自的社会制度服务的。一般来说,强权利益活动以实力为基础,较多注重意识形态的作用,常常以社会制度和意识形态的差异作为干涉别国内政的借口;而主权利益活动主要以国际法为依据,但也受意识形态的影响和社会制度的制约。因此,在国际政治中,处处以意识形态为纲,输出社会制度,为国际社会所不容。对此必须加以反对。但绝不能被国家间关系的表面现象所迷惑,忽视和排斥意识形态和社会制度的影响和作用。值得注意的是,冷战结束以后,社会制度问题谈的较少,而意识形态和价值观念则受到越来越多的注意。

第三节 国际政治是一个整体

一、国际政治是行为体相互作用形成的"合力"表现

国际政治不是各国政治经济的简单相加,也不是各国政治经济运动规律的简单延伸。它是行为体间相互作用形成的一种"合力"的表现,有着自己特殊的运动规律。"合力"提法的依据是恩格斯关于"历史创造"的科学论断。恩格斯说:

> 历史是这样创造的:最终的结果总是从许多单个的意志的相互冲突中产生出来的,而其中每一个意志,又是由于许多特殊的

生活条件,才成为它所成为的那样。这样就有无数互相交错的力量,有无数个力的平行四边形,由此就产生出一个合力,即历史结果,而这个结果又可以看作一个作为整体的、**不自觉地**和不自主地起着作用的力量的产物。因为任何一个人的愿望都会受到任何另一个人的妨碍,而最后出现的结果就是谁都没有希望过的事物。所以到目前为止的历史总是像一种自然过程一样地进行,而且实质上也是服从于同一运动规律的。但是,各个人的意志——其中的每一个都希望得到他的体质和外部的、归根到底是经济的情况(或是他个人的,或是一般社会性的)使他向往的东西——虽然都达不到自己的愿望,而是融合为一个总的平均数,一个总的合力,然而从这一事实中决不应作出结论说,这些意志等于零。相反地,每个意志都对合力有所贡献,因而是包括在这个合力里面的。①

国际政治作为一个整体,无论何时何种情况表现出来的均是一种"合力"。这种"合力"是一种什么样的力量呢?(1)这种"合力"不是国际政治各行为体单个力之和,而是这些"力"相互作用融合的一个整体力量。(2)这种"合力"不是各行为体的意志和愿望的简单相加,而是所有这些意志与愿望相互冲突、相互制约的集中表现。(3)这种"合力"不是由各行为体等同的"力"和固定的"力"组成的,而是无数个"力"形成的"平行四边形",既不平衡,又可以变动。(4)这种"合力"不是人为的、主观造成的,而是不自主的、不自觉的。它随着国际形势的发展而变化。谁在"合力"中发挥的作用大或发挥的作用小,是不以自己的意志与愿望为转移的。虽然各单个"力"的意志并不等于零,但最终都会服从国际政治发展的同一运动规律。

正是从"合力"出发,国际政治各行为体不仅离不开世界,而且都为国际社会的发展提供了各自能够提供的前提和条件,作出了自己的贡献。这一观点完全否定了绝对的、永不变动的首要和次要的形而上学观点。帝国主义列强和推行霸权主义的超级大国企图主宰世界,为

---

① 《马克思恩格斯选集》第 4 卷,第 697 页。

所欲为,已为时代所不容。社会主义国家高于一切,决定一切的观念,也是脱离现实的。有一种看法更是错误,似乎世界只有两支队伍:一支队伍在这一边排好队,喊道:"我们赞成社会主义",另一支队伍在那一边排好队,喊道:"我们赞成垄断资本主义",这就是国际政治!这种把国际政治看成是两种制度的对立的观点,完全是一种迂腐可笑的观点,不符合国际政治整体性和表现为"合力"的现实。长时期来,我们总是强调意识形态,在国际政治中以重视社会主义为借口,贬低和否定其他思潮、其他运动、其他国家;总是只承认社会主义国家的贡献,忽视和贬低其他国家的作用,尤其否定帝国主义和霸权主义调整政策的能力和对"合力"的作用。虽然这种作用是有限的,但毕竟是客观存在,不容忽视的。这种违背国际政治整体性的观念和行动,只能是把国际政治本来五光十色、丰富多彩的内容,变成某种行为体独往独来的孤军活动。

正是以"合力"为依据,当今世界任何一个国家都离不开世界,它们之间的联系只能是局部同整体的关系;任何一类现象都不是孤立的,都是整体的一部分;任何一种冲突都不是绝对的,它们相互制约,都会对全局产生影响。国际政治作为一个整体,要求局部从属于全局,把世界发生的重大事件纳入整体范畴之中;同时要求站在整体的高度去观察和研究局部,特别是注重影响全局的关键性局部事件。

二、国际政治是体系、格局和秩序的统一

国际政治体系是一个历史范畴,是资本主义生产方式的产物。它同世界经济体系的形成同步进行,密切相连,但以世界经济体系为基础。国际政治体系同世界经济体系一样,最初是资本主义的一统天下,主要由以资本主义国际分工为基础的世界生产体系、以资本主义不平等交换为基础的世界贸易体系、以垄断资本为基础的世界金融体系和以帝国主义统治和掠夺为基础的世界殖民体系所组成。由于西方列强争夺世界和地区霸权的冲突和战争,特别是全世界无产阶级和被压迫民族争取独立和解放的运动,资本主义一统天下的世界体系日渐破裂,先后形成了资本主义世界体系与社会主义世界体系,以及垄

断资本主义国家体系、民族主义国家体系和社会主义国家体系。这些体系以世界经济为联结纽带,相互依存,相互渗透。它们共处一球,在竞争、冲突和协调、合作中,沿着一个新方向演变与发展。作为国际政治体系,无论是资本主义一统天下,还是两种制度、三类国家竞争共处,都具有整体性、联系性和不平等性的基本特征。国际政治格局寓于国际政治体系的母腹之中,是充当主角的行为体间相互政治作用形成的一种结构。它具体表现为主要角色在追求权利与权力、利益、维护和平与发展等政治活动中形成的各种各样的关系,以及相互间展开的多层次、多方位的对抗与合作式样。这就是说,"主角"、"主要关系"和"式样",是构成国际政治格局的基本要素,其中以"主要关系"为核心。长期以来,国际政治格局的形成与演变,均以军事集团的实力组合为依据,以战争及其结局为标志,以大国控制世界为目标。随着反法西斯战争的胜利和一系列新兴社会主义国家及民族主义国家的诞生,国际政治格局演变的依据、标志和目标均发生了根本性的变化。在格局中,不再完全是军事实力决定一切,以经济和科技为中心的综合国力日益占据重要地位。除强大实力的作用外,随着新兴力量的崛起和经济科技实力的消长,也会通过和平方式更新主要角色的地位和改变主要关系。在格局中,主要关系不再仅仅表现为集团对抗和大国争夺,而且出现了相互协调与合作,特别是反霸与争霸、民主与强权、人权与主权的较量日趋增多。国际政治秩序,也以国际政治体系为依托,指的是主要角色相互作用的运行机制和规则,它以主角的对外战略及其实施为基础,表现主要角色在国际政治体系和国际政治格局中的地位。国际政治秩序从一开始就是由充当主角的国家设计,经相互作用建立的,其基本特征是稳定。秩序是人为的,可以调整,可以突破,带有很强的主观性。

  国际政治体系、格局、秩序均属动态范畴,它们紧密相连,不可分割。它们之间的关系是局部同全局的关系,重点同一般的关系。国际政治体系,分全球体系和区域体系,它不是各行为体政治之和,不是世界各种政治现象杂乱无章的混合体,而是有着深刻的内在联系,相互制约,相互作用,并按一定的规律运动。这种内在联系和规律运动的具体体现就是国际政治的基本格局;这种内在联系和规律运动的运行机制和规则就是国际政治秩序。"格局"和"秩序"属"体系"的关键性组成部分,外延小,只体现在主角和主角间关系上,比较清晰;"体系"范围广,由所有行为体组成,只能从"格局"和"秩序"中显示自己的面貌。西方有的学者把"体系"喻作"天空","格局"称为"星座"。"格局"与"体系"的关系,即是"星座"与"天空"的关系。"天空"包含"星座",但不等于"星座"。"天空"是通过"星座"来显现和被认识的,不弄清"星座",就难以了解"天空"。这种比喻有一定道理,它有助于准确地认识"格局"与"体系"的关系。如果把"秩序"纳入这种比喻中,它则表示"星座"的位置及其运行顺序和运行轨道,这样也能正确地揭示"秩序"同"格局"、"体系"的关系。

正是国际政治的体系及其结构——格局和秩序,理顺了国际社会纷繁复杂的各式各样的关系,揭示了国际政治杂乱无章的种种现象的内在联系和发展规律。完全可以肯定,国际政治就是体系、格局和秩序的统一。

三、国际政治是围绕权益活动的运行状态和运行机制的结合

国际政治的核心是国家权益活动,即权利、权力和利益活动。这些活动具体表现为运行状态和运行机制的结合。这也是国际政治的两重性,即围绕国家权益的矛盾运动和追逐稳定秩序的过程所决定的。

国际政治两重性及其运行状态和运行机制内外的结合,揭示了国际政治的不可分割性。这种结合表明,国际政治是完整的、紧密相连的。

国际政治的运行状态,指的是国际协调与合作,以及国际竞争与冲突。它们均围绕国家权益运行,时而协调合作,时而竞争冲突,甚至战争。不同时期,虽然表现的重点不一样,但任何时候都不存在绝对的协调与合作,或绝对的竞争与冲突,往往是协调合作中有竞争冲突,竞争冲突中有协调合作。协调合作与竞争冲突始终是结合在一起的。国家权益的活动,一直运行在协调合作与竞争冲突的状态中。

国际政治学理论

国际政治的运行机制,即国际控制和调节机制,指的是行为体间就相互关系和国际事务进行协商形成的制度化的组织机构、原则和程序,其目的是维护国际安全、防止事态恶化和冲突升级。国际政治的运行机制,包括自发均衡机制和自觉调节与控制机制,如政府间的联系机制和交流机制、国际组织的管理机制和合作机制、国际政治的公认准则和仲裁措施,等等。国际政治中的运行机制,从自发到自觉,从双边到多边,从低层次到高层次,是一个发展的过程,且同时活动,相互渗透。

国际政治运行机制的活动是同运行状态同步进行且相互渗透、相互作用的,谁也离不开谁。国际政治的运行状态和运行机制,形象地说就是行为体角色的戏剧表演。从运行状态和运行机制的结合中,我们可以完整地认识国际政治的全貌。

第二章 行为体论
国际政治的诸角色

国际政治的行为体,即国际舞台上演出"国际政治"戏剧的诸角色。行为体就是角色。国际政治的行为体,种类繁多,各式各样,均同时活跃于国际社会大舞台上。国际政治史上从来都是多行为体同在,并未经历过从单一行为体向多样行为体演变的过程,只是不同时期,各类行为体对国际社会施加的影响和发挥的作用不尽相同,大小不等,轻重不一,差别极大。

第一节 国际政治行为体的基本条件

一、行为体的定义

国际政治行为体,指的是国际社会中拥有自己特殊利益,能参与对外政治活动并发挥与自己职能特性相符作用的实体。构成"实体"的基本要素有三:一是具有共同利益,二是以一定规则为纽带,三是由某种组织结构所体现。国际政治行为体,包括政治的、经济的、文化的实体和具有上述诸因素的综合体。如果把国际政治比作国际社会大舞台演出的大型戏剧,行为体就是其中的各类角色。正如缺少任何角色都难以演出完整的戏剧一样,没有行为体的参与,就不会产生国际政治。

国际政治行为体区分为主权行为体和非主权行为体,它不同于国际法行为体,不全是法的概念,不一定具备直接承受国际法规定的权利和义务的能力。国际政治行为体不等于国际社会行为体。国际社会行为体,除国际政治行为体外,还包括世界经济行为体、军事行为体和文化行为体,等等。虽然经济的、军事的、文化的行为体均有自己的活动领域,但因其本身具有政治性,故在绝大多数情况下也可扮演政治角色,充当国际政治的行为体。

国际政治理论家和学者对行为体的认识和主张并不完全相同。古今中外莫不如此。霍布斯看重国家行为体,格劳秀斯热衷于超国家的共同体。马克思从资本主义市场出发判断国际政治,注重的是以生产关系和剥削关系为轴心的阶级行为体。列宁的国际政治理论建立在帝国主义世界体系基础之上,突出民族压迫和民族掠夺,寓国家于两类民族(即压迫民族和被压迫民族)的关系中。当代世界,国际政治学者或重视国家行为体,或强调非国家行为体,或突出个人行为体,意见也不统一,这是完全正常的。但是,我们认为必须明确以下三点:(1)"行为体"同"行为主体"是含义不完全相同的两个概念。"行为体"是国际社会舞台中各种角色的统称,注重其本质属性,"行为主体"除本质属性外,还有量和作用的因素。从概念的科学性出发,"行为体"比"行为主体"要准确,因为行为体是一回事,行为体作用的大小又是一回事。(2)行为体是多元的,从历史长河看是如此,全球范围看是如此,即使从某一时期、某一地区的角度说,也是如此。国际政治中从来不是单一行为体在活动,总是多行为体的相互作用。(3)行为体以国际政治体系为依据,且不断更新与增加,主观判断应符合客观实际,应从体系出发,不能孤立地就事论事,也不应单凭主观随意认定。行为体是客观存在的,由体系决定的,不是人为的。既然行为体以国际政治体系为依据,我们就应该严格区分国际社会中不同领域的行为体,准确认定国际政治的行为体。当然,有些行为体可以在多领域中发挥作用。如国家;有些行为体只能属于某一领域,尽管它对别的领域也会发生影响,如跨国公司,应列为世界经济的行为体,它在国际政治领域的活动,应属于世界经济同国际政治的关系。

第二章 行为体论 国际政治的诸角色

二、行为体的条件和基本特征

国际政治行为体,在国际社会舞台扮演角色,必须具备几个条件,不是地球上存在的一切个人或所有实体都能在国际政治中参加演出,发挥作用的。

第一,必须是一个实体,具有相对稳定的组织形式和一定的共同利益基础,并以某种纲领原则为纽带。物以类聚,人以群分。国际政治的行为体只能是实体,个人除非作为实体的代表,否则不能成为国际政治行为体。无实体作后盾的单个个人是孤立的,在国际政治中是无能为力的,根本无法参与活动,施加影响。

第二,必须具有交往的能力,在国际社会中发挥同自己特性和职能相符的作用。"能力"不同"实力",前者是"天赋的"、自然形成的,后者是"人为的"、经过努力取得的。作为行为体的条件,具有"天赋的"、自然形成的能力即可,与实力大小无关。如国家,只要具备领土、人口、自然资源和主权四要素,就能成为国际政治的行为体,不以实力为依据。作为国家,这些要素均是"天赋的"、自然形成的,甚至不够完整或无独立主权,也不影响作为行为体的作用。具体说,大国、强国、富国可以充当行为体,小国、弱国、穷国甚至殖民地半殖民地国家也能扮演行为体角色。在国际政治中,实力同军力不可分,也有实力即军力之说。而行为体的交往能力则不一定具有军事力量,故应将"能力"同"实力"严格加以区别,以免将实力或军力作为国际政治行为体的必要条件,从而作出错误判断,漠视小国、弱国、穷国在国际社会中的应有地位和作用。

第三,必须参与国际活动,发生外向行为。与世隔绝、闭关自守的实体,不能成为国际政治的行为体。行为体的外向活动,或直接或间接,或主动或被动,或独立或依附,或全局或局部,或推进或倒退,等等,均在所属范畴之内,不能顾此失彼,肯定一面,否定另一面。作为国际政治行为体的条件,关键是参与外向活动,至于怎样参与,能力大小,作用强弱,是否独立自主,均无关紧要。比如说,国际政治中的宗主国是行为体,从属的殖民地半殖民地也是行为体;军事集团和"大家

国际政治学理论

庭"内的盟主和"家长"是行为体,半独立和依附的成员也是行为体。如果以是否独立自主、直接间接、主动被动、推进倒退划分,只承认前者,否认后者,就不可能正确判断国际政治的内容和实质,也无法在国际社会舞台上演出丰富多彩的大型戏剧来。

国际政治行为体的三个条件是统一不可分割的。它以实体为依托,以交往能力为基础,以外向活动为标志,相互联系,相辅相成。当然,行为体所具备的基本条件是一样的,但各自的能力和发挥的作用是不相同的。

正是国际政治行为体所必须具备的条件,决定了它的基本特征是稳定和外向。稳定来源于有组织的实体、共同利益基础和联结纽带;外向主要表现为"参与"和相互联系、相互制约、相互作用。力量虽有大小、强弱之分,但均能对国际社会施加影响,发生作用。

三、行为体的类型

活跃于世界舞台的国际政治行为体,无论是其在国际社会中的地位与作用上,还是在其组织形式的式样和规模上,均存在着极大的差异,可说是形形色色,纷繁复杂。概括起来,国际政治行为体主要包括国际性阶级政党和世界性民族解放组织、国家和国际组织,等等。如果按性质分类,可区分为国家行为体和非国家行为体。当然,在众多行为体中,以主权国家最为重要,它具有广泛的代表性,发挥着巨大的作用,是国际政治中最为活跃、最有影响的行为体。但非国家行为体在国际社会内都有自己的特殊利益与独立的国际交往能力,往往游离于国家行为体之外,因此,不能漠视它们的地位与作用。

随着战后世界形势的演变,亚非拉地区一系列国家相继独立,国际政治中的国家行为体更为突出,甚至有"国际政治即国家间政治"之说。不仅如此,国际政治中的非国家行为体也日趋活跃,其主要表现为:(1) 种类增多,涉及国际社会各个领域,如区域组织、集团、共同体、各种运动,等等,应有尽有。(2) 数量增大,成千上万,仅国际组织行为体,90% 以上都是在战后建立和兴起的。(3) 作用增强,政治的、经济的、军事的、文化的,均能对国际社会施加影响,甚至产生综合效

第二章 行为体论 国际政治的诸角色

应。非国家行为体不仅能发挥不同于国家行为体的作用,而且在一定条件下可以超越国家行为体的能力,起到国家行为体难以起到的作用。

第二节 国家行为体

一、国家的特性和类型

国家是个历史范畴。它伴随着私有制和阶级的出现而诞生,也将随着阶级的消灭而消亡。世界上最早的国家是奴隶制国家。第一批奴隶制国家诞生于公元前3000年左右的埃及和巴比伦。随后,封建制国家取代了奴隶制国家。中国是最早的封建国家的发源地之一。近代资产阶级国家始于欧洲,西欧早就出现了早期单一的民族国家。民族国家是以民族构成的国家,它有别于古希腊的城市国家和中世纪大一统的神圣罗马帝国和土耳其奥斯曼帝国。17世纪的英国通常被认为是第一个近代民族国家的典型。1776年的美国革命和1789年的法国革命诞生的民族国家,实现了主权从异族统治者和国王手中向本国政府和资产阶级手中转移。资产阶级民族国家的诞生,标志着主权国家的建立,并成为国际政治行为体的基本组成部分。帝国主义出世后,世界分成帝国主义国家和殖民地半殖民地国家。经过两次世界大战,欧亚非拉先后建立了众多的社会主义国家和民族主义国家,并与垄断资本主义国家共处一球。从此,殖民体系土崩瓦解,帝国主义遭到决定性的打击。主权国家作为国际政治行为体的基本组成单位已经变成世界性的现象,成为国际政治最重要、最广泛的行为体。主权国家之所以能在国际政治中发挥最重要、最活跃的作用,充当基本的行为体,关键在于它是稳定的政治经济实体,拥有主权,并能以其他行为体所不具备的强大能力和组织手段平等参与和决定世界事务。

作为国家必须包含四个基本要素,即定居的居民、固定的领土、健全的政府组织和完整的主权。主权是一个国家固有的属性,指的是国家独立处理内外事务的最高权力。它包括管辖权、独立自主权、自卫权和平等权,即对内享有管理本国人民、资源和政治经济生活的权力,不容他国染指;对外享有独立处理国家关系和制定外交政策的自主权,参与国际事务的平等权,不准他国插手;国防上享有抵抗外来侵略和维护领土完整的自卫权,不许他国干涉。主权的最基本特征,是具有完全的独立自主性、最高的权威性和无可非议的合理性。

国家具有三重性:阶级性、民族性和国际性。

长时期以来,我们只谈国家的阶级性,过于看重国家的本质,后来力求全面,才承认民族性的特征,随着国家交往的增多,"地球村"的出现,日益显示出国家的国际性。在国际政治中这是应该引起重视的。国家行为体作用就是三重性的统一。有的学者认为,国际政治中的国家只是体现民族性和主权性两种身份。这不全面。其实,无论国内政治中的国家,还是国际政治中的国家,均体现为三重性,只不过国内政治中的国家,把阶级性放在首位,强调阶级利益和民族利益的统一,国际政治中的国家则把民族性放在首位,突出国家利益及其同别国利益的相互对等性。

国家是阶级矛盾不可调和的产物,也是阶级统治和管理的工具。国家是由经济上占有统治地位的阶级用来实现政治统治和政治管理的工具。因此,认识国家职能和作用都不能忘记社会划分为阶级这一基本事实。国家是统治阶级的代表,阶级消灭了,国家也就不存在了。国家的阶级性,主要体现在占统治地位的阶级和主导意识形态上。国家的外向活动和外交战略的运行,虽代表全民族身份,把国家利益放在首位,但全力渗透统治阶级的利益。社会制度可以超越,主导意识形态和价值观不是作为外向活动的组成部分,就是渗透在其他领域之中,是不会消失的。在国际政治中,它虽然不能过于突出,但也不能忽视和否定。主导意识形态的宣传教育,是民族凝聚力和国家综合国力增强的重要条件。

国家是由民族组成的,或是单一的民族国家,或为多民族国家。民族国家,以爱国主义和民族主义为基础,是民族意志和国家意志的统一。民族是人们在历史上形成的一个有共同语言、共同地域、共同经济生活以及表现于共同文化上的共同心理素质的稳定共同体。民

第二章　行为体论　国际政治的诸角色

族是划分为阶级的,它既体现本民族内各阶级的利益,又有全民族的共同利益。国家作为阶级统治和管理的工具,主要维护统治阶级或领导阶级的利益,但都是在民族范围内才得以实现的,绝不能忽视民族利益。离开了民族的生存和发展,任何阶级,包括统治阶级或领导阶级,都无法完成自己的使命。国家既是阶级的代表,又是全民族的代表。国家的正常运转,必须是民族利益的体现。国家的民族性,以爱国主义和民族意志为标志,显示出民族的凝聚力和国家的完整。

国家是国际社会的重要成员,其生存与发展离不开世界,除阶级性和民族性外,还有国际性,而且越来越突出。国家的国际性主要表现为:(1)它作为国际社会的一员,处于市场体系和国家体系之中,其生存和发展必然受世界体系和全球利益的制约。(2)它作为国际社会的一员,处于国际社会的监督之中,其生存与发展必须遵循国际法的公认准则,并须得到国际社会的认可和支持。(3)它作为国际社会的一员,处于同其他成员国相互作用之中,国家离不开世界,其生存与发展必须以尊重别国的生存与发展权益为前提,必须同世界接轨。在国际社会中,各国国家权益都是对等的、相互依存的,不得相互损害。各国要处理好国家利益与全球利益的关系,必须以主权为依据,离开了国家主权,国家的统一和民族凝聚力难以维护,其国际性就会走向邪路。

国家是统治阶级的代表,又是全民族的代表,国家的生存与发展也离不开整体世界。国家的三重性,以主导的意识形态为代表的阶级性、以爱国主义为核心的民族性和以主权平等为界标的国际性,显示出国家的三重凝聚力,是国家发挥基本行为体作用的源泉和保证。国家的三重性,是统一不可分割的。夸大或突出任何一种特性,将其推向极端,都必然会置国家于阶级或民族的私利中,使之走上阶级利己主义、民族扩张主义和国家霸权主义。而贬低或否定任何一种特性,将其畸形化,则也必然会置国家于混乱状态之中,使其在国际社会中无法正常运转和实现自己的正常权益,其行为体作用将发生质的变化。

在国际政治中,国家成为重要行为体,关键在于拥有主权,这是不可否认的。

　　国家由于拥有主权而成为具有严整的组织结构和完全独立自主地位的重要行为体。具体说:(1)主权赋予国家独立的内外职能,即对国内社会和国际社会进行独立的、有组织活动的职能。国家对内职能表现为对敌对阶级的统治和对社会的管理;国家对外职能,即是维护国家的安全、独立自主和在国际社会的平等权的职能,包括制定对外政策以实现国家目标、组织本国处理对外关系以及同其他国家的交往。从国际政治角度讲,主权赋予国家的主要是对外职能,但内政与外交是统一的,它们相辅相成,紧密相连,不可分割。常言说"弱国无外交",准确地揭示了外交与内政的关系。内政与外交行使的情况,直接关系着国家的稳定。国家内外职能的完整和独立自主的活动,标志着国家的安全与发展,决定着国家在国际社会所处的地位和作用。国家完整的内外职能就是国家权力的内在表现及其活动的总方向,是使国家成为稳定的基本行为体的基础。(2)主权要求国家建立庞大而又严密的由各种机关和人员组成的组织体系,即国家政权机构。这种国家政权机构主要包括各种国家机关及其官吏和常备军。官吏是国家政权机构的管理者,常备军则是国家政权机构的主要支柱。一般来说,组成现代国家政权机构的国家机关主要有:国家权力机关(立法机关)、国家管理机关(行政机关)、法院和检察机关(执法机关)。其中国家对外职能部门,主要是国家元首、政府和外交部及其驻外代表机构。国家机关的产生方式、组织原则、权限范围及其相互关系,对不同类型的国家来说是不一样的,它们必须同国体、政体、国家职能相适应。国家的性质和政权组织形式决定了国家机关的设置及其相互关系。国家的职能和政治经济实力制约着国家机关的数量、大小和强化程度。由各种国家机关及其官吏和常备军组成的国家政权机构,由于具有严密的组织系统、统一的法律和强有力的纪律,乃是国家成为稳定的基本行为体的坚强保证。(3)主权使国家产生了强大的凝聚力。国家是一个结构极为复杂的特殊社会政治组织。依据国家的基本特征可分为单一制国家,即一个统一的立法机关和政府的国家;复合制国家,即由几个国家以联邦或邦联的形式联合组成的国家联盟。随着

第二章 行为体论 国际政治的诸角色

国际形势的发展和和平统一的需要,还出现了"一个国家、两种制度"的国家结构新模式。依据民族的构成可分为单一民族国家和多民族国家。依据国家的性质可分为垄断资本主义国家、新兴民族主义国家和社会主义国家。但无论哪种国家形式都有固定的居民、稳定的地域、健全的组织系统和完整的主权。居民是分民族的,民族是由阶级组成的。虽然统治阶级的主导意识形态和民族意志具有凝聚力,但主权的凝聚力是首位的。只有主权才能使地域稳定,居民固定,组织系统健全,吸引不同民族、不同阶级的居民,凝成一个坚强的整体。如果主权不完整,或丧失主权,国家就会失去凝聚力变成一盘散沙,或使国土不全,民族沦亡。所以说,主权是国家成为国际政治最重要行为体的重要表现。

国家成为最重要的基本行为体,就在于它是国际政治形成和发展的关键。国际政治是以主权国家的诞生及其交往为前提,并随着国家的兴衰及其相互关系的发展而演变的。国家间关系是国际政治的主要内容和基本形式,离开了国家间关系,就不会有什么国际政治。其他行为体的活动,虽有其特殊规律,但一般来说,也是以主权国家为基础,受主权国家的制约。从理论上讲,国家作为国际政治的行为体,是以主权平等为其原则的。然而,在事实上,国际政治中的国家从来没有完全平等过。争取主权完整和平等参与决定国际事务,一直是国家这个行为体间相互关系的重要内容。

当前,充当国际政治行为体的国家共有 170 多个,其中近 100 个是战后独立的。从性质上看,分属于垄断资本主义国家、社会主义国家和民族主义国家,其中以民族主义国家占绝大多数。从生产力水平看,区分为发达国家、新兴工业国家、发展中国家和最不发达国家,相互间贫富悬殊,差别极大。从政体看,有发达资本主义国家的民主共和制、君主立宪制,有发展中民族主义国家的民主共和制、君主制和酋长制,有社会主义国家的人民代表大会制和苏维埃制、国民议会制、代表团制,世界民主化进程正在加快。从政治经济结合的角度看,存在着发达的垄断资本主义国家、发展中的民族主义国家、发达的社会主义国家和发展中的社会主义国家。充当行为体的主权国家,如此种类

国际政治学理论

繁多,性质各异,必然使国家权益千差万别,使国际政治呈现出错综复杂的局面。

当今世界,活跃于国际社会的主要有三类国家:发达的垄断资本主义国家、发展中的民族主义国家和社会主义国家。发达的垄断资本主义国家以美国、英国、法国、德国、日本为代表,主要位于西欧和北美,共20多个国家。这些国家,以雇佣劳动制度为基础、以剩余价值生产为目的,实行的是以垄断资本主义私有制为核心的市场经济和垄断资产阶级政权。这些国家的国家垄断虽然在发展,国有化和股份社会化在增多,国家干预经济和计划化也在加强,但并未改变垄断地位和按资分配的原则,也未克服生产社会化和生产资料私人占有的固有矛盾。这些国家均实行议会民主制和多党制的政治体制,大体区分为民主共和制和君主立宪制两大类。民主共和制有总统共和制和议会内阁制。前者以美国和法国为代表,总统成为权力核心,集大权于一身,拥有行政权、立法复议权和军队统率权。后者以德国和意大利为典型。总统只是名义上的国家元首,内阁掌握全部行政权,只对议会负责。英国、日本等国实行君主立宪制,君主仍然是国家元首,最高立法机关在议会,内阁掌握实际行政权。美国是世界最大的资本主义国家,它的经济命脉基本上控制在十余家大垄断财团手中,政府主要通过财政预算、国家订货,以及信贷、税收政策,干预国家经济生活,属典型的托拉斯资本主义。它最早实行以总统为主体的民主共和制,并由共和党和民主党轮流执政。按照美国宪法规定:国家实行三权分立,即由国会行使的立法权、总统行使的行政权和法院行使的司法权,既各自独立,又相互制衡。各自独立主要体现在:立法权在国会,负责制定、修改或废止法律;行政权在总统,具有管理整个国家和执行国家内外政策的权力;司法权在法院,行使监督法律的实行和审判的权力。三权分工明确,不得超越。相互制衡,主要表现为:国会有立法权,但总统有立法倡议权和否决权,虽然国会可由2/3多数票推翻总统的否决,但总统也还有其他的应付办法;总统有行政权,但重大事情,如任命高级官员,需经国会批准,国会有弹劾总统的权力,但无权要求总统辞职;最高法官有司法权,但最高法官由总统任命,并需经国会批准。

第二章 行为体论 国际政治的诸角色

由于美国强调法制，个人不得凌驾于法律之上，且有一套具体的法律程序，三权分立和相互制衡还是起到了应有的作用。当然，它是为垄断资本服务的，有其局限性，不像宣传的那样完美。在三权分立的权力结构中，主要是总统和国会的关系。总统由选民或选民代表选举产生，只对选民负责，不对国会负责。总统任期四年，连选连任只能一次。总统既是国家元首，又是政府首脑和武装部队总司令，集大权于一身。总统有权任命和罢免高级官员，建立了一个庞大的行政机构。总统虽无宣战权，但有出兵权，可不宣而战。总统的行政权已处于三权的关键环节，国家机器的核心，并开始渗透到国会和司法系统，呈明显的集中趋势。

发展中民族主义国家，主要位于亚洲、非洲和拉丁美洲，共130多个国家，人口和土地面积均占世界一半以上。这些国家，历史上是帝国主义的殖民地和半殖民地，政治上多是战后刚刚独立的新兴国家，经济上则是发展中国家，均面临维护政治独立和经济独立、变革国际政治经济旧秩序的共同任务。这些国家实现独立之后，立即剥夺帝国主义的经济特权，实行不同形式的国有化和土地改革，把国民经济命脉掌握在自己手里，建立了新的经济制度和运行机制，制定和实施多种经济发展战略。这些国家的经济体制，虽然各有特色，但总起来看，大致区分为自称社会主义或向社会主义方向发展的国家和发展资本主义的国家两种类型，分属于"计划经济"和"市场经济"两种基本模式。20世纪80年代以来，它们纷纷调整本国的经济政策，修改经济发展战略，即调整产业结构，开展"绿色革命"，加速发展以粮食为主的农业生产；调整公私关系，对国营企业进行整顿、出售或转让，积极鼓励私人经济的发展；调整内外关系，改变闭关自守和对少数大国的依赖状况，积极推行对外开放，同世界市场接轨，加强集体的以自力更生为基础的南南合作，开展多方面的对外交流与合作。这些国家建立的体制，大体分为三种类型：(1) 自称社会主义或向社会主义方向发展国家的一党执政的共和制和人民议会制，这在非洲比较普遍。(2) 正在资本主义化的封建制国家和酋长制国家的君主制或君主立宪制，如泰王国、科威特国、沙特阿拉伯王国、尼泊尔王国、不丹王国、约旦哈希姆王国、阿拉伯联合酋长国、卡塔尔国、阿曼苏丹国、文莱达鲁萨兰国、巴林国、摩洛哥王国、斯威士兰王国、莱索托王国。它们或禁止政党活动,不要宪法,或实行多党制,制定宪法。除少数国家实权在内阁外,多数国家权力集中在国王手中。国王世袭,独揽政治、经济和军事大权。(3)民族民主国家的共和政体。英联邦国家基本模仿英国的议会制,拉丁美洲国家大体采用美国的总统制,非洲多数国家实行一党执政的总统共和制。它们一般实行资产阶级民主自由和议会选举,除印度、巴基斯坦、斯里兰卡等国家实行总理内阁制,即"虚位元首",总理实权在握的政权组织形式外,大多采用总统制内阁的组织形式。总统由普选产生,既是国家元首,又是军队统帅,或兼任总理,任免内阁,集党政军大权于一身,拥有绝对权力。总统任期从4年到8年不等,可连选连任,有的国家宪法甚至规定终身总统。

社会主义国家,以苏联、中国为代表,曾从欧洲扩展到亚洲和拉丁美洲的十多个国家,面积一度达到3659万平方公里,人口为15.4亿,占世界总人口的30.8%。社会主义国家具有相同的经济基础——生产资料公有制、相似的国家制度——无产阶级领导的人民民主政权、统一的指导思想——马克思列宁主义、共同的目标——社会主义和共产主义。社会主义国家的国体实质上都是无产阶级领导的以工人农民联盟为基础的全体劳动人民的国家。它们从各自国情出发,或实行苏维埃制,或采用议会代表团制,或坚持人民代表大会制,其共同点是,权力属于人民、议行合一、民主集中制和共产党执政的原则。从20世纪60年代开始,社会主义国家纷纷进行经济体制和政治体制的改革,虽然由于种种原因出现了曲折和反复,但改革仍然为社会主义的发展注入了新的活力,其中以社会主义中国的改革最为成功,提供了许多发展社会主义的新鲜经验。中国的经验,集中体现在以经济建设为中心和建设有中国特色的社会主义上。中国特色的社会主义理论,判定中国处于社会主义初级阶段,其根本任务是解放生产力,发展生产力,消灭剥削,消除两极分化,最终达到共同富裕,并认为改革是中国现代化的必由之路。其目标是建立和完善社会主义市场经济体制,以及发展社会主义民主法制和建设社会主义精神文明。

尽管世界各国社会制度不同,政治体制各异,发展水平千差万别,但它们发挥基本行为体作用的根本因素是国家权益、国家力量和国家的对外战略。

二、国家权益(国家利益)

现在世界各国普遍使用"国家利益"概念。我们认为这一概念包含的内容不确切,又无统一的标准,不易判断。西方讲国家利益,突出的是权力,或以国家需要为前提,或以权力作判断,随意性大,往往随时间地点不同而说法不一。用阶级利益衡量国家利益,强调意识形态,又较为简单。说民族利益即国家利益也不一定准确。因此,我们建议采用"国家权益"这一概念。"国家权益",顾名思义,包括权利、权力和各种利益,突出的是权利。它区分为应享有的和强制的两类,可以依据国际法主权原则的规定作为界标,明确判断其正当与否。但鉴于普遍的习惯法,我们准备同时使用这两个概念,但在内容上作严格的规定。我们认为,在国际政治中,无论使用"国家权益"概念还是使用"国家利益"概念,均应把"权利"放在第一位,因为"权利"是应享有的,且一律平等,"权力"则以实力为后盾,是不平等的。

国家权益,或称国家利益,也可简称"国权",是国际政治的动因和直接目标,是各国参与国际政治活动和扮演行为体角色的出发点和归宿。国家权益,即权利、权力和利益,包括:(1)国家安全权益,即国防安全(领土安全、领空安全、领海安全)、政治安全和经济安全,主要是主权独立、领土完整、人民生存和不受侵犯的权益。(2)国家政治权益,即独立自主管理内政外交的权益,维护各自社会制度和意识形态影响的权益。(3)国家经济发展权益,即经济繁荣、科技进步和人民生活不断提高的权益。(4)国际社会中的平等互利权益。这些权益,相互影响,相互制约,不可分割,没有主次之分,是国家一切活动的基础和根本目标。国家安全权益涉及国家生死存亡,属第一位的根本利益,但如果缺少其他权益做后盾,也是名存实亡。

国家权益,即国家生存与发展需要,也可称之为国家生存与发展权益。生存权益指的是国体的存在、民族的安全和人民的生存权益;

国际政治学理论

发展权益指的是国家的富强、民族的兴盛和人民安居乐业的权益。生存权益与发展权益,相辅相成,不可分割。生存权益是发展权益的基础和前提,国家只有具备生存权益才能谋求发展权益。发展权益是生存权益的保证,国家只有具备发展权益才能确保生存权益的实现,并追求更高层次的生存权益,即扩大生存空间、加固生存基础、改善生存条件、提高生存质量。生存权益与发展权益的关系,不仅表现为相互依存,而且相互渗透,你中有我,我中有你。生存权益与发展权益的统一,体现了国家权益的整体性和神圣不可侵犯性。生存权益与发展权益既是法定的、"天赋的",即应享有的,又是动态的、可变的,随着时代的前进和科学技术的革命,其目标和水平也是不断更新的。但无论怎样变化,都只能在主权原则下进行,以不损害别国主权利益为前提。当今世界,某些借口时代变化、科技发展,主张无限制地扩大生存与发展空间,损人利己,鼓吹主权原则过时的论调,是毫无道理的。

国家权益是一个客观存在,但许多方面又需要通过各阶级、各民族、各国家代表人物的主观认识加以确定。在国际政治生活中,各国的国家权益,总是寓于客观的内容与主观的形式中。这是因为:(1)国家权益的构成是复杂的,既抽象又具体,有确定的一面,如领土、人口、阶级、民族和资源,又有不确定的部分,如边界纠纷、民族矛盾、主权争执和国际社会应享有权益和地位的差异,等等。这些不确定部分需要判断。(2)国家权益的内容和范围多种多样,涉及面广,既是有机的统一体,又是突出各自的重点。除上述安全权益、政治权益、经济权益和国际社会的平等权益分类外,国家权益还可区分为:根本权益和一般权益、整体权益和局部权益、长远权益和现实权益、普遍权益和特殊权益,等等。应当承认,不同国家在不同时期,国家权益的侧重点不同,需要从各自的国情出发,依据世界形势的走向,加以分析、论证和确定。(3)国家权益的实现是困难的,既属法定的,又需要加以维护和争取。西方常说"天赋人权",其实更为重要的是"天赋国权"。所谓"天赋的",即自然的、应享有的、不可剥夺的。"天赋国权",合情合理,各国均有,不会产生根本的利害冲突,理应相互尊重,顺利实现。但在国际政治中,不少国家的"国权"却需要维护和争取。为什么会产

第二章 行为体论 国际政治的诸角色

生这种现象,又如何去维护和争取,这必然同主观的认识和判断有关。换句话说,即"国权"是"天赋的"、客观存在的,之所以产生"国权"的维护和争取,出现冲突,都来源于主观的认识和判断之中。因此,在国际政治中出现正当的"国权观"和不合理的"国权观",乃是不可避免的。

不同国家、不同民族、不同阶级、不同利益集团,具有各自的国家权益观,或国家利益观,或国权观,这是由于各自所处的地位不同或主观判断失误造成的。国际政治中的较量和冲突莫不来源于此。那么,应该怎样判断国家权益的正当与否呢?又如何检验各个国家的国家权益观是否正确呢?这是需要首先弄清楚的问题。

第一,国家权益应以国家的本质属性(即三重性)为依据,正确处理好阶级权益与民族权益的结合,本国权益和别国权益的统一。国家权益,既要照顾阶级的权益,又必须超越阶级的权益,体现民族的权益。在多民族国家,既要照顾各民族的权益,又要超越各民族权益,体现整个国家的权益。在国际社会,一国的国家权益,应当是整体民族权益的正当体现,不能绝对化,以不损害别国的国家权益为前提。在国际政治中,国家权益内应当是民族权益至上,高于一切,阶级权益应服从民族权益。民族权益至上,是同阶级权益相比较,并不针对别国,不是去损害别国权益,以谋取本国的国家权益。因此,处理好国家三重性的关系,寻找阶级权益和民族权益的结合点以及本国权益和别国权益的统一点,前提是不损害别国权益。这是确定正当的国家权益的关键。如果处理不好国家三重性的关系,寻找的结合点和统一点错了或不准确,就必然会去追求不正当的国家权益。这种权益,不是阶级利己主义、民族利己主义、民族扩张主义,就是国家的霸权主义。

第二,国家权益应符合国际法公认准则,正确区分主权范围内外的权益。主权范围内的权益以国际法主权原则和平等互利原则为标准,包含主权自身权益,即对内对外事务的最高管理权益,以及国家在主权范围内生存和发展的权益。主权范围内的国家权益以主权原则为依据,是正当的、应该享有的;超过主权范围之外的国家权益是不正当的、损人利己的。界标就是国际法的主权原则和平等互利原则。正当的国家权益,只能维护和争取,按国际法公认准则办事,不能随心所欲地扩大。国家权益一旦扩大,脱离国际法准则的标准,就是不正当的。

第三,国家权益必须相互对等,应得到国际社会的承认和尊重。在国际社会中,国家不分大小、强弱、富穷,在国家权益上均是对等的。对等权益是正当的。它同实力无关,也不受意识形态和社会制度的制约,是超实力和超社会制度的权益,必然得到国际社会的认可。不对等的国家权益是不正当的国家权益,它建立在实力的基础上,往往输出自己的意识形态和价值观,必然损害别国的国家权益,一定会受到国际社会的谴责。

总之,正当的国家权益属国家三重性的有机统一,符合国际法准则,又相互对等,相反则是不正当的国家权益。虽然确定国家权益正当与否需靠主观判断,必然受阶级地位、党派背景和价值观念的影响,有某些随意的因素,但把国家权益限制在主权原则和平等互利原则之内,以国际法为依据,又同"实力"相分离,用明确的标准,作出区分,不会出现失误。从当今国际社会的实际情况出发,我们把正当的国家权益叫做主权原则内的权益,或称主权权益,不正当的国家权益叫做主权原则外的权益,或称强权权益。在国家权益中,虽然必须承认"权力",但突出的应是"权利"。

三、国家力量

国家行为体在国际社会中的地位与作用,以国家权益为动因,取决于国家力量。

国家力量主要由两部分构成,即物质的、可见的、可计量的力量和精神的、不可见的、难以计量的力量。物质力量,指的是资源力(包括领土面积、地理位置、人口数量和自然资源)、经济力(包括国民生产总值、工业农业总产值、国民总收入、对外贸易总额和经济发展速度)、科技力(包括科技发展水平、科技队伍的数量和质量、科技设备、体制和科技投资)、军事力(包括武装力量的数量和质量、武装设备、国防资产和国防工业)、文教力(包括教师队伍、文化工作者的数量和质量、国民

第二章 行为体论 国际政治的诸角色

文化教育水平、文化教育的规模和结构）。精神力量，指的是社会制度、政府效能、国民意志、民族凝聚力、外交战略决策的水平。这两部分构成的国家力量是一个客观存在，但如经过相互作用和政府的良好组织，这两种力量就会产生出一种国际影响力。国际影响力以客观存在的两种构成力量为后盾，主要产生于国际形象的表现和宣传。缺少表现和宣传，客观存在的两种构成力量也就不可能产生应有的国际影响力。

在国家力量中，经济与科技力是基础，处于中心地位。经济是后盾，科技为第一生产力，是决定和制约其他力量发展的基础力量。其他力量的增长，不仅为经济与科技发展服务，而且只能以经济、科技的发展为前提。随着世界经济体系的发展，相互依赖的加深，经济与科技力不仅是国家生存与发展的根本保证，成为国家力量的主要象征，而且还将产生国际影响力，成为对外施加影响和追求国家权益的重要手段，甚至超过军事力。当今世界，谁的经济最发达，谁就能在世界各国中领先，成为最重要的行为体角色。

在国家力量中，军事力量的分量大，地位至关重要。虽然军事力量的分量和影响，随着国际形势的演变而增减，取决于国际政治的基本特征和发展趋势，但在当今复杂多变的世界中，仍是举足轻重的。军事力量，特别是核力量，既是解决根本利害冲突的最后手段，又具有强大的威慑力和国际影响力。军事力量，不能离开经济与科技发展的基础，因为衡量今天各国实力的大小，不再仅以数量为依据，而由质量作标准。质量成为决定性的因素。而质量的提高，只能来源于经济与科技水平。军事实力的增长，必须同经济与科技的发展相适应。过于膨胀军事，必然拖垮经济。特别在今天，军事实力的增长无论如何也不能离开经济与科技发展的基础。历史上出现过军事力量超过经济力量界限的国家。它们往往以对外侵略与掠夺来维持其庞大的军事开支，弥补自身经济实力的不足。这样的国家虽曾强盛一时，但它们是外强中干和色厉内荏的，最终都会拖垮经济，其衰败是不可避免的。

在国家力量中，虽然以经济科技力为中心，军事实力至关重要，但民族凝聚力和国民意志的统一也是不可忽视的因素。当今世界，国力

国际政治学理论

的较量,不仅是军力、经济力和科技力的对比,而且是人力和人心的对比。军力、经济力和科技力的优势并不能自动地转化为效能,它们都是靠人去掌握的。人心所向,全国人民意志的统一和民族凝聚力的增强,对壮大国家实力,不仅不能忽视,而且在某种意义上说可能是决定性的。为了坚定人民群众的政治方向、统一全国人民意志和加强民族凝聚力,关键的两条是弘扬优秀的民族文明文化和以主导的意识形态为中心的普及政治思想教育。弘扬民族文明文化和普及政治思想教育的最大功能在于产生巨大的凝聚力,能统一全国人民的思想和意志,维护国家的安定团结和政治稳定,这是决定国家兴衰强弱的必由之路。如果忽视弘扬民族文明文化和政治思想教育的普及,必然带来思想混乱,使任何国家都难以统一步调,难以实现自己确定的目标。在一盘散沙的环境中,国家不仅无法发展经济与科技,还会大大损害自身在世界舞台的形象,失去国家应有的威力。世界历史已经证明,基督文化、儒教文化、伊斯兰文化等等,虽有其消极的一面,但均发挥过重要作用,至今仍然产生着巨大的民族凝聚力。特别是中华民族文明文化的优秀传统,不仅能同别的民族文化和平相处,待之以礼,而且能够批判吸收,融化更新。坚持继承和弘扬民族文化的优秀传统,对加强民族凝聚力、统一国民意志和壮大国力好处极大,甚至可以说是一条宽广的捷径。政治思想教育的功效也是不可取代的。任何国家的国力增强均离不开政治思想教育。世界历史已经证明,培根、洛克和卢梭的政治思想培育了几代欧洲人,是欧美国家的立国之本、强盛之源。马克思列宁主义作为人类最科学最先进的强大思想武器,已经和正在培育世界许多国家的人民,不仅成为社会主义国家的立国之本、强国之路,而且日益为越来越多的国家和人民所接受,用作统一思想的旗帜,解决面临困难的武器。当今世界,任何一个国家,都应有自己的独具特色、效果甚佳的思想武器和普及思想政治教育工作。当然,从意识形态的角度看,各国的思想政治教育工作并不完全相同,差别极大,甚至是对立的,但对加强民族凝聚力和统一国民意志来说都能产生较大的作用。这是由各国的国情所决定的。

　　国家力量是由构成力综合而成的统一体,可称之为综合国力。综

第二章　行为体论　国际政治的诸角色

合国力作为统一体,其构成力,具有量和质的因素,是量和质的统一;处于相对稳定状态和运动演变状态,是静和动的统一;分属客观存在和主观努力,是主客观的统一。综合国力以构成力为依据,显现出来的则是一种"合力"。综合国力的"合力",包含三个层次。第一层次,它不能孤立地衡量一个个的单个力,而要全面地看各个力的"内外关系力"。第二层次,它不能简单地衡量各单个力相加的"和力",而要深入地看各单个力间的"相互作用力"。第三层次,它不能局限地衡量自身力,而要辩证地看它所产生的国际影响力,即从国际社会中相互依存的趋势而获取的或明或暗的"借助力"。由于相互依存,各国均可从对方吸取力量和得到利益。

第三节　非国家行为体

一、国际性的阶级政党

马克思和恩格斯在《共产党宣言》中说过,在他们生活的资本主义时代有一个重大的特点,就是"阶级对立简单化了。整个社会日益分裂为两大敌对的阵营,分裂为两大相互直接对立的阶级:资产阶级和无产阶级"[1]。由于资本的剥削和掠夺本性,资产阶级和无产阶级成为世界上仅有的两大国际性阶级,它们均制定自己的国际战略。同奴隶主和封建地主阶级,以及奴隶和农民阶级的封闭性相比,资产阶级和无产阶级从诞生之日起就具有开放性,是国际政治生活的重要因素,一直活跃于世界舞台。资产阶级首先在欧洲创业,然后奔走于全球各地,使欧洲,特别是西欧最先进入资本主义而与其他地区的封建制奴隶制国家甚至原始部落并存,并发生联系,结成体系,从而成为近代国际政治的重要行为体。资产阶级作为国际政治行为体,实现了两大历史任务:摧毁欧洲的封建统治和掠夺、侵占殖民地,建立了世界市场和殖民体系。这两大任务紧密相联,成为近代国际政治的主要内容。与资产阶级创业的同时,欧洲的无产阶级也登上舞台,创立马克

---

[1]　《马克思恩格斯选集》第1卷,第273页。

国际政治学理论

思主义,组织共产主义者同盟和第一国际,制定"全世界无产者联合起来"的世界革命战略,并向全世界宣布:资本主义必然灭亡,社会主义必然胜利。无产阶级的理论与实践活动,在国际政治中产生了重大影响。帝国主义出世以后,阶级关系开始变得错综复杂。世界资产阶级不再是国际的兄弟统一体,而是分成相互对立的、既掠夺又争霸的垄断资产阶级和殖民地半殖民地向上发展的、战斗的、进步的民族资产阶级。国际无产阶级也不再完全一致,而分成革命派和机会主义派。压迫民族的工人在一定程度上参与了本国垄断资产阶级对被压迫工人和人民群众剥削的勾当。20世纪前半期,垄断资产阶级利用强化的国家机器和庞大的武装力量,向世界各地发动侵略战争,灭亡亚非拉地区近百个国家和上千个民族,占领2500万平方公里的土地,奴役和剥削着近10亿殖民地半殖民地人民,在世界上建立了一整套最野蛮、最残酷的殖民统治和金融扼制体系,并先后发动了两次世界大战。与此同时,殖民地半殖民地的民族资产阶级也纷纷觉醒,先后登上世界舞台,参与国际政治生活。无产阶级通过第二国际和第三国际的活动,成为国际政治生活中举足轻重的力量,特别是俄国十月革命的胜利和第三国际制定的"全世界无产者和被压迫民族联合起来"的革命战略,推动世界各国兴起伟大的世界革命运动,加速了国际政治朝着民族解放、民主主义和社会主义的方向发展。第二次世界大战后,随着国际形势的发展,阶级关系又发生新的演变,不仅垄断资产阶级出现分化、无产阶级增添新的特点,而且在垄断资产阶级和无产阶级之间形成了广大的中间阶级。但不论怎样变化,作为阶级,在战后国际政治中的活动日益减少,民族矛盾突出了,民族解放组织和民族独立国家相继作为主要行为体登场了。

阶级的活动,往往是通过政党和民族解放组织表现出来的,因为政党和民族解放组织既是阶级的政治组织,也是阶级成熟的标志。党际关系是阶级关系最严整、最完全和最明显的表现。不同国家间的党际关系从来就是国际政治的重要内容。阶级政党在国际政治中的巨大作用,不仅表现为阶级政党的国际政策和党际活动,而且还在于它对国家政权的影响。国家是由阶级政党统治和管理的。世界上多数

第二章　行为体论　国际政治的诸角色

国家政治体制实行的是议会民主制和多党制,议会党团的活动就是国家职能的一部分。更为重要的是,今天的政党政治,明天就可能上台执政变成国家政治,相互间有着密切的联系。党际政治和国家间政治只是活动领域不同,但相互影响,都是国际政治的重要内容,其地位与作用不可低估。

政党是近代社会的特殊现象,是同资本主义的产生和发展分不开的。封建专制社会不可能出现近代意义上的政党活动,因为:(1)它是专制统治,没有民主自由的环境,统治者不仅剥夺被统治者的结社自由,也不允许本阶级成员享有结社的权利。当时是君主说了算,圣旨一下,官民必须绝对服从。(2)它是家族统治,即所谓"家天下",如汉高祖的"刘姓为王"。君主实行的是"任人惟亲",一人得道,鸡犬升天。(3)它是神权统治,一切取决于天命。君主用封建迷信束缚人民,禁锢人民。资产阶级则不同,它为了资本主义发展的需要,提倡民主、自由、平等、博爱和"天赋人权",并四出活动,到处创业,冲破了"家天下"和神权统治。它们纷纷组织政党,追逐政治和经济权力,宣布自己的纲领,干预国家的对外政策,活跃于世界舞台。

世界上最早出现的政党是资产阶级政党。第一批资产阶级政党以17世纪70年代英国的辉格党和托利党为代表,在近代国际政治生活中发生过重大作用。帝国主义出世之后,类似辉格党和托利党的早期资产阶级政党均变成垄断资产阶级政党,日益倾向于保守和反动。第二次世界大战后,影响较大的、活跃于世界舞台的垄断资产阶级政党的国际组织有:1947年4月在英国牛津成立的,以英国自由党、意大利自由党、法国激进党、联邦德国自由民主党为主要成员的"自由进步党国际";1982年6月成立的包括日本自由民主党和美国共和党在内的"太平洋民主联盟";1982年11月成立的包括美洲基督教民主组织和欧洲基督教民主联盟在内的"基督教民主党国际"(又称"世界基督教民主联盟");1983年成立的以英国的保守党、美国的民主党和日本的自由党为主要成员的"国际民主联盟"等等。它们的宗旨都是促进成员党的共同哲学,扩大和加强成员党之间的合作,在世界上推广政治民主和私有制。"自由进步党国际"的目标,是在全世界争取有国际

国际政治学理论

特色的自由原则的大联合,促进建立在人人自由、人人负责、社会公正基础上的自由社会的发展。

无产阶级政党是后于资产阶级政党而产生的。1847年成立的共产主义者同盟,是历史上第一个无产阶级政党。历经1864—1876年的第一国际、1889—1914年的第二国际、1919—1943年的第三国际和战后形成的社会主义阵营,共产党在全世界有了最迅速的发展。1847年,世界上只有一个共产党,约400名党员。145年后的今天,全世界成立了240多个共产党,约8800万党员,并曾在欧亚拉三洲15个国家执政,宣布建设社会主义。战后,世界各国共产党虽然不再以国际组织名义在世界舞台活动,仅在1957年和1960年举行过两次世界共产党会议,主要是开展双边和多边往来,但在国际政治中依然占有举足轻重的地位。中国共产党提出的发展党际关系的原则:独立自主、完全平等、互相尊重、互不干涉内部事务,得到了世界各国共产党的普遍赞赏和欢迎,在世界上产生了重大影响。

战后世界,除垄断资产阶级政党和无产阶级政党的作用外,在国际政治中影响较大的,还有社会党和民族民主政党的活动。

社会党是由历史上的第二国际所属社会民主党演变而来的。社会民主党原为无产阶级政党,由于机会主义泛滥,第一次世界大战爆发后,除俄国社会民主党等少数党外,大都蜕变为主张社会改良的政党。1919年2月,右派控制的社会民主党在瑞士的伯尔尼召开国际代表会议,宣布恢复第二国际,史称"伯尔尼国际",也称"黄色国际"。1921年2月,英国独立工党、德国独立社会民主党、法国社会党等13个中派政党和组织,在维也纳建立了社会党国际工人联合会,史称"第二半国际",也称"维也纳国际"。1923年5月,两个国际合并,在德国的汉堡召开代表大会,成立了"社会主义工人国际"。1940年,社会主义工人国际在总部所在地布鲁塞尔被德国法西斯占领迁往伦敦后,便停止活动。社会主义工人国际自称有分属30个国家的43个成员党,约670万党员。1951年6月30日,英国工党等34个社会党和社会民主党,在联邦德国的法兰克福召开代表大会,1060名代表出席,通过了《民主社会主义的目标和任务》的基本纲领,正式宣告社会党国际成

第二章 行为体论 国际政治的诸角色

立。目前,社会党国际共有近70个成员党,1600万党员,并曾在近30个国家执政或联合执政。各国社会党虽然有种种差别,但基本纲领都是实行民主社会主义,提倡以民主为核心,通过和平手段,建立一个人人平等的、政治上多党制和经济上混合体的福利社会。在国际问题上,社会党国际表现十分活跃,提出了一系列主张:坚决反对战争,要求维护世界和平和普遍裁军,赞成南北对话,支持民族解放运动,建立国际经济新秩序。社会党的基地在欧洲,但战后不久便越出欧洲,走向太平洋,扩展到六大洲,其影响与作用波及全世界,在国际政治中的地位日益重要。

民族民主政党和民族解放组织是随着亚非拉地区民族解放运动的发展逐步建立起来的资产阶级和小资产阶级民主政党。亚非拉地区的民族资产阶级投身政治活动并卷入国际生活,最早始于18世纪末19世纪初拉丁美洲的民族独立战争,但其政党和组织活动直到20世纪初期才引人注目,更多是在第二次世界大战前后活跃于国际舞台。

亚非拉地区曾经是帝国主义的殖民地和半殖民地。殖民地分为移民地和土著居民为主体的殖民地两大类型。从政治统治形式看,有直辖殖民地、自治殖民地、租借地、被保护国,从经济掠夺形式看,有原料殖民地、商业殖民地、种植殖民地、军事殖民地,等等。殖民地完全丧失了独立性,除直接在法律上处于附属地位外,还有一系列财政和经济的附属关系,各方面都从属于宗主国,成为宗主国的一部分。在殖民地,最根本的特征是帝国主义直接执掌国家政权,设置以总督为中心的殖民统治机构,在政治、经济、军事、文化等方面对被压迫民族进行全面的直接统治。它们任意颁布法令,规定了一整套残酷的殖民统治秩序,随意剥夺殖民地人民的政治权利;它们到处霸占土地矿藏,垄断对外贸易,把持交通运输,控制关税邮电,广设银行信贷,掌握经济命脉;它们滥定各种苛捐杂税,推行强制劳役,随意施以酷刑。半殖民地是帝国主义控制被压迫民族的过渡形式。半殖民地在政治上、形式上是独立的,实际上却被财政和外交方面的附属关系的罗网包围着。帝国主义强迫半殖民地签订奴役性条约,攫取种种特权:设立租

国际政治学理论

界、享受治外法权、控制经济命脉、干涉内政外交。正是处在这样的地位,殖民地半殖民地人民属于被压迫民族,或称之为"殖民地民族"。它们从一开始就具有世界性的特征,同国际政治密不可分。它们之所以成为国际政治行为体,就在于其具有民族自决的权利,开展了反对殖民主义、帝国主义和霸权主义,争取民族独立和维护国家主权的斗争。

殖民半殖民地被压迫民族的斗争,以民族自决权为法律基础,经历了一个从自发骚动走向自觉、到完全觉醒的发展过程,其基础就是民族资本主义的兴起和发展、资产阶级的形成和壮大、民族民主意识的产生和传播,其标志就是民族解放组织或民族民主政党的诞生和革命纲领的制定。民族解放组织或民族民主政党在领导民族解放运动的斗争中,由于提出民族自决的要求,因而获得国际社会的广泛同情和爱好和平国家的支持,并具有某些国家的属性,如参加外交谈判、出席国际会议、加入国际组织、缔结国际协定、接受外国政府或国际组织的援助,甚至得到某些国家和国际组织的承认。亚非国家在争取民族独立的过程中,几乎都建立过这样的政治实体,如独立前的阿尔及利亚民族解放阵线曾建立阿尔及利亚共和国临时政府,先后获得20个国家的承认,并向8个国家和2个国际组织派驻了正式代表。巴勒斯坦解放组织现已成为阿拉伯国家联盟正式成员,得到世界许多国家的承认,并在一些国家设置办事处,派驻代表,享受外交官的同等权利。1974年开始,联合国大会多次通过决议,确认巴勒斯坦人民享有自决、独立主权和返回家园的权利,并邀请巴勒斯坦解放组织以观察员身份参加联合国大会工作。1988年,巴勒斯坦国宣告成立。目前,亚非拉地区共建立了一二百个资产阶级民族民主政党,大多数已经成为执政党。亚非拉地区的民族民主政党和组织,尽管成员构成复杂,思想基础繁多,文化传统各异,其纲领原则和活动方式也不尽一致,但由于其阶级特性和所处地位相似,因而又有许多共同的特点。第一,它们都把争取民族独立和维护国家主权作为自己的奋斗目标和中心任务。不少党明确提出反对帝国主义、殖民主义和"要祖国、要自由"的口号,主张采用合法的和武装斗争形式,赶走殖民者,摧毁殖民统治,建设和

第二章 行为体论 国际政治的诸角色

发展独立的主权国家。第二，它们大胆探索新的发展战略，坚持民族主义，主张实行阶级合作，社会和谐，发展民族经济，改善劳动人民生活。许多党甚至推行国有化和土地改革政策，公开宣布以社会主义为发展方向，进行村社社会主义、自管社会主义、合作社会主义、民主社会主义、军事社会主义等民族社会主义的实践。第三，它们对外奉行中立、和平共处和不结盟政策，积极参加不结盟运动，致力于加强国际安全与和平，支持民族解放运动，增进各国人民之间的友好与合作，主张建立国际政治经济新秩序，反对殖民主义、帝国主义和霸权主义，是国际政治中不可忽视的重要力量。

二、政府间国际组织

国际组织是跨国界的多国联合机构。组成国际组织的要素，一是多国，至少三国以上，主权国家和群众团体是国际组织的主体，也是行使权力和进行活动的保障。二是以联合面目出现，有正式协议作为纽带。三是宣布特定的目的和原则，其活动只限于国际事务。这些要素就是国际组织充当行为体的基本条件。

国际组织最早以民间团体形式出现，随后才发展到政府间的国际会议和国际组织。世界性的国际组织是世界出现帝国主义之后的现象，是两次世界大战的直接产物。国际组织区分为：政府间的国际组织和民间国际组织；政治性国际组织和专业性国际组织；世界性国际组织和区域性国际组织。它们在国际政治中能够发挥主权国家所不具备的独特作用，能产生重大而深刻的影响。政府间国际组织既区别于国家又离不开国家，其参加国际政治的行为体作用，主要表现为相互间及其同国家间的正式外交关系，具有国际法的约束力。

国际组织的产生是以国际会议的召开为前提条件的。17世纪中叶，欧洲三十年战争结束时召开的威斯特伐利亚公会，是近代史上第一次处理国际问题并确认民族国家主权原则的国际会议。近代重要的国际会议还有1815年的维也纳会议，其后便开始了持续一百来年的"欧洲协作"时期。在此期间先后召开了30多次重要的国际会议，如1856年的巴黎公会、1878年的柏林公会、1899年和1907年的两次海牙会议,初步建立了一种连续和稳定的协商制度,为国际组织的产生奠定了基础。

政府间的国际组织与两次世界大战密切相连。1920年建立的国际联盟和1945年成立的联合国,是世界上两个最大的政治性的国际组织,具有广泛的代表性。

国际联盟,又称国际联合会,简称国联,是美国总统威尔逊倡议成立的。它是第一次世界大战后巴黎和会的产物。1919年4月28日,巴黎和会通过《国际联盟盟约》,于1920年1月10日随《凡尔赛和约》的生效而同时生效。1920年11月15日,国际联盟在日内瓦召开了第一次大会。

国际联盟盟约规定,国际联盟的宗旨是:"维护和平","尊重并保持所有联盟各会员国之领土完整及现有之政治独立,以防御外来之侵犯",主张和平解决国际争端,要求裁减各国军备至适足保卫国家安全及共同履行国际义务的最少限度。盟约还将会员国分为原始会员国和非原始会员国。从国联成立到解散,先后有63个会员国,其中原始会员国42个,非原始会员国21个。美国虽是国联的创始国,但因国会拒绝批准凡尔赛和约,因而未能参加。苏联最初被排斥在外,1934年才被邀请加入。

国际联盟设置有4个主要机构:(1)国联大会,即成员国的代表大会。每年9月定期举行,各国派代表3名出席,讨论和处理属于联盟行动范围以内或关系世界和平的任何事件。大会决议需要一致通过。(2)理事会,由5个常任理事国和4个非常任理事国组成。5个常任理事国是英、法、意、日、美。美因未参加国联,常任理事国席位一直空着,4个非常任理事国则由大会随时选任。理事会除同大会一样有权处理属于联盟行动范围以内或关系世界和平的任何事件外,还具有大会所没有的开除成员国、分配委任统治权、委任秘书长等权力。(3)秘书处,为国联常设机构,由秘书长领导,处理日常事务。(4)常设国际法院,由11名法官和4名候补法官组成。其职权在于审理一切具有国际法性质而经当事国提出的争端,并就理事会和大会所提出的争端或其他问题提供咨询意见。

第二章 行为体论 国际政治的诸角色

国际联盟的出现,虽然反映了世界各国人民维护和平和反对战争的愿望,体现了当时各国和平运动的要求,但实际上它是控制在英、法等大国手中,用以推行帝国主义政策的工具,并未发挥一个世界性组织所应有的权威与作用。由于国联无力解决当时世界的重要矛盾,又纵容德意日的法西斯政策,因而到 1939 年便已经名存实亡了。1946 年 4 月,国际联盟召开最后一届大会,正式宣布解散。

1945 年 10 月 24 日,联合国正式成立。联合国是世界各国政府参加的最大的世界性国际组织,由于它是世界反法西斯战争胜利的产物,因而在国际政治中具有重大的影响。

《联合国宪章》规定,联合国的宗旨是:(1) 维持国际和平与安全。联合国将"采取有效集体办法"以防止和消除对和平的威胁,制止侵略行为,主张依据国际法原则,以和平方法解决国际争端。(2) 发展各国间的友好关系。联合国认为,各国人民都有权自愿选择自己的政治、经济和社会制度,都有权获得民族独立。世界各国的友好关系只能以平等和民族自决为前提。(3) 促进国际合作。联合国主张不分种族、性别、语言和宗教,加强各国在经济、社会、文化及人类福利方面的合作,认为这是维护国际和平与安全的必要条件。(4) 协调各国行动。联合国将是不同社会制度国际协商和合作的重要场所,协调各国行动的中心。为了实现上述宗旨,联合国还规定了联合国组织和会员国必须遵循的基本原则。这些原则是:国家主权平等、互不侵犯和领土完整、互不干涉内政、和平解决国际争端、禁止以武力相威胁或使用武力、集体相助与和睦相处。

联合国为保证联合国宗旨与原则的实现,设置有 4 个主要机构:(1) 联合国大会,由全体会员国派代表团组成,每年举行一次,并自行制定议事规则。大会不是世界议会,而是按各成员国指示行事的政府间国际代表机关。大会除全体会议外,还下设 7 个主要委员会:政治与安全委员会,经济与财政委员会,社会、人道与文化委员会,非殖民化委员会,行政与预算委员会,法律委员会,特别政治委员会,分别负责处理有关事务。此外,大会还有两个程序性的委员会,即总务委员会和全权证书委员会。大会是联合国的主要审议机构,不具有立法权。它所通过的决议只是建议性质,没有法律的约束力,但对会员国能够产生一定的政治影响。(2)安全理事会,由5个常任理事国和10个非常任理事国组成,常任理事国是:中国、俄罗斯(原为苏联)、英国、美国、法国,拥有否决权。非常任理事国是:亚洲国家5个、东欧国家1个、拉美国家2个、西欧和其他地区国家2个,其任期2年,每年改选1/2。安全理事会是联合国在维护国际和平与安全方面负有主要责任和唯一有权采取行动的机构。它可以判断是否存在对和平的威胁、破坏或侵略行为,可以采取强制措施,包括呼请会员国实行经济制裁,必要时可以派出联合国部队付诸军事行动。会员国应按照安理会的倡议商定的特别协定,提供维护国际和平与安全所必需的军队。它有权制订管制军备的计划,对战略托管地行使联合国的托管职能,并向大会推荐联合国秘书长。(3)经济及社会理事会,由54国组成。各地区分配的名额是:非洲14国、西欧及其他地区13国、亚洲11国、拉丁美洲10国、东欧6国。理事国任期3年,每年改选1/3,可连选连任。理事会的主要任务是:研究国际间经济、社会、文化、教育、卫生方面的问题,并向大会提出报告和建议;促进尊重和遵守所有人类的人权和基本自由,并就此提出建议;召集国际会议,讨论职权范围内的事务,并起草提交大会的公约草案,等等。(4)秘书处,由秘书长领导,是联合国的办事机构。秘书长经安全理事会推荐,由联合国大会任命,为联合国的行政首长。

联合国的建立,在某种程度上反映了世界人民的正义要求和愿望,又体现了大国的强权政治。联合国成立之初即为美国所控制,一直是美国称霸世界的工具。后来随着美苏争霸日益激烈,联合国又成为美苏争霸的场所和"表决机器"。从20世纪60年代后期起,特别是70年代开始,第三世界国家的大量加入和联合斗争的加强,极大地改变了联合国的面貌,给联合国增添了新鲜血液,使联合国在国际政治中日益处于重要地位。总起来看,联合国走过曲折道路,也犯过严重的错误,但在维护世界和平,反对外国军事侵略和占领,推动改革不合理、不公正的国际经济关系,促进国际经济技术合作等方面,做了大量工作,起了积极的作用。《联合国宪章》所确立的维护世界和平、保障

第二章 行为体论 国际政治的诸角色

国际安全、促进国际合作等宗旨和原则,至今仍然具有重大的现实意义。所以说,尽管联合国有它的弱点和问题,但联合国所肩负的历史使命和它对世界的影响,是不可替代的。

区域性国际组织大量涌现,并在国际政治中发挥重要作用,这是战后国际形势的新现象和显著特点。在区域性国际组织中,第三世界区域性政治经济合作组织的发展极为迅速,规模也越来越大。第三世界国家政治组织,主要是按地理区域建立起来的,具有共同的民族、历史、语言和文化特性,也有维护国家主权与安全、保障地区利益和发展民族经济的强烈愿望。其中最为重要的有1945年3月20日成立的阿拉伯国家联盟、1961年7月31日成立的东南亚国家联盟、1963年5月25日成立的非洲统一组织、1971年5月成立的伊斯兰会议组织,还有拉美的一体化组织和孔塔多拉集团。这些国际组织的宗旨是:加强成员国在政治、外交、经济、文化、军事等各方面的合作,反对一切形式的殖民主义和外来干涉,捍卫国家主权、领土完整,加速本地区的经济增长、社会进步和文化发展,等等。第三世界国家政治经济合作组织均属于区域性国际组织,大都是战后涌现出来的。它们主张在尊重国家主权的基础上,以民主协商和平等互利为原则,相互支持、协调行动,加强合作,开创了国际组织发挥行为体作用的新局面。

三、民间国际组织

民间国际组织,指的是政府间国际组织以外的国际组织,即个人和社会团体依据民间条约或协定建立的国际组织,其最大特征是"非官方"性。这类民间国际组织在国际社会舞台上十分活跃,遍及政治、经济、文化、体育、民族、宗教、环保等等极为广泛的领域。它们虽然不具备国际法主体资格,但由于代表人民群众的呼声,均能从不同角度对国际政治产生直接或间接的影响。其中较为重要的是世界宗教组织和和平组织。

基督教、伊斯兰教和佛教是当代世界的三大宗教,均建立了自己的国际组织,这就是:世界基督教协进会、伊斯兰世界联盟、世界佛教徒联谊会。基督教的上帝、伊斯兰教的真主和佛教的佛,越过国境,征

国际政治学理论

服了不同种族、不同语言、不同国家的信徒,成为超国家和具有世界性的崇拜偶像。它们虽然产生于千百年前,至今仍然具有强大的生命力。

基督教是世界上最大的宗教,据统计,拥有10亿多教徒,主要分布于欧美各国。目前,基督教有三大教派,即天主教、新教和东正教,以天主教势力最大。天主教的中心在梵蒂冈,建立了一个宗教国。它虽然占地仅0.44平方公里,但与许多国家建立有外交关系,罗马教区管理着遍布世界各国的教徒,教皇也积极参与许多重大的国际政治活动,在不少以天主教徒为主的国家中具有强大的政治影响力。梵蒂冈的罗马教区已成为一个超国家超民族的宗教政治组织。1948年9月4日正式成立的世界基督教协进会,亦称世界基督教教会联合会,目前在100多个国家和地区有317个教会组织为会员。世基联下设信仰与见证部、正义与服务部和教育与复兴部,并建立国际事务委员会,世界传教与福音委员会,教会互助、难民与世界事务委员会,主要从事国际活动。世基联的总纲宣布,"教会根据《圣经》,承认主耶稣基督为上帝和救世主,并愿一起努力完成他们的共同使命,荣耀集圣父、圣子、圣灵为一体的独一的上帝"。

伊斯兰教主要分布于亚非各国,特别是西亚、北非、南亚和东南亚,拥有近8亿教徒,其中28个国家把伊斯兰教作为国教,有35个国家的穆斯林占有居民的多数。在中国曾称伊斯兰教为"回教"和"清真教"。20世纪70年代以来,伊斯兰世界发生了一场前所未有的伊斯兰复兴运动。当前,伊斯兰教在国际政治中已产生重大影响,并在伊斯兰国家的对外关系中占有重要地位。伊斯兰教有两大国际组织,一是1926年成立的世界穆斯林大会,二是1962年成立的伊斯兰世界联盟,又称穆斯林世界联盟,均在联合国享有"非政府性咨询机构"的地位。其主要成员国相同,涉及世界五六十个国家,国际活动日渐增多。其宗旨主要在世界传播伊斯兰教教义,宣扬泛伊斯兰主义,表示支持国际和平与合作。1971年成立的伊斯兰国家集团,共有45个国家和地区参加。它们定期举行首脑会议,共同磋商和协调伊斯兰国家内部和相互关系问题,研讨面临的国际问题,为加强伊斯兰国家间的团结

第二章 行为体论 国际政治的诸角色

与合作作出了重大贡献。

佛教,主要流传于亚洲,约有4亿多教徒,是亚洲各国友好合作的纽带。中印两国传统友谊源远流长,佛教的流传成为先导。闻名中外的唐三藏(玄奘)取经,就是中印文化交流史上的大事。当今世界,佛教的影响和作用虽然不如基督教和伊斯兰教,位于三大宗教之末,但应看到它正在呈上升趋势。1950年在科伦坡成立的世界佛教徒联谊会,成员分布在世界38个国家和地区,他们定期召开大会,出版评论,其宗旨是:促进佛教徒严格实践佛陀的教义,弘扬佛法,加强佛教徒的团结,兴办社会教育、文化、慈善等福利事业,要求佛教徒为争取和平和一切众生的幸福做出贡献。

除上述三大宗教外,世界上还有一些较有影响的宗教,如犹太教、印度教、锡克教等。当今世界有近半数人信仰不同的宗教,宗教同经济和政治有着密切的联系。国际宗教组织成为国际政治的行为体,是一支不可低估的重要力量。

宗教组织充当行为体角色,对国际政治的影响和作用主要表现在:(1)增强国家行为体的综合国力,或表现为民族凝聚力,宗教同民族的兴衰紧密相连,或成为国家统治和管理的工具,起稳定秩序的作用。(2)提高区域政治经济组织的活力,或作为区域政治组织的纽带,或加大区域经济合作的信任,如伊斯兰国家组织,共同的信仰密切了相互间的国际联系和经济往来。(3)赋予国家间交往的工具,或成为弱小民族和国家反侵略的旗帜,或被殖民主义帝国主义大国和强权政治用作推行侵略政策和干涉的武器。西方入侵东方,传教士就是开路先锋。至今借口"宗教自由",干涉别国内政的现象,也到处可见。(4)激发国际冲突的加剧,或宗教矛盾引起民族矛盾,或宗教争执引起国家间的政治冲突,如印度教和穆斯林之间的宗教冲突,不仅被英帝国利用导致印巴分裂,也是印巴至今不和的一个重要原因。以色列完全占领宗教圣城耶路撒冷,加强了同伊斯兰国家的分歧。两伊战争打了八年,除了边界纠纷和民族矛盾外,伊斯兰不同教派的冲突起了火上加油的作用。

和平组织与和平运动,遍及世界各大洲。不仅有跨行业的全国性组织,还出现了许多按专业成立的和平组织,如"医生保卫和平"、"律师保卫和平"、"学校要求禁止核炸弹"、"退休将领要求和平",等等,兴起了超阶级、超民族、超国家的广泛的群众性和平运动。世界各种生态运动组织,如"绿党"、"绿色和平运动"、"环境保护公民倡议联合会"、"反核电站行动委员会"等,也日益成为反对战争、防止环境污染、维护和平的重要力量,扮演了国际政治行为体的角色。

第三章 体系论
国际政治的体系系统

　　国际政治是一个大系统，形成了独特的体系，具有特殊的规律性。国际政治体系是一个历史范畴，是资本主义生产方式的产物，是行为体间相互作用的结果。国际政治就是行为体围绕体系的活动和相互作用。因此，学习和研究国际政治，既可从行为体入手，又能立足于体系，从宏观和微观的角度进行深层次的认识和探讨。

　　国际政治体系的形成和演变，是历史的必然。先进生产方式的确立，科学技术的进步，物质财富的增加，文明的普及，使地球上各民族各国家之间的距离日益变小，相互联系，相互依存，相互吸取，相互补充，共同发展，不可分割。

　　国际政治体系的形成和演变表明：世界是人类共同创造的，国际社会的发展是多样化、多方位、曲折的，国际政治是在对抗与合作中前进的。重重矛盾，种种不平等，又共处于一球，对抗中有合作，合作中有对抗，这就是国际政治体系演变的辩证法。

国际政治学理论

第一节 国际政治体系的基本特征

一、国际政治体系的含义

体系即系统,若干有关事物互相联系互相制约而构成的一个整体①。构成体系的基本条件,是组成部分不可分割的相互依存和相互作用。体系可以有松散的组织联系,也可以是严密的法定的组织系统,均包括不同层次的子系统。不同层次的子系统也具有独立性。

国际政治体系,是国际政治行为体间相互作用形成的既对立又统一的有机整体。它区分为全球体系和区域体系,包括有政党体系、国际组织体系和各类国家体系,如社会制度相同的国家体系,即发达资本主义国家体系、发展中的民族主义国家体系和社会主义国家体系。社会制度不同的国家体系,如反法西斯战争同盟体系。这些体系就是不同层次的子系统,其相互依存和相互作用,最终形成国际政治体系,即总系统。

在历史长河中,国际政治体系先后曾具体表现为:(1)帝国体系,如罗马帝国、英殖民帝国,具有集权式的统治机构;(2)势力范围体系,如北大西洋公约组织和华沙条约集团,具有健全的组织指挥机构;(3)和平共处体系,如不结盟运动,具有平等协商、共同决策和轮流主持的会议机构;(4)无世界政府无国际组织的无政府主义体系;(5)无世界政府而有国际组织的无序与有序并存的国际体系。全球范围的国际政治体系虽是整体,但从未出现过实体。它的行为体种类众多,数量庞大,差异纷繁复杂,没有形成系统的组织结构,没有法律权力,也无法对其组织部分行使权力。国际政治体系虽由阶级政党、国家和国际组织构成,但不是世界政府,不是世界集团,也不是世界性国际组织。它没有国家属性,也没有统一的主权、统一的法律、统一的价值观念,也没有一个能够约束各类国家的强制性组织系统。它不具备国家集团的条件,没有法定的宗旨和目标,也没有共同的战略和联合

---

① 《辞海》,上海辞书出版社1989年版,第596页。

第三章 体系论 国际政治的体系系统

行动。它不是世界性的国际组织,没有所属部分授予的权力,也没有共同的协议和特定的任务。国际政治体系也不是国际社会,它不完全由主权国家组成,也无密切的经济联系,缺少公认的准则纽带。

二、国际政治体系的基本特征

全球范围的国际政治体系以国家为主要构成体,但由世界市场经济所联络。它具有系统性、联系性和不平等性的基本特征。

国际政治体系是一个大系统。这个系统,包含众多不同层次的子系统,具体说,依国家性质分,有垄断资本主义系统、民族主义国家系统和社会主义国家系统;按经济水平分,有发达国家系统、新兴工业国家系统和发展中国家系统;以地域分,有欧洲共同体系统、东欧系统、美加系统、亚洲系统、拉美系统及非洲系统,当然,还包括国际组织系统、政党系统和宗教文化系统,等等。大系统虽由不同层次的子系统组成,但不是子系统的简单相加,也不是子系统运行规律的简单延伸,它有着自己的特殊运动规律。大系统表现出来的是众多子系统的"合力"。子系统虽具有独立性,但子系统间的相互作用,才形成大系统。子系统同大系统的关系密不可分,属局部同全局的关系。大系统的特征表明,国际政治的任何现象都不是孤立的、绝对的,都是大系统的一部分,都会对大系统全局产生影响。当今世界,任何一个国家均离不开世界,其经济必须同世界市场接轨,其外交必须纳入大系统之中。

国际政治体系各行为体间是相互联系的。这种相互联系不仅表现为相互并存,而且主要表现为相互作用,即:(1)相互制约,你影响我,我影响他,他影响你,往往出现连锁反应,谁都无法回避。(2)相互渗透,你中有我,我中有你,相互结合,形成共同的利害关系。(3)相互依存,一方的繁荣以另一方的发展为条件;一方的和平以另一方的安全为前提,谁也离不开谁。战后以来,相互依存日益加深,已由纵向性的垂直依附变为横向性的主权国家间相互关系。相互依存是当前制止战争的重要因素,有助于解决人类面临的共同问题,推动世界政治的民主化进程和世界经济的发展。相互依存不是谁也离不开谁,它只是突出谁也离不开世界整体,强调相互合作,共同发展。相互依存不是完全合作,排除相互竞争。在当今世界上,相互依存是不对等的,且既有合作式的相互依存,也有冲突式的相互依存,或二者兼而有之。相互联系主要表现为相互作用,其内容简言之就是"关系"。国际政治体系内的相互作用,既是直接的,也是间接的,即通过第三者或公认法则产生影响。它既表现为合作的形式,也表现为冲突的形式,也可在中立态度中体现。它既存在于一系列多领域的活动中,也存在于单个领域单项活动中。国际政治体系内的相互作用揭示了种种纷繁复杂的国际关系。国际关系包括国家之间的关系、国际组织之间的关系、国际性的民间团体之间的关系,等等,其中以国家间关系最为重要。从内容看,国际关系可分为政治关系、经济关系、文化关系及军事关系等;从范围说,有全球关系、地域关系、双边关系、三角关系及多边关系;依性质分,存在着不同社会制度国家内部与相互间关系,它们具体表现为结盟关系与集团关系、势力范围关系与争霸关系,等等。弄清这些关系的主要内容及规律,就能正确把握国际政治体系相互联系性的基本特征。

国际政治体系,形式上是由平等的行为体所组成,但实际上从来就是不平等的。它建立在垄断资本压迫和剥削全世界的基础之上;它同帝国主义的殖民扩张和争霸战争紧密相连;它以统治与服从、剥削与被剥削的关系为主要内容。这种不平等主要体现在,行为体间政治经济关系的不平等,政治经济地位的不合理,政治经济发展的不平衡。究其原因,主要是由殖民主义、帝国主义、霸权主义的强权政治和掠夺本性造成的。80多年来,在世界各国的共同斗争和不断努力下,国际政治体系几经演变,各方均发生了重大变化,但不平等状态并未完全打破。全球范围内,以大压小、恃强凌弱、仗富欺贫的现象依然存在。正是这种不平等,构成了国际政治体系内各种矛盾和冲突的根源,揭示了建立国际政治新秩序的历史必然性和合理性。

第二节　国际政治体系的形成

一、国际政治体系的形成过程

国际政治体系始于资本主义的产生与发展,最终形成于帝国主义列强把世界瓜分完毕。它与世界经济体系的形成与发展同步进行,但以世界经济为基础。

一般来说,原始社会末期就出现了社会分工,个别地区间开始了部落内部和部落联盟之间的商品交换和人员往来,虽然它带有一定的偶然性。国家出现以后,商品生产和商品交换有所发展,国家间的冲突与合作开始进入世界舞台。但是,奴隶制国家与封建制国家是封闭型的自然经济,社会分工不明确,生产工具原始落后,生产力水平低下,对外贸易比重极小,加上交通不发达,又无现代化的通信联络,因此,相互间的联系和往来,仅局限在毗邻范围和局部地区之间,涉及领域不广,交往规模不大,联系既不稳定,也不频繁,还未出现现代意义上的世界政治经济。

随着资本主义的崛起,特别是国际分工和世界市场的形成,整个世界相互联系密切,日益国际化。15世纪前后,资本主义首先在欧洲破土而出,形成了早期的欧洲贸易中心。西欧资产阶级奔走于全球各地,到处创业,发现新大陆,开辟东西方的新航路,建立海外殖民地,进行了资本的原始积累。随之欧洲贸易中心从地中海沿岸转移到大西洋沿岸。欧洲的统治远及美洲、非洲和亚洲。当然,这一切都是超经济的赤裸裸的掠夺和强制性的往来。此时,尽管商品交换扩大并逐渐形成区域性的国际市场,但国际分工还未完成,更未建立稳定的体系。17世纪到19世纪,欧美各主要国家基本上完成了资产阶级革命,并不同程度地发生了机器大生产取代工场手工业的革命,资本主义生产方式最终确立。社会生产力的巨大发展,工业资本剥削本性的急剧膨胀,驱使资产阶级除向纵深渗透外,还扩大横向发展,即向美洲、亚洲和非洲地区,向其他新地区扩张,移民开垦,建立殖民地,把落后地区和未开化民族卷入世界资本主义的漩涡。从此,资本主义生产方式逐渐扩展到了那些自给自足的闭关自守的地区和国家，向那里推销自己的产品，巩固其统治，并从那里廉价购买所需要的原料，抢夺富饶的土地，进行强制性的国际分工，扩大世界市场，建立压迫与被压迫、剥削与被剥削的关系。于是资本主义政治经济开始在世界范围内形成一个整体。

19世纪末20世纪初，垄断逐渐取代自由竞争并居统治地位。帝国主义为了攫取高额垄断利润，加紧了瓜分世界的步伐。经过几次区域性战争和第一次世界大战，英国、俄国、法国、德国、日本、美国等帝国主义大国以实力为基础，以资本输出为主要内容，先后从经济上和领土上完全把世界瓜分完毕，使整个世界资本主义化，最终出现了全球范围的世界经济与国际政治，正式形成了统一的世界经济体系和国际政治体系。

国际政治体系的形成，是不平静的，充满着屠杀与掠夺。国际政治体系形成的过程，是不断爆发战争的过程，是欧洲灭亡众多弱小国家与民族并开始统治世界的过程，也是美洲、亚洲、非洲和其他落后地区沦为殖民地和半殖民地的过程。殖民地是用火和剑夺取来的。从15世纪到20世纪初，殖民主义和帝国主义的海外扩张，充满着侵略、掠夺、杀戮和奴役。在美洲，他们惨无人道地屠杀印第安人，疯狂地掠夺金银财宝。仅西班牙殖民时期就抢走了250万公斤的白金和上亿公斤的金银，杀害印第安人竟达1200万~1500万之多，几乎虐杀殆尽，人种灭绝。在非洲，他们开始主要醉心于抢劫黄金、象牙等珍宝，从16世纪起，非洲被变为商业性地猎获黑人的场所，掠卖奴隶的"人库"。他们进行了长达三四百年的奴隶贩卖，从非洲运往美洲的奴隶平均每年达四五万人，总数高达1500万人，至于在部落猎奴战争或反抗奴隶贩子劫虏的战斗中死伤的黑人更多，使非洲损失了1亿人口，相当于1800年整个非洲人口的总和。在亚洲，他们把亚洲式专制和欧洲式专制结合起来进行统治，殖民压迫和殖民掠夺极为残忍。他们还实行一种四出剽劫的"盗人制度"，兴起"苦力贸易"，用黄种人奴隶补充黑种人奴隶，从而造成了亚洲人民的极端贫困和大量死亡。那些被殖民主义者打下印记的地区，如非洲西部的"黄金海岸"、"象牙海岸"、"胡椒海岸"、"奴隶海岸",南美洲北部的"珍珠海岸",亚洲南部的"香料群岛",等等,都是早期残酷的殖民掠夺的历史见证。

资本主义制度的建立,特别是进入帝国主义阶段之后,欧美列强使用军事的、政治的、经济的和文化的侵略手段,使亚非拉绝大部分地区丧失独立和主权,变成他们的商品市场、原料产地和投资场所。这期间,他们利用亚非拉地区廉价的劳动力和丰富的自然资源,抢占市场,输出资本,推行畸形的单一经济和有利于自己的国际分工,并进行不等价交换,榨取了惊人的超额利润。重新瓜分殖民地和势力范围的帝国主义战争,更是给亚非拉人民带来了巨大的灾难,大批奴隶被当作炮灰送上前线,充当劳工,惨遭杀害,大量财富被掠夺,造成农业荒芜,民族工业破产,饥荒遍地,尸骨成堆,使殖民地半殖民地更加依附于帝国主义宗主国。欧美列强推行的集军事、政治和经济于一体的殖民政策,最终促成了统一的、不可分割的国际政治体系的形成。国际政治体系的形成,既把世界各国和各个民族统一在一个不可分割的整体内,又创造了殖民扩张的世界纪录,使民族压迫和掠夺充斥全球各个角落。

二、国际政治体系形成的基本条件

国际政治体系的形成,是历史发展的必然,具有客观的条件。

(1)两次科技革命的成功。18世纪中期到19世纪中期的第一次科学技术革命,首先发端于英国,随后,法国、德国、美国也相继开始。它以蒸汽机的发明和应用为主要内容,机器大生产取代了工场手工业。随着19世纪初轮船和火车的发明,交通运输业发生了根本性的革命。冶金特别是炼钢和机械工业的大发展,使人类社会在不到一个世纪内,创造出了比过去一切年代总和还要多的物质财富。机器和蒸汽机的应用,使大工业脱离本国基地,面向世界,使社会分工具备了超越国界发展成为国际分工的条件,使世界许多经济发展水平不同的国家冲破了世界市场的竞争轨道,为全球范围内国际分工和世界市场的形成创造了物质基础,为海外殖民扩张提供了优越的可靠条件。19世纪后期开始的第二次科学技术革命,首先在美国发生,它以电的发明

国际政治学理论

和应用为标志,使世界进入了电器时代。第二次科学技术革命极大地推动了社会生产力的发展,更新了工业结构。重工业比重急剧增加,加速了生产的集中,引起了生产关系的巨大变化,促进了垄断统治的确立。它加快了领土的瓜分,彻底消除了民族壁垒,加深和扩大了各国间的经济联系,从商品交换直接深入到生产过程和金融领域。从此,世界各国和各个民族不再是孤立自守的单位,已经变成世界政治经济整个链条的各个环节。

(2)垄断的产生和发展。垄断萌芽于19世纪60年代和70年代,到19世纪末20世纪初,便取代自由竞争成为全部经济生活的主要现象,构成了国际政治体系最深厚的经济基础。垄断是从生产集中成长起来的,是从银行成长起来的,也是从殖民政策成长起来的。从辛迪加、卡特尔到托拉斯、康采恩,从私人垄断到国家垄断,垄断的程度日益加深,垄断的规模越来越大,它必然走上瓜分世界这条获取超额利润的道路。垄断资本的扩张,不仅遍及全世界,而且通过资本输出把资本主义生产方式扩展到全球。商品输出,一般来说主要是为了获利,使商品价值在国外得以实现。资本输出则不同,它除了无数旧的动机外,又增加了争夺原料来源,争夺势力范围,以及争夺一般经济领土等等的动机。资本输出同从经济上、政治上和领土上瓜分世界有着密切联系,乃是垄断资本剥削和压迫世界上大多数民族和国家的坚实基础。垄断统治通过资本输出,既把输入国变为债务国,又能实现对输入国政治经济的控制。相互间政治经济联系不仅扩大了,而且更加深刻了。

(3)殖民扩张的全球化。殖民侵略活动,肇端于15世纪。葡萄牙和西班牙是最早推行殖民主义的国家。1415年,葡萄牙殖民者沿着大西洋东岸南下,侵占了北非摩洛哥的休达地区,建立了世界上第一个殖民据点。随后,荷兰、英国、法国、德国、日本、美国等接踵而来,在亚洲、非洲、美洲地区大肆扩张,横行霸道,进行了人类历史上空前野蛮的屠杀和掠夺。资本原始积累时期,葡萄牙、西班牙等国通过海盗式劫掠、欺诈性贸易、海外移民,特别是奴隶贩卖,从殖民地掠夺了巨额财富。资本来到世间,从头到脚,每个毛孔都滴着血和肮脏的东西。

第三章 体系论 国际政治的体系系统

自由资本主义时期,英、法等国打着"自由贸易"的旗号,以商品输出为主要手段,对殖民地的掠夺,特别是对殖民地原料和市场的掠夺加强了。进入帝国主义时期,英、法、俄、德、日、美等大国掀起了夺取殖民地的狂潮,瓜分世界领土的斗争达到了极其尖锐的地步,当时几乎遍及世界各个角落,瓜分和重新瓜分殖民地和势力范围的斗争是疯狂的和不择手段的。经过多次瓜分战争和殖民战争,它们灭亡了数以百计的国家,兼并了千百个弱小民族,占领了2500万平方公里的土地,奴役和剥削着近10亿人民,最终把整个地球瓜分完毕。非洲的90.4%,大洋洲的100%,玻利尼西亚的98%,美洲的27.2%,亚洲的56%,全都沦为殖民地。还有不少国家和地区,如波斯、土耳其和中国,则沦为半殖民地。从此,世界开始区分为实行殖民主义的压迫民族和沦为殖民地半殖民地的被压迫民族。帝国主义大国通过殖民扩张把殖民压迫和民族掠夺变成世界性的普遍现象,宣告了国际政治体系的最终形成。殖民政策之所以成为国际政治体系形成的决定性条件,就在于它具有两重性。资本一开始就是国际化的,其本性就是剥削。帝国主义的殖民政策就是剥削全世界的政策,也是在世界范围内推行强权政治的工具。欧美帝国主义国家都是靠剥削殖民地半殖民地发财致富的。西方的"文明"与"繁荣",就是建立在残酷奴役和掠夺殖民地半殖民地的基础上的。这是用血与火的文字写在人类编年史中的事实。但是,帝国主义的殖民政策也给殖民地带来了一些新的变化。这就是:瓦解了旧的社会经济结构,移植了新的生产方式,刺激了民族资本主义的发展,把广大亚非拉地区卷入了世界资本主义漩涡,为消除民族差别、加强各民族的联合和最终的同化提供了物质基础。应该说,这是具有重大历史意义的变化。正是这一变化,加快了世界资本主义化的进程,促进了国际政治体系的形成。当然,对帝国主义大国来说,这些积极的进步因素,不是目的,而是手段;不是主观愿望,而是客观效果;不是无限给予,而是有限活动。它们最多只能破坏一个旧世界,不会建设一个新世界,但无论怎样说殖民政策还是充当了历史发展不自觉的工具。

三、国际政治体系形成的主要标志

国际政治体系的形成,以世界经济体系为基础,其主要标志是国际分工的完成、世界市场的出现和殖民体系的建立。

国际分工始于地理大发现,中间经过三个阶段,于19世纪末20世纪初完成,是国内分工超越国界广泛发展的结果。它以面向世界为目标,以相互联系为基础,其主要内容是"世界城市"与"世界农村"的分离与对立。第一阶段的国际分工,发生在16世纪到18世纪60年代,同工场手工业相联系。西欧国家通过实行重商主义政策和殖民扩张政策,用暴力和超经济的强制手段,在美洲、亚洲和非洲开矿山,建立种植园,发展面向世界以奴隶劳动为基础的农场主制度,建立了早期的资本主义国际专业化生产。当时极为盛行的"三角贸易",即西欧国家生产和出口工业品,非洲提供奴隶劳力,美洲生产和出口农产品与原料,就是宗主国同殖民地之间分工的典型形式。这种国际分工的要害在于在亚洲、非洲、美洲强制推行为宗主国服务的单一生产制,专门生产宗主国奇缺的又不生产的产品。第二阶段的国际分工,始于18世纪60年代,到19世纪60年代基本完成。它以大机器工业为基础,把世界划分为农业生产和工业生产两大区域,前者占世界大部分,并从属于后者。随着大机器的建立,西欧国家迫切需要到海外去寻找原料、粮食供应地和商品销售市场。它们通过"自由贸易",用商品的"重炮"轰开了所有"万里长城"的封锁,迫使亚非拉地区的农民变为工业品的消费者,并为世界市场生产原料和粮食。从此,世界上开始出现"垂直一体化"模式的国际分工,即原来一国范围内的城市和农村、工业部门和农业部门之间的分工,日益演变成世界城市同世界农村的分工,以及以先进技术为基础的工业国同以自然条件为基础的农业国之间的分工。第三阶段的国际分工同第二次科学技术革命紧密相联。它以交通工业的发展和资本输出为条件,使资本和商品生产随大机器工业脱离本国基地,主要面向世界,完全依赖于世界市场。第三阶段的国际分工主要体现在分工的广度和深度上。它通过资本输出,在亚洲、非洲与拉丁美洲加速并扩大了资本主义生产,加深了宗主

第三章 体系论 国际政治的体系系统

国同殖民地半殖民地间、工业国同初级产品生产国之间的分工,使之真正成为资本主义国际分工的主要形式。它最终完成了早已开始的"世界城市"同"世界农村"的分离,使亚洲、非洲、拉丁美洲在经济和政治上完全从属于欧洲,宣告了国际分工体系的形成。国际分工是世界经济全部发展过程的基础,它的主要作用是同殖民扩张相配合,在经济上和政治上把世界各国联结成一个无法分割的世界体系。

世界市场,包括商品市场和资本市场,并以世界货币为纽带,是世界范围内进行交换的场所。世界市场,分区域性世界市场和全球性世界市场。后者的形成,一是以大工业和国际分工为基础;二是现代交通工具和电报电话事业发展的结果;三是取决于美洲、亚洲、非洲的殖民地化。19世纪出现的世界市场,主要是商品市场,它以英国为中心,为英国所垄断,是由英国的"世界工场"地位所决定的。随着美国、英国、德国、法国之间的竞争,英国的垄断削弱了。在产业资本占据世界市场的统治地位时,追求的是平均利润或不大稳固的超额利润。而在垄断资本上升为统治地位之后,世界市场既是商品市场,又是资本市场、金融市场,且遍及全球,无所不包。垄断资本在世界市场追求的不再是平均利润或不大稳固的超额利润,而是最大限度的稳定的超额利润。世界市场形成的过程,就是欧洲市场扩大到全球的过程,其要害在于把世界所有国家的生产、交换、分配和消费各个环节均卷入世界资本主义流通之中。世界市场使货币发展为世界货币,形成世界货币体系。世界货币的最初形态是自然形成的金条和银块,后为铸造的金币,最后是信用货币。它的职能,一是作为价值尺度,二是国际支付手段,三是财富的国际转移手段。世界货币的出现,不仅促进了世界市场的扩大与发展,而且广泛服务于资本输出和瓜分殖民地的战争。世界货币体系常常为一个或几个强国所支配,它们力图扩大本国货币在世界经济周转中的使用范围,操纵外汇货币,迫使其他国家,尤其是殖民地和半殖民地的货币依附于本国货币,实现货币制度的统一。

帝国主义殖民体系是帝国主义统治、控制和掠夺殖民地半殖民地的总体。在殖民地,帝国主义直接掌握国家权力,在政治、军事、经济、文化各方面实行全面的、直接的统治,使殖民地完全丧失独立性,在法

国际政治学理论

律上处于从属地位。半殖民地在政治上、形式上是独立的,实际上却被财政和外交方面的附属关系的罗网包围着。帝国主义通过扶植代理人,强迫签订奴役性条约,攫取种种特权,干涉内政外交,控制经济命脉,进行间接的统治。帝国主义殖民体系建立于世界被瓜分完毕之际,它标志着帝国主义对被压迫民族的统治和掠夺达到了空前的规模,使民族压迫和民族剥削成为世界的普遍现象。世界开始区分为帝国主义国家和殖民地半殖民地国家。帝国主义殖民体系的基本特征是对殖民地的独占和垄断。帝国主义不仅利用殖民剥削的旧形式,而且发展了一套剥削和压迫的新形式,把殖民地半殖民地作为输出资本的场所、倾销商品的市场、攫取原料的基地,建立一整套最野蛮、最残酷的殖民统治秩序。殖民体系的建立,是以英国、俄国、法国、德国、日本、美国为支柱的。英国号称"日不落"的殖民大帝国,是侵略殖民地最多的国家。到第一次世界大战前,它侵占的殖民地面积高达3350万平方公里,占世界土地面积的1/4,为帝国主义列强侵占殖民地总和的一半。俄国是军事封建帝国主义,其抢占的殖民地已达1740万平方公里,仅次于英国,居世界第二位,但在民族压迫上则打破了世界纪录。法国到1914年总共夺取1060万平方公里的殖民地,成为世界上第三号殖民大国。德国、日本、美国是后起的、新兴的帝国主义国家。它们共同的特点是,资本主义发展较晚,抢占殖民地不多,截至1914年分别为290万平方公里、30万平方公里、30万平方公里,但三国的工业发展迅速,实力增长较快,不甘心现状,表现更为贪婪,多次发动重新瓜分殖民地半殖民地的战争。正是帝国主义大国间的争霸及其战争,加速了殖民体系的完全建立,实现了欧洲对世界的统治。

  由此可见,帝国主义殖民体系既是帝国主义赖以生存的生命线,也是国际政治体系形成的重要基础。19世纪末20世纪初的帝国主义,开辟了全球范围国际政治的新时期。

第三章 体系论 国际政治的体系系统

第三节 国际政治体系的演变

一、国际政治体系演变的不同时期

迄今为止,国际政治体系主要经历了四个时期,显现了不同的国际政治侧重点。其演变仍在继续,其重点仍在更新。

第一时期,从19世纪末20世纪初到俄国十月革命前,是纯粹统一的资本主义世界政治体系。这个体系既把各个国家各个民族的政治经济变为国际政治体系整个链条中不可分割的环节,又把世界区分成两种不同类型、又联结在一起的根本对立的国家:一类是剥削和压迫广大殖民地半殖民地国家的少数帝国主义大国;另一类是被剥削和被压迫的绝大多数殖民地半殖民地国家。在这个体系中,资本主义制度具有国际性,资本主义政治经济规律超出一国范围成为世界性的现象,在全球发挥深远而又广泛的作用。

资本主义世界政治体系,是以私有制为核心,以帝国主义国家为基本行为体,建筑在少数帝国主义大国压迫和剥削殖民地半殖民地国家的基础之上的。它揭示了帝国主义国家同殖民地半殖民地国家的对立、资本主义生产方式同前资本主义经济体系的矛盾、帝国主义国家之间的争霸、垄断资产阶级同无产阶级和被压迫民族资产阶级的抗争。其具体内容表现为资本主义生产方式的扩张、以亡国灭族为特征的强权政治的盛行,其主要形式是军事集团的建立和战争的频繁化,其实质是统治与从属,以及相互争霸的关系。此时国际政治的实质与重点,是军事政治,统治政治。

第二时期,从1917年到1945年的第二次世界大战结束,是社会主义世界政治体系同资本主义世界政治体系并存的矛盾统一体。由于第一个社会主义国家的诞生和两次世界大战,纯粹统一的资本主义世界政治体系开始动摇与破裂,社会主义世界政治体系从资本主义世界政治体系的链条中分离出来,并成为一个独立的体系日渐巩固发展,除社会主义的苏联不断扩大其影响外,社会主义运动和民族解放运动也加速扩展到全世界。在这个新时期,帝国主义大国同殖民地半

国际政治学理论

殖民地国家压迫与被压迫、剥削与被剥削的对立、帝国主义大国相互争夺的抗争依然存在,但新增加了社会主义国家同帝国主义国家之间的对抗以及它同弱小国家的政治经济关系。宏观地看,在当时世界,资本主义世界政治体系仍占绝对优势,世界还是不可分割的既相互矛盾又相互联系的统一体,但战争与革命、强权与主权的对抗贯穿始终。在反帝革命中,以亚非拉地区的民族解放运动最为重要,直接制约着国际政治体系的发展,共产国际的活动也成为世界引人瞩目的新现象。亚非拉地区以争取民族自决为纲领的民族主义政党和组织,同共产国际一道,上升为国际政治体系的重要行为体,发挥着越来越重要的作用。此时国际政治的实质与重点,是战争政治、革命政治。

第三时期,即第二次世界大战之后,是社会主义国家政治体系、发达的垄断资本主义国家政治体系和发展中的民族主义国家政治体系内部与相互间既矛盾又统一的整体。反法西斯战争的胜利,使社会主义超出一国范围,从欧洲扩展到亚洲与拉丁美洲,建立了一批社会主义国家。亚非拉地区逐渐摆脱殖民统治,实现民族独立,诞生了一系列主权国家。国际政治体系因此发生了根本性的变化。随着众多新兴主权国家登上世界舞台,作为国际政治体系形成主要标志的帝国主义殖民体系土崩瓦解,基本消失了。国际政治体系更多以主权国家为基本行为体,其他行为体,如政党和民族解放组织,则退居次要地位。国际政治体系中,两大体系的并存局面开始演变为三类国家体系的统一体。社会主义世界政治体系中的社会主义国家体系,虽然出现挫折,但显示了强大的生命力,它们作为社会主义世界政治体系的代表同资本主义世界政治体系发生关系,提高了地位,增强了实力,扩大了影响。特别重要的是,由于分裂为发达的垄断资本主义国家体系与发展中的民族主义国家体系,资本主义世界政治体系受到了进一步的沉重打击,其影响并不亚于社会主义世界政治体系从资本主义世界政治体系中脱颖而出。因为发展中民族主义国家体系同发达的垄断资本主义国家体系,从性质上说,虽然同属资本主义世界政治体系,但它们的利益是根本对立的,要求和愿望也不完全一样。虽然,社会主义国家体系和发展中民族主义国家体系的发展壮大,使国际政治体系发生质变,但发达的垄断资本主义国家体系仍然占据主要地位,凸显出两大阵营、两大军事集团和两极的对抗与争夺。此时国际政治的实质与重点,是冷战政治,控制与反控制政治。

当前,在国际政治体系中,三类国家体系内外都在相互渗透,相互开放,进一步加强了相互依存的局面,表现出一种明显的全球化和区域化的趋向,形成了由不同类型国家组成的区域体系和集团体系,可以认为进入了第四时期。冷战结束后,三类国家体系内外都在寻求和平共处,转而注重发展经济。以经济竞赛、科技竞赛取代军事竞赛的趋势不可逆转。变革国际政治经济旧秩序、建立新秩序,正在变为越来越多的国家明确宣布的迫切任务。三类国家体系内外发展都是不平衡的。发达的垄断资本主义国家间发展不平衡,发展中国家间发展不平衡,社会主义国家间发展不平衡。这种不平衡既推动了世界政治经济的前进,又带来了新的世界动荡。大国的兴衰、综合国力的竞赛以及全球化的发展,对国际政治体系的影响极大。国际政治体系的演变仍在继续中。它揭示了世界各国相互依存、相互渗透和曲折发展的进程。世界仍是一个整体,但矛盾重重,既不平等,又不平衡,只能在动荡与协调中前进。当前国际政治的实质与重点,是日益突出权利政治,和平与发展为主题的经济政治。

二、国际政治体系演变的原因

国际政治体系虽是一个统一的整体,但处在不断运动之中,这是国际社会发展的历史必然。特别在反法西斯战争胜利以后,国际政治体系演变的速度快,范围广,内容更加深刻。究其原因主要在于:第一,新的科技革命的发展。战后兴起的科技革命,以原子能和电子计算机的发明与应用为主要内容,它提高了劳动生产率,加深了各国生产的国际化,扩大了各国经济联系的规模与范围,促进了世界贸易的发展。它加强了各国经济的相互依赖,推动了世界和地区的一体化趋势,带来了发展不平衡和相互间差距的扩大。第二,社会主义国家的诞生和曲折发展。社会主义越出欧洲范围,从一国发展为多国,变成世界性现象,随后又发生巨大变化,出现挫折,既显示了社会主义制度的优越性,又表明建设和发展社会主义事业的重重困难。社会主义国家体系,既是国际政治体系的重要组成部分,同全球范围的国际政治体系不可分割,又有自己独特的发展规律,代表了国际社会的发展方向,必然对国际政治体系的演变产生了重大影响。第三,第三世界的崛起。第三世界是战后亚非拉地区新独立国家的总称,是区别于东西方之外的活跃于国际舞台的一支联合力量,又称第三种力量。它们是国际政治体系的重要组成部分,处于举足轻重的地位。它们在国内把民主主义或社会主义同本国实际结合起来,走上了既不同于西方,又不同于东方的独特道路,发展了民族经济,增加了国家实力;它们对外奉行不结盟政策,反对强权政治,维护世界和平,倡议建立国际政治经济新秩序,对国际政治和世界事务的影响越来越大。第四,垄断资本的两重性及其发展。垄断资本从其出世之日起,就既呈现腐朽趋势,又具有进步性,至今仍保持有较强的生命力。垄断资本的发展过程也显示了其调节能力和适应能力。应当承认,垄断资本为国际政治体系的演变提供了自己所能提供的前提和条件,虽然是被迫的,但也能适应它。第五,霸权主义的盛行和调整。霸权主义的盛行,特别是社会主义的苏联同垄断资本主义的美国在世界范围的争霸,乃是第二次世界大战后出现的最大新现象。国际政治同美苏关系不可分割。美苏之间的争夺也好、合作也好,均对国际政治产生深刻的影响。霸权主义的盛行及其调整,必然制约国际政治体系的演变。

三、国际政治体系演变的规律

从国际政治体系演变的过程中,我们可以发现一些带规律性的现象。

国际政治体系的演变,不是单线行进,而是多线运动的。这种多线运动表现为所有对立各方和种种关系的"合力"。两大国际性的阶级和两类世界性民族活跃于国际舞台,掀起资本主义、社会主义和民族主义运动,力图将资本主义、社会主义和民族主义从理论变为现实,相互间进行激烈的斗争。国家间关系随着殖民主义和帝国主义的崛起,以瓜分领土和争夺势力范围为依据进行新的分化与组合,侵略扩

第三章 体系论 国际政治的体系系统

张战争和世界大战始终威胁着人类。反对战争,反对侵略政策和战争政策,维护世界和平,在国际社会中,树起一面大旗,集合着所有的力量。国际政治体系的演变就是各种力量围绕战争与革命的主题相互作用进行的。国际政治体系演变成为多层次的子体系系统。除按社会制度分成多体系外,还出现了以战争与和平划线的集团体系、结盟体系与不结盟体系,从国家利益出发形成的区域体系,等等。国际政治体系的演变表明,世界是多样化的,从来就是多线运动的。我们决不能用一种基本矛盾掩盖其他矛盾,用一条战线取代其他战线,用一种运动否定其他运动,把国际政治体系中本来五光十色、丰富多彩的多线运动,变成某种单线活动独往独来的孤军奋战。

国际政治体系的演变,不是直线发展,而是曲折前进的。国际政治体系演变的曲折,既表现为某种进步力量的暂时受挫,又说明演变中的困难,战争接连不断,侵略扩张盛行,国际社会经历了太多的痛苦。但是,从总的趋势看,国际社会在走向进步,迎来光明。国际政治体系的演变,给国际社会带来主权国家的增多,世界从"一球一制"变成"一球多制"。国际政治体系的演变,给国际社会带来较为稳固的和平与安宁,世界殖民体系被彻底摧毁,帝国主义的侵略政策受到沉重打击,战争策源地一个又一个被破除。国际政治体系的演变,给国际社会带来了新的生机,大国兴衰从扩军备战、强化军事、拖垮经济的循环怪圈中走出来了,世界各国越来越重视经济和科技的发展,综合国力的竞争日渐成为国际关系的主要内容。

国际政治体系的演变,不是一个固定不变的模式,而是多种模式并行的。长期以来,人们只重视传统的模式:战争与革命。战争不可避免,战争引起革命,革命制止战争。革命是历史的火车头。应该承认,国际政治体系的演变离不开战争与革命的模式。随着国际政治体系的演变和国际形势的发展,世界上突出了一种新模式。战争与革命的主题逐渐为和平与发展的主题所取代,改革正在成为国际社会不可抗拒的潮流,对话与合作上升为国际关系的主要形式。目前,改革之风已经吹遍全世界。社会主义国家在改革,第三世界国家在改革,发达国家也在改革,国际政治经济领域内改革与反改革的斗争也较为激烈。完全可以肯定地说,国际政治体系的继续演变,至少在一个较长的时期内,将主要以改革为动力,采用改革的模式进行。因为改革既是推动生产力发展的强大动力,也是解放和发展生产力的根本保证。

第四章　格局论
国际政治的基本结构

　　国际政治格局,既是马克思主义的一个重大理论问题,也是当今世界极为重要的一个现实问题。格局论,是国际政治学的重要组成部分。具体的国际政治格局,则是世界形势的基本内容。把"格局"概念运用于国际政治领域,在中国只是20世纪80年代的事。中国过去观察世界形势和研究国际政治,一般使用"力量对比"、"力量配备"和"力量组合"等词汇,强调的是阶级关系,立足于意识形态和社会制度的异同,以革命和反动划线。后来使用"格局"的提法,更多立足于主权国家,以国家间关系为出发点,寓社会制度的异同和阶级利益于国家权益之中,在和平共处五项原则的基础上判断是非。概念的更新,既适应形势的发展,又符合马克思主义基本原则,是真正的科学态度。

　　国际政治格局同国际政治体系一样,有世界范围的,也有地区性的。它们都是国际社会的客观存在,均主要以国家为依托,基本上是它们相互作用的产物。只不过范围大小、作用程度不完全相同。如果说学习和研究国际政治有宏观(世界体系)和微观(行为体)两种基本方法,那么从国际政治格局入手,则是把上述两种基本方法统一起来,吸取双方的长处,避免局限性。应该说,这是学习和研究国际政治的又一条新途径。

　　格局,即结构、式样、规模。国际政治格局,指的是活跃于世界舞台的主要角色间相互作用和组合形成的一种结构。它具体表现为主

国际政治学理论

要角色在追求权利、权力与利益、维护和平与发展等政治活动中形成的各种各样关系,以及相互间展开的多层次多方位的对抗与合作式样。正确判断国际政治格局,必须弄清:(1)主角是谁,共有几个?(2)主角间形成了什么样的主要关系?(3)主角和主要关系通过何种式样显示出来?"主角"、"主要关系"和"式样",是构成国际政治格局的基本要素。它们是紧密相连、不可分割的。

第一节 国际政治格局的主要角色及其更新

一、主角的含义

主角,原指文艺作品中的主要人物,我们借用来比喻国际政治中具有关键性影响和作用的主要力量,即国际政治格局的构成力量。国际政治格局中的主角,一般是影响全局的重大国际事件的主要行为体,处于国际矛盾的中心。国际冲突与协调往往围绕主角活动。

国际政治格局的主角,来自国际政治体系中的行为体。如果说,行为体的外向活动及其作用,不分大小、或直接或间接、或主动或被动、或全局或局部、或自主或依附、或强大或弱小,均不受影响,那么,主角的活动及其作用必须是直接的、主动的、全局的、自主的、强大的。这就是主角同行为体的区别。简单地说,国际政治格局中的主角,是地位、力量和外交的统一,只能落实在具体国家或国际组织的身上。国际政治格局由于主角的具体体现是可以看得见的。任何行为体要想进入主角行列,都必须壮大自身力量,善于纵横捭阖,发挥独立自主的作用。当然,这同国际形势的演变紧密相联。

国际政治格局的主角不是一个,而可能是两个或多个,其作用不完全相同,甚至相反。当然,也无终身主角,它们迟早会完成自己的历史使命。主角是不断更新的。过往数百年,随着世界形势的发展和大国的兴衰沉浮,国际舞台上的主角几经变换,常有新面孔出现。封建时代的中国、土耳其,资本主义产生时期的葡萄牙、西班牙和荷兰、英国,垄断资本主义时期的英国、俄国、法国、德国、日本、美国,以及社会主义国家的苏联和中国,都曾先后扮演过主要角色。其中有些国家虽

第四章 格局论 国际政治的基本结构

花一现,很快退出舞台,有些国家至今仍然相当活跃。主角的变换说明,扮演主角的,既有大国,又有小国,既是一国力量,又是多国联合力量,或集团力量,实力亦有差别,也不以社会制度为转移。帝国主义的俄国,社会主义的苏联,都扮演过主要角色。

国际政治格局中的主角,作用有大有小,或积极或消极,或进步或反动,力量不完全对等,性质不完全相同,实际区分为关键性主角和制衡性主角,或称第一主角、第二主角,或第三主角、第四主角,等等。我们虽然不应否认制衡性主角或次等主角的作用,但应看到它们不能完全脱离头等主角的制约。应当承认头等主角的关键性地位。虽然主角作用主要取决于对外战略的性质、综合国力的强弱,但它同外向活动的运行艺术也是分不开的。

二、充当主要角色的基本条件

当今世界至少有190个国家和8200多个国际组织,它们在国际舞台上均有自己的利益和影响,占有一定的地位,但并非同等程度地参与国际政治,不能个个扮演主要角色,处于关键地位。充当国际政治格局主要角色的,必须具备一定的基本条件。

第一,具有完整的国家主权或彻底独立自主的特性,直接参与决定国际事务。当代世界,国际政治格局的主角,大都是由国家扮演的。从理论上讲,国际政治是以主权平等为基础的,即尊重所有国家对内的自理权、对外的自主权和国防上的自卫权,然而在实际生活中,世界上的国家从来没有完全平等过,因此,维护完整的国家主权、争取直接参与决定世界事务的平等地位,依据国际问题本身的是非曲折独立地作出判断和决策,是国家扮演主要角色的前提条件。在国际政治中,完整的国家主权,既表现为独立自主,又表现为参与世界事务中的平等地位。两者紧密相连,缺一不可,前者虽然是根本,后者也不能忽视。在当前世界形势下,除少数大国外,多数国家独立自主和平等地位的实现,主要体现在不结盟上,即不依附于任何大国或国家集团,不屈服于任何大国的压力,也不同任何大国结盟或建立战略关系,对世界事务则依据本国利益和尊重他国利益独立地作出判断,制定或调整自己的政策。当然,主权国家的独立自主与平等地位,是以国家权益为基础的。在世界范围内,不同国家的国家权益并不一样,因为国家权益有不同的确定原则和不同的实现方法。帝国主义和霸权主义,往往视侵略扩张为国家权益,扩大了国家安全的范围。不同社会制度的国家,由不同阶级统治着,必然代表着阶级利益,但国家在国际政治中是以全民族的面目出现的,更多是从全民族利益出发的。只有从阶级利益和民族利益相统一的角度来理解国家权益,并以国际法公认准则为依据,才能全面认识完整的国家主权和正确判断国际政治格局中的主要角色。当然,任何一个国家,如果不坚持独立自主,事事处于依附地位,或不参与世界事务,不争取平等地位,完全搞闭关自守,都是不能充当国际政治格局的主要角色的。

第二,在世界经济、政治与军事关系中具有不可忽视的强大的实力。一般来说,实力是国家发挥主角作用的基本依据和重要手段。国家在国际社会中的地位和作用在某种程度上是建立在实力基础之上的。实力,包括政治实力、军事实力与经济实力。实力来源于经济和政治,是随着经济和政治的演变及其相互渗透而变更的。在强权政治盛行的年代,实力即武力,军事威慑作用大,其主要特征,是军事制约政治,补充经济,军事挂帅化。当时充当主角的国家无不追求扩军备战,强化武装。它们凭借军事实力崛起,称霸世界,也因军事实力的衰败而崩溃瓦解,或毁于别的军事强国,或被军事拖垮了经济,沦为弱国。随着世界形势的发展,实力的内涵发生了变化,不再突出表现为军事,而更多依靠经济与科技。当前,世界各国虽然仍旧十分重视军事力量,但日益转向注重综合国力的较量。经济与科技的发展,是综合国力的基础,它制约和决定着所有力量的发展。其他力量的增长,不仅为经济与科技发展服务,而且只能以经济与科技的发展为前提。当今世界,谁的经济最发达,谁有高精尖技术,谁就能在世界各国中领先,夺取主要角色。经济与科技力量的消长,至少预示着主角国家的更新。当然,在综合国力中,军事力量仍占重要地位,任何国家只有经济与科技优势或只是经济大国,缺少军事实力和政治影响力,也难以充当主角。所以,当今世界各国均未放弃对军事实力的追求。在综合

第四章 格局论 国际政治的基本结构

国力中,虽然以经济与科技为中心,军事实力至关重要,但普及政治思想教育,弘扬民族文明,统一全国人民意志,也是不可忽视的重要因素。当今世界,综合国力的较量,不仅是军事实力、经济实力和科技实力的对比,而且是人力和人心的对比。军事实力、经济实力和科技实力的优势并不能自动地转化为效能,它们都是靠人去掌握的。人心所向,全国人民意志的体现,在增强国家实力方面的作用,不仅不能忽视,而且在某种意义上说可能是决定性的。这些主要来源于普及政治思想教育和弘扬民族文明产生的巨大的凝聚力。缺少民族凝聚力和不能统一人民的意志,国家不仅无法发展经济与科技,也会大大损害在世界舞台上的形象,失去国家应有的威力,当然扮演不了主要角色。当今世界,每一个充当国际政治格局主角的国家,都有独具特色、效果甚佳的思想武器和普及思想政治教育工作。当然,从意识形态的角度看,各国的思想政治教育工作并不完全相同,差别极大,甚至是对立的,但都能产生较大的作用。在国际政治格局中,充当主角的国家,不仅应当是经济富国、军事强国,而且也必须是政治大国,即具有独特的政治意识形态,自成体系的完整的政治战略和推行对外战略的政治实力。如果只在某一方面居世界前列,虽也能发挥主角作用,但决不会成为头号主角。

第三,具有关键性或制衡性作用,影响全局。在国际政治中,实力强大的国家的地位举足轻重。它们影响和制约着世界形势的发展,牵动着国际全局,成为当然的主角。世界上发生的重大事件,无一不同它们发生联系,这是众所周知的。但是,有些国家实力虽然相对弱小,但一旦处于国际政治中的制衡地位,又能精于外交,善于处理国际关系,也会产生重大影响,完全能扮演国际政治格局中的主要角色。在国际关系史上,这种现象屡见不鲜。交战中的某些中立国、均势中的某些弱小国家、三角关系中较弱的一角,虽然实力同相关国家差别较大,但均能发挥制衡作用,其影响也不可低估。它们的动向对战争的胜败、均势的存亡、三角关系的倾斜都至关重要,甚至可能变成决定性的因素。换句话说,即交战双方的势均力敌、均势的维持、三角关系的正常运转,当然不能离开相关强国的实力,但在某种程度上也取决于相关弱小国家的制衡作用。处于制衡地位的国家,如果坚持独立自主外交,善于处理国际关系,其作用将会更加增大。20世纪70年代,同美国和苏联相比,中国无论是军事力量、经济力量,还是综合国力,均相差甚远,但为什么中国能同美国和苏联形成大三角关系,具有国际政治格局中的关键地位呢?其主要原因在于,在中美苏大三角关系中,实力相对不强的中国,奉行的是独立自主的和平外交政策,又是属于第三世界的社会主义大国,处于制衡地位。中国站在任何一方,或稍有倾斜,都会改变力量对比,制衡三角关系,影响世界形势的发展。由此可见,一个国家力量的大小强弱,是其在国际政治中发挥作用的物质基础,但相对弱小的国家,如能审时度势,精于外交艺术,处理好国际关系,使自己处于制衡地位,则能实现最佳效果,扮演主要角色,获得更大的国家利益。

三、当代世界的主要角色的更新

一部国际政治史,可说是大国控制和制约世界的历史。大国和大国军事集团往往扮演国际政治的主要角色。战后以来,世界上出现了"军事大国"、"经济大国"和"政治大国"的分类,甚至产生了"超级大国"的新现象。"大国"不是地域的概念,而是政治术语。它既以数量和规模为依据,又主要看其现代化水平和国际制约力。所谓"军事大国",即是有相当大的军队规模、为现代化军备所武装、确立和具备外向攻击的战略和能力的国家。所谓"经济大国",即是有较高的国民生产总值和人均收入水平、经济发达、科技水平高、活跃于世界市场、在各国经济关系中居关键性的主导地位的国家。"经济大国"是"富国",属"发达国家",但"富国"或"发达国家",不全是"经济大国"。它们之间的主要区别,不是国民生产总值、人均收入水平和科技发达方面的某些差异,而在于在国际经济关系中的地位和作用的大小。"富国"或"发达国家"一旦处于世界经济中的关键性的主导地位,就上升为"经济大国"。"政治大国",除具备相当的综合国力外,在国际社会中必须确立独立的自成体系的政治战略和国际战略。"超级大国",就是"军事大国"、"经济大国"和"政治大国"之和,在国际事务中

第四章 格局论 国际政治的基本结构

往往推行强权政治的政策。毫无疑问,"超级大国"是国际政治格局中的主要角色,起关键性作用,而各类大国虽然能扮演主要角色,但其主角作用是局部性的,不会是全方位的,只能起制衡性的作用。只有"军事大国"变成"政治大国",或"经济大国"变成"政治大国",或"政治大国"变成"经济大国"或"军事大国",才能充当起关键性作用的主要角色。这就是说,关键性的主角,至少是具有两类大国的身份,单一大国只能是制衡性的主角。战后世界,除大国主角外,还出现了坚持非集团原则和以不结盟为特征的中小国家联合力量,它们在国际事务中发挥的作用日益增强,日渐成为某些领域的制衡性主角。

战后世界,充当国际政治格局主要角色的国家和地区有:美国、苏联(俄罗斯)、中国、西欧(德国)、日本和以不结盟运动为代表的第三世界。这些主角分别属于垄断资本主义国家、社会主义国家和发展中民族主义国家,但均以国家权益为主要出发点,或推行强权政治外交,常以意识形态的异同为借口,干涉别国内政,并相互争霸,或坚持独立自主的和平外交,反对霸权主义,促进国际社会的进步和整个世界的和平与发展,或实施不结盟外交,坚持非集团和平等参与国际事务的原则,开创了国际政治的新局面。这些主角的作用,或以本国的实力为依据,或以联合面目出现,表现为关键性的支配力量和制衡力量,在国际政治格局中的地位和作用不尽相同。

美国是当今世界唯一的超级大国,主要表现在:(1) 经济最发达,也最富。早在战后初期,美国就在资本主义世界经济中占绝对优势,其中工业生产为一半,对外贸易为 1/3,黄金储备为 3/4,美元成为世界货币。当前,美国的经济虽然开始衰落,但国民生产总值仍占世界第一,人均收入也在世界十富之列,从总体经济实力来说仍是首屈一指。(2) 科技能力最雄厚,投资额为世界各国之最(仅"星球大战"计划,10 年内就拨款 600 亿美元)。美国是高新科技的发祥地,一直处于世界领先地位,目前虽然不断削弱,已丧失某些竞争能力,但在导弹、飞机制造和航天设备等方面仍能保持优势。(3) 军事实力最强,现代化程度也最高。美国战后以来一直是世界第一大军事强国,原子弹也最多,高新科技用于军事最为普遍。(4) 政治上自成体系,具有独立的完整的一套政治战略和国际战略,以领导世界为目标,常取进攻态势,也属世界之最。战后以来,美国作为世界最大的资本主义国家,长期同苏联争夺世界霸权,在国际社会推行强权政治。随着冷战的结束,苏联瓦解,美国的霸权地位也相对衰落,其国际战略正在调整。但应当承认,在一个相当长的时期内,美国仍将是世界上最发达的经济富国、最大的军事强国和最完整的政治大国,其综合国力仍居世界首位,当然是国际政治格局中头等的主要角色。美国的主角作用如何发挥,则取决于三种情况:(1) 最强的发达资本主义国家地位;(2) 联合国安理会常任理事国的权利与义务;(3) 实力下降而又竞争对手增多的国际环境。因此,对美国的主角作用应进行实事求是的分析和估计。

苏联是世界上第一个和最强的社会主义大国,它为世界反法西斯战争作出过最大的贡献,战后一跃而为仅次于美国的超级大国,其综合国力也居世界第二位。苏联的经济发展虽比西方一些国家稍差,但基础工业雄厚,军事实力强,核武器多,能与美国相抗衡,同美一道成为世界上的两极,一直充当国际政治格局的主要角色。苏联作为社会主义国家,又曾推行过霸权主义政策,同美国争夺世界霸权,其主角作用多种多样,较为复杂。

1991年,苏联解体,究其原因主要在于自身高度集权的经济体制、僵化的模式和教条化的理论,以及推行同美争夺世界霸权的国际战略和"强加于人"的强权外交,致使经济衰退,国力下降,脱离群众,失去人心,加之后来错误的改革政策,自动放弃社会主义阵地,最终导致苏联的解体。苏联解体后,原苏联15个加盟共和国中的12国(波罗的海三国立陶宛、爱沙尼亚、拉脱维亚除外)组成独立国家联合体,简称独联体。俄罗斯作为原苏联的政治经济中心和最大的加盟共和国,事实上成为苏联的"法定继承者"。俄罗斯现在仍然是世界上领土面积最大的国家,联合国安理会常任理事国,自然资源丰富,人口众多(1.48亿),核武器仅次于美国,军事实力强,经济发展潜力也大,其综合国力仍居世界前列。虽然由于国内问题较多,政策正在调整,但仍是当今世界的军事大国。单从俄罗斯帝国和苏联历史看,俄罗斯的国

第四章　格局论　国际政治的基本结构

际战略必将大大加强,其在国际政治格局中的主角作用不可忽视。

西欧(德国)、日本同美国属于世界经济的三强,同是当今世界的经济大国。西欧(德国)和日本均是在美国的支持和援助下发展起来的,并已成为美国的强大竞争对手。欧洲共同体的建立,加速了西欧一体化进程,德国的统一,瓦解了以德国分裂为基础的欧洲雅尔塔体系,促使欧洲内部关系发生新的分化组合。无论是西欧的德国,还是德国的西欧,在不久的将来,均有可能在国际政治格局中扮演主要角色,但无论西欧也好,德国也好,由于内部矛盾众多,军事上离不开美国的保护,也难以在政治上拿出独特主张,即使充当主角,其作用也是次等的。日本从第二次世界大战的战败国,一跃而为当今世界的经济强国,并朝向政治大国迈进。日本的经济科技发展速度、工业生产水平、经济实力,或超过美国,或接近美国,综合国力居世界前列。由于日本国内市场狭小,资源奇缺,属外向型经济,军事发展又受制约,也没有自成体系的政治战略,虽然有可能充当主角,但在一定时期内最多只能扮演"世界副总统"角色。日本和德国曾是第二次世界大战的祸首,败于苏联、英国、美国、中国的反法西斯同盟手下,今天苏联解体,日德两国在经济上成为美国的强劲对手。西方有人预言,如果第三次世界大战爆发将是经济战,美日德将相互角逐。不仅如此,日德两国均在追求政治大国地位,力争联合国安理会常任理事国席位,其主角作用将会越来越大。

中国是世界上最大的发展中国家,也是最大的以社会主义为主体的"一国两制"国家。由于具有独立的、自成体系的对外战略,是当今世界的政治大国。自改革开放以来,中国的经济发展迅速,国防力量大变,加之中国人口众多,幅员辽阔,又是联合国安理会常任理事国,综合国力日益增强。中国具有丰富的对外交往经验,观察国际形势客观准确,国际战略行之有效,处理国际事务的方针政策得到好评。特别是中国对国际形势的分析和决策:断定和平与发展成为世界主题,世界战争较长时间内打不起来,决定一心一意搞建设;面对国际局势剧变所采取的基本方针:冷静观察、稳住阵脚、沉着应付、决不当头,始终高举和平的旗帜,坚持独立自主的和平外交政策,不结盟、不称霸、不把意识形态放在第一位,等等。这些都是完全正确的、极有成效的,充分显示了中国在国际政治格局中的主角作用。

中国在国际政治格局中的主角地位,既来自中国的综合国力,又同中国具有独立的完整的自成体系的对外战略分不开。在世界上,中国同美国一样,最具典型性和代表性,即政治意识形态和文化传统独特、政治战略自成体系、政治外交艺术娴熟。

第三世界,以不结盟运动和区域组织为代表,同大国一道日渐成为国际政治格局的主角,这是战后发生的具有划时代意义和深远影响的新现象。第三世界的联合,或洲际性的,或地区性的,或松散的,或较密切的,它们主张自卫、自强、非集团、自力更生,在国际事务中具有以不结盟为核心的独特战略,其力量正在发展中,其作用主要表现为"制衡",但从发展的角度看,第三世界的主角地位是不可低估的。国内外学者对第三世界作用的看法大不相同,有的学者甚至否定它的存在。我们准备以较多的篇幅作些论证。

第三世界究竟是什么样的新兴力量?其主角作用又是如何发挥的呢?

第三世界是亚非拉地区新独立国家的总称,指的是发展中民族主义国家的联合力量。"第三世界"、"发展中世界"和"南方世界"概念,使用的背景不完全相同,含义各有重点,但目前已合三为一,相互混用。"第三世界"是一个政治概念,它虽与地域有关,但不是地理概念。"第三世界"一词最早出现于20世纪50年代初期的欧洲,60年代以后广为流行,目前,世界上几乎所有国家的政治和报刊都使用这一术语,说明亚非拉地区新独立国家的活动。

反法西斯战争胜利以后,亚洲、非洲、拉丁美洲民族民主运动蓬勃高涨,一系列殖民地半殖民地被压迫民族获得了政治独立,建立了主权国家,并开始联合起来,共同斗争。一些西方国家的社会学家、历史学家和经济学家为了寻找适应这一新形势的综合词,便发明了"第三世界"的概念。法国的人类学家阿尔弗雷德·索维是最先把亚非拉地区新独立国家明确统称为"第三世界"的一个代表。他于1952年写了《三个世界,一个星球》一文,正式使用了"第三世界"的概念。他说:

第四章 格局论 国际政治的基本结构

"我们常说有两个对抗世界(自由世界和共产主义世界),常说它们可能发生战争或能够互相依存等等,却常常忘记还有一个第三世界。""这两个世界感兴趣的是如何征服第三世界,至少是如何把它们拉到自己一边。"阿尔弗雷德·索维是从法国大革命领袖埃马纽埃尔—约瑟夫·西哀士那里学到三个世界的形象说法的。西哀士在1789年说过,法国社会正在分为三个等级:僧侣、教士为第一等级,贵族为第二等级,农民、城市平民、资产阶级为第三等级。① 阿尔弗雷德·索维把亚非拉新独立国家称为第三世界,并同法国资产阶级大革命时期的第三等级相提并论,等同看待,认为"第三世界像第三等级一样遭到了忽视、剥削和鄙视"②,从而正面肯定了第三世界的积极作用。

随着亚非会议的胜利召开和不结盟运动的兴起,亚非拉地区一些新独立国家的领导人为了维护民族独立和国家主权,奉行中立和不结盟政策,也自称第三世界,并活跃于国际舞台。第三世界的影响从此日益扩大,得到了越来越多的国家的称赞,甚至联合国也早在1955年就开始使用"第三世界"的概念,承认它是指经济不发达地区③。目前世界各国使用"第三世界"概念极为普遍,但关于"第三世界"大体上是一致的,或者说是相似的。美国国务院主编的《国际关系术语词典》对"第三世界"下的定义是,它指的是这样一些国家,"经济不发达但在发展之中,人均收入低下,一般都有殖民地历史"④。美国其他一些词典和学者认为,第三世界包括亚非拉地区政治上不结盟的非"卫星国"和经济上欠发达国家。在美国学者看来,第一世界,即美国统治的世界,包括西欧盟国和世界各地的"卫星国";第二世界,即苏联统治的世界,包括东欧和亚洲部分的盟国和"卫星国"。至于中国,他们或将之列为第三世界,说中国在地理、经济和社会特征等方面与第三世界有相同之处,或以社会制度为标准将之列入第二世界的苏联集团,或

---

① 《"第三世界"是一个三等术语》,载《华尔街日报》1987年8月7日。
② 同上。
③ 同上。
④ 同上。

因中苏分歧而干脆称之为第四世界。①

中国正式使用"第三世界"概念是从20世纪70年代初开始的。1974年2月22日,毛泽东在同赞比亚总统卡翁达谈话时,依据国家形势的重大发展和变化,第一次明确提出了三个世界的战略思想,给予第三世界以新的解释。毛泽东说:"我看美国、苏联是第一世界。中间派、日本、欧洲、加拿大,是第二世界,咱们是第三世界。""第三世界人口很多,亚洲除了日本都是第三世界,整个非洲都是第三世界,拉丁美洲是第三世界。"②随后,毛泽东对来华访问的阿尔及利亚总统布迈丁说:"中国属于第三世界,因为政治经济各方面不能与大国、富国比,只能与一些较穷的国家在一起。"③1974年4月10日,邓小平代表中国政府出席联合国大会关于原料和发展问题的特别会议,并在会上作了重要发言,正式向全世界宣布了中国的三个世界的国际战略原则。进入80年代以来,中国的国际战略原则又在三个世界的基础上作了进一步的调整,突出了东西南北关系。中国政府一直认为,在东西南北关系中,在实现和平与发展两大主题中,第三世界始终处于举足轻重的地位,并且多次宣布,加强同第三世界国家的团结与合作,是中国对外政策的基本出发点。

60年代以后,"第三世界"概念常与"发展中世界"、"南方世界"等概念交替使用,这些概念基本含义相同,但从不同角度揭示了第三世界的基本内容。

"发展中世界"属经济概念,随着第三世界国家民族经济的发展和积极参与国际经济活动而被世界广泛使用。50年代前后,由于亚非拉新独立国家经济落后,人民生活极为贫困,西方国家一直称其为"不发达世界"。从60年代开始,亚非拉地区广大国家的民族经济取得重大发展,畸形经济结构得到改造,工业比重迅速增加;人民生活有了较大

---

① 参见陈忠经:《国际战略问题》,时事出版社1987年版,第9页。
② 转引自《毛泽东关于三个世界的划分的理论是对马克思主义的重大贡献》,《人民日报》1977年11月1日。
③ 同上。

改善,国内的投资率和储蓄率急剧增长;文化教育、保健卫生事业也兴旺发达起来,文盲比例大大下降。它们联合起来,积极参加国际经济活动,要求变革国际经济旧秩序,建立平等互利的新秩序,开始改变了国际经济领域中的力量对比。正因为如此,在1964年联合国第一届贸易发展会议前后,"发展中世界"的概念逐渐取代了"不发达世界"的旧概念,甚至西方经济学中以专门研究战后发展中国家经济战略为主要内容的"不发达经济学",也顺应历史潮流,改称为"发展中经济学"。1974年毛泽东指出,亚非拉国家"都叫做第三世界,是发展中国家"。这就直接把两个概念等同起来,赋予发展中世界以新的政治含义。

"南方世界"一词,最早出现于70年代中期。1975年,27国参加的"国际经济合作会议"在巴黎举行,这是第一次世界性的南北对话。由于其中11个国家位于地球的南半部,因而被新闻界首次称为"南方世界"。巴黎会议也首次以"南北对话"受到世界的重视。从此,"南方世界"概念被广泛使用,因为它与"南北对话"同时出现于世界舞台,既属于经济概念,也赋予了政治含义,确切些说,属地域政治学的范畴。

"第三世界"同"发展中世界"、"南方世界"的概念,虽有不同的侧重点,但它们均指的是亚非拉新独立国家,因而逐渐变成同义语,同时被世界所承认,并得到广泛使用。

第三世界形成于50年代中期,其标志是亚非万隆会议。亚非会议之所以成为第三世界形成的标志,这是因为亚非会议实现了亚非国家的大联合,提供了团结的纽带,找到了超越不同社会制度的重要原则。亚非大联合具体表现在:(1)亚非会议是亚非国家历史上第一次没有殖民主义、帝国主义国家参加的自行讨论国家独立和发展问题的国际会议,开了亚非人民自己决定自己命运的历史。(2)亚非会议第一次发出了震撼世界的团结反帝的呼声,从根本上改变了过去孤立分散的状态,真正成为洲际联合的世界性运动,开始了亚非国家联合参与决定世界事务的历史。(3)亚非会议第一次冲击了战后世界两大阵营对峙的政治格局,分出了一个"第三势力",使世界走向多元化,

国际政治学理论

开始了社会主义国家同民族主义国家直接合作的历史。亚非会议是在极其困难的条件下召开的,外有美国的破坏和干涉,内部的29个国家,社会制度不同,对外政策各异,矛盾重重。它之所以能在短短一周内获得成功,实现大联合,关键就在于会议确立的三项基本原则:(1)团结反殖反帝的原则;(2)和平共处的原则;(3)求同存异的原则。这些原则就是会议取得成功的保证,是亚非国家联合的纽带和超越不同社会制度的最佳方法。

　　进入60年代以后,特别在70年代,第三世界迅速发展壮大。主要表现在:(1)非洲的觉醒。从60年代起,一系列非洲国家获得了独立,彻底摧毁了帝国主义的殖民体系。1963年,以非洲独立国家为成员的非洲统一组织宣告成立,开始了非洲的统一与联合运动,从根本上结束了非洲国家间以及非洲同其他第三世界国家之间彼此隔绝的状态,标志着非洲的觉醒。(2)拉美的认同。长时期以来,拉美一直是美国的"后院"。美国的势力相当强大,控制也十分严密,形成了独霸拉美的局面。从60年代后期起,以古巴革命为开端,拉美各国第一次掀起了大规模的反美反独裁的革命风暴,展开了新的国有化运动和一体化运动。拉美国家带头兴起的争取200海里领海权的斗争,为第三世界的国际活动增添了新的内容。特别重要的是,拉美各国在反美反独裁斗争中,同亚洲各国相互支持,享受到团结合作的胜利成果。由于认识到三大洲在世界范围内的政治经济地位相同,于是毅然从以文化传统和风俗习惯为依据仍属欧洲的心理状态中摆脱出来,明确接受亚非拉国家和人民联合起来的口号,正式承认自己属于第三世界。(3)东南亚的回归。为适应国际形势的发展,进入70年代后,东南亚国家及时调整政策,脱离美国建立的军事条约组织,纷纷宣布中立。1976年2月,泰国、菲律宾、新加坡、马来西亚和印度尼西亚5国签订了《东南亚友好合作条约》,主张建立东南亚和平、自由和中立区,实现区域合作。东盟五国的政策调整,正式宣告从军事集团的成员转变为和平中立国,完全回到了第三世界的行列。(4)不结盟运动的兴起。从1961—1991年,不结盟运动召开了9次首脑会议,高举反对帝国主义侵略、外国占领、霸权政策和强权政治的旗帜,始终坚持了非集团、

第四章 格局论 国际政治的基本结构

自主权和共同参与的原则,吸引了越来越多的第三世界国家。目前,不结盟运动的成员国已由开始时的 25 国增加到 103 国,包括世界上 2/3 的国家,遍及亚非拉欧四大洲。不结盟运动的兴起为第三世界找到了适宜的政治形式,使其从亚非两洲的联合扩大为亚非拉三大洲的联合,初步形成了一支独立的世界性的政治力量。(5)阿拉伯国家的石油战和联大第六届特别会议。1973 年,阿拉伯石油输出国组织为了反对以色列犹太复国主义的侵略行径,打击其背后支持者,配合十月中东战争,运用石油武器,采取减产、禁运、提价、国有化和增加本国参股权等多种措施进行斗争,不仅取得了重大的政治胜利,而且取得夺回油价决定权等重大经济成果。它诱发了西方国家战后最严重的经济危机,宣告西方国家经济发展"黄金时代"的结束,迫使西方国家相继调整政策,纷纷向阿拉伯国家靠拢。阿拉伯国家的石油斗争揭开了第三世界斗争史上的新篇章。它冲破了国际经济旧秩序,显示了第三世界团结战斗的巨大威力。它打开了人们的眼界,随着石油战的胜利,第三世界区域性经济组织和各种原料输出国组织纷纷成立,走上了具体合作的道路,从而增强了自身发展的能力。在石油斗争的影响下,联合国应第三世界国家的一致要求,于 1974 年 4 月举行了关于原料和发展问题的第六届特别会议。这次会议是第一次由第三世界国家发起、拟定议题、起草文件、讨论发展问题的国际会议,它开创了联合国历史的新局面。会议通过激烈的争论,最后通过了《关于建立新的国际经济秩序的宣言》和《行动纲领》。两个文件正式提出变革国际经济旧秩序的基本纲领和原则,明确要求建立国际经济新秩序,这是第三世界的重要胜利,等等。这些主要事实表明,第三世界已发展壮大,其标志是:(1)联合范围的扩大,从亚非两大洲的联合扩大为亚非拉三大洲的联合。(2)活动内容的深入,从争取民族独立、维护国家主权为主的政治斗争深入到经济领域,要求发展民族经济,变革国际经济旧秩序,以实现经济独立,并用经济独立巩固政治独立。(3)找到了适宜的政治形式,不结盟运动既体现了第三世界的联合力量,又不同于集团组织,完全符合第三世界反对强权政治和建立主权平等、互利合作的国际政治经济新秩序的立场和愿望。

国际政治学理论

第三世界作为一支朝气蓬勃的新兴联合力量登上国际政治舞台，参与决定世界事务，发挥着越来越重要的主角作用。第三世界的主角作用，在于摧毁了殖民制度，瓦解了帝国主义的统治基础，沉重打击了霸权主义的强权政治，加速了帝国主义阵营和社会主义阵营的解体，改变了联合国的面貌，促使大多数国家独立自主化、区域合作化、对外事务的不结盟化。第三世界的主角作用，在于扩大了不结盟的影响，开创了国际关系的新局面，在于加速了国际关系中破旧立新的变革，显示了第三世界的生命力。为了变革这种不公正、不合理、不平等的旧秩序，第三世界在两条战线上开展了积极的活动。这就是南北对话与南南合作。

第三世界的主角作用，由于实力不强，主要体现在联合的制衡性上。为什么说第三世界能够发挥制衡性的主角作用呢？

第一，第三世界的活动以主权国家为主体，更多以国家面目出现，获得了更为有力的活动手段和更加广泛的活动场所。第三世界是由原来的殖民地半殖民地发展演变而来的。同殖民地半殖民地时期所处的经济政治地位相比，第三世界国家发生了根本性的历史变化。这是客观存在的事实，也不应该漠视，但这些事实并不影响第三世界经济政治地位的变化。实际上，这些事实同殖民地半殖民地的依附关系和从属地位有着根本的不同：前者是主权国家间的不平等关系，后者则是殖民统治下的支配关系；前者更多是经济领域，有一个经济规律的问题，后者则是强制的、人为的；前者是第三世界国家历史上遗留下来的问题，也是前进中正在解决的问题，后者则是国家沦亡、主权丧失、任人宰割的产物。更深一步讲，这些事实正好表明，第三世界同国际垄断资本和霸权主义的矛盾还没有完全解决。正是这一矛盾的存在和发展，揭示了第三世界活动的内在原因，肯定了第三世界斗争的合理性与进步性。所以我们要看到第三世界明显存在的两个方面，既不能漠视第三世界经济政治地位的变化，也不能被胜利冲昏头脑，忘掉面临的问题和维护国家主权、实现经济独立的历史任务。当然，第三世界国家内部困难重重，问题成堆，甚至政变频繁，动乱不已；相互之间由于社会制度和政治制度各异，经济发展水平不一，加上一些历

第四章 格局论 国际政治的基本结构

史原因和外来的干扰和挑拨离间,各种矛盾极为复杂,造成边界纠纷不断,武装冲突时有发生。所有这些都严重影响了第三世界主角作用的发挥,但是必须看到这一切都不能改变第三世界同霸权主义和国际垄断资本之间的内在联系。因此,评价任何事物首先必须看主流,抓住本质,不能被眼前的表面现象所迷惑。如果说战前的殖民地半殖民地是帝国主义的生存基础,处于被掠夺被压迫的地位,因而决定了民族解放运动是不可避免的、进步的、革命的、具有动摇帝国主义统治基础的强大力量,那么战后的霸权主义和国际垄断资本同样离不开第三世界,它们之间争夺和剥削的主要对象依然是第三世界。第三世界所处的经济政治地位,同样决定了第三世界反对霸权主义和维护和平与发展的历史必然性和合理性,以及发挥主角作用的长期性。

第二,第三世界的活动是以联合面目出现的。这些联合,或协调对策,统一步调,相互支持,或建立洲际性和区域性组织,均属发展中民族主义国家间联合,也是发展中的社会主义力量同资产阶级民族主义力量的汇合。特别是占世界人口 1/5 的中国,由当年的半殖民地半封建国家演变为社会主义国家,宣布属于第三世界,必然促使第三世界的联合和团结更加巩固,必然增强第三世界的威力。当然,这种汇合不是人为的,而是必然的,具有不可避免性。这是因为,在第三世界范围内,相似的历史命运和共同的任务,使发展中的社会主义经济和民族资本主义经济得以同时发展,无产阶级和新兴的民族资产阶级能够并肩活动,共产主义思想和民族民主意识可以并列为当代强大的思想武器。这两种经济制度的合作、两个阶级的合作和两大意识形态的合作,正是第三世界形成与发展的经济基础、阶级基础和思想基础。

第三,第三世界具有独立的自成体系的新兴民族主义战略,对外坚持中立不结盟政策,对内将民族主义同民主主义和社会主义相结合。不结盟运动,开创了国际关系的新局面,是一个伟大的创举,它主要体现在第三世界国家不结盟的外交政策和不结盟国家首脑会议上。自从殖民主义和帝国主义出世以来,国际政治可以说就是集团政治,其主要内容离不开集团抗争、主仆关系和势力范围方式。不结盟运动的兴起,一扫国际政治的旧传统,使世界面貌焕然一新。不结盟运动

国际政治学理论

本身就体现了民主化精神,它没有固定的组织系统,也不分领导国与被领导国,无论大小国家一律平等。不结盟国家首脑会议主席由会员国轮流担任,其文件都是经过与会国充分协商平等讨论一致通过的。特别是每当世界性的国际会议召开之前,或者是每次重大的国际事件发生之后,不结盟国家都要坐到一起,分析形势,交换意见,商讨对策,制定共同战略,并协调行动,从而为国际政治民主化树立了一个典范。第三世界民族主义在国内实施了同民主主义和社会主义相结合的发展模式,走上了具有自己特色的独特道路。其中以民族社会主义模式较为典型,值得认真探讨。尽管第三世界民族社会主义流派众多,理论各异,且发展曲折,但有许多共同点:(1)都是在战后兴起和发展起来的。第三世界国家独立后,由于长期遭受残酷的殖民统治,特别憎恨资本主义,加上苏联和中国社会主义建设的影响,十分向往社会主义,于是纷纷以民族主义为基础将民主主义同社会主义相结合作为经济发展模式。因而民族社会主义在战后的第三世界很快盛行起来。(2)都是资产阶级和小资产阶级提出来的。由于第三世界国家工人阶级力量薄弱,多数未能成为独立的政治力量,而资产阶级及其知识分子受西方民主和社会主义影响较大,又掌握着国家政权,既有能力又有条件实施民族社会主义。(3)中心内容是把民主主义同社会主义相结合。在它们看来,平等、正义、人道主义加计划经济和国有化就是社会主义。它们的目标是从本民族利益出发,力图寻找一条既不是西方资本主义,又不是科学社会主义的发展模式。(4)实质是民族主义。它们特别强调本民族的传统和文化,信仰宗教,并把这些传统文化和教义直接赋予社会主义名义,使其紧密结合起来。它们以民族主义为准则,反对帝国主义和一切形式的殖民统治和经济控制,要求维护民族尊严,实现民族化。第三世界民族社会主义的出现,不完全是人为的主观愿望,而是有其历史的必然性的。它产生于对资本主义的仇恨和对社会主义的真挚同情,是反对帝国主义和学习科学社会主义的结果,它是进步的积极的,是群众民主主义高涨的伴侣和象征。民族社会主义的提出,是第三世界的新创造。从理论上说,它是把民族主义发展到一个新阶段,不仅要求实现民族独立和国家的统一,而且更进一步力争国际政治经济的自主权和平等权。从实践上看,它是发展资本主义的新模式,既不照搬西方,也未简单模仿科学社会主义,而是把民主主义和社会主义结合起来。第三世界民族社会主义是一个新事物,尽管出现曲折,困难重重,带有极强的主观性,但我们决不能用传统的资本主义去贬低它,更不能简单地用科学社会主义去否定它。这种结合可能在一定时期发挥它的优越性,但必须及时进行调整。

第二节 国际政治格局的主角关系及其改组

一、主角关系的含义

关系,即事物内在规律性的表现和事物间的必然联系,关键在于相互作用。事物的并存,各自孤立封闭,无法形成关系。互不往来,无关系可言;只有相互作用,才能产生关系。所以说,关系不是指并存,而主要来源于相互作用。相互作用,主要表现为相互制约、相互依存和相互渗透,并从而构成关系的内涵。

国际政治格局的主角关系,即主角间相互作用的关系,是国际关系中最重要的组成部分。国际关系,包括国家间关系、国际组织间关系、国际性的民间团体间关系、政党间的关系,等等,其中以国家间关系最为重要。国际关系是国际社会行为体间相互作用的关系。主角间关系,就是主角间相互作用的关系。国际关系以主角关系为中心,主角关系则显示国际关系的本质特征。

二、主角关系的类型和特征

当今世界,主角关系主要表现为充当主角的国家和国家联合力量间的关系。主角关系,或称主角国家间关系,它同国际关系一样,从内容看,可分为政治关系、经济关系、文化关系和军事关系;按范围说,有全球关系、区域关系、双边关系、三角关系和多边关系;依性质分,存在着社会制度相同与不同国家内部与相互间关系。主要表现为统治与从属关系、互助与合作关系、控制与反控制关系,其典型形式是势力范围关系、军事集团关系、争霸关系和不结盟关系。当今世界主要存在着两大制度和三种类型国家,即社会主义国家、发达的垄断资本主义国家和发展中民族主义国家。除了社会主义国家间关系、垄断资本主义国家间关系和民族主义国家间关系外,最为活跃的是东西关系、南北关系,以及垄断资本主义国家同社会主义国家间的关系。

第二次世界大战前后的一个相当长的时期,主角国家间的关系,盛行军事集团关系、势力范围关系、均势关系和争霸关系。军事集团关系以对抗为目的,实行共同战略,联合行动,具有强烈的军事色彩,如第一次世界大战期间的同盟国集团和协约国集团、第二次世界大战期间的法西斯集团和反法西斯同盟,以及战后出现的北大西洋公约组织同华沙条约组织就是这样的关系。势力范围关系,以控制与服从为特征,如帝国主义列强同殖民地半殖民地的关系,殖民体系崩溃后的新殖民主义结盟关系,前者是直接的统治和全面的控制,后者是间接的、以盟主身份通过经济援助和军事援助的强行一致。战后新出现的"大家庭关系",实际上也是势力范围关系,只不过名称不同而已。争霸关系是殖民主义和帝国主义的产物,它既会发生在相同社会制度的国家,如垄断资本主义国家间,也可能发生在不同社会制度的国家,如垄断资本主义国家同社会主义国家间。在国际政治史上,西方殖民大国和帝国主义列强,为抢占殖民地,瓜分世界,确定势力范围,曾展开争霸欧洲和世界的激烈斗争,并挑起无数次争霸战争和两次世界大战。二战后初期,美国凭借强大的军事实力和经济实力,曾称霸世界,随着苏联推行霸权主义政策,在60年代末期和70年代形成了美苏争夺世界霸权的局面。军事集团关系、势力范围关系和争霸关系,都是强权政治的产物,其共同点是:结盟,军事强权,以控制和干涉为目标。实力强大的国家,为了追求财富与权力,往往以盟主身份出现,利用结盟,组织军事集团,建立势力范围,争夺世界霸权。结盟一般采取条约形式,以共同的目标、相似的意识形态和一致的利益为基础。但作为大国强权政治工具的"结盟",从来不是平等的,而是强制的,也毫无共同的利益。结盟,原则上是自愿的,有参加和退出的自由,但作为大国强权政治工具的"结盟",多数参与结盟的国家,都是屈服于压力,被迫

第四章　格局论　国际政治的基本结构

采取的行动。

进入80年代以后,国际关系,特别是主角国家间关系出现了许多新现象。军事集团关系不得人心,势力范围关系日趋瓦解,争霸关系虽然存在,但被迫降温,改变形式。与此形成鲜明对照的是,以国家权益为基础,以对话为特征的双边关系、三角关系、一体化关系比较突出,和平共处关系越来越普遍。这些新型关系有一些明显的趋势:(1)超越意识形态的差异,强调国家权益;(2)淡化军事色彩,突出经济联系;(3)减少对抗,注重对话;(4)降低集团作用,加强不结盟基础上的双边与多边活动。当然,这并不是说,国际政治中的矛盾与对抗消失了,垄断资本主义和霸权主义剥削与干涉别国内政、搞强权政治的本性改变了,意识形态和社会制度的差异不起作用了。这一新趋势只是表明,国际政治格局中的主角国家间关系出现了新情况,产生了新特点,要求世界各国适应新形势,不断调整政策。

当今世界出现的新型关系是以不结盟为基础的和平共处关系,它在当前虽同旧的军事集团关系、势力范围关系和争霸关系相并存,但是是最有生命力的。和平共处关系中的不结盟,是反对强权政治的产物,是同军事集团关系、势力范围关系和争霸关系直接对立的。不结盟实行非集团、自主权和共同参与的原则,不同任何大国结盟或建立战略关系,自身也不谋求结盟或建立战略关系。不结盟运动的兴起,是对军事集团关系、势力范围关系和争霸关系的冲击,开创了国际关系的新局面。

三、当今世界主角关系的组合

二战后以来,活跃于世界舞台的主角不断增多,主角间关系的内容也发生较大变化。综观世界全局,具有重大影响的主角间关系,至少有下列四种关系,尽管在不同时期,它们的活跃程度有较大差别。

美苏关系与美俄关系。美国和苏联曾是战后世界最强的两个超级大国。它们拥有雄厚的国力,其土地面积约占世界的23%,国民生产总值也居世界各国的前列。它们垄断世界95%的核武器和最强的常规武装,其每年军费开支约占世界的一半。它们是不同社会制度的两个有代表性的大国,曾分别支配着北大西洋公约组织和华沙条约组织,积极推行各自的全球战略。战后冷战时期的美苏关系,大致经历"冷战"、"争夺"、"缓和"三个大的阶段,涉及政治、经济、军事各个领域,一直处于对抗与争夺之中,是当代国际政治中最重要、最活跃的关系。

美苏之间的"冷战"关系,始于战后初期,是美国政府首先挑起来的。"冷战"一词是美国参议员伯纳德·巴鲁克的发明,后被美国政论家李普曼所鼓吹,于1947年开始广泛流行于世界。它指的是除军事进攻外的一切敌对行动。冷战关系,既属敌对关系,又非热战对阵,其主要内容是:(1)组织军事集团对抗,加紧军事竞赛和核威胁。(2)经济上互不来往,建立两个对立的平行市场,展开封锁与反封锁的斗争。(3)政治上相互敌视,分别推行侵略战争政策和世界革命政策。"冷战"时期,基本以意识形态对抗为主,以帝国主义划线,属革命与反动、反侵略与侵略之争。美苏之间的"争夺"关系,主要集中于勃列日涅夫当政时期,大约是60年代末期到80年代初的十多年时间。这期间,苏联不仅抛出勃列日涅夫主义,鼓吹"有限主权论"、"社会主义大家庭论"、"国际专政论"、"国际工农联盟论",而且强化华沙条约组织的军事色彩,加紧控制东欧国家,先后同十多个国家签订带有军事条款的条约,对好几个国家进行过直接和间接的军事干涉,如利用古巴武装干涉安哥拉、支持越南侵占柬埔寨、直接出兵捷克斯洛伐克和入侵阿富汗,把美苏以革命与反动为主要内容的"冷战"关系变成了相互争夺世界霸权的关系。美苏争夺关系主要表现在:(1)加紧军备竞赛,特别是核竞赛。双方一直是你追我赶,水涨船高,70年代开始达到势均力敌。(2)插手地区冲突,各支持一方,使"热点"逐年增多,并不断升温。(3)激化国际会议上的对抗。会上相互攻击,会下四出活动,用尽各种手段,力图达成有利于自己的协议,夺取政治上的优势,使对方处于被动地位。美苏争夺是世界性的。它们争夺的战略目标,不仅是地区霸权,而且是世界霸权。它们争夺的范围最为广泛,从欧洲到亚非拉,从陆地到海洋,从天空到外层空间,四面伸手,到处角逐。它们争夺的重点在欧洲,但从未放松在亚洲、非洲、拉丁美洲的角逐,

第四章 格局论 国际政治的基本结构

而且表现得更为激烈,造成了许多"热点"地区。它们争夺的手段,主要以核军备竞赛为基础,造成的危险极大。美苏两国积聚了空前庞大的核武库,拥有消灭对方和摧毁地球多次的"超杀能力"。完全可以这样说,美苏争夺打破了帝国主义大国争霸的历史纪录,无论是争夺的战略目标,还是争夺的范围和手段,都超过了以往的最高水平。美苏之间的"缓和"关系,只是80年代的事情,其主要表现是苏联同美国达成的销毁中程导弹协议和美苏首脑马耳他、华盛顿会晤,以及在海湾危机中的合作。从此,双方既互为对手,各自增强综合国力,又开始合作,力图分享国际利益,都不把对方视为敌人。

"冷战"和"争夺"时期,美苏关系中也出现过某种"缓和",但同这种"缓和"相比,80年代美苏"缓和"时期的关系中出现了许多新的现象。(1)"缓和"是双方的共同需要,且具有紧迫感。它是建立在双方重视经济发展的基础之上的,谁也不愿意让紧张的对抗和激烈的军备竞赛拖垮和影响经济发展。(2)"缓和"是从销毁核军备和缓解地区冲突开始的,已初步见诸行动。军备竞赛虽然并未消除,但日益减弱。地区冲突虽然也在继续,但逐渐降温,并逐步走向政治解决。(3)"缓和"是全面的,涉及各个领域,影响世界各国。它不仅表现为对抗的减弱,而且公开宣布不再以对方为"敌人"。

美苏关系曾经是世界上最重要最活跃的双边关系,且复杂多变,影响和牵动着世界全局。第一,美苏关系的内容和实质,不仅有强权政治的追求、国家利益的冲突,而且还有社会制度和意识形态的差异。第二,美苏关系注入有"核因素",不仅展开"核对峙",而且形成"核均势",无时无刻不在受核威慑的影响和制约。第三,美苏关系尽管处于对抗与对话并存之中,但对抗是贯穿始终的,即使某些方面合作,也有对抗的影子。因此,我们在观察美苏关系时,应该综合分析各种因素,既不能忘掉其对抗的本质,也不能忽视缓和中的新现象。

苏联解体以后,美俄关系取代美苏关系,但其重要性急剧下降,目前已不再是影响世界全局的最重要的双边关系。但是,俄国的地位还未最后确定,俄欧关系还在发展,俄美关系正处于动荡期。不过有一点是可以肯定的,不论俄罗斯如何发展,俄罗斯的重要性不可低估,联

国际政治学理论

系到沙俄帝国和苏联霸权的历史,美俄关系将会越来越重要。

中美苏三角关系和中美俄关系,这是战后以来重要的新现象,它以中国、美国和苏联为主体,是中美关系、中苏关系和美苏关系间相互制约、相互作用形成的既对立又统一的格局式关系。它始于20世纪50年代初期,中经70年代中美关系的正常化而更为突出,至80年代末大体经历三个时期。50年代前后,中苏结盟,共同对付美国。中国奉行独立自主的和平外交政策,虽与苏联结盟,但未加入华沙条约集团,也未加入经互会。中美虽然相互为敌,进行了长时期的较量,但中美谈判一直在不定期举行。70年代,苏联推行霸权主义政策,既同美国争夺世界霸权,又直接威胁着中国的安全。中美关系正常化之后,中国在坚持反对一切霸权主义的原则下,侧重反对苏联的霸权主义。80年代开始,随着美苏关系的新缓和与中苏关系的正常化,中美苏三角关系进入一个新时期。同前两个时期相比,新时期的三角关系出现了新的特征:(1)不再从全面对抗出发,而更多转向对话与合作;(2)改变两国联合对付一国的战略,相互间均保持正常的国家关系;(3)放弃"玩牌"做法,三国均实行完全的独立自主。世界舆论称之为"正三角形"。

中美苏三角关系的出现,不是人为的,而是冷战时期国际政治发展的必然结果;不是临时拼凑的,而是由一定客观条件形成的整体。战后以来,美苏两国一跃而为世界性的超级大国,它们之间的关系必然影响和牵动国际政治全局,但由于中国的重要性而又处于特殊的地位,美苏关系中无时无刻不有中国的影子,以至于形成三角关系。应当承认,无论是军事实力,还是综合国力,中国同美苏两国相差甚远,但是中国地处美苏之间,又是一个发展中的社会主义大国,具有独立的和自成体系的外向战略,有许多独有的优势:(1)中国奉行独立自主的和平外交政策,不同任何国家结盟。中国既高举反对霸权主义的旗帜,又一直主张在和平共处五项原则的基础上,发展同世界所有国家间的正常关系。中国既反对一切霸权主义,又公开宣布中国永不称霸。中国既谴责一切侵略扩张战争,又反对输出革命。(2)中国属于第三世界,同发展中民族主义国家有着相似的历史命运,面临共同的任务,即争取变革国际政治经济旧秩序,建立公平合理的新秩序。中

第四章 格局论 国际政治的基本结构

国的外交政策一直以站在第三世界国家一边、支持它们的正义事业为根本出发点。(3)中国具有一定实力,掌握有核武器,又是联合国安理会五个常任理事国之一,能在国际事务中主持公道,愿意同一切国家友好相处。中国地大人多,资源丰富,综合国力居于世界前列。中国在世界各地没有既得利益,中国外交政策的根本目标是反对霸权主义,维护世界和平,实现共同发展与繁荣,为中国的社会主义现代化建设谋求一个和平的国际环境。当然,中美苏三角关系的形成和突出,除中国本身的特殊地位外,也是同世界形势的发展密切相连的。帝国主义阵营同社会主义阵营之间的"冷战",美苏两个超级大国之间的争夺,推动了第三世界国家的联合和不结盟运动的兴起。作为第三世界一员的中国,又具有较强的实力,必然成为制约美苏关系的重要力量。中美苏三角关系是一个客观的存在,它不以均衡为依据,而以相互制约为基础。相互制约是形成中美苏三角关系的关键所在。

中美苏三角关系一度集中了战后世界最重要的基本矛盾。从社会制度看,既有垄断资本主义制度与社会主义制度的对立,又有进行社会主义改革的不同途径。从国家安全与国家权益出发,既有超级大国的争夺,又有争霸与反霸的斗争,即战争与和平的冲突。从发展经济的角度观察,既体现了东西方的争夺与合作,又包含有南北关系的内容。中美苏三角关系处于当时国际关系的中心环节,涉及国际政治中战争与和平、强权与民主、剥削与发展等等重要内容,必然影响国际政治全局,制约世界形势的发展。中美苏关系,从当时情况看,虽不如美苏关系突出,因为美苏两国均把同对方的关系放在第一位,但在国际事务中,中美苏关系也是至关重要的。当然,这同中国的正确判断和决策有着极为重要的关系。

苏联解体以后,中美关系的重要性日益突出。虽然两国社会制度不同,存在重大的分歧,但在以和平与发展为主题的世界中,双方具有广泛的共同利益和共同责任,还未出现根本的利害冲突。中美双方只要遵循联合国宪章宗旨和和平共处五项原则,互不干涉内政,增加信任,减少麻烦,加强合作,不搞对抗,中美双边关系就会正常发展,否则只能是冲突大于合作。但无论是合作大于冲突,还是冲突大于合作,

国际政治学理论

或时而冲突,时而合作,中美关系均将对世界形势产生重大影响。因为中美关系是当今世界最重要的双边关系。中美关系的重要性,是由下列三方面因素决定的:(1)不同经济发展水平的两个最有代表性的国家,在经济上互补性强。当今世界,美国是最大的发达国家,中国是最大的发展中国家。由于改革开放的成效,中国已成为最稳定、最有潜力的大市场。在一个相当长时期内,美国经济的强劲对手不是中国,而是日本和德国。中国的广大市场对美日德都有吸引力,都是一种互补关系,不是竞争对手关系。今天甚至可以这样说,谁拥有中国市场,谁就能在经济竞争中处于有利地位。中美关系具有制衡性。中美关系的发展,必然引起中美日德关系的重新组合。(2)不同国际战略的两个最具典型性的国家,在政治上能够求同存异。美国是长期推行强权政治的国家,目前虽在实行政策调整,但并未完全放弃领导世界的梦想。美国早就形成了一套独立的完整的国际战略和运行体制,且不断调整,可以说老谋深算,为世界其他国家所不及,且得到西欧和日本等国的支持。中国一直坚持独立自主的和平外交政策,其国际战略始终把维护国家主权反对强权政治放在首位。当今世界,中国已具有一套独立的完整的自成体系的国际战略和运行体制,外交艺术也受到国际社会的普遍赞赏。由于中国是发展中国家,始终坚持和平与发展的战略目标,并把同第三世界发展中国家的友好合作作为国际战略的出发点,因而深受它们的支持和欢迎。中美两国的国际战略并存于世界,特色最为鲜明,最具典型性,既对立又统一,可以求同存异,也能持异对抗。中美关系具有全局性。中美关系的发展必然影响世界。(3)不同社会制度的两个最有影响的国家,在国家利益上可以超越。美国是最大的资本主义国家,经济政治体制最为典型,模式最为完整,是世界资本主义的代表。中国是最大的社会主义国家,虽然建国时间不长,但经过40余年的发展,特别是改革开放的探索,经济政治体制日趋完善,模式也最具中国特色,是世界社会主义发展最快的国家。中美两国的社会制度最具竞争性,但也能共处于一球,超越社会制度的异同,以国家利益为重。中美关系具有复杂性。中美关系的发展,必然引起国际关系的新变化。这三方面因素虽然可以区分主次,但不可分割,是相互作用的。它表明:中美关系不仅仅是一般的双边关系,而是当今世界最重要的具有独立完整和自成体系的国际战略的双边关系;不仅仅是中美两国间的双边关系,而是当今世界最具全球性的双边关系。

苏联解体后,由于中美关系日渐突出,俄国又处于政策调整之中,中美苏三角关系会不会由中美俄三角关系取代,还很难预计,但至少有两点可肯定:(1)当前虽未形成中美俄三角关系,但其幽灵已经出现;(2)将来某一时期形成的中美俄三角关系,其相互地位将同中美苏三角关系的地位不同,必然发生变化,它对国际政治格局也将会产生新的影响。

美欧日关系,指的是美国、西欧、日本之间的关系。美国、西欧、日本均为发达的垄断资本主义国家(地区),经济发展水平相近,处于世界经济的前列;政治制度相同,实行议会民主制。它们相互之间关系的最大特征是政治和军事同盟内美国独霸下的结盟关系为三足鼎立式的伙伴关系所取代。战后美国、西欧、日本间的关系,大体经历了美国控制、西欧和日本要求独立自主和平等的伙伴关系三个时期。

经过第二次世界大战,西欧国家和日本由昔日的帝国主义强国,不是沦为战败国,就是遭到严重削弱,处于内外交困的衰落地位。战后初期,为了重建经济和共同对付社会主义的发展和民族解放运动的兴起,西欧和日本纷纷倒向美国,寻求美国的援助和保护。作为世界资本主义霸主的美国,制定和实施了太平洋联盟政策,以马歇尔计划、北大西洋公约组织和日美安全保障条约为纽带同西欧和日本结成盟国,并派出驻军,提供经济援助和核保护伞,组成了帝国主义阵营。以美国为首的帝国主义阵营具有双重作用,既联合对付苏联和中国等社会主义国家,又是美国控制西欧和日本的工具。美国通过结盟,不仅要求西欧和日本在政治、经济、军事、外交方面服从美国的战略利益,实行统一步调,而且乘机加紧抢占它们的势力范围,用美国的新殖民主义取而代之。

随着西欧和日本经济的恢复与发展,从60年代开始,美欧日关系发生了一些新的变化。帝国主义阵营内独立自主的呼声增强,出现了同美国分庭抗礼之势。西欧和日本在反对美国控制的斗争中,以法国为先导,戴高乐开了关键性的第一枪。1958年5月,戴高乐当政,称法兰西第五共和国,开始改变法国完全追随美国的政策,坚决执行独立自主外交。他公开要求在北约组织中的领导权,建议由美英法三国组成理事会,取代美英的"二元"领导。当法国的要求被拒绝后,他毅然退出北约组织军事一体化机构,并把北约总部和驻法美军赶出了法国。他倡导欧洲人的欧洲,变"肢解"德国的政策为法德合作的政策,要求在巴黎、伦敦、莫斯科三极的基础上,使东西欧互相接近,以实现欧洲的统一,完全把美国排斥在欧洲之外。他顶住了美国的压力,第一个果断地宣布与台湾断交,同中华人民共和国正式建立了大使级的外交关系,加强了中法之间政治、经济、文化领域的友好往来与合作。继法国之后,联邦德国也改变了对美国一边倒的外交,开始推行"新东方政策",决心打开东西方关系大门,独立地参与欧洲和世界事务。它们主张以北约为"牢靠基础",对苏联和东欧推行缓和政策,承认民主德国为主权国家,同东欧社会主义国家实现关系正常化,改善同苏联的关系,缓和东西方在德国和欧洲的军事对峙。不久,英国也对自己的"英美特殊关系"政策作了某些调整,开始重视欧洲,同美国拉开了某些距离。特别重要的是,1967年成立的欧洲共同体,开始了西欧联合的进程,向美国提出了严重的挑战。亚洲的日本,在经济实力增强之后,也日益要求改变从属于美国的地位。1960年1月签署的《日美共同合作和安全条约》取代了旧的《日美安全条约》,废除了美军干涉日本内部事务的条款,开始日本独立自主外交的新阶段。随后,日本开展自主、多边外交,推行以日美同盟为基轴,借助中国,抗衡苏联的政策,改变了完全追随美国的做法。从此,战后盛行一时的帝国主义阵营开始破裂,以控制和单方依赖为特征的美欧日关系充满控制与反控制的较量,独立自主的趋势日益加强,出现了许多新现象。

进入70年代以后,美欧日之间正式形成了"伙伴关系",其主要标志是:资本主义世界三大经济中心的形成、《大西洋关系宣言》的签署和西方七国首脑会议的定期召开。资本主义世界三大经济中心,指的是美国、西欧共同体和日本的"三足鼎立"。从发展趋势看,主要表现

第四章 格局论 国际政治的基本结构

为美国经济实力的衰落和西欧、日本经济实力的增强。西欧、日本在世界经济中的地位已同美国持平,开始并列成为影响资本主义世界经济发展的决定性因素。当今世界,美国的国民生产总值和科技发展水平虽然仍居首位,但经济实力开始走向衰落。其主要表现是:经济增长速度变慢、工业竞争能力减弱,对外贸易下降,不仅美元地位不稳,而且由世界最大的资本输出国和国际债权国变成世界上最大的债务国。同美国的情况相反,日本从美国的附属国变成超级经济大国,经济发展速度和外汇储备居西方发达国家之首,对外投资和对外贸易遥遥领先,并正在高科技领域和经济发展战略目标上赶超美国。当前,日本的国民生产总值虽然低于美国,但人均产值已超过美国,并成为美国的最大债主。相互间综合国力差距已大大缩小。西欧作为一个整体,经济实力已接近美国,超过日本。它们正在朝着建成统一大市场的目标前进,加速一体化的深入发展。统一的德国,有可能把西欧其他国家抛在后面,独自与美国和日本称雄。事实上,马克已与日元、美元并列为当今世界金融市场的三大货币,为世界各国所接受。1974年签署的《大西洋关系宣言》,是正式宣布美国同西欧为"伙伴关系"的重要文件。它的主要内容是在加强防务以及扩大政治、经济和军事等领域全面合作的前提下,强调"友好、平等和团结的精神",要求相互"保持密切的磋商、合作和互相信任"。1975年西方主要发达国家开始举行首脑会议,以后每年一次,定期讨论经济形势、世界贸易、货币能源和南北关系等问题,协调相互间的内外政策。随着世界形势的发展,国际政治问题也日益成为首脑会议的重要议题。西方七国首脑会议的定期召开,既标志着相互伙伴关系的开始,又揭示了相互矛盾的复杂性。

美欧日关系是帝国主义列强关系的继续,虽然它们的内外政策有许多重大调整,但其垄断资本的本性,即剥削与掠夺,并未消失,它们之间的关系仍然受垄断资本主义发展规律的制约。垄断资本主义的重要特点,是几个大国都想争夺霸权,其目的主要是摧毁对方霸权。20世纪国际关系的历史表明,垄断资本主义国家争夺霸权的现象始终存在,至于由谁来争霸,是世界霸权还是地区霸权,是经济霸权还是军

国际政治学理论

事霸权,这取决于世界形势的发展和实力的强弱。当然,争霸不会是所有垄断资本主义国家,也不一定完全使用武力,发动战争。经济政治发展不平衡是帝国主义的绝对规律。它表现为垄断资本主义国家跳跃式和剧变式的发展,相互间的实力对比经常发生变化。20世纪初期的座位排列是:英、法、俄、德、日、美。两次世界大战的爆发就是因为后起的德国和日本实力急剧增长要求重新瓜分世界的结果。战后初期,美国登上霸主的宝座,依次为美、英、法、德、日。经过几十年的发展和竞争,座位又发生变化,日本和德国追上来了,坐上第二把和第三把交椅。新的座次是美、日、德、法、英。两个德国的统一,对美国和日本的挑战是不可避免的。这种变化会带来什么后果,是世界各国都需要认真思考的,即使不发生世界战争,争霸大国的易位是不可避免的,争夺的激烈程度也是可想而知的。垄断资本主义国家总是交替使用两手。战争是和平的继续,和平是战争的继续。在国际政治中,战争是一种政策,是手段,和平也是一种政策,也是手段,都不能说是垄断资本主义的本性。垄断资本主义的本性是剥削,是掠夺。为了实现自己的愿望,垄断资本主义国家会适应形势的需要,或采用战争手段,或实行和平政策。从世界经济政治的发展角度出发,战争政策破坏力大,是反动的,必须反对;和平政策具有客观的进步性,是应该欢迎的。随着科技革命的新发展和经济实力的增强,加上世界人民的普遍愿望,世界和平会越来越有保证,但战争的危险还是存在的。虽然,垄断资本主义国家的内外政策有许多重大调整,但垄断资本主义的剥削本性依然存在,实力对比发生变化以后的政策也会重新调整,在发展了的世界形势下如何动作,还很难说,仍然要保持高度的警惕。因此,无论世界形势发生什么样的变化,我们都要保持清醒的头脑,处于主动地位。

亚非拉民族主义国家同欧美垄断资本主义国家间关系。这是从殖民地半殖民地同帝国主义宗主国关系演变而来的,也可以说是它的继续和深入。帝国主义侵入殖民地和半殖民地,把它变成自己的商品市场、原料产地和资本输出场所,实行残酷的殖民统治,建立了帝国主义殖民体系,确立了支配和从属的关系。亚非拉民族主义国家实现政

第四章 格局论 国际政治的基本结构

治独立之后,开始从政治上和经济上摆脱对帝国主义的从属关系。占世界陆地总面积和总人口70%以上的130多个主权国家的建立,民族经济的发展,使昔日被压迫民族从无权变为有权,增强了经济实力,获得了比过去更有力的斗争手段和更广泛的活动场所,从根本上改变了自己的经济政治地位。这是战后世界发生的具有重大历史意义的事件。亚非拉民族主义国家经济政治地位的变化和取得的重大胜利,从根本上改变了同欧美垄断资本主义国家间的关系。当然,亚非拉民族主义国家独立后,旧的经济结构没有彻底摧毁,一些经济命脉仍然不同程度地控制在国际垄断资本手里,并且面临霸权主义侵略的危险,前门赶狼、后门进虎的教训也可能重演。这是客观存在的事实,也不应该漠视,但这些事实并不影响亚非拉民族主义国家经济政治地位的变化及其同欧美国家关系的更新。它们已从殖民地半殖民地的依附关系和从属关系变为主权国家间的不平等关系,这种不平等关系不再完全是强制的、人为的、丧失主权的,而更多是经济领域的、历史上遗留下来的问题,也是前进中正在解决的问题。

当前,亚非拉民族主义国家同欧美垄断资本主义国家间关系主要表现为经济地位的不平等、经济状况的贫富悬殊和经济发展的不平衡。长时期来,这种关系一直处于激烈对抗之中,只是从20世纪70年代以后,才进入对话与合作的新阶段,但由于矛盾未能解决,相互关系没有得到根本的改善。当今世界,改善相互关系的根本途径,在于变革国际经济旧秩序,建立新秩序。亚非拉民族主义国家要求在平等互利和共同繁荣的基础上,变对抗为对话,变强权为民主,建立国际经济政治新秩序。当然,改善相互关系,建立国际经济政治新秩序,不是反对垄断资本主义制度,完全割断同发达的垄断资本主义国家间的联系,也不是彻底摧毁资本主义的世界经济体系,建立统一的社会主义世界经济体系,而是打破和限制国际垄断资本的剥削和控制,发展民族经济,实现共同繁荣。

发展中民族主义国家同发达的垄断资本主义国家间关系从对抗走向对话,开始某些合作,并时而紧张时而缓和,这是历史发展的必然。国际政治主题的更新和演变,南北双方面临维护和平与发展的共同任务,出现了对话与合作的基础;世界经济相互依存的加深,提供了对话与合作的可能性;南方国家民族经济的发展,并联合起来活跃于世界舞台,增强了实力,在对话与合作中提高了地位。特别重要的是,随着第三世界的崛起和殖民体系的崩溃,发展中民族主义国家同发达的垄断资本主义国家间关系从殖民地半殖民地对帝国主义宗主国的垂直从属关系变成了主权国家间的相互依赖关系,双方的地位和力量对比发生了根本性的重大变化。发展中民族主义国家纷纷登上世界舞台,一是掌握了国家主权,作为平等的一员加入联合国,在国际事务中发挥着越来越重要的作用;二是发展了民族经济,增强了实力,拥有相当的物质和技术基础,已经成为世界经济中的重要组成部分;三是联合起来,处于东西南北关系的交叉点,在维护世界和平与发展中具有举足轻重的地位,已经成为当前国际政治经济领域中破旧立新的主要力量。当然,发展中民族主义国家同发达的垄断资本主义国家间关系地位的变化,并未完全解决问题,它们之间的相互依赖,依然具有两重性:既有主权国家间的互求互利,谁也离不开谁,又表现为剥削与被剥削。具体说,发达的垄断资本主义国家在能源、原料和商品、投资市场等方面,严重依赖于地广人众、资源丰富的发展中民族主义国家。发达的垄断资本主义国家的经济繁荣,在很大程度上取决于发展中民族主义国家的经济发展。而发展中民族主义国家当前面临发展经济的重重困难,急需发达的垄断资本主义国家的资金和技术,也离不开同发达的垄断资本主义国家的贸易往来。但是,这种相互依赖是不平等和不平衡的,对发展中民族主义国家来说也是不公正、不合理的,其根源就在于国际经济旧秩序。尽管发达的垄断资本主义国家在新的形势下,调整了政策,基本变换了过去那种暴力和超经济的剥削手段,但国际经济关系中的旧结构和旧体制依然存在,发达的垄断资本主义国家对发展中民族主义国家的剥削仍在继续。因此,发展中民族主义国家同发达的垄断资本主义国家经济的共同发展,必须变革旧的国际经济秩序,从体制和结构上解决问题。这就是发展中民族主义国家同发达垄断资本主义国家间关系的症结所在。

当前,在发展中民族主义国家同发达垄断资本主义国家间关系

第四章 格局论 国际政治的基本结构

中,尽管基本矛盾仍然存在,但大规模的、急风暴雨式的群众运动和武装斗争阶段已为主权国家间的对抗与合作所取代。今后虽然不能完全排除群众运动形式,但就双方关系的发展趋势看,通过国际会议讨论,主权国家间的多边或双边谈判,和平协商,政治解决,将是主要的形式,并将会存在一个相当长的时期。当然,发展中民族主义国家同发达的垄断资本主义国家之间的对话与合作并不是一帆风顺的,它的发展困难重重,并未取得重大突破,其主要障碍在于发达的垄断资本主义国家。发展中民族主义国家同发达的垄断资本主义国家之间关系的改善将是一个长期的、曲折的过程。

第三节 国际政治格局的式样及其演变

一、格局式样的含义

式样,即格式,是可见的事物形状。格局的式样,是格局的格式,不仅呈现可见的格局形状,而且还能显示格局的规模。格局式样,就是格局的"外貌"和具体表现。格局式样是由主角和主角关系组成的,相互间是不能分离的。格局式样既是主角和主角关系相互作用的产物,又是它们活动的场所。

一般来说,国际政治格局式样,不是抽象的,而是具体的;不是模糊的,而是清晰的;不是松散的,而是形成某种结构的;不是狭小的,而是具有一定规模的。作为国际政治格局式样,既明确揭示了主角和主角关系的本质内涵,又为它们提供了集中的表现形态。这就是国际政治格局式样的基本特征。

二、格局式样形成的依据

国际政治格局式样的形成,是以主角和主角关系的组合为依据的,但国际政治学者和政治家的判断,则有不同的出发点。

当代世界,判断国际政治格局式样,大体有三种意见。一是以意识形态为基础,二是从军事实力出发,三是着眼于综合国力。

现在看来,以意识形态为基础不行,它只能从社会主义和垄断资

国际政治学理论

本主义两种制度的关系来判断国际政治格局式样,因而就会把局部问题扩大为全局问题。当然,两种制度的较量和竞赛,涉及国际政治的发展方向,在国际政治中居于重要的地位,影响较大。这是客观存在的事实,不可否认的。但是,从世界范围看,两种制度国家间关系无论地位怎样重要,表现怎样突出,也只能是国际政治的一部分,何况它大都居于其他关系之中,很少处于突出地位,其关系时而紧张时而缓和。国际政治的范围广泛,内容丰富而又复杂,其发展是曲折的,很少出现两种制度国家间纯粹的直接的社会制度对抗,它总是同侵略与反侵略、争霸与反争霸联系在一起的。如果把国际政治格局式样判断为"两种制度关系",就会带来下列问题。第一,会掩盖两种制度国家各自的内部关系问题。在世界范围内,两种制度国家尽管都有自己的集团,但强权是无制度界限的,国家权益也并不因为社会制度相同而不起作用。第二,会否定亚非拉地区民族民主运动和第三世界在建立国际政治经济新秩序中的作用。当代世界,只要有帝国主义和霸权主义存在,亚非拉地区国家和人民同它们的矛盾始终占有重要地位,国际社会的进步事业总是同他们紧密相连的。第三,会歪曲美苏关系、美中关系、中苏关系的内容和实质。在它们的双边关系中,不完全是因社会制度问题引起的,渗透有国家利益、强权政治和意识形态等种种因素,不能把复杂的关系简单化。

关于国际政治格局式样,国内外一些学者常用"极"的概念来表述,或说"两极"结构,或说"三极"结构,或说"军事两极、政治三极、经济四极",等等。这些提法与表述不无道理,但在理论上似欠周密,在实践上是从单纯的军事实力出发,也难以说清复杂的世界现实。"极",原是自然科学中的一个概念,用于国际政治一般指的是最强大的力量中心。但究竟何种力量称"极",其标准又是什么?这只有相对的意义,具体难以确定。在自然科学地理和物理的电磁学中,凡"极"必斥,"极"与"极"之间只会相互对抗,很难揭示出国际政治中的复杂现象。如果简单搬用自然科学中的"极"来说明当代国际政治格局式样,必然会带来三个问题。第一,会过分看重大国的作用,漠视中小国家力量。衡量一个国家的实力,既要从军事、政治、经济各个方面看,

第四章 格局论 国际政治的基本结构

又要从综合国力出发,更要从国际政治经济的相互制约关系中去寻找。从单方面着眼,第三世界国家经济落后,军事力量更弱,当然微不足道,无法称"极",但从联合起来的综合力量出发,从相互关系的制约作用考察,占世界人口70%、由130多个国家组成的第三世界,在当今国际政治中不能不说是一支举足轻重的力量。第二,会过分强调对立与斗争,忽视对话与合作的发展趋势。从对抗与斗争出发,这是观察分析世界形势和学习、研究国际政治的基本方法,但不是唯一的,切忌机械运用。特别是在今天,只注重对抗与斗争,轻视对话与合作,非但与错综复杂的世界现实不完全相符,而且易犯片面性和急躁性的错误。第三,会过分突出军事手段,贬低综合国力的竞赛。"极"的原始含义易于同军事威胁相连,重视战争的作用,看不到当今世界各国发展经济的共同愿望、相互经济联系的加强以及经济竞赛局面的形成。战后世界,能够称"极"的,最多只有美国和苏联,但后来它们也开始既进行军备竞赛又重视经济发展与经济往来,既展开对抗与争夺又出现缓和与合作。更为重要的是,在国际政治中,苏联已经瓦解,美国的地位与作用相对削弱,其他国家和地区联合力量的作用明显上升,已成为国际政治格局的举足轻重部分。所以说,只用"极"表示国际政治格局式样,是无法揭示出世界的具体面目的,也难以看清本质特征。

从当今世界的实际情况看,应以格局基本要素的相互联系为依据,判断国际政治格局式样,更多是着眼于主角的综合国力。从主角和主角关系的角度判断格局式样,比笼统称"极"具体、明确、完整。为了照顾美苏两极的旧提法,论述国际政治格局的演变趋势时,也可概括为从"两极"走向"多极",但这里的"极",只能从相对意义上去理解。世界从两主角演变为多主角的过程,就是"两极"到"多极"的过渡。称"极"必为主角,但主角不全是"极"。多主角的世界不能说是"多极"世界,它只揭示了多极化的过程。但多主角的出现及格局式样的更新,指明了世界的进步和光明。它打破了帝国主义一统天下的局面,结束了少数大国为所欲为的时代;它显示了中小国家的联合力量,突出了它们在国际政治格局中的地位与作用;它超越了意识形态和社会制度的差异,加速了世界民主进程。如果笼统地从绝对的"极"去判

国际政治学理论

断,就很难像上述提法那样说清世界的具体面貌,只能给人以模糊的印象。

三、当代世界格局式样的演变

战后世界,国际政治格局经历了从两极向多极的过渡。两极格局已经打破,多极格局正在形成,目前正处于过渡性的格局之中。在两极格局下,由于主角的增多和主角关系的制衡,又区分为三个小格局。这种大小格局并存又各具特点的现象,反映了世界的多样性,今后还将出现。大格局的变化,周期长,有质的飞跃,但中间的小格局演变,虽然周期短,不可能完全脱离大格局的轨道,但也能揭示部分质变,显示飞跃的方向。

在两极大国际政治格局下,以主角的增多和主角关系的新组合为依据,小国际政治格局的式样,具体表现为20世纪50年代前后两大阵营的对峙、60年代末和70年代三个世界的联系与矛盾和80年代开始的东西南北关系。

两大阵营,即帝国主义阵营和社会主义阵营,是反法西斯战争胜利的产物,也是同美国和苏联的全球战略分不开的。反法西斯战争,灭亡了德、意、日,削弱了英、法等国,把美国推上了霸主宝座。美国政府凭借膨胀起来的军事实力和经济实力,以反苏反共为旗号,通过推行杜鲁门主义、马歇尔计划和建立北大西洋公约组织,把战前激烈对抗的两大帝国主义集团纠合在一起,组成以自己为霸主的帝国主义阵营。随着反法西斯战争的胜利,苏联一跃而为最强大的社会主义国家。社会主义制度也越出欧洲的范围,由一国变成多国。面对美国的全球战略和帝国主义阵营的建立,苏联联合其他社会主义国家,在团结与合作的基础上,以条约和协定为纽带,建立政治经济的联合组织,结成了以苏联为首的社会主义阵营。

帝国主义阵营和社会主义阵营,既是政治集团、经济集团,也是军事集团,均以社会制度和意识形态为基础。两大阵营的对峙格局,以美国和苏联为主角,中国也发挥了重要作用。以社会制度对立为基础的美苏关系、美中关系和两大军事集团——北大西洋公约组织同华沙

第四章　格局论　国际政治的基本结构

条约组织间关系,则是格局式样的体现。亚非拉地区民族解放运动的蓬勃发展,由于反对帝国主义而成为社会主义国家的同盟军,也是格局的重要内容。两大阵营的对峙,涉及政治、经济和军事各个方面,其实质是战争与革命、反动与民主、垄断资本主义与社会主义两大制度之争。

在两大阵营对峙的格局下,双方相互为敌,均把世界分成敌我友三大块,以意识形态和社会制度的异同为界标,观察国际形势,处理国际关系。以美国为首的帝国主义阵营,为了扼杀社会主义制度,推行经济上封锁、政治上孤立、军事上围堵社会主义国家的战略,在欧洲以苏联为目标,制造遏制理论,组建北大西洋公约组织,变友为敌;在亚洲则侧重对付中国,抛出"多米诺"骨牌理论,拼凑军事集团,设置包围圈。抗争的主要场所也随之由欧洲扩展到亚洲,甚至挑起"冷战"局面下的热点,发动了侵略朝鲜的战争和向越南扩张的战争。面对帝国主义的进攻,社会主义的苏联和中国被迫应战,坚持斗争,并号召进行世界革命,以反对侵略战争和摧毁垄断资本主义制度为目标。

在两大阵营对峙的格局下,美国对社会主义国家的战略,包括两个方面:颠覆社会主义制度和夺取中间地带。由于美国和社会主义阵营之间隔着极其辽阔的中间地带。这里有欧亚非三洲的许多资本主义国家和殖民地半殖民地国家。美国在挑起同社会主义阵营对立与抗争的同时,也在假借反共产主义之名来争夺地盘,向资本主义世界扩张它的侵略势力。正是在两大阵营对峙的格局下,美国挥舞着原子弹和美元向亚非拉地区大肆渗透,到处镇压民族解放运动,并把英、法等国变成二等帝国主义国家,赶回欧洲。美国一跃而为新殖民主义的主要堡垒。因此,当时社会主义国家的战略口号是:社会主义国家联合起来,亚洲、非洲、拉丁美洲国家和人民联合起来,所有爱好和平的国家联合起来,结成最广泛的国际统一战线,反对美国帝国主义的侵略政治和战争政策,保卫世界和平。

三个世界联系与矛盾的格局,是第三世界的崛起和美苏争夺世界霸权的产物。美苏争霸、第三世界的崛起和西欧日本独立自主倾向的加强,是60年代后期和70年代世界最重要的新现象,并逐渐形成既相互联系又互相矛盾的三个世界。苏联与美国位于相互对立的两大阵营之首,一直是根本不同的两大力量。它们同为第一世界,主要原因在于:(1)它们是凭借强大军事实力和经济实力推行霸权主义政策的两个超级大国;(2)它们在世界范围内相互争夺霸权;(3)它们的争霸给世界带来严重的战争威胁,是当时世界不得安宁的主要根源。这就是说,美、苏同列为第一世界,不是经济利益的一致,军事利益的相同,而是着眼于对外战略的共性,其要害是争霸。争霸是美、苏两国同列为第一世界的纽带,因而成为世界各国的对立面,与世界各国的利益发生根本冲突。西欧和日本是垄断资本主义国家,由于处在美、苏争霸的夹缝之中,直接受到美、苏霸权主义政策的损害和威胁,加上亚非拉地区一系列国家的独立,受到的打击最重,因而在国际政治格局中属于第二世界。西欧和日本之所以列入第二世界的行列,一是经济实力的增长,同美国的经济关系发生重大变化;二是适应世界形势的发展,大幅度调整对外政策,开始推行独立自主的全方位外交。总起来看,它们在当时的国际关系中处于中间状态,具有两重性。其具体态度是:以平等为条件维护同美国的联盟、以加强防务为基础保持同苏联的缓和、以剥削为目的发展同第三世界国家的对话与合作。独立自主外交是西欧、日本并列为第二世界的纽带,其共同特征是两重性。亚洲、非洲、拉丁美洲独立国家组成的第三世界,是一支蓬勃发展的新兴联合力量。这种联合,是新独立民族主义国家的联合,是不同社会制度的发展中国家的联合,是原两大阵营同盟军国家的联合。这种联合的基础和纽带是:(1)相似的命运和共同的任务。历史上,大都是帝国主义的殖民地和半殖民地,遭受过长期的殖民压迫和剥削;政治上,大都是战后新独立的国家,面临维护国家主权和捍卫世界和平,以及建立国际政治新秩序的迫切任务;经济上,大都是落后的发展中国家,有着实现经济独立和建立国际经济新秩序的强烈愿望。(2)坚持和平共处五项原则,尊重各国人民对社会制度的选择,反对殖民主义、帝国主义、霸权主义、抵制强权政治和集团政治;主张国家不分大小强弱,在国际事务中一律平等,即平等的参与权和决策权,要求和平解决国际争端,反对使用武力或以武力相威胁。(3)奉行不结盟的

第四章　格局论　国际政治的基本结构

外交政策,坚持非集团、自主的政策,不允许大国在本国建立军事基地。不结盟国家定期举行首脑会议,分析形势,交换意见,协调对策,始终坚持了民主讨论,平等协商的原则,开创了国际关系的新局面。面临共同的任务,坚持和平共处五项原则和奉行不结盟外交政策,就是亚洲、非洲、拉丁美洲国家组成第三世界的关键所在。

三个世界联系与矛盾的格局,以美国、苏联、西欧、日本和包括中国在内的第三世界为主角。争霸关系、争霸与反争霸关系,是主角间形成的主要关系。它们以三个世界为式样揭示了国际政治的主要内容。在三个世界联系与矛盾的格局下,充当主角的国家增多,作用大小不等,相互关系的性质也发生变化,完全不同于两大阵营式的政治、经济和军事集团关系,美苏关系突出了争霸的内容。社会主义中国举起反对霸权主义的旗帜,同第三世界国家站在一起。西欧和日本的独立自主倾向加强,不再完全听从美国的摆布,帝国主义阵营开始破裂。它们的政策同美、苏的霸权主义拉开距离。特别重要的是,原充当两大阵营同盟军的亚非拉国家,以联合的面目独立活跃于国际舞台,充当主角,这在国际关系史上是破天荒的第一次。它们以不结盟国家首脑会议和"77国集团"为代表,参与国际事务,决定世界的前途和命运,开创了国际关系的新局面。欧美大国统治世界和控制国际事务的时代已一去不复返了。在三个世界联系与矛盾的格局下,霸权主义取代帝国主义上升为世界突出的问题。西方帝国主义现象虽未完全铲除,但有重大调整。美、苏两国以最强大的军事实力在世界各地争夺霸权,并进行不断升级的核军备竞赛,是世界各地战火四起和国际局势紧张的主要根源,成为当时世界的主要威胁。美苏关系是全球性的。它们的每一个政策行动,必然在世界各地产生影响;当时世界出现的重大问题,无一不同美苏关系有关。因此,世界各国观察国际形势,分析世界政治经济问题,制定对外政策,必须以美苏关系的存在及其全球影响为前提。在三个世界联系与矛盾的格局下,维护国家安全和主权完整成为世界各国的主要任务。霸权主义的存在同世界各国和人民相对立,使世界出现国际反霸和维护国家安全斗争的新局面。在国际反霸斗争中,第二世界是一支积极力量,其作用不可忽视。但是,具有举足轻重地位的重要力量,则是包括社会主义中国在内的第三世界。第三世界人口众多,资源丰富,掌握国家政权,奉行不结盟政策,同霸权主义的矛盾不可调和。它们刚刚实现政治独立,对国家安全和主权完整最为珍惜;它们的胜利来之不易,决不允许任何国家再来称王称霸。维护国家安全和主权完整同反对霸权主义紧密相连,不可分割,它要求消除世界各国的对立和民族矛盾,不要以社会制度的异同和纯粹的阶级斗争为界标,而要以反对霸权主义的斗争为准绳。

"东西南北"关系是一个政治经济相结合的概念,它虽与地域有关,但不是地理概念。"东",一般指参加华沙条约组织的苏联、东欧国家,有时也泛指社会主义国家;"西",主要指美国、英国、法国、联邦德国、日本等强大的垄断资本主义国家;"南",一般指发展中的民族主义国家,有时也包括发展中的社会主义国家;"北",泛指欧美工业发达国家。当今世界突出东西南北关系,就在于它作为格局的式样,准确地反映了 80 年代开始的世界形势的发展。

"东西南北"关系格局,是世界经济政治发展不平衡和地区一体化的产物。它在经济上表现为多中心的竞争共处,除美国、西欧和日本在资本主义世界经济中形成"三足鼎立"之势外,还有社会主义国家经济的发展,特别是亚非拉地区新兴工业国的涌现和区域一体化组织的增多,开始打破东方完全从属于西方的局面。它在政治上则揭示了多主角国家相互作用形成的复杂关系,包括世界范围的种种关系,即"东西关系"、"东东关系"、"西西关系"、"南北关系"、"南南关系"、"东南关系",等等。但是 80 年代,世界范围内突出的是"东西关系"与"南北关系"。东西关系是当代世界社会主义制度同垄断资本主义制度并存的产物,表现为北约国家同华约国家间的关系,但以美苏关系为核心。由于苏联推行霸权主义政策,故在东西关系中,除两大制度的对立外,还增添了推行争霸政策的新内容,从而使东西关系具有两重性。战争与和平成为东西关系的根本问题。南北关系,主要指的是发展中民族主义国家同发达的垄断资本主义国家间的关系,也包括发展中国家同发达国家间的关系。它既表现为发展中民族主义国家同发展中社会主义国家联合反对国际垄断资本剥削的斗争,也体现在南北双方

第四章 格局论 国际政治的基本结构

在变革世界经济旧秩序这样或那样的对话与合作上。由于发达国家大都位于北半球,被称为北方国家。因此,它们之间的关系就简称为南北关系。南北关系问题由来已久,它们以联合面目出现,大致始于50年代中期,激化于60年代后期。开始活跃在政治领域,也涉及经济关系。从70年代中后期起,南北关系中的经济关系日渐突出,涉及变革国际经济旧秩序、建立新秩序的要求,并成为了举世关注的根本问题。正是从这时起,世界各国才普遍使用"南北关系"的概念。当前南北关系问题,以发展中民族主义国家同发达的垄断资本主义国家间关系为核心,主要表现为经济地位的不平等、经济状况的贫富悬殊和经济发展的不平衡,虽然相互间对话与合作日渐增多,并在发展经济问题上有所进展,但由于某些北方国家的顽固态度,没有什么重大突破。随着世界形势的发展和东西方关系的缓和,南北关系问题必将激化起来。

"东西南北"关系格局,主要表现为以美国、苏联、中国、西欧、日本、不结盟国家为主角的两大制度、三类国家内部和相互间的对抗与合作。就其主要内容来说,和平与发展已取代战争与革命成为世界的主题。战争从来就是国际政治的内容。第二次世界大战前后,世界的特点是军事制约政治。侵略战争与革命战争充斥整个世界舞台。随着世界形势的变化,经济制约政治日渐大于军事制约政治,战争不再是随心所欲可以使用的一种手段。当今世界,不再是战争频仍,革命此伏彼起,而是改革协调之风盛行,对话与合作日益增多,和平与发展已成为世界各国的普遍愿望。就其基本特征看,一是双边关系、三角关系超过集团间关系。美苏(俄)关系、中美关系、美欧日关系、发展中民族主义国家同发达垄断资本主义国家间关系,突出活跃于世界舞台。二是经济联系、政治协商多于军事对抗。核军备竞赛的减弱、大国间关系的普遍改善、地区冲突的降温和冲突的走向政治解决表明,国家政治军事化正在走向政治经济化。世界正处在"缓和"与"紧张"并存的局面。三是强权政治虽未消除,但不存在世界范围的共同敌国。当今世界,反对霸权主义,仍然是世界各国的共同任务,但对事不对国,不指向具体国家制度。凡推行霸权主义的国家,只要还未挑起世界战

国际政治学理论

争,就不能称其为霸权主义国家,视作世界性的共同敌国,也不应组成国际反霸统一战线。

战后世界,国际政治格局式样的更新,正确揭示了国际形势的发展和主角国家间关系的变化。这主要是从综合国力出发,以国家对外战略的调整为表现形式的,但是,如果从军事实力看,在战后国际政治格局具体式样的更新中,美苏两个超级大国的地位和美苏关系的作用,依然举足轻重,只是开始发生变化,逐渐有所削弱。当今世界,国际形势发生重大变化,多主角的出现,标志着以美苏关系为核心的旧格局已经打破,新格局尚未形成。当然这是从总体角度说的,以雅尔塔会议确立的美苏体制及其瓦解为依据,但它并不妨碍我们对战后小国际政治格局具体式样更新的认识和探讨。

苏联解体和冷战结束后,两极格局已经瓦解,但从小格局的演变中,我们已初见端倪。从大格局说,目前正处于向多极格局转变的过渡时期,新的大格局正在形成中。从小格局看,两极向多极转变的过渡时期,也可以说是新的小格局。由于主角多在联合国内活动,联合国处理国际事务的能力大为增强,其作用越来越大,因此,我们可以确定当今世界的小格局式样,就是联合国安理会的协调。为什么说大格局正在形成呢?这是因为:(1)主角虽已确定,但其作用还有待再确定;(2)主角关系有的定型,有的还未定型,相互作用正在协调中;(3)格局式样还未出现,虽然联合国安理会协调也可能成为大格局式样,但安理会的改组和联合国的改组正在进行中。

第五章 主题论
国际政治的主要内容与安全

国际政治,纷繁复杂,但主题始终离不开战争与和平。研究和探讨如何反对和防止战争,维护和争取和平,一直是国际政治学的基础和核心。放眼世界,国际政治学派别林立,观点各异,药方众多,方案迭出,但无一不以战争与和平为依据,围绕战争与和平的主题。战争与和平既是国际社会的永恒主题,也是国际政治学的永久主题。

围绕战争与和平的主题,国际社会经历了两大时期,即以革命为中心的战争与革命主题时期和以发展为中心的和平与发展主题时期。两个时期的不同国际政治显现出不同的特点。

第一节 国际政治的主题与国际安全

一、国际政治主题的含义

主题,即主要内容和主要任务,属众多基本矛盾中的主要矛盾。国际政治的主题,指的是世界范围内最重要、最突出、最活跃的基本矛盾和根本问题。它必须具备的基本条件是:(1)处于世界各种矛盾的中心和焦点,上升为主要矛盾,决定和制约其他问题的发展;(2)关系世界的命运前途,同每个国家的兴衰、存亡攸关;(3)国际社会面临的头等大事,需要全世界的共同努力。

国际政治主题,是国际社会主要矛盾的反映,也是国际社会面临

国际政治学理论

的主要任务和正在解决的主要课题。我们要全面地理解主题,它是现实性的,但不是完成式,还未完全实现。主题立足于全局,是从整体上讲的,它并不否定也不掩盖局部性的"次题"和"支题"。主题形成之后,意义深远,对国际社会将产生重大的影响。主题不是固定不变的,它随着形势的演变而更新。今天的主题,明天可能变成"次题"和"支题";今天的"次题"和"支题",明天也许上升为主题。对待主题不能绝对化,形而上学化,要树立唯物辩证法的观点。

战争与和平,一直是国际政治的主要内容。在战争频繁和世界战争阴云密布的年代,战争问题突出,防止和反对战争成为重点,必然出现以国际革命对付世界战争的形势。当世界战争的危险逐渐减少,或日益消除,和平问题突出,维护和争取和平就上升为重点,并从军事政治领域扩大到经济领域。如何防止和反对世界战争,维护世界和平,西方学派主张霸权统治和大国控制均势,马克思主义学派主张和平力量的联合斗争,以发展求和平。

国际政治的历史表明:第二次世界大战前后,上升为国际政治主题的,先是战争与革命,后是和平与发展。战争与革命主题,突出表现为第二次世界大战和美、苏争霸引起的诸多局部战争,以及欧亚各国的人民民主革命和民族独立运动、拉美的革命风暴和非洲的独立运动。和平与发展主题,确认和平力量的增强,要求用发展求和平,重视经济优先,解放和发展生产力,解决南北贫富悬殊问题,从而拓宽维护和争取世界和平的新领域。

二、国际安全的特征

何谓"安全",至今还无统一的定义,各种提法很多,且均有道理。我们认为,安全是含义极为广泛的一个概念,涉及军事、政治、社会和经济等多个方面。从广义上说,安全,就是和平与发展的生活环境,它同战争、动乱、贫穷相对,同和平与发展相连,表现为有秩序的稳定的和平环境。这种解释既适用于人类安全,又适用于国家安全和国际安全。

安全,主要区分为军事安全、政治安全和经济安全、环境安全。军

第五章　主题论　国际政治的主要内容与安全

事安全,来源于战争和战争威胁,包括核威胁和军备竞赛的威胁;政治安全,即主权安全,涉及主权的独立和完整,同干涉内政的强权政治相对;经济安全,关系着国家的生存与发展,人民生活的改善与提高,必须改革不合理的国际经济旧秩序,对付外来的无理经济制裁;环境安全,指的是环境的污染和生态平衡的破坏,属国际社会的共同问题,关系着人类的共同利益,各国在经济发展中必须重视,先进发达国家负有更多的责任。

不同时期的安全,侧重点不会完全一样。冷战时期是军事安全优先,各国更多重视加强国防,并引发军备竞赛、核竞赛和军火交易。冷战结束后,经济安全的地位上升,各国无不关注经济发展,并把经贸关系放在第一位。经济安全开始优先于军事安全。事实上,安全是统一而不可分割的综合工作,其中军事安全是保证,经济安全是基础,环境安全是支柱,政治安全是核心,缺一不可,必须同步建设。虽然不同时期可以有不同的侧重点,但不能比例失调,用重点来损害其他部分,以致影响整个安全环境。更为重要的是,在各部分安全中,必须明确,政治安全,即主权安全,是整个安全的前提和核心,这是在任何时期都应牢牢把握住的。

在国际政治中,安全,主要指的是国家安全和国际安全,两者不可分割。国际安全,即对付世界战争的威胁、全球环境的污染和南北贫富差距的无限扩大。国家安全,即无内忧外患的环境。它包括内部安全和外部安全。内部安全,即国家统一、社会稳定和人民的安居乐业;外部安全,包括对付外来侵略和干涉内政的行为,维护国防,谋求国际和平环境。国际安全是国家安全的保证,国家安全则是国际安全的基础。一国的安全必须同国际安全相连,离开了国际安全,是不可能有国家安全的。任何国家要确保自身安全,均应同时谋求国际安全,把国际安全环境作为国家安全的重要组成部分。

确保国家安全,谋求国际安全,关键有三条:一是正确认识国际环境,处理好国与国之间的关系;二是开放改革,处理好国内各利益集团的关系;三是提高综合国力,处理好生存与发展的关系。国际环境,包括国际格局的演变、近邻国家的地缘政治特色和生态环境的挑战,各

国际政治学理论

国均应以此为依据确立自己的国家安全观,正确处理国与国之间的关系。为此必须反对霸权主义,严格遵循和平共处五项原则,既不损害他国利益,又不干涉别国内政。国际事务,双边问题,平等协商,和平解决。当今世界,国家安全是共同的事业,一国的安全必须有他国的协调配合和共同努力;一国的安全更不能建立在别国不安全的基础上。国家安全以国家的稳定统一为前提,各国既要加强对外交流,搞好开放改革,又要注意处理好国内民族间和区域间的相互关系,不能贫富悬殊,利益不均,造成两极分化,动荡不安。民族分裂和两极分化是国家安全的最大威胁。国家安全的维护,决定于国家综合国力的加强,必须处理好安全和发展的关系。安全与发展,相互促进,相辅相成。安全是发展的保证,发展是安全的基础;无安全保证,就没有发展的环境,无发展的基础,就没有安全的存在。两者是辩证统一的,必须处理得当,不可偏颇。

三、世界主题与国际安全的关系

国际政治主题制约着国际安全的内容和发展趋势。国际安全状态也能揭示国际政治主题的面貌。国际安全离不开世界主题,正确判断主题是确立正确国家安全观、维护国家安全和谋求国际安全的前提。

战争与革命的主题,突出的是军事安全,必须加强国防建设,进行战争动员,作好反侵略战争的准备。革命就是对付战争,确保国家安全的重要手段。军事安全,事关国家生死存亡,确立军事优先,区分敌友,全民齐心,一致对外的安全战略是完全必要的。

和平与发展的主题,突出的是经济安全,必须发展生产力,变革国际政治经济旧秩序,建立新秩序。发展就是对付战争和社会动荡、确保国家安全的重要手段。经济安全,事关国家兴衰强弱,必须适时调整安全战略,确立经济优先,全面发展,注重综合国力的提高。以发展求安全,即是以综合国力求安全,代替以军事和革命求安全,这是时代的需要,应该说更加可靠,更有保证。建立在高综合国力基础上的国家安全,比军事上的暂时胜利,对国家主权的维护、经济的繁荣、

第五章 主题论 国际政治的主要内容与安全

政治和社会的稳定以及人民的安居乐业,更为有利,更加牢固,更能长治久安。

第二节 战争与革命的主题

一、国际战争的类型和根源

战争是伴随人类进入世界舞台的。随着私有制和阶级的出现,战争开始带有阶级色彩,是用以解决阶级和阶级、民族和民族、国家和国家间相互矛盾的最高斗争形式,成为新旧社会更替和剥削阶级向外扩张的主要手段。战争根源于私有制度,只有消除私有制,才能最终消灭战争。由于引发战争的原因多种多样,战争的类型也纷繁复杂。一般来说,战争区分为正义或进步的战争和非正义或反动战争。前者主要包括革命战争、反抗外来侵略和保卫祖国的战争;后者主要指侵略扩张战争、干涉战争、兼并战争和争霸战争。决定战争性质和类型的,主要不在于交战各方的阶级属性,也不取决于谁开第一枪,而是取决于战争的原因和目的,也与战争的作用相连。战争是政治的继续,必须从政治的角度认识战争。我们虽然不主张用战争解决国际争端,但我们反对的是非正义战争。

战争,主要区分为国内战争和国际战争。国内战争,指的是国家内部阶级集团间的战争。国际战争,是国家间或国家集团间的战争,是国际冲突的军事化和武力化,包括局部战争和世界战争。世界战争,即世界大战,是军事集团间多国参加和波及全球大部分地区的战争。世界战争的特征是:规模大,范围广,参战国多,破坏性强,争夺目标涉及全球。国际社会已发生过的两次世界战争莫不如此。局部战争,主要是国家间局限在地区范围内的战争,其最大特征是战争目的、范围、规模、手段和破坏作用的有限性。在这种意义上说,局部战争就是有限战争。

第二次世界大战后,特别是从 20 世纪 60—70 年代开始,世界形势发生巨大的变化。随着众多社会主义国家的诞生和曲折发展、第三世界的崛起、新的科技革命的深入、美苏关系的演变和西欧、日本内外

国际政治学理论

政策的调整,国际战争呈现出新的特点。

第一,世界战争的危险虽然存在,但一直没有爆发,今后也有可能避免。世界战争的主要危险是霸权主义。制约世界战争的主要因素有三种:一是和平因素的增长和反战力量的壮大。当前,不仅社会主义国家和第三世界国家反对战争,一些西方发达的垄断资本主义国家也纷纷调整政策,加入到反对战争的行列;反对战争,维护世界和平,已成为世界各国、各种国际组织和世界政党的共同愿望与基本政策。二是世界呈现多极化趋势。多中心的出现,多种力量的发展,既能限制战争因素的增长,又有利于重新组合,形成均势。三是战争危险地开始转移,但未完全形成新策源地。新的科技革命带来的经济繁荣,使许多帝国主义国家把注意力从军事转向经济,开始调整政策。在其内外政策中,经济手段的地位上升了。冷战时期,世界上最有资格发动世界大战的,主要是美、苏两国。它们具有摧垮对方、毁灭世界、打世界战争的能力。但当时美、苏双方的军事实力已达大体平衡,特别是双方的核"恐怖均衡"和核战争的"两败俱伤"的后果,使得谁也不敢轻易下手,一直避免迎头相撞。美、苏双方虽有打世界战争的能力,但在世界人民的反对下,并未完成战争部署。苏联瓦解后,爆发世界战争的可能性大大减少,因此世界和平的长期保持是有可能的。

第二,局部战争从未间断,并成为国际战争的主要形式,其特点是爆发原因在增多,主战场和参战国类型在变换。据西方学者统计,冷战时期世界共发生180多次的局部战争和武装冲突,主要区分为民族独立与解放战争、帝国主义的侵略战争、霸权主义的扩张战争、第三世界国家间和社会主义国家间的冲突和战争等类型。这些战争不少是帝国主义、霸权主义政策的产物,也有因为领土争端、资源掠夺、民族纠纷、宗教冲突等因素所致。战争的直接原因和目标较为复杂。这些战争大多以亚非拉国家为战场,常常具有复杂的国际背景,而发动过两次世界大战的欧洲在相当长时期内却相对平静,只是在冷战结束后开始动荡不定,"热点"增多。这些战争具有突发性、分散性、高技术的特点,但战争的目的、规模、时间、空间、手段是有限的,甚至出现了一些性质和作用难以捉摸和确定的战争形式,因而大多以相互妥协、政

第五章 主题论 国际政治的主要内容与安全

治解决而结束。冷战结束以后,局部战争仍然存在,但主要是民族利己主义在作怪,当然也不能排除某些国家利益集团的推波助澜和霸权主义的野心。

第三,政治军事化逐渐转向政治经济化。第二次世界大战前后的一个相当长时期,国际政治的主要特点是政治军事化。各阶级、各集团、各民族、各个国家为实现自己的政治目标,往往借助于军事手段。随着世界形势的变化,战争虽未消失,但帝国主义国家直接侵略的战争在减少,更未爆发重新瓜分世界的争霸战争。即使战后出现的许多局部战争,也不是完全靠军事行动解决的,而往往配合有政治、外交斗争手段。战争更多是直接作为政治、外交斗争的工具出现的,因此很少有完全胜利的一方,最终均走向政治解决。当今世界上不再是战争频仍,而是合作与对话日益增多。军备竞赛虽未停止,但谈判与对话不断举行,并能达成协议,开始了新的缓和。地区冲突与局部战争也在朝着政治解决的方向发展,出现了许多缓解的新形势。

国际战争的根源,先是帝国主义,后是霸权主义。战争是政治的继续。"世界霸权"是帝国主义政策的内容,而这种政策的继续便是帝国主义战争,即侵略扩张战争和争霸战争。由于帝国主义列强把世界瓜分完毕,而世界政治经济发展不平衡的规律必然引起实力的大变化。瓜分世界是以实力为依据的,实力的变化必然要求重新瓜分世界,并因而借助于战争。特别是新兴的帝国主义国家不用暴力手段来重新瓜分世界,就不能得到实力日弱的老牌帝国主义国家所享有的那些特权。1898年的美西战争、1899—1902年的英布战争和1904年的日俄战争,是英、俄、法、德、日、美成为世界上六个帝国主义大国的重要标志之一。随着德国和日本的崛起,帝国主义国家间的矛盾急剧尖锐化。为了重新瓜分世界,争夺殖民地与势力范围,帝国主义列强最终发动了两次世界大战。两次世界大战,席卷全球,共夺走近一亿人的生命,造成了42700亿美元的物资损失,给人类带来了沉重的灾难。当时的世界,帝国主义战争,即侵略扩张战争和争霸战争,层出不穷,与此相连的革命战争,即阶级解放战争、民族解放战争和反侵略战争,也此伏彼起。国际战争充斥整个国际舞台,成为20世纪前期国际政治的主要现象。

一般来说,国际战争根源于帝国主义,但帝国主义国家不一定非打仗不可,在世界形势发生重大变化的情况下,它们中某些国家甚至可以变成和平因素。这是因为,战争是一种政策,战争是经济实力不强的补充,战争的残酷性和破坏性,特别是核武器的出现,有可能使其走向反面。

应当承认,战争政策与垄断资本主义制度密切相连,但它不属于垄断资本主义的本性和本质的范畴,只是一种手段。垄断资本主义的本性是剥削,不是战争。把战争纳入垄断资本主义制度本性的观点,是因为被20世纪初期的表面现象迷惑所致。既然战争是一种政策,政策是可以调整的,战争手段也是可用或不用的。垄断资本主义的历史表明,战争的发动是同自身经济实力增长成反比例的。战争更多是经济实力不强的一种表现和补充。早期的美西战争、英布战争、日俄战争,以及两次世界大战就是在这种形势下发动的。新兴的美国、日本、德国虽然工业发展速度加快,但仅仅依靠经济实力的增强夺取更多的殖民地,从而享受老牌殖民主义大国已经获取的利益是不可能的,因此只能依靠战争手段。沙皇俄国是"军事封建帝国主义",垄断资本较薄弱,因而往往以军事力量的优势,补充垄断资本的霸权。它不断发动对外战争,热衷穷兵黩武,暴虐野蛮,在依靠战争手段上表现得更为典型。相比较而言,经济实力较强的美国,比经济实力较弱的德国,使用战争手段则较少。特别是德国的经济实力同其称霸世界的野心相距太远,只好借助军事,成为两次世界大战的元凶。随着战后新的科学技术革命的发展,西方垄断资本主义经济不断增长,基本上保持了长期的稳定与繁荣。它们不再像过去那样首先把刺刀提上议事日程,盲目追求战争,完全借助军事来实现自己的目标,而是更多地使用经济手段,以取代军事扩张。既然通过经济能达到同样的目的,何必一定要发动战争呢?何况,当前的西方垄断资本主义国家为了追求更大的经济利益,也需要一个和平的环境,又何乐而不为呢?战争的目的是摧毁敌人,追求更大利益,如果战争的破坏力过大,造成"两败俱伤",谁也不会轻易发动战争,除非它是疯子。核武器既是最有效

第五章 主题论 国际政治的主要内容与安全

的战争武器,也是最有效的防止战争的工具。核竞赛的激烈,核武器的增多,既增加了战争的危险性,也可能使战争永远打不起来。

当今世界的国际战争问题,主要同霸权主义政策有关。当前,推行霸权主义政策的,既有垄断资本主义国家,又有发展中的民族主义国家,也有社会主义国家,不能说它们都是战争策源地。世界霸权之间的争夺定会带来世界战争的危险,但不一定必然发动它。这不仅因为没有社会制度上的必然性,而且在于近年来的霸权争夺出现了许多新的情况。它们的战略重点逐渐从军事转向经济,从军备竞赛转向裁军谈判,从扩张转向收缩,从互挖墙脚填补"真空"转向鼓吹中立不结盟。它们的战略策略也从对抗转向对话、从紧张转向缓和,处于对抗与对话、紧张与缓和的相互交错之中。应该承认这是极为重大的变化,这些变化虽然不能说霸权之间的争夺停止了,战争的危险不存在了。但至少可以看出,对推行霸权主义政策的国家来说,战争同样是一种政策,同样是经济实力不强的补充。当今世界,核武器竞赛会时松时紧,但战争很难打起来。因为核战争打不赢,也打不得。霸权主义政策是希望用武力促进经济,扩充权利,如果军事带来沉重负担,拖垮了经济,或"两败俱伤",那它们必然会调整政策,改变做法。

由此可见,战争可以避免,这既是力量对比的结果、经济发展的必然,也是同垄断资本主义制度和霸权主义政策的调整有关的。垄断资本主义国家和推行霸权主义政策的国家既可以成为战争的因素,也可能充当和平的力量。当我们说战争根源于垄断资本主义制度和霸权主义政策时,不能认为所有垄断资本主义国家和推行霸权主义政策的国家都是战争的策源地,必然发动战争。要承认战争只是一种政策,是经济实力不强的表现和补充。同样,当我们说战争可以避免时,不能只从外部寻找原因,垄断资本主义国家和推行霸权主义政策的国家出于本身的需要,也可能维护和平。这里关键问题是,不能把垄断资本主义制度和霸权主义政策和行为绝对化,随着国际形势的发展和自身经济实力的增强,它本身也在调整和演变。

二、革命的内涵和作用

革命,即具有根本意义的既广泛又深刻的质变。广义地看,革命表现为多领域的质变,即经济的、政治的、思想文化的和科学技术的质变,等等,如经济革命、政治革命、思想革命、文化革命和科学技术革命;狭义地说,革命专指社会革命,即社会制度和社会体制的质变。社会革命是历史发展的火车头,其最深刻的根源,就是生产力和生产关系的矛盾。革命区分为国内革命和国际革命。

在阶级社会,社会革命是阶级斗争的集中表现,最典型的是资产阶级革命和无产阶级革命。革命本是一国内部事务,让它走向世界,变成国际革命,主要是由殖民主义、帝国主义和霸权主义造成的。帝国主义世界体系和法西斯全球称霸,将革命从国内现象变成国际现象。号召和推行国际革命原意是用来对付帝国主义世界体系和世界战争的。帝国主义的阶级压迫和殖民统治必然激起无产阶级和被压迫民族的反抗,用武装革命对付武装反革命挑起的战争。面对帝国主义战争的威胁,世界人民的态度,一是不怕,二是反对,三是用革命相对抗。只要帝国主义发动战争,那就别怪世界人民搞革命。

无产阶级革命根植于垄断资本主义的生产关系和生产力发展矛盾的尖锐化,是帝国主义侵略政策和战争政策的产物。资本主义大工业创造了无产阶级革命的现实条件,国家垄断资本主义是无产阶级革命的物质准备,向社会主义过渡的"入口"。帝国主义战争异常地加速了垄断资本主义向国家垄断资本主义转变的过程,从而使人类异常迅速地接近了社会主义。帝国主义和帝国主义战争是社会主义革命的前夜。无产阶级革命是绝大多数人为了绝大多数人利益的革命,它要消灭人剥削人的一切形式,推翻一切剥削集团的统治,建设新的社会主义经济。任何战争都是政治的继续。帝国主义战争是这样,无产阶级革命战争和民族解放战争也不例外。无产阶级革命战争是无产阶级解放政策的继续,民族解放战争则是殖民地半殖民地民族解放政策的继续。其中以俄国十月革命、亚洲的觉醒、中国的民族解放战争、非洲的独立运动最为典型。

帝国主义最主要的特性之一,正在于它残酷统治和掠夺殖民地半殖民地人民,加速那里的资本主义发展,从而使反对民族压迫的斗争扩大和尖锐化。由此必然得出结论:帝国主义往往要产生民族战争。

第五章 主题论 国际政治的主要内容与安全

帝国主义的侵略给殖民地半殖民地人民带来深重的灾难,但在客观上也刺激了民族资本主义的发展,武装了殖民地半殖民地人民,造成了帝国主义的对立物,为被压迫民族的解放斗争准备了物质条件和精神条件,并且教会他们如何进行斗争。这样,帝国主义就亲自在殖民地半殖民地为自己挖掘了坟墓,使民族解放运动和民族解放战争具有历史的必然性和历史的合理性。在帝国主义的殖民压迫和掠夺下,殖民地半殖民地先后呈现出一些新的因素和新的特征。这就是新的经济,即民族资本主义的产生和发展;新的阶级,即民族资产阶级和无产阶级的诞生;新的意识形态,即民族民主意识的传播。正是这些新的因素,奠定了民族解放运动和民族解放战争必然兴起的经济基础、阶级基础和思想基础。特别是帝国主义战争加深了被压迫民族的仇视,唤醒了殖民地半殖民地人民,把他们卷入国际政治生活,促进了民族解放运动的发展。

帝国主义是一个世界体系,帝国主义资产阶级是一种国际力量,帝国主义战争是一种国际行动。帝国主义世界体系和帝国主义战争不仅激起无产阶级革命和民族解放运动的广泛兴起,而且促进了它们的联合。生产力的发展和世界市场的存在,必然促使世界各国紧密联系在一起。欧洲的无产阶级革命和东方的殖民地革命必然联合为一条世界革命战线来反对世界帝国主义战线。为了反对世界帝国主义及其战争,无产阶级和被压迫民族必须加强联合。全世界无产者和被压迫民族联合起来,是著名的世界革命口号。世界革命不是同时发动,同时胜利,它只能是一个国家一个国家地进行。世界革命的直接目标是国际帝国主义,不是所有的资产阶级。世界革命将通过许多国家脱离帝国主义世界体系的道路发展起来。由于帝国主义世界体系的存在,无产阶级革命不仅仅是国内阶级关系尖锐化的结果,而且也是民族矛盾发展的必然,它将是经过西方对整个东方进行剥削的道路来完成的。要推翻国际帝国主义的统治,只有依靠全世界无产阶级和被压迫民族的共同努力。在世界革命中,民族解放运动具有非常巨大的作用,它是摧毁帝国主义的决定性力量,是无产阶级获得自身解放的首要条件,是社会主义国家得以巩固发展的重要因素。世界革命的结局取决于占人类绝大多数的被压迫民族。无产阶级和被压迫民族从自身的解放出发,把革命作为历史的火车头和社会政治进步的强大发动机。这也是革命成为国际政治主题的关键所在。

迄今为止,社会革命,包括国内革命和国际革命,主要有两种形式,即暴力式革命和改革式革命。暴力革命,指的是无产阶级国内革命战争和民族解放战争。在帝国主义战争不可避免的形势下,暴力革命存在着历史的必然性。改革,指的是国际社会建立国际经济政治新秩序的变革。为什么说在国际政治中改革也是一场革命呢?第一,社会革命包括社会制度和社会体制的变革,暴力革命可以一下子摧毁旧制度,改革也能逐渐使国际社会的旧体制旧秩序发生变化。第二,社会革命的核心是质变,暴力革命可立即实现质变,改革则通过量变达到质变。第三,社会革命的根本功能是解放生产力,发展生产力。暴力革命是这样,改革更是以解放和发展生产力为目的。当今世界的新现象是改革盛行,对话与合作成为主要活动形式。面对帝国主义以殖民统治为特征的世界体系和帝国主义战争,暴力革命具有历史的必然性。战后亚非拉地区一系列新兴国家的独立,应该说是暴力革命的胜利结晶,也显示了非暴力的改革的功能。殖民统治的崩溃,改革的举措更突出了。暴力革命,解放了国际社会的生产力,确立了主权国家的平等关系,改革也能解放生产力,增强新兴主权国家的经济实力,争得国际社会中更为平等的地位。从这种意义说,改革是一种革命,也是一种改良,对话与合作均属于改革的范畴。长期以来,人们只是视暴力革命为革命,重视暴力革命,歌颂暴力革命,往往不分时间,不看形势,不讲条件,一味贬低改良,否定改革,把国际政治看成暴力革命政治、斗争政治,顽固坚持教条主义的偏见。事实上,"改革"是好事,不是坏事。它虽然不同于"暴力革命",但也区别于"保守"。"改革"是要变的,是要前进的,但主张渐进,要求在量变中实现质变。"暴力革命"也是要变的,也要前进,但主张突变,要求翻天覆地式的质变。而"保守"则是鼓吹维持现状,不准变,不让前进。"改革"同"保守"是对立的,同"革命"则是一致的,都是国际政治向前发展的运动形式,都是强大的动力。在一定条件下,"改革"更能适应形势的发展,容易为

第五章 主题论 国际政治的主要内容与安全

绝大多数人所接受,其作用甚至比"暴力革命"还要大得多。特别在今天,世界范围内争取和平与发展的斗争,就是一种改革,它正是世界形势发展的必然趋势,也是世界人民在新形势下的创造。许多方面的改革,如社会主义国家经济政治体制的改革、不结盟运动的兴起、第三世界变革国际经济旧秩序与建立新秩序的纲领和行动,开创了国际政治的新局面,是一个伟大的创举。在今天,贬低改革,否定改革,就是贬低人民群众的创造,否定国际政治的进步,也就无法认清当今世界的新趋势。如果说,"革命"是历史的火车头,那么,"改革"也是历史的火车头。我们在国际政治发展中要确立"双火车头"、"双动力"的新观念,为"改革"正名。

三、战争与革命主题下的世界

战争与革命存在着必然的因果关系。战争引起革命,革命制止战争,这是当时世界常见的现象。战争引起革命,具有历史的必然性;革命制止战争,也无可指责。面对帝国主义战争的威胁,世界人民的态度,一是不怕,二是反对,三是用革命相对抗。第二次世界大战前后兴起的无产阶级革命和民族民主革命,也可以说是反对帝国主义侵略政策和战争政策的产物。当然,我们不应把战争与革命的因果关系绝对化。依据这一因果关系,社会主义国家长时期来存在这样的说法:第一次世界大战打出一个社会主义苏联,第二次世界大战诞生了一批社会主义国家,如果爆发第三次世界大战,社会主义必将在全世界取得彻底胜利。现在看来,这种理论和说法虽然有一定的合理性,但不科学,引申下去将是非常危险的。战争引起革命,革命制止战争,只是一种可能,但不是一条规律。换句话说,即战争有可能引起革命,也可能无法引起革命,至于革命制止战争也不是绝对的,还有种种其他手段。特别需要指出的是,这种理论和说法无限引申带来的害处极大,往往容易把主观意愿掺杂到客观的可能性之中。既然世界大战不可避免,那么迟打不如早打,早打,社会主义、共产主义就早实现,因此社会主义国家和各国无产阶级,不管处于什么情况,都要立足于打。既然革命能够制止战争,那么人为地制造革命,输出革命,不也是正义的、进

国际政治学理论

步的现象吗？其实这就是某些社会主义国家推行霸权主义政策的一个理论基础。即使战争引起革命能够成立，如果世界战争可以避免，那世界革命也就失去了客观依据。当然，当世界大战爆发的时候，或世界战争的阴云特别明显的时候，组织世界人民结成国际统一战线，用世界革命反对世界战争，这是无可指责的。这就叫针锋相对。但是，我们不能把这一针锋相对绝对化，更不能借口针锋相对，急于求成。应该承认，世界革命虽有其必然性与合理性，但是有条件的，有时间性的，不是万能的。

在战争与革命的主题下，帝国主义和霸权主义成为世界的主要威胁。帝国主义的侵略政策和战争政策，霸权主义的全球争霸，带来世界战争的极大危险，是当时世界战火四起和国际局势紧张的主要根源。当时世界出现的重大问题，无一不同帝国主义和霸权主义的全球争霸有关。帝国主义的侵略政策和战争政策，霸权主义的全球争霸，践踏了国际法公认准则，加剧了民族压迫，严重威胁着世界各国的主权完整和国家安全，因此，反对帝国主义和霸权主义，先后成为世界各国和被压迫民族、被压迫人民的共同任务。革命运动、和平运动与维护国家主权和国家安全的斗争，同步展开。

在战争与革命的主题下，世界盛行政治优先，且政治军事化，社会制度和意识形态的异同成为国家间关系的重要因素，居于中心地位。以意识形态和社会制度的异同为基础的国家间关系突出，军事对抗与合作，政治对立与合作，带有鲜明的意识形态和社会制度的色彩。冷战结束前的华沙条约组织和北大西洋公约组织最具典型性和代表性。美国和苏联作为两大社会制度国家的代表，把全球争霸和国家利益的扩张，完全融合在社会制度和意识形态的抗争之中，无不打着社会制度和意识形态的旗号，以输出自己的价值观为借口。

在战争与革命的主题下，世界一分为三，相互敌对，敌我友阵营清清楚楚。各国无不以社会制度为基础，以战争为界标，或支持某一方，或中立，组成队伍，态度鲜明，其最大特征是军事集团和结盟关系盛行，对抗与军事冲突成为常见的现象。

第五章 主题论 国际政治的主要内容与安全

第三节 和平与发展的主题

一、和平的内容与特征

"和平"与"战争"相对,一般指"非战争"。"世界和平",表明还未爆发世界战争。随着战后世界形势的发展,世界和平呈现新的特点:和平的内容,不仅是"非战争"、"非暴力",还涉及消除社会不平等,解决贫富悬殊等问题;和平的威胁,既来自霸权主义和核竞赛又同南北关系相连;和平的范围,也从欧洲扩展到全世界,从反对军备竞赛发展到限制和消除核武器,到要求解决一切冲突的根源,出现了广泛的群众性和平运动。

世界和平,一直是人类的美好追求和国际政治的主要内容。国际政治史上关于和平的主张多种多样。在西方国际政治学中,有帝国统治下的和平、霸权控制下的和平、大国均势下的和平,等等,这些和平的共同点是不平等的和平,多数国家处于不公正不合理的状态之中。在马克思主义理论中,先后提出以革命求和平、以斗争求和平、以发展求和平的主张,其共同点是最大限度的平等和平。以革命求和平,通过武装革命,实现社会主义胜利,求得新制度下的持久和平;以斗争求和平,通过各种形式的斗争,或暴力,或非暴力,或合法,或非法,主要反对侵略政策和战争政策,逐步实现平等的和平。以发展求和平,通过改革旧秩序,发展经济,实现共同繁荣,追求较长时期的公平合理的和平。

当今世界,发展是决定和平与战争的关键因素。和平力量的增长,不仅在于和平力量的增多,而且在于和平力量本身经济的发展。邓小平说过:如果下一世纪50年,第三世界包括中国有一个可喜的发展,整个欧洲有一个可靠的发展,我看那时可以真正消除战争的危险。为什么说,发展是决定和平与战争的关键因素呢? 第一,战争是一种政策和手段,是经济实力不强的一种补充。经济实力增强,战争这种补充手段完全可以不用。能用其他手段实现自己的目标,何必一定要用战争手段呢? 第二,和平力量的增长,重要的不是数量的增多,而是

国际政治学理论

经济实力的增强。经济实力和科技发展,是制止战争的最有效手段。第三,经济发展放在各国首位,必然加强相互间的经济往来。经济联系频繁,相互依存加深,最重要的是和平环境。和平有利于做生意,战争只能造成破坏,中断经济发展。

当今世界,维护世界和平的基本任务和要求,除加强经济联系、发展经济之外,还必须反对霸权主义、推动国际裁军谈判和政治解决地区冲突。这也是各国发展经济不可缺少的举措。

霸权主义不是一个国家,而是指在国际关系中践踏别国主权、破坏国际法公认准则的行为。反对霸权主义,只能是对事不对国,不是指哪个国家,也不是指具体国家的社会制度。只要推行霸权主义的国家还未着手挑起世界战争,就不能视为敌国,也不能简单称之为霸权国家。反对霸权主义不等于反对推行霸权主义的整个国家。正确的态度是,谁搞霸权主义就反对谁;谁在什么时候什么地方搞霸权主义就在什么时候什么地方反对谁;既反对霸权主义,又要同推行霸权主义的国家在和平共处五项原则的基础上建立和发展正常的国家关系。在反对霸权主义的斗争中,不仅要区分政策与制度、内政与外交,而且要把一般外交政策与霸权政策相区别,应着眼于对外关系,对准其霸权行径。即使是霸权主义政策,也要进行具体分析,随时注意变化和调整,不能把反对霸权主义简单化、绝对化,并应警惕新霸权主义的出现。

反对军备竞赛,推动国际裁军,是当今世界维持和平的又一基本要求。战争与军备竞赛紧密相连。随着军事技术和武器的发展,特别是核武器的出现,战争的危险急剧增加。因此,反对军备竞赛,推动国际裁军,乃是制止战争、维护和平的重要途径。

冷战时期,军备竞赛主要存在于美苏两国,裁军谈判一度也为两国所垄断,并长期围绕限制和控制军备的数量和范围进行。进入20世纪80年代以来,国际裁军活动较为活跃,不仅美苏裁军谈判出现某些转折,而且增加了多边裁军谈判的势头,世界各国和国际组织在国际裁军中的地位和作用大大加强。谈判的领域也开始增多,除核武器外,裁减常规军备、禁止生化武器和太空武器的斗争日益突出。国际

第五章 主题论 国际政治的主要内容与安全

裁军活动,主要包括联合国裁军会议、欧洲裁军会议、日内瓦40国裁军会议、中欧19国裁军会议和美苏双边裁军会议。尽管裁军谈判困难重重,但经过世界各国的努力,取得了一些进展,开始对维护和平的斗争产生较为深远的影响。国际裁军活动在一定程度上限制了军备竞赛和世界各国的军费开支,不仅削弱了美苏两国对国际事务的控制,而且使各国把节约出的资金和物资用于发展经济,在一定程度上缓解了第三世界国家面临的经济困难,有利于消除紧张局势和不安定因素,制约战争因素的增长。冷战结束后,国际社会普遍关心的是美苏核竞赛时大量积累的核武器的控制问题,并要求加快核裁军的速度。我们认为,一切军备竞赛,无论是核的还是常规的,也无论是地球上的还是外层空间的,都应该停止。核裁军的最终目标应是全面禁止和彻底销毁核武器。所有拥有核武器的国家,对核裁军负有不可推卸的特殊责任,应当公开宣布不首先使用核武器,保证不对无核国家和地区使用或威胁使用核武器,应大幅度地削减并承担彻底销毁核武器的义务。应当像制定全面禁止生物武器公约和全面禁止化学武器公约那样,制定一项全面禁止核武器的公约。当前应立即签署不首先使用核武器的条约。

维护世界和平,还必须制止和消除地区冲突和局部战争。地区冲突和局部战争主要发生在欧洲、中东、东南亚、南部非洲和中美洲地区。地区冲突和局部战争同霸权主义有关,推行霸权主义的国家或鼓动或插手或直接出兵,加剧了民族利己主义的活动。因此,制止和消除地区冲突和局部战争,就是反对霸权主义、维护世界和平的重要组成部分。和平是不可分割的,任何地区的紧张局势和冲突战争,必然影响整个世界的和平与稳定。由于国际政治格局向多极化发展,超级大国的衰落和霸权主义的不得人心,地区冲突和局部战争大都相持不下,谁也打不赢,且双方都精疲力竭,最终出现政治解决的趋势,以妥协、中立和不结盟而缓解。

我们认为,地区冲突和局部战争的解决应首先谴责霸权主义的干涉和占领,要求侵略者无条件全部撤军;主张在没有外来干涉的情况下,用和平的办法解决争端,希望有关方面都不要诉诸武力;希望冲突地区沿着和平、独立、中立和不结盟道路发展,对冲突地区国家的主权和不结盟地位作出国际保证;联合国和地区集团应为公正解决地区冲突作出积极努力。

二、发展的内容与途径

"发展"与剥削造成的"贫富悬殊"相对,是综合经济、科技、政治、社会的一个含义较为广泛的概念。发展问题,既是经济问题,又是政治问题,在当前主要表现为经济问题。但经济问题与政治问题紧密相连,且相互渗透,必须进行综合的考察。同和平问题的世界性一样,发展问题也是世界性的。发展中国家需要发展,社会主义国家需要发展,发达资本主义国家也需要发展。世界各国无一例外,要生存均不能离开"发展"。尽管各种类型国家的"发展"不尽相同,每一个国家都会有自己的特点,但总的问题是相连的,那就是变革国际经济旧秩序,建立公平合理、平等互利的国际经济新秩序,实现共同繁荣。限制和打破国际垄断资本的剥削与控制乃是发展问题的关键。

发展问题是世界各国面临的共同任务,但核心是第三世界发展中国家的发展。第三世界国家自独立以来,一直致力于发展民族经济,谋求经济独立,取得了较好的成效,在某种程度上改变了原来的贫穷落后地位,其经济发展速度也曾大大超过西方发达国家。但是第三世界国家的经济发展仍面临许多困难,出现了继续恶化的趋势。由于20世纪80年代世界经济的大衰退,发展速度急剧下降;随着贸易保护主义盛行,国际市场原料和初级产品价格持续下跌,贸易条件恶化,国际收支逆差加大。当前,第三世界发展中国家的外债激增,负债累累,食品短缺,出现严重的生存危机。经济发展的困难,带来人民生活贫困加剧,社会动荡不安,使发展中国家实力地位下降,无法发挥其在世界舞台上应有的作用。经济发展的困难,不仅限制发达资本主义国家的经济发展速度和再发展,影响整个世界经济的正常运行,而且继续扩大南北贫富的差距,影响南北关系的正常化。正因为如此,谋求发展,绝不是第三世界国家单方面的愿望,它已成为世界各国的共同要求,具有刻不容缓的紧迫性。

第五章　主题论　国际政治的主要内容与安全

当前,阻碍发展的主要原因:一是世界经济旧秩序。世界经济旧秩序是殖民主义和帝国主义的产物,主要由以资本主义国际分工为基础的国际生产秩序、以不平等交换为基础的国际贸易体系和以垄断资本为基础的国际金融体系三部分组成,其核心是垄断资本主义国家居于垄断地位,控制和剥削亚非拉地区的贫穷落后国家。二是军备竞赛。军备竞赛消耗了地球上的有限资源,特别是能源和矿产,占用了大批科技人才和科技成果,加重了所有国家的经济负担,严重妨碍了社会经济的发展。军备竞赛增加了世界战争的危险,加剧了国际紧张局势,破坏了经济发展所必需的物质条件。当今世界,军费增长迅速,已从1949年的2000亿美元上升到目前的1万多亿美元,大大超过经济增长的速度,其中美苏(俄)两国约占世界军费的一半,相当于所有发展中国家对外贸易的总和。这不能不引起各国深思。三是地区冲突。"热点"的出现和冲突的加剧,不仅人员伤亡,财产受损,影响当事国经济生活的正常运转,而且对整个世界的经济发展产生巨大的破坏作用。和平与繁荣密不可分,长期的动乱,必然带来贫困的恶性循环。

发展问题的内容是变革世界经济旧秩序,建立公平合理、平等互利的世界经济新秩序。它要求以尊重各国主权和经济权益及发展独立的民族经济为前提,坚持平等互利和共同发展的原则,沿着对话与合作的途径,开展正确的斗争,变革现行不平等的经济关系和不合理的经济结构,缩小贫富差距,逐步实现共同繁荣。具体说,世界经济新秩序的目标是:(1)实行各国主权与经济权益平等。各国均享有:民族自决权,可以自由选择社会经济制度;管理本国自然资源和经济生活权,监督跨国公司的活动;自行制定发展民族经济的战略权,实现社会经济改革;平等参与世界经济事务权,公平分享由此获得的利益。(2)建立公平互利的贸易制度。消除不平等交换,放宽和取消发达国家的贸易保护主义,改善贸易条件,保障和增加发展中国家的出口收益。(3)确立国际金融机构中大小国家平等的决策权和借款权,主张修改国际金融机构的规章制度,改革领导体制,实行公平的国际货币制度,改变第三世界国家的无权地位。(4)调整国际经济结构,改革世界范围内不合理的工业体系和贸易的"单轨"格局,特别是改变发展中国家单纯生产和输出原料及初级产品的传统生产布局以及传统贸易方式。(5)加强发展中国家间的经济合作,实行集体自力更生,建立和发展各种区域性经济合作组织和原料生产及出口国联合组织,加速经济发展一体化进程。

发展问题,不是世界各国的孤立活动,而是一个系统工程,需要相互协调,加强合作,消除种种障碍因素。其主要途径有:(1)反对军备竞赛,促进裁军,建设有利于共同发展的和平环境,并腾出人力和资源,集中用于经济发展。(2)加强东西方经济往来,用经济竞赛取代军备竞赛,增加对第三世界国家的发展援助。(3)推动南北对话,用对话代替对抗,在相互依存相互作用中求得共同发展。(4)实现南南合作,在集体自力更生的基础上,互相帮助,互通有无,取长补短,合作发展。在这些主要途径中,以南北对话和南南合作对发展问题最为直接,也最紧迫。

南北对话,主要是指亚非拉地区发展中国家与北方的发达垄断资本主义国家间的对话,它始于20世纪60年代,以1964年第一届联合国贸易和发展会议为标志。会上,第三世界国家联合起来,揭露垄断资本主义国家的控制和剥削,并首次就变革世界经济贸易关系问题同发达国家进行直接的对话,并提出了自己的一系列原则主张和具体要求。会议结束时,77个发展中国家建立了"77国集团",发表了联合宣言。"77国集团"的正式建立,标志着第三世界在经济上走上了联合的道路,并在南北对话中发挥了先锋作用。1964年10月,第二届不结盟国家开罗首脑会议正式提出建立国际经济新秩序的口号,明确规定了南北对话的纲领原则。从70年代初起,随着中东阿拉伯国家石油斗争的胜利和联合国第六届特别会议的召开,南北对话在世界舞台上居于显著地位,成为引人注目的重大事件。联合国第六届特别会议于1974年4月举行,是南北对话进入新阶段的里程碑。会议通过的《关于建立新的国际经济秩序的宣言》和《行动纲领》,认为新秩序应"建立在所有国家的公正、主权平等、互相依靠、共同利益和合作基础上",要求"纠正不平等和现存的非正义",指出新秩序将"使发达国家与发展中国家间日益扩大的鸿沟有可能消除,并保证目前一代和将来世世

第五章 主题论 国际政治的主要内容与安全

代代在和平和正义中稳步地加速经济和社会发展"。随后,在发展中国家的共同努力下,于1975年12月和1977年5月召开了27国参加的部长级巴黎国际经济合作会议,1981年10月举行了22个国家元首和政府首脑出席的关于合作与发展的国际会议,并签订了三个《洛美协定》。两次国际会议,从部长级到最高级,是南北合作中的重大事件。尽管会议成果不大,但南北国家领导人终于坐在一起专门商讨合作与发展问题,这对协调南北关系,振兴世界经济,起到了一定的作用。自1975年起,非洲、加勒比、太平洋集团国家协调行动,经过多次谈判,终于同欧洲经济共同体达成协议,签订了三个《洛美协定》(1975—1980、1980—1985、1985—1990)。三个《洛美协定》同过去相关规定相比,在各个方面均出现了重大变化,是南北合作的良好典范。它废除了过去协定中的带有殖民主义性质的不平等的苛刻条款,如变相的干涉内政、不受限制的自由输出资本和对签字国的单方贸易监督权等等。它迫使欧洲共同体作出让步,取消了表面上的"互惠制",改为单方面的"贸易优惠",并且确立"稳定出口收入制度"和"矿业制度",对部分出口农矿产品跌价时进行补贴或给予长期贷款,从而在走向公平合理贸易方面迈出了第一步。它决定设立"欧洲发展基金",对非洲、加勒比、太平洋集团国家提供发展援助,在贷款期限与利息上都比较优惠。《洛美协定》把建立国际经济新秩序的长远目标同当前急需解决的具体问题结合起来,开创了南北关系的新局面。这期间,发展中国家采取联合行动,在对外国企业实行必要的限制、监督和管理、设立商品共同基金方面达成了协议,在实行普惠制和《联合国海洋法公约》的通过等方面取得了某些成效。进入20世纪80年代之后,南北对话陷入僵局,发展中国家在继续推动南北对话的同时,把重点转移到加强集体自力更生的南南合作上,通过增强经济实力,协调步伐,用一个声音说话,提高谈判地位,促进南北对话的发展。

南北关系同以往殖民关系有所不同,它不完全是一种对抗性关系,而是具有既对抗又合作的双重关系。以变革国际经济旧秩序为主要内容的发展问题,必然触及发达的垄断资本主义国家的根本利益,因此,南北对话受到阻碍和抵制,以致进展缓慢,这是毫不奇怪的。但是,我们必须承认,随着世界形势的发展和国际政治格局的多极化趋势,南北关系从对抗走向对话,并逐渐取得进展,是完全有可能的。这是因为:

第一,大国之间的明争暗斗必然促使它们调整同南方国家的关系。当前,世界形势的特点是,缓和局面下的大国间明争暗斗从未停止,且有增多趋势。大国之间的明争暗斗,不仅表现在美、苏(俄)之间,也存在于美、欧、日之间。随着两个德国的统一,大国间的明争暗斗必将呈现出新的局面。尽管当前的明争暗斗在缓和形势下具有新的特点,更多表现在经济、政治领域,但这些大国均为世界上的强国,都有世界帝国的历史,它们之间的明争暗斗,必然带来世界紧张局势,增加战争的危险。南北关系不是孤立的,它的发展虽有本身的内在规律,但无论如何不能离开世界形势发展的全局。缓和是当今世界各国的共同愿望,它要求南北关系缓解对抗,增多对话。南北关系从对抗走向对话也是缓和的重要组成部分。大国间的明争暗斗,各有打算,为了增强自己的实力和有利地位,也会更多注意调整同南方国家的关系。尽管世界范围的南北对话进展困难,但局部地区和少数国家间的对话还会继续出现新的成效。

第二,相互依存是南北关系从对抗走向对话的经济基础。随着第三世界的崛起和帝国主义殖民体系的瓦解,南北关系从殖民地半殖民地对帝国主义宗主国的垂直型依附关系,变成了主权国家间横向型的相互依存关系。双方在国际经济关系中的地位发生了重大变化。当然,这种相互依存关系具有两重性,既存在剥削与被剥削,又决定了主权国家间的互求互利。具体说,北方国家在能源、稀有金属等战略原料,以及商品、投资市场等方面,严重依赖于地广人众和资源丰富的南方国家。北方国家的经济繁荣,在很大程度上取决于广大南方国家的经济发展。很难设想,一方的繁荣与富强还能继续建立在另一方的不断落后与贫困的基础之上。而南方国家当前面临重重困难,急需北方国家的资金和技术,也离不开同北方国家的贸易往来。但是,这种相互依存是不平等的,对南方国家来说,也是不公平、不合理的。其根源就在于国际经济旧秩序。尽管北方国家在新形势下调整了政策,基本

第五章　主题论　国际政治的主要内容与安全

改变了过去那种暴力和超经济的掠夺手段,但国际经济关系中的旧结构和旧体制依然存在,北方国家对南方国家的剥削仍在继续。因此,南北方国家经济的共同发展,必须变革旧的国际经济关系,从体制和结构上解决问题。这就是南北关系的症结所在。正是这种相互依存的两重性,既奠定了南北对话的经济基础,又决定了它的长期性和复杂性。南北对话是一个斗争的过程。

第三,第三世界的崛起初步具备了同北方国家对话的实力。第三世界崛起后,作为主权国家的联合力量登上世界舞台,一是掌握了国家主权,以平等成员的身份加入联合国,在国际事务中发挥着越来越重要的作用;二是发展了民族经济,拥有一定的物质和技术基础,已成为世界经济中的一个重要组成部分;三是以联合的面目处于东西与南北关系的交叉点,既属和平的主要因素,又为发展的动力,具有举足轻重的地位。南北双方的力量对比开始发生变化。也正是这一变化,促使南方国家在南北关系上提出"不要对抗,要对话"的主张,愿意通过南北对话,逐步变革国际经济旧秩序,推动世界经济在平等互利的基础上向前发展。事实上,在南北关系中,大规模的、急风暴雨式的群众运动阶段,已开始为主权国家间的对话与竞争所取代。在世界形势的发展下,虽然不能完全排除群众运动形式,但就当前的南北关系来说,通过国际会议讨论,主权国家间的双边和多边谈判,和平协商,政治解决,将可能是主要的斗争形式。

南南合作,即第三世界发展中国家间的经济合作,包括发展中民族主义国家间的合作及其同发展中社会主义国家间的合作。它最先为1955年的亚非会议所提出,60年代开始付诸行动,经历了一个逐步发展的过程。南南合作有双边合作与多边合作,但以区域性、次区域性的经济合作与全球性合作为主要形式。目前,发展中国家正在探索诸如建立相互间的全球贸易优惠制、多国生产或销售企业、设立不结盟国家团结基金和发展中国家银行等新的合作领域。

南南合作的提出和发展,有其深刻的原因:(1) 发展中国家虽然取得政治独立,掌握了国家主权,但在世界经济领域中仍然处于不平等的无权地位。为了变革国际经济旧秩序,建立新秩序,必然团结起来,采取联合行动,用南南合作的集体力量,实现发展中国家的共同愿望。发展中国家相似的历史遭遇、面临共同的任务使它们从一开始就有了相互合作、共同发展的强烈愿望。南北关系中的剥削与被剥削的矛盾,必然促使发展中国家走联合斗争的道路。这就是南南合作最深厚的基础。(2)发展中国家地广人多,有富饶的资源,广阔的市场,经济发展又处于不同的层次上,并各有自己的优势,可以互通有无,取长补短,相互支持,共同发展。发展中国家取得的政治独立和掌握的国家主权,为南南合作提供了广阔的基地;独立后民族经济的发展,已拥有一定的工业能力和科学技术能力,又为南南合作奠定了初步的物质基础。(3)石油武器的运用和石油战,是发展中国家以南南合作的形式向国际经济旧秩序提出的挑战,第一次取得了重大胜利。这一胜利推动了南北对话的发展,增强了发展中国家自力更生的信心。发展中国家从中得到启发:只有依靠自己的力量,加强南南合作,才能增强经济实力,提高在世界经济中的地位,才能迫使发达国家作出让步,走南北对话的道路。从此以后,石油斗争的形式被普遍推广,发展中国家纷纷运用"铝土武器"、"铜矿武器"、"橡胶武器"、"香蕉武器"等,先后发动了"铝土战"、"铜矿战"、"橡胶战"、"香蕉战",显示了南南合作的力量。(4)在西方发达国家转嫁危机中,发展中国家深受其害。为了对付经济危机的冲击,它们被迫转变立足点,从寄希望于发达国家经济的"刺激"到强调自力更生和南南合作,重点从南南合作中寻找发展民族经济和变革国际经济秩序的出路。

南南合作,从一开始就是同变革国际经济旧秩序、建立新秩序的斗争紧密联系在一起的。为了加强南南合作,"77国集团"和不结盟国家召开多次会议,通过一系列纲领性文件,明确规定了南南合作的原则和任务,制定了南南合作的行动纲领。其主要内容是:(1)走集体自力更生的道路,加强相互间的经济合作,充分利用现有的和潜在的条件,"取长补短"、"互通有无"、"相互补充",促进南方国家互相帮助,共同发展,增强经济实力。(2)坚持"互惠互利"的原则,使所有参加国都得到好处,"从真正的团结中获得平等的利益",并"特别注意更为贫穷的国家",对它们的特殊困难给予优先照顾。(3)协调南方

第五章 主题论 国际政治的主要内容与安全

立场,用一个声音说话,提高在南北对话中的地位,逐步变革现存的不合理的国际经济旧秩序,建立公平合理、平等互利的国际经济新秩序。具体方案是:要求扩大农业生产,实现粮食自给,使发展中国家摆脱饥饿和营养不良状况;扩大出口市场,增加出口收入;扩大原料加工能力,增加工业制成品、半制成品出口,实现出口多样化;全面提高技术水平,加强相互间的技术合作;交流信息,协调各国产量、出口定额和价格政策,建立库存制度,保证价格稳定,以集体行动加强同国际垄断组织的谈判地位,等等。由于发展中国家的共同努力,南南合作取得了较大的进展。发展中国家通过建立半区域性合作组织、原料生产国和输出国组织以及金融货币组织,加强了相互间的经济合作与互相帮助,其合作的广度和深度是前所未有的。这些组织采取相互减免关税和制定共同的对外关系等措施,扩大了市场,促进了发展中国家间的贸易增长。这些组织在内部资金和人员的自由流通、工农业交通运输、货币金融和科学技术等方面,加强了合作,推动了发展中国家的经济发展。

当前,对发展中国家来说,南南合作已产生了深远的影响。南南合作是加强独立自主和自力更生发展民族经济的最现实和最有效的途径,为实现经济独立,巩固政治独立,逐步摆脱对发达国家经济的依赖,奠定了坚实的基础。南南合作把130多个国家分散的和有限的力量集合为一个巨大的整体力量,极大地改变了南北力量对比,并能协调行动,用一个声音说话,是变革国际经济旧秩序的强大动力和重要保证。南南合作以平等互利为基础,互相尊重主权、互不干涉内政、不附带任何政治条件的新型合作,是建立国际新秩序的典范,具有榜样的作用。当然,南南合作并不是一帆风顺的。内部发展水平不同,处境不同,外部又有发达的垄断资本主义国家控制和剥削的企图,加之意识形态的干扰,都给南南合作设置了种种障碍,制造了重重困难。但是,南南合作已成为一般潮流,必将在曲折中向前发展。

南南合作与南北对话属于不同范畴,其目标是一致的,都是立足于发展,变革国际经济旧秩序,建立新秩序。两者之间的关系相辅相成,互相促进。南南合作十分重要,南北对话的僵局也必须打破,但重点一定要放在以集体自力更生为基础的南南合作上。发展问题既是重大的经济问题,也是具有战略意义的政治问题,南北国家应一道为推动南北对话,加强南南合作,建立国际经济新秩序而努力。在发展问题上的正确立场应该是:(1)积极支持发展中国家发展民族经济、实现经济上的独立自主以及实行集体自力更生的一切努力。(2)按照公平合理和平等互利的原则改革现存的国际经济旧秩序,实现共同繁荣。(3)把建立国际经济新秩序这一根本目标和解决发展中国家当前的紧迫问题,正确地、紧密地结合起来。(4)积极推动旨在改善发展中国家经济地位的南北对话,以利于发展世界经济和维持世界和平。南南合作的正确做法应该是:(1)坚持发展独立的民族经济和加强集体自力更生的方向;(2)考虑到发展中国家的不同利益和要求使各方都能受益;(3)合作项目力求切实可行,讲究实效,应发挥各自的经济优势;(4)区域性和全球性的经济合作,须互相促进,互相补充,互相照顾;(5)增进团结,加强同北方国家的谈判地位,推动新的国际经济新秩序的建立。我们认为,中国参加南南合作,同发展中国家进行经济技术合作的原则公平合理。这些原则是:平等互利、讲究实效、形式多样、共同发展。具体说:(1)遵循团结友好、平等互利的原则,尊重对方的主权,不干涉对方的内政,不附带任何政治条件,不要求任何特权。(2)从双方的实际需要和可能条件出发,发挥各自的长处和潜力,力求投资少、工期短、收效快,但能取得良好的经济效益。(3)方式可以多种多样,因地制宜,包括提供技术服务、培训技术和管理人员、进行科学技术交流、承建工程、合作生产、合资经营等等。(4)合作的目的在于取长补短,互相帮助,以利于增强双方自力更生的能力和促进各自民族经济的发展。

三、和平与发展主题下的世界

和平与发展,是综合经济、政治、社会的含义较为广泛的概念。

和平与发展上升为当今世界国际政治的主题,呈现在世界各国面前,具有特定的内容和目标。和平与发展,属全球性的战略问题,关系着世界各国的根本利益,也决定着世界的前途与命运。

第五章 主题论 国际政治的主要内容与安全

和平与发展,不可分割。这不仅表现为相互渗透,和平中有发展,发展中有和平,而且表现为相互依存,互为前提。和平与繁荣、战争与贫困总是连在一起的。和平是发展的前提。世界各国只有在和平中才能求得发展,因为和平的国际环境是各国正常经济生活和经济往来的基本条件。战后相对和平的世界局势推动了世界经济的发展,但局部战争的动乱和大国军备竞赛的威胁,不仅拖垮了当事国的经济,而且对世界经济造成了严重影响。霸权主义的对抗与军备竞赛,威胁着整个世界的和平环境,也限制了双方的经济往来,制约着双方的经济发展。地区冲突和局部战争多发生在第三世界,不仅给发展中国家带来沉重的负担,造成巨大的人员伤亡和财产损失,而且影响了经济生活的正常运转,阻碍世界经济的发展。发展是和平的保证。世界各国只有在不断发展中才能维护和平,因为世界经济的繁荣,特别是发展中国家经济的发展,不仅能消除世界不稳定因素,缓解紧张局势,而且是制约战争和维护世界和平的重要力量。和平力量对战争制约作用的大小,归根结底取决于自身的经济发展程度。经济上的贫困与落后是造成动乱和战争的一个重要原因,不消除地球上贫困落后现象,解决发展中国家面临的发展难题,势必影响发达国家的经济繁荣,损害社会政治生活的稳定,威胁世界和平与安全。和平与发展的统一,体现了世界政治与经济的结合,其目标是完全一致的。

战后世界形势的演变促使和平与发展取代战争与革命成为世界各国共同关心的根本问题。和平与发展上升为国际政治的主题,主要体现在:第一,它们是世界进步的必要前提,关系着人类存亡的头等大事。第二,它们是制约和决定国家兴衰和强弱的最重要因素。在当今世界,一味热衷于军事实力的抗争不得人心,国家的强弱,虽然取决于军事,但不能离开经济与科技为中心的综合国力。第三,它们是世界性的问题,不是地区性的,是世界各国的紧迫任务,不是少数国家的事情,需要全世界的共同努力。

国际政治的主题,由战争与革命演变为和平与发展,这是历史发展的必然。和平与发展成为世界的主题,具体表现为:

(1)世界没有共同的敌国。当今世界,不同社会制度国家间的矛盾虽然存在,但改变了过去军事集团对阵、互为共同敌国的敌对状态,更多表现为双边关系的紧张或缓和。法西斯和军国主义的危险虽未完全消除,但不构成世界性威胁。反对霸权主义虽然是世界各国的共同任务,但霸权主义不是一个国家,而是践踏国际法准则的一种政策行为,当然不能视为共同敌国。国际垄断资本的剥削虽没有结束,但更多属于经济活动。霸权主义的政策和行为必须坚决反对,但对事不对国,不等于反对某个国家,摧毁其社会制度。只要还未挑起世界性战争,就不能把推行霸权主义的国家视为公敌,必须把反对霸权主义同发展国家间的正常关系相区别。

(2) 世界战争可以避免。霸权主义的存在,虽不能完全排除世界战争的危险,但是能够防止。这不仅因为爱好和平的力量在不断增长,世界和平能够长期维持,而且战争的根源和引发世界战争的策源地在变化。战争的必然性同某一社会制度不再有内在的联系。战争本来就是一种手段,更是经济实力不强的一种补充,如果经济实力增长,战争手段的使用将会越来越少。核威慑的存在,既增加了战争的危险性,也可能使大战永远打不起来。推行霸权主义和强权政治的国家也不一定必然发动战争,更不用说世界战争。世界战争的策源地还未形成,世界还未出现企图发动世界战争的公敌。

(3) 世界革命失去客观依据。革命本来是一国的内部事务,让它走向世界,主要是由殖民主义、帝国主义和霸权主义造成的。帝国主义世界体系和法西斯全球称霸将"革命"从国内推向世界,变成国际现象。随着殖民地半殖民地一系列主权国家的建立和世界霸权的破产,"革命"也相应从国际返回国内,只是国家内部事务。号召世界革命原意是用来对付世界战争的,世界战争必然引起世界革命。当今世界,在以国家为主体的国际社会中,虽然战乱频仍,纷争不已,但更多表现为局部战争和国内动荡,大国争霸战争日趋减少,世界大战更未爆发,世界尚未出现共同敌国,世界革命的客观前提也就不存在了。如果世界战争能够避免,世界革命就不再有其合理性。战争引起革命,革命制止战争,只是一种可能,不是一条规律,随意乱加引申,必然走入歧途。缺乏世界战争环境的世界革命是错误的,只能是霸权主义的一种

第五章 主题论 国际政治的主要内容与安全

表现。当年苏联以世界革命为借口同美国争夺霸权,就是一个活生生的例证。

(4) 世界经济政治优先于军事政治。政治的核心是取得权力和权益。当今世界,无论是强权的扩张,还是主权的维持,均离不开经济的发展。经济安全越来越成为军事安全和政治安全的保证。着眼于权力和军事政治安全的传统政治,理应让位于以发展生产力为重点的经济政治。经济优先的生产力标准,将同和平共处五项原则一道成为判断和处理国际关系的重要依据。和平与发展主题的具体表现所揭示的最大特点在于,超越社会制度和意识形态的差异,符合世界各国各地区的根本利益,具有最为广泛的共同性。

当今世界,维护和平与促进发展,是社会进步的前提,关系着人类的存亡兴衰。它要求实现超国家、超阶级、超意识形态差异和宗教信仰的共同努力。在全球努力中,世界170多个国家都作出了自己的贡献,世界范围的群众性运动、政党活动、国家间的联合行动,也是维护和平与发展的重要因素,其中最为活跃的是和平运动。

战后以来,世界和平运动于20世纪50年代、60—70年代、80年代先后出现过三次高潮,经历了反对美帝国主义的侵略政策、两个超级大国的霸权主义和核军备竞赛的长过程,其广度和深度均发生了巨大的变化,开始真正成为具有世界规模的一支独立的力量。当前,世界和平运动正在冲破社会制度和意识形态的界限,包括世界各国、社会各阶级、各阶层、各种宗教信仰和不同世界观的团体和人们,已经发展成为全球性的群众运动,其声势之浩大、人数之众多、形式之多样、地域之辽阔,都是前所未有的。特别重要的是,当今和平运动正在把反对世界大战同避免局部战争、限制核军备竞赛、争取建立国际政治经济新秩序结合起来,开始了一个新的时期。

当前的和平运动,除得到各国政府的同情和支持外,还有广泛的群众基础。参加和平运动时,不分行业,包括工农兵学商、城市居民和家庭妇女;不分意识形态和宗教信仰,包括马克思主义者、民主社会主义者和托洛茨基主义者,以及和平主义者、女权主义者,还有世界三大宗教的教徒和各种生态运动组织,如"绿党"、"绿色和平运动"、"环境保护公民倡议联合会"、"反核电站行动委员会"等。特别重要的是,近年来越来越多的军人参加到和平运动的行列中来。和平运动深入到军事领域和军队中去,这是具有重大意义的现象。

当前的和平运动,既反对世界战争,又力图避免局部战争;既反对核威胁,又谴责一切核试验;既维护和平,又谋求发展,它深入到军事、政治、经济各个领域。和平运动正在以反对军备竞赛和促进发展为重点,通过国际谈判,消除地区冲突和局部战争、谋求发展以逐渐消除南北贫富悬殊,探寻一条维护世界和平、制止世界战争的必由之路。

规模空前的和平运动,代表着世界人心的向背,显示了世界人民维护和平与发展的决心,标志着战后国际社会一支新兴独立力量的形成,已经和正在对国际政治产生深远的影响,发挥出重大作用。当今世界,和平运动的发展,具有深刻而广泛的原因。第一,两次世界大战的灾难带来的惨痛教训,和平的愿望深入人心。第二,核武器的出现和核威胁的危险,促使世界各国各阶层人民组织起来,投入斗争。反对核军备竞赛成为团结世界人民的纽带、世界和平运动的联结点。第三,亚非拉地区涌现出新兴独立国家,并联合起来,纷纷加入国际组织,成为和平运动的主力。第四,新的科技革命的深入,促进了世界经济的繁荣,加深了各国经济的密切联系和相互依存,为和平运动的发展提供了强大的物质经济基础。

争取世界和平与发展,是人心所向,是世界各国共同的任务。中国的社会主义制度决定了中国爱好和平,反对战争,支持和平运动。中国人民正在致力于建设社会主义现代化的国家,需要一个稳定的、长期的国际和平环境。中国不愿意让自己经过千辛万苦取得的建设成果遭到战争破坏,也不希望看到人类再一次蒙受世界战争的浩劫。中国决心坚持不懈地为缓和国际紧张局势、停止军备竞赛、促进实现裁军、加速政治解决地区冲突、防止世界战争而努力。中国赞成裁军,反对军备竞赛,反对核竞赛升级和扩大到外层空间,主张全面禁止和彻底销毁核武器、化学和生物武器、太空武器,主张大量裁减常规军备,并且带头裁减武装部队一百万。中国是个有核国家,但早已宣布,中国在任何时候、任何情况下,都不首先使用核武器。中国不主张核

第五章　主题论　国际政治的主要内容与安全

扩散,也不搞核扩散,不帮助别的国家发展核武器。中国保持极为有限的核武器和一定数量常规军事力量完全是为了抵制核讹诈,维护世界和平,为了自身的防御和保证社会主义的经济建设。中国的存在和发展,是维护世界和平的强大力量。中国对世界和平是有信心的,只要各国人民加强团结和斗争,新的世界战争可以防止,世界和平能够维护。中国决心同第三世界和世界各国加强联系与配合,共同为世界和平而努力。中国极其赞赏和高度评价战后涌现出的和平运动,特别是欧美和日本等许多国家兴起的反对核武器、核威慑、核竞赛的强大和平运动,认为这个几乎所有社会阶层都参加进来的和平运动,是当今世界国际政治生活中值得重视的事件,它反映了世界各国人民对世界战争的憎恶和要求和平的强烈愿望。中国对世界和平运动表示深切的同情和坚决的支持。

第六章 动力论
国际政治的作用力及其基本状态

国际政治的发展动力,是一种规律性现象,来源于国际政治固有的内在作用,它取决于生产力的发展,围绕生产力同生产关系的关系运行。生产力的状况和科学技术的发展,最终决定国际政治演变的方向。

国际政治的发展,以生产力为决定性动力,是通过国际政治内部矛盾发生作用的。国际政治的内部矛盾,是国际政治的直接动力。这就是说,国际政治直接动力的内涵,不是某个行为体也不是生产力的固定状态,而是世界基本矛盾运动。尽管这些动力以国家、民族或阶级为主体,但不构成矛盾运动,无法产生什么力量。动力就是"矛盾运动"。

国际政治的发展动力,源于世界基本矛盾运动,主要表现为国际协调与合作,国际竞争与冲突。协调与合作、竞争与冲突反映行为体间利益、观念和政策的差异,是国际政治发展动力的基本状态。

协调与合作,竞争与冲突,遍及全世界,涉及政治、经济、文化、军事各个领域,是国际政治中最常见的状态。虽然世界范围内的协调与合作,竞争与冲突,要区分不同地点、不同时间和不同情况,进行具体分析,但从世界基本矛盾出发,究其根源,主要是由殖民主义、帝国主义、霸权主义和民族利己主义造成的,是同世界各国以国家权益为基础的国际战略及其调整分不开的。

第六章 动力论 国际政治的作用力及其基本状态

第一节 国际政治发展动力的特征和类型

一、国际政治发展动力的含义

动力,即推动事物变化的作用力。国际政治发展的动力,就是推动国际政治演变和国际社会发展的作用力,表现为原因、力量和相互作用规律的有机统一。作为国际政治发展的动力,具有三个特征:综合性、客观性和进步性。国际政治的发展动力,是一个综合力,它包含行为体对物质生产活动的追求、行为体间相互联系构成的矛盾运动以及矛盾运行中以利益和实力为核心的相互作用规律。国际政治的发展动力,是一个客观力,它属国际政治中固有的和必然的相互作用形成的运行规律,是反复起作用的。各个国家不能单独改变它,但可以认识和利用,以改造世界,净化国际政治,推动国际社会的前进。国际政治的发展动力,是一个进步力,它符合国际社会前进的方向,反映历史前进趋势。国际政治中的曲折,只是国际社会的暂时现象,不是动力作用的结果。

国际政治的发展动力,是一种规律性现象,属国际政治发展中的固有的本质的联系和必然趋势,其最大功能在于,揭示国际政治中新旧关系和新旧现象的交替性变化。这种变化不是局部的、偶然的和倒退的变化,而是具有客观必然性、整体全局性和历史进步性的变化。

二、国际政治发展动力的类型和矛盾的运行法则

国际政治的发展动力是多样化的。依性质,可分为**决定性动力**和**制约性动力**;按表现,可分为终极性动力和直接性动力或间接性动力。

国际政治发展的决定性动力或终极性动力,是生产力的发展及其同生产关系的关系。依据马克思主义的观点:"一切自然现象都有物质原因作基础,同样,人类社会的发展也是受物质力量即生产力的发展所决定的。生产力的发展决定人们在生产人类必需产品时彼此所发生的关系。用这种关系才能解释社会生活中的一切现象,人的意

向、观念和法律。"①作为人类社会的重要部分的国际社会,当然,也决定于生产力的发展,以生产力的发展为转移。

生产力是最活跃、最革命的因素,而科学技术又是第一生产力,"历史的有力的杠杆"、"最高意义上的革命力量"②。生产力的状况和科学技术的发展,从广度和深度改变着所有一切的社会关系,决定着国际政治的演变。具体说,生产力的状况和科学技术的发展,不仅将国际政治从区域化引向全球化,而且导致国际力量对比的变化和国际格局的多极化和民主化,将国际政治引向深入。应当指出,生产力和科学技术对国际政治的决定性作用,不是直接的,而是通过生产力影响行为体间关系表现出来的。它就是国际社会的基本矛盾。

国际社会的基本矛盾,是国际政治的直接动力和制约性动力。国际社会的基本矛盾,即行为体间矛盾,主要表现为国家间矛盾。国家间矛盾,涉及政治、经济、军事、文化等领域,矛盾运动多种多样,有政治矛盾、经济矛盾、军事矛盾、文化矛盾、意识形态矛盾、宗教矛盾等。按性质分,有阶级矛盾、民族间矛盾;依区域分,有双边矛盾和多边矛盾;以利益分,有强权同主权间矛盾、强权间矛盾和主权间矛盾;从重要性分,有基本矛盾和一般矛盾,主要矛盾和次要矛盾。其中以强权与主权间矛盾、强权间矛盾及由此产生的战争与和平的矛盾、剥削与发展的矛盾最为重要,它既产生于不同社会制度的国家间,又出现于同一社会制度的国家间,是当今世界推动国际政治发展最普遍、最基本、最主要的矛盾运动。其他矛盾运动,处于次要地位,以主要矛盾运动为转移。除国家间矛盾外,其他行为体的矛盾和国家内部阶级政党间的矛盾,也会对国际政治产生影响,但不是直接的、主要的,可称之为间接动力。

矛盾,即对立统一,指事物内部对立各方相互依赖又相互排斥的关系。事物的矛盾法则,是自然界和国际社会的根本法则,它存在于事物发展的一切过程中,又贯穿于一切过程的始终,是一切产生、变化和发展的根本动因。矛盾具有普遍性和特殊性,它无处不在,也无时

---

① 《列宁全集》第 2 卷,第 2 版,第 6 页。
② 《马克思恩格斯全集》第 19 卷,第 372 页。

第六章 动力论 国际政治的作用力及其基本状态

不有,但各有自己的特点和特殊的具体表现。矛盾的普遍性,揭示出事物的相互联系,具有共同点;矛盾的特殊性,指明事物的本质区别,具有多样性,是我们认识事物的基础。矛盾分主要矛盾和次要矛盾,并有矛盾的主要方面和次要方面。在两个以上的众多矛盾的复杂过程中,必须用全力找出主要矛盾,弄清矛盾的主要方面,即起主导作用的方面。因为事物的性质,主要是由取得支配地位的矛盾的主要方面所规定的。事物的矛盾运动是复杂的,它表现为矛盾的普遍性和特殊性,主要矛盾和次要矛盾、矛盾的主要方面和次要方面,都是相对的,不是绝对的。随着时间、地点和条件的不同和变化,它们是会相互转化的。矛盾运动的复杂性揭示出事物发展动力的多样性、综合性及其不可分割性。

事物的矛盾运动存在着矛盾诸方面的同一性和斗争性。同一性,就是统一性、一致性,即相互依存、相互渗透、相互联系。同一性既表现为对立双方互为条件共处于统一体中,又能在一定条件下互相转化。斗争性就是差异性、对立性、排斥性,即相互摩擦、相互对抗、相互冲突。斗争性既表现为竞争,又是冲突。同一性与对立性的关系,就在于前者是相对的、有条件的,后者则是绝对的、无条件的。有条件的相对的同一性和无条件的绝对的斗争性相结合,构成了一切事物的矛盾运动,推动着事物的发展。事物的发展动力就存在于相互联系、相互依存和相互排斥、相互对立之中,即同一性与斗争性及其相互关系之中。矛盾的同一性和斗争性及其相互关系,就是事物发展动力的运行状态。

矛盾,即关系,既包含竞争与对抗,又呈现协调与合作,是对立的统一。国际社会中的协调与合作,竞争与冲突,是国际政治发展动力的基本状态,属于相对独立的两个不同的范畴。协调与合作,主要体现社会矛盾的同一性,竞争与冲突则主要体现矛盾的斗争性。但两者都不是绝对的,不仅各自地位会发生演变与相互转化,而且相互渗透。协调与合作中有竞争和冲突,竞争与冲突中也有协调和合作。当然,在一定时期内,均能保持各自的独立性。

国际政治学理论

三、国际政治发展动力的运行特点

当代世界的基本矛盾运动,作为国际政治的发展动力,无论是突变状态还是渐进状态,均以各种各样形式的合作与冲突表现出来。但作为动力的运行,不是某个矛盾或矛盾主要方面的单个力的作用,而是多种矛盾相互联系、相互制约形成的一种整体运动;不是多矛盾的平行运动,一往直前,而是交叉前进;不是矛盾运动完全的突变状态,也有渐进状态和各种改革。这就是国际政治发展动力呈现出的基本特征。

第一,国际政治的发展动力,不是单个矛盾和矛盾的单方面运动,而是表现为多种基本矛盾的整体运动。一般来说,世界基本矛盾运动中,有推动国际政治发展的矛盾运动和进步力量,也有阻碍国际政治发展的矛盾运动和消极因素,它们相互制约、相互作用,构成国际政治发展的动力。各种矛盾和矛盾方面在动力中发挥作用的大小,是不以自己的意志和愿望为转移的,虽然这些意志并不等于零,都为国际政治的发展创造了条件,作出了自己的贡献。当今世界,动力不是一种,而是多种,表现的形式也不完全一样,切不可把纷繁复杂的国际政治的发展,设想得太简单了。

第二,国际政治的发展动力,不是基本矛盾的平行运动,而是交叉作用,且众多基本矛盾相互制约、相互渗透,呈现复杂局面。当今世界的基本矛盾,不是短时期内能解决的,它需要一个长过程。在这个长过程中,基本矛盾的解决时而前进,时而后退,不断反复,是很不容易的。而基本矛盾的主要方面并不始终处于主导地位,它同对立方面是互相转化的。这特别突出表现在垄断资本主义同社会主义的矛盾上,它经历了种种曲折险阻的过程。这种矛盾的曲折性在于,垄断资本主义虽然走下坡路,处于衰落阶段,但还有较强的生命力,还在向前发展;社会主义虽然生气勃勃,处于上升阶段,但也会犯错误,出现低潮和倒退。社会主义和垄断资本主义两种制度将并存一个相当长时期。

第三,国际政治的发展动力,不完全呈现出突变式的状态,也有渐进式的状态。世界基本矛盾的运动,既可加剧冲突,引起战争,也会爆

第六章 动力论 国际政治的作用力及其基本状态

发革命。这是国际政治发展动力的一般状态。革命是历史的火车头，必然成为国际政治发展的强大动力。这是不能否认的。但是，随着世界形势的变化，基本矛盾运动则更多通过改革与合作形式表现出来，推动国际政治的发展。这样的动力状态也是不能漠视的。当今世界的各种基本矛盾运动，产生了改革的潮流，对话与合作日益成为主要形式。特别是社会主义国家的改革、南北对话、南南合作和变革国际政治经济旧秩序，是世界各国人民在新形势下的新创造，它们开创了国际政治发展的新局面，是伟大的创举。我们必须承认冲突与合作、革命与改革都是推动国际政治发展的动力，肯定改革、对话、合作在当今世界的历史必然性、进步性、合理性。

第二节 国际政治发展动力的矛盾运动

一、当今世界的基本矛盾

国际政治的发展动力，主要体现在各类矛盾运动上。当今世界基本矛盾运动，主要以国家为主体，以国家权益最为突出，虽然存在意识形态和社会制度的差异、经济地位不平等和贫富悬殊，但往往以双边矛盾与区域矛盾的形式出现，并显现出相互渗透的复杂局面。正是基于这一特点，世界普遍以东西南北关系来表述众多的基本矛盾，即"东西矛盾"、"南北矛盾"、"西西矛盾"、"东东矛盾"、"南南矛盾"。这些矛盾是20世纪初世界出现基本矛盾的继续和演变。"东西矛盾"，包含垄断资本主义国家同社会主义国家两类社会制度的矛盾，北大西洋公约组织和华沙条约组织两大军事集团的矛盾，以及美苏两个超级大国的争夺矛盾。这是战后最重要的新矛盾，在世界范围内具有举足轻重的作用，曾居于决定性地位。"南北矛盾"，主要指发展中民族主义国家同发达的垄断资本主义国家间的矛盾。它涉及全世界90%的国家，更多发生在经济领域。"西西矛盾"，指的是垄断资本主义国家间的矛盾，其中以美、日、欧矛盾最为突出。"东东矛盾"，即社会主义国家间的矛盾。这是战后出现的新矛盾，对整个国际政治产生了重大影响。"南南矛盾"，即发展中民族主义国家间的矛盾，它往往同民族传

国际政治学理论

统、宗教分歧、边界争端联系在一起,常有外来势力插手,是战后以来才成为世界突出现象的。当然,这些矛盾在世界范围内的地位是不断变化的,其激化程度在不同时期也是有区别的,从来没有永远激化着的矛盾。

当今世界的基本矛盾,尽管纷繁复杂,相互交错,表现形式以国家间关系为特征,以国家权益为动因,但作为动力经常发生作用的主要是:不同社会制度国家间矛盾,以垄断资本主义国家同社会主义国家的矛盾为代表;相同社会制度国家间矛盾,以垄断资本主义国家相互间的矛盾为典型;战争与和平的矛盾,即世界各国同推行霸权主义政策国家的矛盾;剥削与发展的矛盾,主要表现为垄断资本主义国家同发展中民族主义国家的矛盾。这些基本矛盾,无论是集团对阵,还是双边国家关系,都主要以主权国家为主体表现出来。从内容看,主要集中在:主权与霸权、主权与人权、主权与球权三大关系上。

二、不同社会制度国家间的矛盾

不同社会制度国家间矛盾,包含垄断资本主义同社会主义国家间矛盾、社会主义国家同民族主义国家间矛盾,但最有代表性的是垄断资本主义国家同社会主义国家间矛盾。

垄断资本主义国家同社会主义国家的矛盾,又称两制国家间矛盾,对国际政治的发展影响深远。从方向上说,两制国家间矛盾,属对抗性矛盾,你要吃掉我,我要战胜你,根本对立。自从社会主义国家诞生以来,垄断资本主义国家先以英、法为代表,中经德、日法西斯的猖獗,到美国当头,都对以苏联和中国为代表的社会主义国家采取过集体行动,实行以"战争扼杀"、"冷战遏制"与"西化"为重点的战略,斗争从未停止。由于受国际关系准则的制约和核威慑,加上两大阵营日渐破裂,它们时而发生冲突,时而出现合作,时而趋向紧张,时而转为缓和。总的趋势是,军事对抗减弱,经济往来加强,合作共事增多,"西化"与反"西化"的较量日渐突出。两制国家间矛盾,是当代世界的客观存在,不以人们的意志为转移,其发展和解决,具有历史的必然性和一个历史长过程。从必然性看:(1)矛盾始终存在,可以调和,不会走

第六章 动力论 国际政治的作用力及其基本状态

向"趋同";(2)冲突难以避免,可以限制,不会自动消失;(3)合作机会常在,可以争取,不会亲密无间。从历史长过程看,既有上升时期,也有下降时期。表现在发展趋势上,不可能一帆风顺,而是时而胜利,时而挫折;表现在发展形式上,不可能单一固定,而是时而尖锐冲突,时而和平共处;表现在发展速度上,不可能步调均衡,而是时而加快,时而放慢。总的来说,两制国家间矛盾的发展和解决,是一个错综复杂和曲折发展的长过程,它只能通过和平竞赛,依靠各自发挥优越性的吸引力,由各国人民自己选择,不能采取干涉内政和战争解决问题的办法。

两制国家间矛盾,并不完全表现为社会制度的对抗,它包含有国家利益的冲突与合作以及争霸与反霸的斗争。战后世界的实际情况是:社会制度的矛盾并未总是处于世界矛盾的中心,它更多是渗透在争霸与反霸斗争的全过程中;社会制度的矛盾也不全是以两大阵营面目出现,它更多通过双边关系隐蔽发展。社会主义国家解决社会制度的矛盾,应遵循国际关系准则,既把重点放在本国的经济和科技的发展上,又要高举反对霸权主义的旗帜,不搞输出革命。这是社会主义制度决定的,又是当今世界现实的客观要求。

两制国家间矛盾的发展,同世界从垄断资本主义向社会主义过渡,既有联系,又有区别。这不仅因为两制国家间矛盾包括社会制度对抗、国家利益冲突、争霸与反霸斗争等多种类型,而且在于向社会主义过渡只是垄断资本主义国家的内部事务,不是社会主义国家可以从外部取代的。不能把两制国家间矛盾的发展同从垄断资本主义向社会主义的具体过渡等同起来,它们不是一回事。但社会主义国家在发展生产力和公平分配以及反对霸权主义方面所显示的优越性,超过垄断资本主义国家,必然震动整个世界,对各国人民在社会制度的选择上会产生巨大的吸引力。从这个角度说,两制国家间矛盾的发展,同世界从垄断资本主义向社会主义过渡是有联系的。总的趋势是客观存在,不以人的意志为转移的,但具体过渡必须严加区分。

三、相同制度国家间的矛盾

相同社会制度国家间矛盾,有垄断资本主义国家间矛盾、社会主义国家间矛盾、民族主义国家间矛盾,其中以垄断资本主义制度国家间矛盾最为典型。

　　垄断资本主义国家间矛盾,这是20世纪初出现的资本帝国主义国家间矛盾的继续和发展。"资本帝国主义"包含两层含义,它既指垄断资本主义制度,又是借助军事扩张建立的世界体系。由于战后国际形势的发展,帝国主义建立的赖以生存的世界体系已被打破,其对外政策已有重大调整,直接的军事扩张日益减少,经济渗透逐渐加强,相互间控制与反控制的斗争也有发展。它们已不再是世界各国的共同敌人,更难以维持"铁板一块"了。为了适应形势的发展,从当今世界的实际情况出发,不用"帝国主义"概念为宜,原资本帝国主义国家,谁继续对外侵略扩张,就冠以"霸权主义"称呼,一般称之为垄断资本主义较好,这样就可严格区分其内政与外交。当然,在垄断资本主义国家间矛盾中,资本帝国主义内在规律有时也在发生作用,只不过范围扩大,形式增多,性质趋于复杂罢了。具体说,第一,帝国主义的重要特点是几个大国都想争夺霸权,其目的主要是为了削弱和摧毁对方的霸权。这种特点在当前垄断资本主义国家间矛盾中也有表现。随着德国的统一和日本从经济大国走向政治大国,美、德争霸和美、日称雄的迹象已初见端倪,今后可能还会加强。当然,垄断资本主义国家间存在的争霸可能性能否变为现实,还需要较长时间观察,它取决于整个国际形势的发展。但有一点可以肯定的是,垄断资本主义国家间的矛盾,除带有争霸的特点外,还增加了反霸同称霸的新对立,出现了控制与反控制的新现象。西方垄断资本主义国家已对美国霸权地位提出挑战,纷纷要求在多极化世界中为自己争得一席之地。第二,帝国主义战争根源于垄断资本主义制度,帝国主义战争危险始终存在。这是因为:(1)"世界霸权"是帝国主义政治的内容,而这种政治的继续便是帝国主义战争。(2)帝国主义经济政治发展不平衡规律是垄断资本主义制度的绝对规律,不平衡发展带来实力的变化,必然引起重新瓜分殖民地和势力范围的战争。(3)新兴的、后起的帝国主义国家不采用暴力手段就不能得到老牌而实力又相对弱的帝国主义列强所享有的特权和利益。在战后垄断资本主义国家间矛盾中,这些规律性

第六章 动力论 国际政治的作用力及其基本状态

现象并未完全消失,它迟早会发生作用。但是,战后垄断资本主义国家间矛盾开辟了新的解决途径,即对话与协调。垄断资本主义国家出于本身的需要也希望有一个和平环境,也可能变成维护和平的因素。这就是说,垄断资本主义国家间的矛盾不再像过去帝国主义国家间矛盾那样一般采取军事形式,战争解决问题,而主要是采用"经济战"形式,政治解决问题。第三,帝国主义的经济关系具有联合与斗争两种趋势。这在战后垄断资本主义国家间关系中表现得特别明显。一般来说,在各国垄断资本的相互关系中,联合是相对的,争斗是绝对的。战后的新现象是:联合的广度和深度,以及联合时间的长度大大超过以往;相互间的争斗虽然无时不有,无处不在,即使在联合之中,分歧和争斗也从未间断,但并未出现军事抗争;联合也好,争斗也好,均包括经济的和军事的两种形式,但以经济形式为主,联合与争斗呈现结合的趋势。联合与争斗的结合表明,相互间脱离联合的纯粹争斗在减少,一般不采取激烈和尖锐的形式,因为它或多或少都要受联合的制约。当然,在发展的长过程中,相互间矛盾依然是时而紧张,时而缓和。战后垄断资本主义国家间矛盾之所以发生这些变化,主要原因在于:(1) 社会主义从一国到多国,成为一支强大的新兴力量,在世界范围内形成了两大体系直接对立的局面。(2) 殖民体系的瓦解和第三世界的崛起,沉重打击了国际垄断资本势力。(3) 科技革命的深入,加强了世界经济的联系,发展了各国经济。经济上相互依存的加深,迫使垄断资本主义国家不断调整政策。

当今世界,垄断资本主义国家间的矛盾,具有两重性:既有根本利益的一致,又有根本利益的不可调和;既趋向争霸,又出现称霸与反霸的对抗;既带来战争的危险,又产生和平的因素。因此,这类基本矛盾的运动和发展,不再像帝国主义国家间矛盾那样只给世界带来破坏,给人类造成灾难,而是具有多种作用,需要进行具体分析。只要垄断资本主义国家间矛盾还未出现争霸战争,世界各国就不应视其为敌,还要继续发展正常的国家间关系,承认它为国际政治发展的动力之一。

四、战争与和平的矛盾

当今世界,反对战争、维护和平的途径越来越广阔,而且深入到经济领域中,出现了制止战争、维护和平的更大可能性。和平与战争的矛盾,在当前,主要表现为世界各国同推行霸权主义国家的矛盾。

和平与战争的矛盾,从来就是国际政治中的基本矛盾,始终具有世界规模。战后以来,和平与战争的矛盾也出现许多新现象:第一,世界战争的危险虽然存在,但是可以避免,而局部战争从未间断。战争的性质和作用呈现复杂趋势。第二,战争的主要危险,是霸权主义。霸权主义不仅源于垄断资本主义国家,而且也出现在社会主义国家和民族主义国家,既有全球霸权主义,也有地区霸权主义。第三,和平的力量遍布全球,包括所有不同社会制度的国家、不同意识形态和宗教信仰的团体和人民,具有广泛的群众性。和平的内容,不仅是"非战争"、"非暴力",还涉及消除社会不平等,解决贫富悬殊等问题。和平与发展不可分割。当今世界,维护和平,必须坚决反对霸权主义,变革国际政治经济旧秩序。

当然,在和平与战争的矛盾中,反对霸权主义同反对帝国主义一样,其目的都是为了制止战争、维护世界和平,但在具体做法上由于形势的发展而出现了许多新的现象。第一,反对霸权主义不像过去反对帝国主义那样同社会制度紧密相联,它主要反对的是其对外侵略扩张政策,即对事不对国。虽然霸权主义同垄断资本主义制度有着内在的联系,但并不是所有垄断资本主义国家必然推行它,其他社会制度的国家也可能推行这一政策。第二,反对霸权主义不像过去反对帝国主义那样完全视之为敌国,它要求把反对霸权主义同保持正常的国家间关系相区别。只要推行霸权主义的国家还未挑起世界战争,世界各国仍应以和平共处五项原则为基础处理相互间的国家关系。第三,反对霸权主义不像过去反对帝国主义那样必须组成国际统一战线,可以通过和平协商、国际调停、联合国安理会监督的途径,力争和平解决。但在制止霸权主义上必须旗帜鲜明,坚持原则。霸权主义有大小之分,或称霸全球,或搞地区霸权,虽然程度不等,但都带来战争危险。当今

第六章 动力论 国际政治的作用力及其基本状态

世界,地区战争不断,大都同霸权主义有关。因此,既要坚决反对世界霸权主义,也要旗帜鲜明地反对地区霸权主义;既要坚决反对世界霸权主义间的全球争霸,也要旗帜鲜明地反对大小霸权主义间的地区争霸。世界各国同推行霸权主义国家的矛盾,集中体现在世界和平同世界战争、争霸战争、侵略扩张战争的矛盾上。

世界各国反对霸权主义,除制止战争外,还需要以积极的态度变革国际政治经济旧秩序,建立新秩序。因为旧秩序中的大国控制、强权政治和不平等地位等基本特征,均同霸权主义有关。旧秩序中的战争频仍,武装革命不断,归根结底,是霸权主义造成的。因此,要维护世界和平,必须变革旧秩序,建立以和平共处五项原则为基础、以大小国家一律平等、民主政治为基本特征的新秩序。这个新秩序是公平合理、平等互利的,为世界和平提供了一个良好的国际环境。在国际政治经济新秩序下,各国内部事务由各国自己解决,世界的共同事务由各国协商办理,任何国家都不把自己的意志强加于人,都不谋求霸权。不同社会制度、不同意识形态、不同发展程度的国家友好相处,取长补短,平等相待,共同发展,一切国际争端都通过和平谈判解决,而不诉诸武力或以武力相威胁。应该承认,变革国际政治经济旧秩序,建立公平合理和平等互利的新秩序,是解决世界各国同霸权主义矛盾的积极的态度和主动行动,它比一般的反对侵略战争、争霸战争和世界战争较为有利和深入。

五、剥削与发展的矛盾

当今世界,贫富问题更加突出。其原因在于,它不仅是贫富差距的拉大,而主要表现为国际经济领域中的不平等。这个不平等的实质,就是剥削,它集中反映在南北关系之中。南北关系,即垄断资本主义国家同发展中民族主义国家的关系。南北关系,既表现为竞争和对抗,又包括协调与合作,是南北矛盾的体现。南北矛盾是帝国主义同殖民地半殖民地被压迫民族矛盾的继续和发展。它们之间既有联系又有区别。其联系点是:垄断资本的剥削是两种矛盾产生的根源;其区别在于,帝国主义殖民体系中的民族间矛盾为国际关系中的国家间矛盾所取代。同殖民地半殖民地相比,南方发展中民族主义国家,摆脱了对帝国主义的从属关系,改变了附庸地位,掌握了国家主权,增强了经济实力,但是旧的经济结构并未彻底摧毁,并且又面临霸权主义的威胁。应当看到,这种状况说明南方民族主义国家的政治经济地位发生了根本性的变化,从无权到掌握国家主权,从任人宰割、任人掠夺到独立自主,完全不同于殖民地半殖民地的地位,但是它们同国际垄断资本主义剥削与被剥削的关系并未消除。正是这一关系的存在和发展,揭示了南北矛盾的历史必然性和长期性。

南北矛盾主要集中在政治经济领域,因为南方国家的政治独立和经济独立相辅相成,不可分割。对它们来说,政治独立是前提,经济独立是保证。仅有政治独立,没有经济独立,不仅政治独立不会巩固和完善,南北矛盾也难以完全解决。相比较而言,当今世界的南北矛盾以经济领域最为突出,主要表现在:地位的不平等、贫富悬殊和发展的不平衡。由于南北差距日益拉大,南方国家在国际事务中的平等参与权和决策权,也受到较大的影响。当前,南北矛盾的发展,推动南方国家掀起三大运动,即维护民族独立和反独裁的民主运动、不结盟运动、经济发展运动。南方国家主要采取南北对话与南南合作的做法,努力变革以剥削为基础的国际政治经济旧秩序,建立公平合理和平等互利的新秩序。南方国家的斗争,以国家为主体,或协调对策,统一步调,相互支持,或建立洲际性和区域性政治经济组织,走上了联合斗争和共同发展的道路,真正变成了具有世界规模的运动。由于战后国际形势的发展和经济问题的突出,加上一系列新兴国家的独立,南北矛盾以国家关系面目出现,因而必须遵循联合国宪章的宗旨和国际法准则,以和平方式解决问题。这就是说,在南北矛盾的发展中,50—60年代前后爆发的大规模的、急风暴雨式的群众运动和武装斗争阶段基本结束,正逐渐为南北国家间的对话与合作所取代。今后,虽然不能完全排除大规模群众运动的形式,但在一个相当长的时期内,南北国家的合作谈判、和平协商、政治解决,将是主要的斗争形式。当然,这指的解决矛盾的方式,并不是说,南北矛盾不会激化,相反,它正在世界范围内突出出来。

第六章 动力论 国际政治的作用力及其基本状态

特别重要的是,在南北矛盾中,发展中的社会主义国家也位于南半球,它们不仅支持南方国家的正义事业,而且也是其中的重要组成部分,有着共同的愿望和要求。这就是说,为了变革国际政治经济旧秩序,南方国家初步实现了两个联合:发展中民族主义国家间的联合和发展中民族主义国家同发展中社会主义国家的联合。正是这两种联合的出现,以亚非会议和不结盟国家首脑会议倡导的和平共处五项原则、不结盟原则和求同存异原则为纽带,最终形成了第三世界。面对霸权主义的威胁和国际垄断资本的剥削,面临维护世界和平和建立国际政治经济新秩序的共同愿望,在南方国家中,相似的历史命运和共同的任务,使民族资本主义经济和社会主义经济得以同时发展,新兴的民族主义国家和社会主义国家能够并肩活动,民族民主意识和社会主义意识可以并列为强大的思想武器。这两种经济制度的合作、两类国家的合作和两大意识形态的合作,正是南方国家的联合斗争得以发展的经济基础、政治基础和思想基础。

第三节 国际政治发展动力的基本状态

一、国际协调与合作

国际政治中的协调与合作,指的是国家和国家集团间程度不等的利益一致和目标相似的默契与联合。协调只是一种默契,不一定有正式文件为依据,其作用是临时性的,可变性大。合作必须建立在正式文件的基础上,或签订协议、条约,或建立联合组织,或采取共同行动,其作用具有较强的稳定性。如果说,协调是低层次的,合作则是高层次的联合。

国际协调与合作,种类繁多,有全球范围的合作与区域性合作,也有双边合作与多边合作。从性质看,区分为平等的自愿合作与不平等的强制性合作,以及结盟和战略性合作与一般性合作。战后世界影响广、作用大的合作,如北大西洋公约组织、华沙条约组织属结盟性的战略合作,不是完全平等的;而 77 国集团、不结盟国家首脑会议以及欧洲共同体则是平等的自愿合作。

国际协调与合作,早已出现于世界舞台,但成为全球性现象,主要是在战后得到充分发展的,其广泛性、稳定性和民主性程度大大超过了以往任何时期。它突破了大国列强间强制性和对抗性的合作,出现了更多中小国家间平等互利合作的新范例;它超出了欧洲合作的范围,遍及全世界,涉及各个领域,且相互渗透、彼此制约,特别是亚非拉地区的新型合作,如雨后春笋,显示了新兴国家的新创造;它跨越了区域性一般合作的旧阶段,开始了全球性多边合作的新时期,如战后出现的联合国、国际货币基金组织、世界银行、关税及贸易总协定、不结盟会议、77国集团,特别是第三世界的南南合作,加速了民主化进程,开创了新局面,日益成为中小国家生存和发展的必由之路。

战后的国际协调与合作,尽管包含着种种竞争与冲突,但具有较强的稳定性,经受住了各种分裂因素的冲击。当然,这只是在一定范围之内。战后的国际协调与合作呈现出了许多新的特征:一是日益同和平与发展的世界主题相适应,反映了多数国家的共同愿望;二是自愿多于强制,更多建立在国家权益的基础上;三是超越意识形态的差异,主张求同存异,易于在大范围、多领域内共同行动。正是这些新特征决定了战后的国际协调与合作日益成为国际政治发展的强大动力。

二、国际竞争与冲突

国际竞争与冲突,同国际协调与合作一样,主要发生在国家和国家集团之间。任何一个国家,不分社会制度和大小,为了生存与发展,在世界上站住脚,必然同其他国家进行交往,发生联系,从而产生摩擦,形成矛盾,处于相互竞争和冲突状态之中。这也是国际社会生存与发展的法则,是不可避免的。

国际竞争与冲突,属国际社会最普遍的状态,是世界矛盾不同激化程度的反映。它们发生在一切国家之中,涉及的领域也往往相同。它们之间也无法决然分开,竞争中有冲突,冲突中也有竞争,可以相互转化。它们之间的区别在于,竞争双方着重于自身内在的发展,相互间虽然存在利益和目标的差异或对立,但有较大的相容性,并排除了直接的强制和暴力;而冲突的最大特征在于强制性,对立成分大,直接

第六章 动力论 国际政治的作用力及其基本状态

交锋多,以对手的垮台或破产为目标。竞争中一旦发生强制,相容变为交锋,冲突便开始了。冲突一般表现为"严重的分歧"和"剧烈的争斗",它区分为暴力的和非暴力的、隐蔽的和公开的、可控制的和不可控制的,形式多种多样,诸如战争、革命、政变、暴动、恐怖、罢工、威胁、制裁、封锁、禁运,等等,都是国际社会常见的冲突现象。

国际冲突一般具有非武装冲突、危机和战争三个层次。政治、经济、文化领域中的冲突,属非武装冲突,均为低级层次;军事行动与战争属武装冲突,是冲突中的高层次,其中以战争为最。非武装冲突一旦激化,出现严重对抗,就会产生危机,导致战争。危机属冲突激化到战争的中间层次,是一般冲突发展过程中的严重转折状态,开始从政治经济领域渗透军事领域,如战后发生的柏林危机、加勒比海危机、海湾危机等等,或施加军事威胁,或进行军事骚扰,或处于临战状态,带有较多的军事色彩。国际冲突相对独立性强,持续性长,危机一般是短暂的,战争则具有突发性。国际冲突一旦出现,就有自身的发展规律。它虽有产生危机、导致战争的必然性,但并不是所有冲突都以危机和战争而告终。许多冲突往往以和平解决而结束。冲突、危机和战争虽然是相对的,可以相互转化,但冲突能够控制,危机和战争也是可以推迟和避免的。当然,这必须具备必要的主客观条件。

当代世界的国际竞争与冲突,出现许多新现象,产生许多新的特征,主要有:

第一,国际竞争与冲突遍布世界,范围广,领域全,参加者不是少数大国,而几乎是所有国家。战后亚非拉新独立国家的涌现,直接介入许多竞争与冲突,扩大了竞争与冲突的范围。超级大国的竞争与冲突以及地区冲突,涉及的领域也不再局限于资源和市场,而是综合政治、经济、文化、军事各个方面,以不同性质、不同强度表现出来,呈现出错综复杂的局面。

第二,国际竞争与非武装冲突成为最活跃的形式。当今世界,科学技术的进步,各国对经济发展的重视,和平力量的增强,加大了国际竞争与冲突的保险系数,有力地限制了危机出现和战争的爆发,使其难以达到大规模、高强度和集团对抗式的程度和形式。国际竞争和非武装冲突,持续时间长,和平解决增多,在世界范围内逐渐取代军事行动而占据主要地位。当然,这并不是说,国际竞争和非武装冲突不会激化,永远保持和平状态,更不会完全排斥武装冲突和国际战争的形式。一般来说,国际竞争与冲突,往往是在此处和平、彼地战争,以及时而紧张、时而缓和局面下发展的。但必须看到,国际竞争与非武装冲突正在成为最活跃的最多见的形式。

第三,国际竞争与冲突的解决出现多种途径。一般来说,国际竞争与冲突的解决,是冲突各方的事情。但由于战后国际政治经济相互联系和相互依存的加深,任何一种冲突都不能孤立地解决,必然受到世界全局的影响和制约,因而出现了多种解决途径。随着和平与发展上升为世界的主题,国际竞争与冲突,除战争解决外,还出现了妥协、回避、维持现状、互让、合理解决等多种和平方式,总的趋势是,会场多于战场,谈判多于对抗,妥协多于强制,互让多于单败,双赢多于独胜,和平多于暴力。

三、国际冲突的根本原因

国际政治体系形成以来,世界范围内的国际冲突形形色色,引发的原因也多种多样,应进行具体分析,不能简单从事。但是,国际冲突既然作为世界基本矛盾运动的表现形式,从总体上看,是同产生世界基本矛盾的殖民主义、帝国主义、霸权主义和民族利己主义不可分割的。归根到底,殖民主义、帝国主义、霸权主义和民族利己主义是国际冲突的根本原因。这是我们认识国际冲突的基本出发点,虽然不能形而上学地观察国际冲突,但也不能被表面现象所迷惑。

第一,殖民主义。近代殖民主义,肇端于15世纪,发源于欧洲,主要经历了资本原始积累、自由资本主义和垄断资本主义三个时期。殖民活动一直以美洲、非洲、亚洲为主要对象。葡萄牙和西班牙是殖民活动的急先锋,踵而蹑其后的是荷兰、英国、俄国、法国等殖民大国。

掠夺是资产阶级的生存原则,殖民活动是资本主义产生和发展的重要条件。随着欧洲商品经济的发展,黄金成为一切"物质财富的物质代表"和一切"商品的上帝"。黄金一词是驱使殖民者远涉重洋,到

第六章 动力论 国际政治的作用力及其基本状态

美洲、非洲和亚洲去的"咒语",是他们刚踏上大洋彼岸时所掠夺的"第一件东西"。近代殖民活动是超经济的掠夺,充满着侵略和抢劫,杀戮和奴役。在美洲,殖民者惨无人道地屠杀印第安人,疯狂地掠夺金银财宝。仅西班牙殖民时期就抢走了250万公斤的白银,杀害印第安人竟达1200~1500万之多,几乎虐杀殆尽,人种灭绝。在非洲,殖民者开始主要醉心抢劫黄金、象牙等珍宝,从16世纪,非洲被变成商业性地猎获黑人的场所,掠卖奴隶的"人库"。殖民者进行了长达三四百年的奴隶贩卖,从非洲运往美洲的奴隶平均每年达四五万人,总数高达1500万人,至于在部落猎奴战争或反抗奴隶贩子劫房的战斗中死伤的黑人更多,使非洲损失1亿人口,相当于1800年非洲人口的总和。在亚洲,殖民者把亚洲式专制和欧洲式专制结合起来进行统治,殖民压迫和殖民掠夺极为残忍。他们还实行一种四出剽劫的"盗人制度",兴起"苦力贸易",用黄种人奴隶补充黑种人奴隶,从而造成了亚洲人民的极端贫困和大量死亡。那些被殖民主义者打下印记的地区,如非洲西部的"黄金海岸"、"象牙海岸"、"胡椒海岸"、"奴隶海岸",南美洲北部的"珍珠海岸"、亚洲南部的"香料群岛",等等,都是殖民掠夺的历史见证。

  掠夺屠杀是同征服和吞并并行的。1415年,葡萄牙殖民者沿大西洋东岸南下,侵占北非摩洛哥的休达地区,建立了世界上第一个殖民据点。随后又继续扩张,除占领非洲许多据点外,并绕过非洲南端好望角进入印度洋,登上亚洲领土,不久又远航美洲,宣布巴西为己所有。西班牙的殖民活动虽然起步比葡萄牙晚,但从1492年横渡大西洋侵入美洲后,除巴西外,将拉美全部变为自己的殖民地。与此同时还抢占了非洲与亚洲的许多地方。西班牙一跃而为当时世界上最大的殖民帝国。随后,荷兰、英国、俄国和法国相继开始殖民活动,加入到抢占殖民地和掠夺世界的行列。经过激烈的较量,荷兰于17世纪取代西班牙成为世界殖民强国。荷兰的船队横行全世界,被冠以"海上马车夫"的称号。不久,英国迅速崛起,连续打败宿敌荷兰与法国,登上了殖民霸主的宝座,成为世界上抢占殖民地最多、统治殖民地时间最长的殖民大帝国,号称"日不落帝国"。19世纪末20世纪初,整

国际政治学理论

个世界被英国、俄国、法国、德国、日本和美国等帝国主义国家瓜分完毕。世界上2500万平方公里的土地和将近10亿人口被套上了殖民枷锁,最终形成了帝国主义的殖民体系。金融垄断资本对殖民地实行暴力和经济掠夺相结合的政策,用战争作为侵占和争夺殖民地和势力范围的重要手段。从此,资本输出取代商品输出成为主要剥削形式,殖民地和半殖民地成为基本的殖民统治形式。近代殖民帝国的建立和帝国主义殖民体系的形成,在全球范围内造就了种种基本矛盾,埋下了祸根,是世界不得安宁的主要原因。

反法西斯战争胜利后,世界上诞生了一系列社会主义国家和新兴民族独立国家。帝国主义殖民体系土崩瓦解。美国虽然纠集英、法等老牌帝国主义势力建立了以自己为霸主的帝国主义阵营,成为最大的帝国主义国家,但也不得不适应世界形势的变化,推行新殖民主义。新殖民主义是殖民主义的继续和演变,它改变了以军事占领、强制掠夺、直接控制为特征的殖民政策,代之以组建军事集团,通过援助和思想渗透,实行间接控制的新方法、新形式。新殖民主义是战后开始活跃于世界舞台的,是帝国主义殖民政策的重大调整。在推行新殖民主义政策上,美国最为积极,是新殖民主义的主要堡垒。新殖民主义的实质,仍然是剥削,它以对弱小国家和民族的掠夺为目的,同样也是世界进步的破坏因素。

第二,帝国主义。当今世界,老牌殖民主义早已退出历史舞台,但帝国主义依然存在。我们这里说的帝国主义指的是20世纪初出现的帝国主义。它在对外侵略扩张方面同殖民主义完全一样,两者之间的区别在于:(1)帝国主义是以垄断资本为基础的。殖民主义出现较早,不属于某种社会制度的特有现象。(2)帝国主义是殖民政策的特殊时代,表现极为突出,形成了一个世界体系。殖民主义虽然残酷、疯狂,但未能把世界完全联结起来,也无条件创立一个完整的世界体系。(3)帝国主义并不局限于对落后的弱小国家和民族的侵略和掠夺,其特征还在于力图兼并工业发达的国家和地区。殖民主义主要以亚洲、非洲、拉丁美洲为主要对象,力图实行殖民控制。相比较而言,帝国主义比殖民主义表现进步,但对世界造成的危害更大,范围更广。

第六章 动力论 国际政治的作用力及其基本状态

当前,帝国主义,即垄断资本主义,具有两重性:既在走下坡路,呈现衰落趋势,又是进步的,至今还保持有较强的生命力和适应能力。这主要表现在:

(1)帝国主义包含有双层含义,一是指对外侵略扩张政策及其世界体系,二是指垄断资本主义制度。表现为侵略扩张政策的帝国主义,早在资本主义以前就出现了。以奴隶制为基础的罗马帝国和封建专制的土耳其奥斯曼帝国就推行过殖民政策,实行过帝国主义。资本原始积累时期的葡萄牙和西班牙、自由资本主义时期的大不列颠帝国都曾表现过帝国主义的狂热。可见,这种帝国主义不是20世纪所特有的,只不过它在20世纪更加突出,显得特别疯狂,形成了一个世界体系。这种帝国主义,无论何时在何国出现都是腐朽反动的,必须坚决反对,这是无可非议的。但帝国主义既然是一种政策,也是可以调整和放弃的。至于作为垄断资本主义制度的帝国主义,这是20世纪特有的现象,它属于国家社会制度,理应由本国人民自己决定,其他国家无权干涉。为了区分帝国主义的两层含义,避免干涉别国内政之嫌,今后谁推行对外侵略扩张政策,就称其为霸权主义,无论哪种社会制度的国家,一视同仁。至于原来的帝国主义国家,可以称为垄断资本主义国家。

(2)帝国主义的基本经济特征,不仅是垄断,确切地说是垄断同竞争的结合。长时期来,人们习惯于视垄断为腐朽,又总是把垄断同竞争决然对立起来,以突出它的停滞性。事实上,在资本主义生产方式内,垄断不是绝对的,它不仅存在生产和技术停滞腐朽的趋势,而且还有生产和技术发展的趋势。从自由竞争到垄断,从辛迪加、卡特尔到托拉斯、康采恩,从个人垄断到集团垄断,从私人垄断到国家垄断,从国家垄断到国际垄断,这些变化虽然增加了腐朽停滞的趋势,但都加速了生产力的发展。何况,在世界任何地方从来没有纯粹的垄断,绝对的垄断。垄断取代自由竞争成为经济体系中的主要现象之后,并不排除自由竞争。相反,它使自由竞争更加剧烈,并且总是与之相结合的。正是垄断和竞争的"结合",才完全揭示了帝国主义的"本质"。竞争必然给社会带来生机,加速生产力的发展,这是众所周知的,而垄断和竞争的结合,更能容纳较高的生产力,不断推动社会的前进。整个说来,资本主义的发展比从前要快得多。由此可见,垄断的双重作用和垄断同竞争结合,正是帝国主义具有两重性的经济基础。

(3) 帝国主义的政治上层建筑,既有反动的趋势,又追求民主体制。从帝国主义国家的政治体制看,出现过法西斯专制和军国主义,也存在君主立宪制,更多的则是民主共和制。从帝国主义的殖民政策看,不仅有殖民地这样的亡国灭族的直接统治形式,而且造就了半殖民地这样的较为民主的间接统治形式。第一次世界大战后,帝国主义又发明了"委任统治制",由国际会议决定,以国际联盟名义颁发"委任状",授权它们实行统治,使殖民政策"合法化"了。第二次世界大战后,在民族解放运动的冲击下,帝国主义逐渐退出殖民地,允许它们独立,用新殖民主义政策取代老殖民主义政策。这就是说帝国主义是在所有政治形式下发展的,从不排斥民主制。既然民主制有利于帝国主义的发展,它们为什么会拒绝呢?何况帝国主义有能力使所有政治形式,当然包括民主制,完全服从于自己,为自己服务。在这里,它们的强大能力不是军事,而是经济收买。形式并不重要,"收买"才是问题的症结所在。

(4) 帝国主义可以人为地延缓自己的死亡。它们采取的主要手段,一是发动战争,转嫁危机,夺取霸权,转移国内人民的注意力;二是加强民族压迫和扩大民族间差距,从中得利;三是实行"收买"政策,即收买其他国家的官吏和本国工人阶级,扶植亲信势力,培植机会主义,扩大自己的社会基础。历史已经证明,这些都是帝国主义行之有效的药方,维持自己统治和延缓死亡的"秘诀"。帝国主义的两重性及其四种表现说明,帝国主义具有较强的"反弹能力"和不断调整政策的"适应能力"。这些能力就是帝国主义维持生命力的保证。当然,"反弹能力"和"适应能力"来源于帝国主义的"两重性",否认"两重性"谈"反弹能力",只是一句空话。把"反弹能力"和"适应能力"看成是死亡的回光返照也是错误的。当然,帝国主义的两重性及其四种表现,都是在资本主义生产方式范围内进行的,根本改变不了帝国主义必然灭亡的命运。尽管帝国主义退出历史舞台是一个缓慢的、渐进的、长时期

第六章 动力论 国际政治的作用力及其基本状态

的过程,但任何事物都有一个极限,一到极限,必然突破,出现飞跃,过渡到新的更高的阶段。这是人类社会发展的客观规律,是无论如何改变不了的。但是,必须看到,帝国主义的两重性及其四种表现增加了国际冲突的多样性与复杂性。任何国家都不应简单从事,应该顺应世界形势的发展,不断调整政策,在国际冲突中采取主动,夺取胜利。

第三,霸权主义。霸权主义虽然早已存在,但成为国际冲突的主要危险,并发生在社会主义国家的对外关系中,则是战后出现的新现象。

"霸权主义"一词,源出于古希腊,本是指个别大的城邦对其他城邦的支配和控制,后演变为泛指一些强国凭借实力蹂躏别国主权,对其进行干涉、控制,甚至统治,力图在世界或地区范围内称王称霸。霸权主义有大小之分,以其对外扩张战略目标为依据,区别为全球性霸权主义和区域性霸权主义。长时期以来,西方殖民主义大国和帝国主义列强,为抢占殖民地、瓜分世界和势力范围,曾展开争霸欧洲和世界的激烈斗争,并挑起无数次争霸战争和两次世界大战。战后,垄断资本主义国家、民族主义国家和社会主义国家中均有推行霸权主义政策的,甚至出现过全球范围内争霸的局面。

霸权主义同帝国主义有着密切的联系,因为世界霸权与相互争霸是帝国主义政策的内容和重大特点。它根源于垄断资本主义制度,建立在弱肉强食和追求财富与权力的强权政治的基础上,有其历史必然性。某些社会主义国家在战后推行霸权主义,与社会制度本身没有内在联系,但也有深刻的历史和政治思想根源,主要是旧社会带来的"痕迹"作怪。具体说:一是大民族沙文主义的毒害和恶性发展,二是把意识形态绝对化,三是过分集权的政治经济模式,四是错误估计世界形势,过高估计了自己的力量。特别对原是帝国主义大国的社会主义国家来说,沙文主义是一个致命的问题,再加上把意识形态绝对化,必然炮制出错误理论,走上霸权主义道路。由于数百年对外扩张和镇压民族解放运动的历史,以及关于这种扩张和镇压的系统宣传,腐化了本国民族,造成了大民族主义的种种偏见。社会主义革命胜利后,这种偏见依然十分顽固,在党和政府内大量反映出来,以至于推行霸权主义政策。另外,把意识形态绝对化,不分时间、地点和条件,到处推广,强加于人,鼓吹世界革命,这也是社会主义国家推行霸权主义政策的一个重要依据。作为社会主义国家不能借口社会主义而拒绝按民主方式和国际法准则办事,实行强制,更不能以推行世界革命为名,"按照定单和协议"在别的国家"定做"革命,强迫别的民族接受"幸福"。社会主义国家推行霸权主义,从根本上说,是对外事务的一项政策,也是社会主义国家的错误。既然是政策,随着世界形势的变化和国内政策的需要,完全可以调整;既然是错误,一旦认识,也是可以纠正的。当然,这样的错误,要调整和纠正,也是很不容易的。但不管怎么说,霸权主义政策的调整和纠正,是有可能的。

战后世界舞台上的霸权主义,是一种新现象,有自己独有的特征。它虽然同20世纪初出现的帝国主义有许多相似之处,但有着根本的区别:(1)霸权主义只是一种政策和行为,不像帝国主义那样既是政策又指社会制度而具有两层含义。(2)霸权主义专指对外侵略扩张,其要害是军事干涉和强权政治,不像帝国主义那样表示内外政策,涉及政治、经济、文化、军事各个方面。(3)霸权主义没有固定的社会制度根源,任何社会制度的国家都有可能推行这一政策,不像帝国主义那样是垄断资本主义制度的特产。这就是说,霸权主义是对外关系中践踏国际法原则的一项政策和行动,不代表某种社会制度,不专指某个国家,不涉及所有的内外政策。既然是对外方面的一项政策,随着世界形势的变化和国内政局的需要,任何国家既可推行,又能调整。当然,这样的政策对社会主义国家来说不像垄断资本主义国家那样普遍,只是个别情况,但一旦推行,那就同垄断资本主义国家一样,要调整和纠正也是极其困难的。战后霸权主义的出现及其新的特征,决定了国际冲突的长期性和复杂性,以及带给世界的危害性。

第四,民族利己主义。民族利己主义是一个完全从本民族私利出发,轻视和否定别的民族利益的一项政策和行为,表现多种多样。它同帝国主义有区别,一般不采取进攻性,也没有固定的模式,还未变成带规律性的现象。它只是民族主义的扩大。冷战结束以后,民族利己主义抬头,出现民族扩张主义和地区霸权主义,开始成为国际政治中

第六章 动力论 国际政治的作用力及其基本状态

引发局部动荡的一个重要因素。西方学者常常视之为民族主义,这是不确切的。应该承认,民族主义属于进步的意识形态,是资产阶级反对教皇统治、封建专制和外来民族压迫的产物。国际政治中的民族主义主要有两大类型:一是西欧的民族主义,二是亚非拉地区的民族主义。西欧的民族主义,是近代西欧资产阶级的民族观和处理民族问题的纲领和原则,主张反对民族压迫和封建专制,实现民族自决和民族统一,建立民族国家,是进步的意识形态。西欧资产阶级取得政权以后,往往将民族主义变成帝国主义,完全失去了民族主义的进步性。亚非拉地区的民族主义是殖民地、半殖民地民族资产阶级的民族观和处理民族殖民地问题的纲领原则,它坚持反对殖民主义、帝国主义和霸权主义,要求实现政治独立和经济独立,主张不结盟和变革国际政治经济旧秩序,建立新秩序,是具有新内容的进步意识形态。殖民地半殖民地民族资产阶级取得政权以后,继续推行进步的民族主义,只是少数国家在坚持进步民族主义的同时,从民族利己主义出发,推行民族扩张主义,引起争端,造成国内矛盾和局部地区的紧张局势,这是需要引起重视的。

民族利己主义,既不是民族主义,也不是帝国主义。帝国主义是对民族主义的完全背叛,民族利己主义只是特定问题上的错误,其危害性虽然不可忽视,但同帝国主义不可等量齐观。西欧发达国家资产阶级将进步的民族主义变为反动的帝国主义,具有历史的必然性,显现出规律性。殖民地半殖民地民族资产阶级的民族主义则是坚持到取得政权以后并增添新的内容,一般来说,不可能演变为帝国主义,虽然不能排除民族利己主义和民族扩张主义的错误。由此可见,我们应将帝国主义同资产阶级的民族主义加以区分,也要同当前国际政治中的民族利己主义和民族扩张主义加以区分。

必须明确,亚非拉地区民族资产阶级的民族主义在当今世界国际政治中仍然保持进步的生命力,其积极作用是主导的,而民族利己主义只是支流,是次要的,不能简单地把两者等同起来,也不能按西欧资产阶级民族主义的演变规律加以套用,为什么呢?这除了战后国际形势演变的客观环境决定外,主要在于民族资产阶级本身。同西方资产阶级相比,亚非拉地区的民族资产阶级是一个新兴的阶级,具有许多新的独特的阶级属性。第一,它是从殖民地半殖民地诞生和成长的阶级,不仅受封建主义的束缚,而且受殖民主义、帝国主义的压榨和欺侮,在夹缝中挣扎和发展。这一地位决定了亚非拉地区的民族资产阶级,从诞生之日起,直到今天,都不像西方资产阶级那样结成兄弟的联盟对付兄弟的工人阶级联盟,相反,却是同西方的工人阶级及国内的工人阶级结成兄弟的联盟,共同对付西方的垄断资产阶级。当前,亚非拉地区民族资产阶级虽然正在同西方垄断资产阶级开展对话,但其矛盾始终存在。第二,它是新生产方式的代表。作为新生产方式的代表同西方早期资产阶级地位基本相同,但关键在于:西方国家的新生产方式是依靠原始积累,采用霸占领土,跑马圈地,肆意抢劫,横征暴敛,巧取豪夺,杀人劫货,敲骨吸髓等等超经济的野蛮手段发展起来的,而亚非拉地区的新生产方式则主要依靠自己的创业兴起,许多国家只是在独立后才形成的。这说明,亚非拉地区民族资本主义的发展,同西方国家根本相反,不是建立在掠夺和剥削别的国家和民族的基础之上。第三,它是开创性的阶级。它不仅胜利地领导了民族解放运动,作出过重大贡献,而且在管理国家、建设国家上,取得了重大胜利。特别重要的是,它首创不结盟运动,开始探索民族社会主义模式,深受人民群众的赞同和支持。这是西方资产阶级所无法比拟的。这些新的阶级属性应该成为我们评价亚非拉地区民族资产阶级的基本出发点。

　　当然,亚非拉地区民族资产阶级具有两重性:进步性与妥协性。但是,民族资产阶级的两重性不是半斤八两,相互抵消。其进步性占主导地位,并且贯穿整个时代。这表现在民族资产阶级不仅能够承担民族解放运动的领导重任,而且在取得政权后继续领导人民建设国家,发展经济,开展变革国际经济旧秩序的活动,以实现经济独立。从中国的经验看,即使在无产阶级发展壮大以后,民族资产阶级也不会走向反动,反而愿意接受共产党领导,共同夺取民族民主运动的胜利,甚至拥护社会主义,主动改造自己。亚非拉地区民族资产阶级这样的表现,难道还不能证明其进步性和革命性是长期的、占主导地位的吗?

第六章 动力论 国际政治的作用力及其基本状态

至于说到民族资产阶级的妥协动摇性,只是次要的,并且寓于进步性的全过程中,不一定必然出现一个妥协动摇阶段。因此,我们不能借口亚非拉地区已传入马克思列宁主义,建立了共产党,兴起了工人运动,而不管马克思主义是否同本国实际情况相结合,也不管工人阶级是否成熟,力量是否强大,就立即全盘否定新兴的、正处于上升阶段的民族资产阶级的作用。相反在一个相当长的时期内,无产阶级还应在民族资产阶级的领导下,实现阶级合作,一致对外,共同努力,发展民族经济。列宁当年曾充分肯定过西方早期资产阶级代表人物的作用,指出如果对像罗伯斯庇尔、加里波第、热里雅鲍夫这样伟大的资产阶级革命者不抱至深的敬意,就不能成为马克思主义者。列宁也高度评价过20世纪初期亚洲资产阶级的贡献,认为它们是在向上发展的、"真诚的、战斗的、彻底的民主派的"阶级,"不愧为法国18世纪末叶的伟大宣传家和伟大活动家的同志"①。它们"正在起来"同无产阶级一道"代替"西方的垄断资产阶级②。列宁的这些评价放在今天亚非拉地区民族资产阶级身上也是当之无愧的。因此,如果我们对今天亚非拉地区民族资产阶级不抱至深的敬意,也同样不能成为一个马克思主义者。

必须明确,亚非拉地区的资本主义是进步生产方式,有利于国家的发展与繁荣。列宁认为,和社会主义比较,资本主义是祸害;但和中世纪制度、小生产、小生产者散漫性联系着的官僚主义比较,资本主义则是幸福。毛泽东在谈到中国革命问题时也曾深刻指出:"有些人不了解共产党人为什么不但不怕资本主义,反而在一定的条件下提倡它的发展。我们的回答是这样简单:拿资本主义的某种发展去代替外国帝国主义和本国封建主义的压迫,不但是一个进步,而且是一个不可避免的过程。它不但有利于资产阶级,同时也有利于无产阶级,或者说更有利于无产阶级。现在的中国是多了一个外国的帝国主义和本国的封建主义,而不是多了一个本国的资本主义,相反地,我们的资本

---

① 《列宁全集》第21卷,第2版,第428页。
② 《列宁选集》第2卷,第2版,第448页。

主义是太少了。"①列宁和毛泽东的论述充满了辩证法,完全适用于今天亚非拉地区国家的情况。在今天的亚非拉地区,同样是多了一个帝国主义和霸权主义,少了一个本国的资本主义。为此,邓小平曾多次劝说非洲国家不要急于搞社会主义。因为,在亚非拉地区国家发展资本主义,有利于繁荣经济,增强综合国力,也是一种幸福。在亚非拉地区发展资本主义,本身就是反对帝国主义和霸权主义的控制和剥削,它完全符合全民族的愿望和要求。

---

① 《毛泽东选集》第3卷,人民出版社1991年版,第1060页。

第七章　秩序论
国际政治的稳定秩序与国际机制

在国际社会中,世界各国基本处于各自为政的状态,相互间不是战争与和平的交替,就是冲突与合作的并存。这是人类历史发展的必然,属于正常运转。为了消除战争灾难和冲突的恶果,不少国家的政治家和学者很早就开始寻求和平的法规和合作的原则,建立国际机制和确定国际社会的行为规范,并前赴后继,坚持不懈,力争建立一个公正合理的稳定秩序。国际秩序就是国际社会依基本准则行为规范化,国际秩序的建立只能以国际机制为纽带,国际秩序的稳定必须以国际准则为依据。机制健全,规范完整,准则公平合理,秩序则更加稳定。

在强权政治盛行的年代,秩序、法律、原则,是同暴力联系在一起的。一些正义原则或被公开践踏,或变成强国的私利和进行对外侵略的工具,从未认真付诸实施。反法西斯战争胜利以后,随着社会主义国家和新兴独立国家的涌现,以及西方垄断资本主义国家对外战略的调整,国际法准则开始受到应有的重视。从此,处理国际关系的原则不仅得到充实和完善,而且正式写进了国际法文件,为世界各国所公认。国际秩序日益走向民主化。当今世界,冷战虽已结束,但强权政治依然存在,军事侵犯和干涉内政的现象时有发生,世界各国必须同心协力,坚决制止霸权主义行径,完全按国际法准则办事,努力建立一个以和平与发展为共同目标,以纳入国际法准则的和平共处五项原则为共同法律依据,以国家主权利益为共同利益基础,实行"一球多制"

国际政治学理论

和民主政治的国际新秩序。

经过世界各国的共同努力,当今世界国际秩序的公认准则,均具有法律效力,其中特别重要的是:民族自决权原则、主权平等原则、和平共处五项原则、反对侵略战争与和平解决国际争端原则。这些原则明确写进国际法文件,成为国际法的基本内容,确立了行为规范,构建了国际机制。它不仅维护了世界各国的合法权益,而且捍卫了世界和平,必将保证国际秩序的正常运转和民主化进程。

第一节 国际秩序同国际机制的关系

一、国际政治秩序的基本特征

秩序,即序列、稳定,它与无序、混乱相对,意为整齐划一,稳定有序。乱而后治。从混乱到稳定,即是无序变有序。秩序建立后,也会出现混乱。如乱到不可收拾,则是建立新秩序的时候。秩序表现为稳定,秩序的基本特征也是稳定,稳定则靠行为规范建立和维持。秩序、稳定、行为规范,三位一体,不可分割。秩序的规范,或稳定的秩序,有自己追求的目标、运行规则和利益基础,或由武力控制,或用规则维持,具体体现为稳定的安全保障机制。国内秩序是这样,国际秩序也不例外,均以追求的目标、运行规则和利益基础为基本要素,只不过区分为帝国统治秩序、大国均势秩序和"一球多制"民主秩序三种模式,以及强制化秩序和公平合理秩序两大类。国际秩序,主要表现为国家间秩序,它并不完全是正义的、公平的。国际秩序建立的过程,就是国家追求权力、权利和利益的过程。这一过程的关键,在于实力基础上的协调和寻找汇合点的最佳处。

国际秩序,包括国际经济秩序和国际政治秩序,它指的是国际社会中主要角色围绕某种目标和依据一定规则相互作用形成的运行机制,它表现国家在国际社会中的位置和顺序,具有相对稳定性。国际秩序,一般由主角(或大国或国家集团)安排,或以战争为手段,或以强权和法律准则为依据,追求相对稳定的共同目标和协调相互间利益均衡。国际秩序,主要构成部分是国家,受益者也是国家,也可说是国家

第七章 秩序论 国际政治的稳定秩序与国际机制

间秩序。它是主角(或大国或国家集团)的利益、实力和对外战略运行艺术的相互作用的统一。实力是关键,利益协调也极为重要,而外交战略的运行艺术也是不可忽视的,它能在一定实力的前提下,借助外部力量,寻求最佳利益的汇合点。

国际秩序,是主角(或大国或国家集团)间相互斗争与协调的过程,它们既相互联系,又互不一致,只有经过斗争与协调才能找到自己的最佳位置,追求良好的汇合点,实现主角关系间稳定的组合。总之,国际秩序,是主要角色相互作用的结果,是理想与现实的统一,是一个寻求最佳利益汇合点的斗争与协调的过程。国际秩序不仅体现为按某些规则运行的机制,而且具有共同利益基础,并追求一定的共同目标。因此,共同目标、共同规则和共同利益基础,是国际秩序建立的基本条件,实力、利益协调和对外战略运行艺术是国际秩序建立的保证。

国际秩序,区分为地域性秩序和全球性秩序,只能在多国中建立。一国只有国内秩序,而无法形成国际秩序。多国间的联系和作用,产生国际体系,建立与之相适应的国际秩序。这种国际秩序,或由强国统治与控制,或主角国家间依实力而组合排列,均确立了相关国家的位置。这种国际秩序,一般均有稳定目标,主要表现为相互间的生存安全、自身利益和相对稳定。

国际秩序,或同暴力相连,或以法律为依据。秩序与法律准则密不可分。长时期来,当帝国主义列强大谈国际秩序与法律时,往往是战争的前奏曲。战争是建立和更新秩序的主要手段,战胜国则是秩序的缔造者。秩序依暴力而缔造,靠法律来维持。秩序和强制实际上是一回事。正因为如此,世界各国人民多年向往的新秩序,总是同反对战争和强权结合起来,寻求公平合理的原则为纽带,是一种同暴力和强权相对立的新模式。

国际秩序,既是主要角色在国际体系中相互作用的结果,又使主角关系定型,并确立了国际体系中各自的最佳位置,找到了良好的汇合点,因此,可以说,国际秩序的建立过程,就是国际体系中新旧格局的转型期;新国际秩序的确立,标志着新国际格局的形成。国际秩序和国际体系、格局紧密相联,相辅相成,不可分割。

国际政治学理论

国际秩序,同国际政治体系和国际政治格局一样,均属动态范畴,具有主客观两种因素,但比较起来,"体系"基本上是客观存在,"秩序"更多是主要角色的主观意志和愿望相互作用的体现。与此相适应,"体系"范围广、稳定性强,"格局"次之,"秩序"只能在"体系"和"格局"范围内运行和演变。"秩序"同"体系"和"格局"的关系,紧密相联,不可分割。如果把"格局"与"体系"的关系比作"星座"与"天空"的关系,那么"天空"通过"星座"显现出来,不弄清"星座"就难以了解"天空"。"秩序"则表示"星座"的位置及其运行机制和轨道,通过运行机制和轨道,也能"认清"星座,了解"天空"。这就正确地揭示了"秩序"同"格局"、"体系"的关系。"秩序"以"体系"和"格局"为依托,正像运行机制和轨道离不开"星座"和"天空"一样。

二、国际政治秩序以国际机制为纽带和依据

国际秩序就是国际社会依一定准则行为规范化,国际秩序的建立只能以国际机制体现的国际准则为纽带,国际秩序的稳定必须以国际机制体现的国际准则为依据。

国际机制,即控制和调节机制,指的是行为体间就相互关系和国际事务进行协商形成的制度化的组织机构、原则和程序,其目的是维护国际安全、防止事态恶化和冲突升级。国际机制,包括自发均衡机制和自觉调节与控制机制,如政府间的联系机制和交流机制、国际组织的管理机制和合作机制、国际政治的公认准则和仲裁措施,等等。其基本功能是使行为体的国际行为规范化。

国际行为规范,是国际社会以声明、条约和宪章形式确定国家的权力、权利与义务,处理国家间竞争与合作关系,解决国际争端的原则、准则和法律的统称。它大体分为三种情况:双边协议的条款、国际准则和国际法基本原则。

双边协议的条款,不论何类行为体,只适用于当事者双方,对其他行为体不具有约束力,而且可以单方中止或撕毁。条款,既有国际准则的重申和具体化,又有仅涉及双方的特殊问题。双边协议的条款,经双方签字同意,并公诸于世,理应属于国际行为规范部分,应当遵

第七章 秩序论 国际政治的稳定秩序与国际机制

循,但出现分歧后,只能由双方自行处理,一般无法采用国际控制调节机制予以解决。当然,如果发生冲突,引起危机,甚至爆发战争,那就会引起国际社会的注意,也应进行国际控制与调节。

国际准则,指的是各类行为体有形和无形的普遍共识、认可和自觉遵循的规章和原则。有形,表现为协议、宣言、声明和条约;无形,表现为默契,主要来源于习惯,多属道德规范,如守约和信誓原则,使节不受侵犯原则,在战争中保护妇女、儿童、学者、商人和无辜生灵的原则,等等。国际准则属于长期适用和被普遍承认的原则,既是行为体间权利和义务关系以及能做什么和不能做什么的行为规范,又是行为体间相互关系的道德规范。国际准则与国际法原则在本质上是一致的。它们的区别表现在行为体的范畴不尽相同,公认的程度、适用的时间和范围稍有差异,但两者是互为补充的。随着第二次世界大战后国际准则内容的规范化和系统化,两者基本上结合起来,合二而一了。

国际法原则,只能以国家为行为体,完全由国家共同制定,主要通过政府间的国际组织和国际会议形成条约、宪章和宣言,须各国公认,具有普遍意义。国际法原则区分为基本原则,如主权原则、民族自决权原则,和具体原则,如国籍法,前者属普遍的、适用于整个国际社会的法律规范,是国家生存与发展的关键,构成国际法的法律基础,后者属特殊的,只适用于部分国家的法律规范,其范围是有限的。后者应该从属前者,凡与前者相抵触者,应属无效。由于国际法基本原则的适用性和认同性,与国际准则相近,两者完全可以统一。

当今世界,国际秩序的行为规范,以国际法基本原则和国际准则为主要内容,更多体现在国际法律范围内权利与义务的直接承担者和主要代表——国家身上。其基本特征有三:(1) 长期性与时代性结合。国际行为规范,特别是其基本准则早已形成,如主权原则、和平解决国际争端原则等,为国际社会的运转和国家的生存与发展所必需,是长期适用的。但随着时代的发展和形势的变化,应及时进行调整,使之更加完善。主权原则,从最早的君主主权、国内主权,到民族国家主权、人民主权、对外主权,最后确定完整的主权内容,经历了一个限制否定和坚持肯定的斗争长过程,今后还将继续,不会停止。国际行为规范和基本准则应是长期适用的,但均带有各个时代的色彩,鲜明地显示出不同时代国际社会的现实和主要国家间相互关系演变的特色。(2)共识性与差异性并存。国际行为规范,特别是基本准则,必须获得多数国家的认可,达成共识。只有少数国家的承认和同意,无法构成国际准则和国际法基本原则。多数国家的认可和共识也有一个过程,如和平共处原则,早在第一次世界大战后就由苏维埃俄国提出,但只是一种政策主张,直到20世纪60年代前后,经过中国和印度、缅甸的共同倡导,才得到越来越多国家的认可,达到共识,真正被普遍接受为国际基本准则。共识是相对的,任何一项国际基本准则,不会是所有国家都认可,国际社会中违背和反对某项国际基本准则的现象时有发生;即使达成共识,表示普遍接受,但言行不一、阳奉阴违有之;为我所用,不同解释有之。共识与差异始终并存,为所有国家完全赞同和随时付诸行动的绝对的国际基本准则是不存在的。对待国际基本准则的行为规范作用,我们也应采取求同存异的方针,求取更多的共识。(3)强制性与非强迫性交叉。国际行为规范,特别是国际基本准则,由于写进国家条约文件,并得到越来越多国家的认可,变成公认的应享有的权利和应尽的义务,且相互对等,相互依存,不可轻视,不可分割,加之形成一套完整的控制与调节机制,对国家的对外行为和相互关系构成一定的约束力,带有某些强制性作用。这种约束力和强制性,来源于国家利益的需要和国际社会的普遍要求。这种约束力和强制性主要表现为国际道义的制约、国际舆论的谴责和国际社会的制裁,其作用是有限的。在国际社会,国家间相互独立,彼此平等,不存在权威性的凌驾于各国之上的权力机构——世界政府,国际行为规范和国际法基本准则,实属国家的共同认可,无国内法那样的强迫机关予以保障,它在本质上就是非强迫性的,其效力就在于国家本身。特别是强权政治践踏国际法准则,或借口维护国际法准则谋取私利,更使国际法基本准则产生混乱,失去日益增长的权威性。因此,我们应承认它非强迫性的本质,又要看到带有强制性的一面,其特征是强制性与非强迫性的交叉。

第七章　秩序论　国际政治的稳定秩序与国际机制

三、国际秩序与国际机制同步运行

国际秩序与国际机制,从来就是紧密联系在一起,同步运行的。国际机制所确立的国际社会的行为规范化,就是对国际秩序的追求。任何国际秩序的建立,都有自己的机制保证和行为准则。

国际秩序和行为规范,是阶级社会的产物。随着国家交往的增多,冲突不断,战争不停,国际社会迫切要求建立稳定的国际秩序,作为其纽带和依据的行为规范也就应运而生。把行为规范条理化、系统化、法律化并追求一种稳定秩序的,最早是西方资产阶级。资产阶级思想家提出了一系列有关主权、平等权和反对干涉等准则作为国际社会的行为规范。1625年,荷兰的雨果·格劳秀斯所著《战争与和平法》,为追求一种新秩序,首次将行为规范法律条文化,"确立了国际法的标准"①,奠定了近代国际法的理论"基础"②,被后人称为"国际法之父"。《战争与和平法》是第一部有完整体系的国际法著作,系统地论述了与战争有关的国际法的主要内容,特别是国家对外交往的主权原则,确立了战争法与海洋法的基本思想。该著作完全冲破罗马教皇的精神桎梏,主张"国家受自然法的约束,而自然法不是以权威,而是以人性为基础的"③,最早提出了资产阶级人权原则④。

1643—1648年的《威斯特伐利亚和约》,标志着近代国际法的诞生,国际秩序开始以国际法律为主要依据。和约的签订结束了欧洲第一次大规模国际战争,即三十年战争的旧秩序,开始形成欧洲的新秩序。和约的主要内容有:(1)重新划分领土。法国、瑞典、勃兰登堡、萨克森、梅克伦堡—什威林、黑森—卡塞尔、巴伐利亚和下帕拉蒂纳等国,或获得了领土,或对领土主权的要求得到确认。(2)教会获得更多自由。确认1552年的《帕骚条约》和1555年的《奥格斯堡宗教和约》,并将其扩大到新教(加尔文宗),使罗马帝国的三大教派——天

---

① 《简明不列颠百科全书》第3卷,中国大百科全书出版社1986年版,第361页。
② 王铁崖主编:《国际法》,法律出版社1981年版,第12页。
③ 《简明不列颠百科全书》第9卷,第369页。
④ 徐大同主编:《西方政治思想史》,天津人民出版社1985年版,第170—171页。

主教、信义宗和加尔文宗获得了信仰自由；君主不得改变其宗教，否则它的土地就应被没收。(3) 帝国权力受到限制，开始出现政治分裂。帝国各邦的领主权得到承认，它们被授权可以互相也可以与外国列强订立条约，只要帝国和皇帝不遭受侵害。这样，诸侯在自己的领地内也拥有至高无上的权力，皇帝和帝国议会昔日的权力至此成为空影。(4) 德国延缓了统一，法国瑞典的地位上升。瑞典和法国作为和平的保证国，获得了干涉帝国内部事务的权力。瑞典作为帝国议会之一员，还得到在议会中的发言权。从此，德国开始成为欧洲外交和战争的主要舞台，从而延缓了民族统一的正常发展[①]。《威斯特伐利亚和约》第一次以多国协议和签订条约的形式，将国际法原则如主权平等、国家独立、反对使用暴力、和平解决国际争端等变成现实，经签字国同意成为具有强制性约束力的法律。缔约国保证联合一致对付不遵守协议者，开创了以国际会议解决国际争端和实施集体制裁的新秩序。

　　国际社会出现过的反动旧秩序，以中世纪维也纳会议后的神圣同盟秩序和20世纪初帝国主义列强的殖民秩序最为典型。1814年9月至1815年6月的维也纳会议是欧洲各国召开的近代史上最大的一次国际会议。会议的主角是俄国、英国、奥地利和普鲁士四国。会议不顾小国民族的利益和愿望，依据"正统主义"和"补偿原则"，重新改划了欧洲地图，恢复了欧洲各国被推翻的封建王朝统治。会后，俄、普、奥三国借口保卫正统主义而建立了"神圣同盟"。从伦敦到那不勒斯，从里斯本到圣彼得堡，各国的内阁都由封建贵族统治着，并大都加入神圣同盟。神圣同盟各国"实行基督教原则"，并公开宣布"无论何地都要互相援助，以维护宗教、和平与正义"。在神圣同盟内又建立了俄英普奥"四国同盟"，规定"缔约国定期举行会议，以维持欧洲的和平"。维也纳会议后的神圣同盟秩序，虽然通过国际会议，保持了欧洲均势，但实质上维持的是封建君主控制和干涉小国的反动秩序。19世纪末20世纪初，英、俄、法、德、日、美六强将世界瓜分完毕，开始超出欧洲范围，正式建立了全球性的殖民秩序。这六个大国，从1876年到

---

① 《简明不列颠百科全书》第8卷，第156页。

第七章 秩序论 国际政治的稳定秩序与国际机制

1914年第一次世界大战爆发期间,总共掠夺了2500万平方公里的土地,比欧洲大一倍半,是抢占殖民地最多、建立殖民秩序最为典型的几个国家。

英国是"殖民帝国主义"。从19世纪中叶起,英国就至少具备了帝国主义的两大特征:拥有广大的殖民地和垄断利润,因为它在世界市场上占垄断地位。从这时开始直到1880年,英国进入了疯狂夺取殖民地时期,而且在19世纪最后二十年间还在大量地夺取,是侵占殖民地最多的帝国主义国家。它通过击溃早期"海上霸主"西班牙和先后打败海上劲敌荷兰与法国,发动一系列掠夺殖民地的战争,早就建立了一个地跨五大洲、殖民地面积等于本国领土一百多倍,号称"日不落"的"殖民大帝国"。到第一次世界大战前,它侵占的殖民地面积达3350万平方公里,占整个世界土地面积的一半以上。英国不仅侵占殖民地最多,也是资本输出最多的帝国主义国家。大战前夕,输出资本总额达40亿英镑,绝大部分输往殖民地半殖民地。列宁指出:"在英国,占第一位的是它的殖民地,它在美洲也有广大的殖民地(例如加拿大),在亚洲等地就更不必说了。英国资本的大量输出,同大量的殖民地有最密切的联系。"①英帝国主义正是由于在极广大的殖民地建立了殖民秩序而成了当时最大的国际剥削者和压迫者。

沙皇俄国是"军事封建帝国主义"。沙皇俄国经济落后,资本帝国主义较薄弱,而军事封建帝国主义比较强大,封建贵族继续控制国家政权,往往以封建军事力量上的优势,部分地补充和代替了最新金融资本的垄断权。沙皇俄国的邻国又多是幅员辽阔的弱国,中间没有大海相隔,因此,沙皇俄国在对外侵略扩张中,显得特别穷兵黩武,暴虐野蛮。它首先以邻为壑,就近吞噬,蚕食兼并,划入自己版图,然后从地域性的蚕食转向世界性的侵略,推行一条北取、西攻、南下、东进的全球战略计划,以实现永远不会改变的称霸世界的战略目标。19世纪末,俄国已经建立了一个地跨欧亚两洲的殖民大帝国,确立了自己的殖民秩序。到1914年,沙皇俄国已霸占了1740万平方公里的殖民

---

① 《列宁全集》第27卷,第2版,第378页。

地,仅次于英国,居世界第二位,不仅充当了欧洲宪兵,而且充当了亚洲宪兵,是东方民族的恶魔。

法国是"高利贷帝国主义"。法国的资本主义发展是比较早的,抢占殖民地也很多,是老牌殖民国家。到了帝国主义阶段,法国资本输出仅次于英国而居世界第二位,主要采取借贷资本的形式,具有明显的高利贷性质,因此,高利贷就成为法帝国主义对外侵略扩张和建立殖民秩序的重要手段。到1914年,法国总共抢占了1060万平方公里的殖民地,成为世界上仅次于英俄两国的第三号殖民大帝国。

德日美是后起的、新兴的帝国主义国家。它们的共同特点是:资本主义发展较晚,抢占殖民地不多,实力增长很快,处在进攻势头上,表现更为贪婪、狡猾。

德国的资本主义发展,在欧洲是比较晚的,直到1871年,德国才实现统一。当德国走进瓜分世界的筵席时,席位已被欧洲列强占光了,处处受到英、俄、法的排挤,抢占殖民地不多,到1914年,只抢到290万平方公里。由于德国的统一和进入帝国主义阶段都是在普鲁士容克地主阶级领导下实现的,容克地主虽与垄断资产阶级结成联盟,但以普鲁士容克地主占统治地位,是"容克资产阶级帝国主义"。普鲁士自18世纪以来就是一个臭名昭著的"强权胜于公理"的军国主义和沙文主义国家,有着侵略扩张的传统和强烈的领土欲望。德帝国主义的形成和发展就继承了这种反动"普鲁士精神",保留着落后的君主政体和野蛮的军阀制度。而容克地主的扩张狂热,同垄断资产阶级的掠夺贪欲的结合,就是德帝国主义殖民秩序的特色。

日本的资本主义发展更晚。当西欧各国开始向帝国主义过渡时,日本开始进入资本主义。20世纪初,日本才进入帝国主义国家之列,抢占的殖民地更少,到1914年,只抢占了30万平方公里。日本"是一个带军事封建性的帝国主义"。以天皇为首的封建贵族控制着国家政权,并和金融财阀紧密勾结,具有浓厚的军国主义色彩,加上国内市场狭小,原料奇缺,殖民地又极少,这就决定了日本帝国主义在建立殖民秩序中具有疯狂的侵略性和野蛮性。

美国的资本主义发展也较晚,是一个后起的帝国主义,高级形式

第七章 秩序论 国际政治的稳定秩序与国际机制

的垄断组织——托拉斯特别发达。美国从一开始就抱有称霸全世界的野心。为了称霸世界,它极力向外扩张,其矛头首先指向拉丁美洲和远东太平洋地区。早在1823年12月,美国就抛出了"门罗主义"。此后,"门罗主义"就一直成为美国侵略拉美最方便的工具。1889—1890年,在美国华盛顿由国务卿布莱恩主持召开了泛美会议,成立了泛美联盟(1948年改为"美洲国家组织"),这是美国夺取美洲霸权的一个重要步骤,为美国在拉美扩张和进行干涉打下了基础。1898年,美国发动了第一次重新瓜分殖民地的美西战争,打败了西班牙,夺取了波多黎各、关岛和菲律宾,古巴实际上也成为美国的附属国。20世纪初,美国采用"大棒政策"和"金元外交"的两手政策,以先发制人的手段,大力向拉美扩张,强迫签订奴役性协定,控制各国的海关和财政,镇压人民革命运动,甚至肆无忌惮地策动政变,出兵干涉尼加拉瓜、多米尼加、海地等国,进行军事占领。1903年煽动巴拿马脱离哥伦比亚独立,强买巴拿马运河地带,并于1919年凿通了沟通太平洋和大西洋的巴拿马运河,进一步加强对加勒比海地区的战略控制,把加勒比海变成了美国的"内湖"。至此,美国一跃而成西半球的霸主。

美西战争后,美国立即向远东太平洋地区大肆扩张。1899年,美国国务卿海约翰先后向英、俄、德、日、意、法六国发出照会,提出了"门户开放"政策,宣称:"美国希望在中国维持对全世界开放的市场",要求帝国主义列强在各自的"势力范围"内,不实行独占,不排斥美国,"利益均沾";主张"列强在北京采取一致行动,以赞助为巩固满清帝国政府及维持中国完整所急需之行政改革",其目的是借维持中国"完整"之名,用所谓"一致行动",共同统治的办法,阻止其他帝国主义独占中国,以便等待时机,实现独霸中国的野心。

同其他帝国主义比较,美帝国主义的侵略扩张政策有较大欺骗性,其殖民秩序也不完全相同。它一直打着支持和承认被压迫民族独立的旗号,它一般不建立直接的殖民统治,而是较多地扶植代理人,采取狡猾隐蔽的经济渗透方式,即通过"援助"和资本输出进行控制;它在以强大的反革命暴力作为后盾的情况下,更加注重精神侵略方面的活动,由宗教事业而推广到"慈善"事业和文化事业,把侵略说成"友

国际政治学理论

谊",灌输奴化思想,腐蚀革命斗志,使被压迫民族安心忍受美帝国主义的侵略和掠夺,甘当美国驯服的臣民。因此,在当时,美帝国主义的欺骗性较大,也更危险。

20世纪初,帝国主义列强在世界范围内建立的殖民秩序,尽管各有特色,但在本质上是完全一致的。其共同特征是:大国控制世界,战争威胁人类,强权政治猖獗,大多数国家和民族处于从属地位和被掠夺的状态。

国际秩序和行为规范从欧洲走向世界,具有完整性和全球性的标志,是第一次世界大战后的《国际联盟盟约》。1919年1月18日,27个战胜国的代表在巴黎召开和会,经过激烈争吵,通过了英美提出的国际联盟盟约。各缔约国,"为促进国际合作,保证国际的和平与安全,承担不从事战争之义务,维护各国间基于正义与荣誉之公开邦交,严守国际公法之规定,以为今后各国政府行为之规范,在有组织之民族间,确立正义并遵守根据条约所产生之一切义务,特制定联盟盟约共26条"。盟约重新肯定原有国际法基本原则,使之系统化,特别强调:"尊重并保持所有联盟各会员国领土之完整及现有政治上之独立,以防御外来侵犯之义务","凡任何战争或战争之威胁,不论其直接或间接涉及联盟任何会员国,皆为有关联盟全体之事,联盟应采取措施,以保持各国间之和平"①。特别重要的是,依据盟约建立了世界性的国际组织,即国际联盟,设立了第一个国际司法组织,即国际常设法院,开始充实国际调节机制。国际联盟的建立,标志着新的国际秩序的形成。

国际联盟由英法两国所控制,各成员国的利益是互相矛盾的,实为"一群你抢我夺的强盗的联盟",盟约关于制裁的规定和调节机构形同虚设,不能真正发挥行为规范的作用。

第二次世界大战后的50年,是国际行为规范和国际法基本原则大普及大发展的时期,也是国际秩序不断更新的最活跃的时期。联合国的建立和50年来的更新演变,促使国际行为规范特别是国际法基

---

① 方连庆等编:《现代国际关系史资料选辑》上册,北京大学出版社1987年版,第57页。

第七章 秩序论 国际政治的稳定秩序与国际机制

本原则进入了一个成熟的新时期。其主要表现在：内容充实完善，是非标准明确，调节机制齐全，运行程序规范。

联合国不仅系统确认和固定国际社会的行为规范，而且明确规定国际法的基本原则。《联合国宪章》是当今世界签字国最多的一项多边性国际条约，它以"维持国际和平及安全"，"促成全球人民经济及社会之进展"为宗旨，要求联合国及其会员国以下列七项原则为行为规范：(1)"各会员国主权平等"，不分大小各国；(2)"履行其依本宪章所担负之义务"，即在平等基础上承担国际义务；(3)"应以和平方式解决国际争端，俾免危及国际和平、安全及正义"；(4)"在国际关系上不得使用威胁或武力，或以与联合国宗旨不符之任何其他方法，侵害任何会员国或国家之领土完整或政治独立"；(5)"对于联合国依本宪章规定而采取之行动，应尽力予以协助"；(6)"本组织在维持国际和平及安全之必要范围内，应保证非联合国会员国遵行上述原则"；(7)不得干涉"在本质上属于任何国家国内管辖之事件"。这些行为规范由于写进国际条约文件，且得到世界各国和国际组织的认可，已经上升为国际法原则，具有广泛的约束力。随着大批第三世界新兴独立国家加入联合国和中华人民共和国在联合国安理会常任理事国合法席位的恢复，国际格局加速向多极化发展，联合国的面貌开始发生重大变化。特别是科技革命的新发展和经济关系的加强，为国际行为规范拓宽了领域，提出了新的要求。作为政府间最大的世界性国际组织，联合国所肩负的历史使命是不可代替的。

20世纪60年代以来，经过会员国的长期探讨和争论，统一了对国际行为规范重要性和必要性的认识，一致同意加强国际法基本原则的系统化和法律效力的工作，促使联合国在国际行为规范的更新和国际法基本原则的贯彻执行上取得了较好的成效。从60年代开始，联合国通过了许多国际法文件，如《给予殖民地国家和人民独立的宣言》(1960年12月14日)、《自然资源之永久主权的决议》(1962年12月14日)、《关于各国内政不容干涉及其独立与主权之保护宣言》(1965年12月21日)、《国际法原则宣言》(1970年10月24日)、《加强国际安全宣言》(1970年12月16日)、《建立新的国际经济秩序宣言》

国际政治学理论

(1974年5月1日)、《各国经济权利和义务宪章》(1974年12月14日)、《国际关系中不容推行霸权主义政策》的决议(1979年12月14日),等等。特别是1970年的《国际法原则宣言》,第一次以宣言形式明确规定七项原则为各国行为规范中必须遵循的国际法基本原则,要求国际社会在七项原则的基础上发展相互关系。这七项原则是:不使用武力威胁或使用武力;和平解决国际争端;不干涉他国内政;各国主权平等;各国依照宪章彼此合作;各国人民平等权利和自决;真诚履行宪章所规定的义务。这七项原则言简意赅,而且正式将联合国宪章划入国际法领域。1974年的《各国经济权利和义务宪章》,又明确规定指导国际经济关系的基本原则是:各国的主权、领土完整和政治独立;所有国家主权平等;互不侵犯;互不干涉;公平互利;和平共处;各民族平等权利和自决;和平解决争端;对于以武力造成的、使得一个国家失去其正常发展所必需的自然手段的不正义情况,应予补救;真诚地履行国际义务;尊重人权和基本自由;不谋求霸权和势力范围;促进社会正义;国际合作以谋发展;内陆国家在上述原则范围内进出海洋的自由。特别重要的是,随着科学技术的发展,联合国还先后制定了新海洋法、外层空间法、国际环境保护法、国际生态法、国际刑法和核法等。至此,国际法基本原则不仅系统化、完整化,而且法律化,具有较大的权威性和约束力。

国际行为规范的权威性和约束力,不仅在于写进国际条约文件,得到世界各国的认同和支持,而且充实了管理机构,增强了国际控制和调节机制的作用,并且从自发到自觉,有效地提高了国际行为规范和国际法基本原则的威信和不可侵犯性。

国际控制与调节机制,指的是国家和国际组织为国际事务和相互关系进行联系、磋商、谈判、协调而确定的公认准则、建立的制度化机构和运行程序。它是国际机构、确定原则、运行程序和联合行动的统一,包括以实力自发均衡为主要内容的自发控制与调节机制和以有组织的制度性控制与调节为特征的自觉控制与调节机制,主要有危机处理机制、联系机制(如首脑会晤)、经济政治相互协调机制,等等。它区分为联合国集体安全机制和区域性控制与调节机制。当今世界,防止

第七章 秩序论 国际政治的稳定秩序与国际机制

战争与冲突、维持和平与安全、和平解决国际争端的机构和制度主要有：联合国大会的讨论、审议与建议；安全理事会的调查、调停、斡旋与和解活动，以及各种建议和采取必要的行动、区域性经济政治组织的协调与协定；国际法院的审议与处理；还有维持和平部队的特殊责任，等等。以上述部分为主要内容的国际控制与调节机制，具有系统化、法律化、规范化、制度化的特点，标志着国际行为规范和国际法原则的成熟，为建立公平合理的国际新秩序奠定了扎实的基础。

在国际政治史上为公平合理的国际秩序和国际法准则的发展作出重大贡献的，除反法西斯战争胜利后，美、苏、英、法、中等国筹建联合国具有划时代意义外，先后还有法国资产阶级革命、美国独立战争、俄国十月革命和中华人民共和国的成立。法国资产阶级革命胜利后的宪法和美国的《独立宣言》，明确宣布民族自决，主权属于人民，主权不可让渡，脱离大英帝国的独立国家享有宣战、媾和、结盟、通商和其他属于主权范围的全权，主张国家间互不干涉内政，领土不可侵犯，国际航行自由，等等。俄国十月革命建立的苏维埃政府，制定了和平法令，宣布侵略战争为罪行，废除秘密外交，要求"不兼并和不赔款"的和平，实行民族自决权和大小国家一律平等，等等。中华人民共和国政府先后提出反帝反霸和不称霸的原则，处理国际关系的和平共处五项原则，并主张在国际争端中求同存异，"搁置主权，共同开发"，"一个国家，两种制度"，和平解决国际争端等等。所有这些行为规范的准则均得到世界大多数国家的赞同，不仅拓宽了国际法的内容，而且增强了国际法的权威性。冷战结束前后，美国、苏联、日本、德国、中国和第三世界不结盟国家均提出了建立世界新秩序或国际新秩序的主张，其中以美国、第三世界不结盟国家和中国的方案最具代表性。这些方案尽管目的不完全相同，但在遵循国际法准则和重视联合国等方面有许多相似之处。

在国际社会中，践踏正常国际行为规范和国际法准则，推行和维护以大压小、恃强凌弱、仗富欺贫的国际秩序和强权公理的，是殖民主义、帝国主义和霸权主义。它们先后推行的保护关系、国际共管、租借地、领事裁判权、势力范围、"大家庭"、军事集团、单方强行制裁等等，破坏了国际法基本原则的正常发展,阻碍了公平合理国际秩序的建立,给国际行为规范增添了不光彩的记录,加剧了国际社会的动荡。

第二节 国际新秩序和国际机制的基本原则

一、民族自决权原则

民族自决权,同资本主义的产生相连,是反对异族压迫和强权政治的产物,早在17世纪和18世纪就已经由资产阶级和小资产阶级提出来了。1789年的法国资产阶级大革命诞生了三胞胎:民族主义、民主主义和民族自决,并且由理想变成了现实,最终冲垮了当时统治欧洲的以罗马教皇为中心的神权政治。在法国大革命的影响下,欧洲最早出现用人代替神、用国家代替教会、用统一代替割据的历史潮流,民族国家应运而生。一批受教皇统治的弱小国家和民族纷纷举行公民投票,决定脱离教皇统治,实行民族自决。这就是历史上第一次民族自决浪潮。19世纪初,以沙皇俄国为反动堡垒的神圣同盟在欧洲建立了大国控制小国的强权体制,特别是俄国以泛斯拉夫主义为"鞭子",充当了镇压各国民族民主运动的宪兵。为了"消除俄国佬在欧洲的影响",欧洲许多国家继续举起民族自决的旗帜,兴起了伟大的民族独立运动——历史上第二次民族自决浪潮。特别重要的是,马克思和恩格斯作为无产阶级革命导师首先接过民族自决口号,赋予革命内容,既作为反对沙俄强权政治和推进国际政治民主化进程的重要手段,又同社会主义直接联系起来,提出"压迫其他民族的民族是不能获得解放的"著名原则,揭示了无产阶级的解放同民族自决不可分离的关系。进入20世纪以后,帝国主义把民族压迫从欧洲扩大到亚洲、非洲、拉丁美洲,使之成为全球性的普遍现象。整个世界正式区分为压迫民族与被压迫民族两大对立营垒。民族自决也随之越出欧洲范围,成为殖民地半殖民地被压迫民族反对世界帝国主义的重要原则。亚洲、非洲、拉丁美洲地区特别是亚洲地区先后涌现出要求民族自决的第三次新浪潮。列宁继马克思和恩格斯之后从理论上系统阐述了民族自决权原则,他不仅揭示出民族自决权的经济基础和历史必然性、合理性,

第七章　秩序论　国际政治的稳定秩序与国际机制

而且把民族自决权视作彻底反帝的表现,以及丰富民主制和向社会主义过渡的多样形式之一。列宁的民族自决权思想,从理论上武装了共产国际和殖民地半殖民地的进步党派,鼓舞了被压迫民族的革命斗志。从此,民族自决的斗争开始成为国际政治的主要内容。随着瓜分殖民地和势力范围的第一次世界大战的结束,被压迫民族纷纷觉醒,反对兼并的斗争和民族解放运动蓬勃兴起。面对世界形势的发展和国家权益的需要,美国总统威尔逊关于战后和平和建立国际联盟的主张,也大力鼓吹民族自决,开始把民族自决权从阶级政党政治的主要内容引向国际社会,成为世界各国关注和讨论的重大问题。威尔逊总统因此获得诺贝尔和平奖。反法西斯战争胜利后,亚非地区纷纷取得民族解放的胜利,诞生了一系列民族独立国家,出现了第四次民族自决浪潮。

随着亚非地区新独立国家的大量涌现和纷纷加入联合国,民族自决权不仅为国际社会所重视,而且被正式确立为国际法的重要原则,并得到了世界各国的普遍赞同。《联合国宪章》是第一个写进民族自决权原则的国际文件,它要求"以尊重人民平等权利及自决原则为根据",发展国家间的友好关系,它赋予殖民地和委任统治地以民族自决权利,决定"助其自由政治制度之逐渐发展",或"趋向自治或独立之逐渐发展"。为了适应民族解放运动的蓬勃发展和新独立国家的愿望,联合国于1952年、1960年和1970年先后通过了三个国际法文件,即《关于人民与民族的自决权》、《给予殖民地国家和人民独立宣言》、《关于各国依联合国宪章建立友好关系及合作之国际法原则之宣言》。三个文件明确规定:"各民族享有平等权及自决权之原则","各民族一律有权自由地决定其政治地位,不受外界之干涉,并追求其经济、社会及文化之发展。""一个民族自由决定建立自主独立国家,与某一独立国家自由结合或合并,或采取任何其他政治地位,均属民族实施自决权方式。"各民族在行使自决权时,"有权依照宪章宗旨及原则请求并接受援助"。为了实施民族自决权,文件要求"迅速和无条件地结束一切形式和表现的殖民主义","不得以政治、经济、社会或教育方面的准备不足作为拖延独立的借口"。文件认为,"每一国均有义务依照宪章规定,以共同及个别行动,促进各民族享有平等权利及自决权原则之实现,并协助联合国履行宪章所赋关于实施此项原则之责任"。"毋忘各民族之受异族奴役、统治与剥削,即系违背此项原则且系否定基本人权,并与宪章不合。""每一国均有义务避免对上文阐释本原则时所指之民族采取剥夺其自决、自由及独立权利之任何强制行动。"

民族自决权,有狭义和广义两种提法。从政治意义上讲,民族自决权只是一种独立权,自由分离权,建立民族国家的权利;从抽象意义上说,民族自决权指的是民族权利,即各民族有权按照本民族的愿望来处理自己的事情,或独立,或联合;或实行联邦制,自治制,均由自己决定。但无论是马克思列宁主义的民族观,还是《联合国宪章》和国际法文件的规定,民族自决权均包括五种具体权利:(1)政治分离和建立民族独立国家的权利;(2)自由选择社会制度的权利;(3)反对兼并和侵略干涉的权利;(4)在民族解放战争中保卫祖国的权利;(5)实现民族彻底独立和彻底解放的权利。

政治分离和建立民族独立国家的权利,以及自由选择社会制度的权利,主要指的是殖民地半殖民地被压迫民族。马克思和列宁的论述是这样,国际法文件也有明确规定。民族自决权原则的特定含义,是殖民地和附属国人民反对帝国主义的斗争,是向殖民主义和帝国主义要自决。当然,在争取民族自决的斗争中,坚持反对帝国主义的大方向,这是列宁特别强调的。殖民地民族一定要自己决定自己的命运,高度警惕帝国主义大国利用民族自决从中渔利,谨防"前门赶狼,后门进虎",把民族自决变成民族"他决"。

祖国是个历史概念。在国际政治史上有过两种"保卫祖国"。帝国主义大国争夺殖民地和势力范围战争中的"保卫祖国",这是不允许的、错误的;在反对侵略干涉战争中的"保卫祖国",这是正当的,具有历史的合理性和进步性。这种"保卫祖国"就是维护民族自决权,始终是正义的。马克思和恩格斯在《共产党宣言》中说过"工人无祖国",又怎么能"保卫祖国"呢?这类提问是一种误解。其实,"工人无祖国"的含义是:(1)他们的经济状况不是民族的,而是国际的;(2)他们的阶级敌人是国际的;(3)他们解放的条件也是国际的;(4)他们

第七章 秩序论 国际政治的稳定秩序与国际机制

的国际团结比民族团结更为重要。何况,马克思和恩格斯在《共产党宣言》中说过"工人无祖国"之后,紧接着还指出:工人确定为民族的阶级,把自身组织成为民族。如果只抓住第一个论断,而忘记同后一论断的联系,当然是错误的。那么,这种联系是什么呢?这种联系就是:无产阶级不能拒绝支持民族自决活动,"也不能拒绝在民族战争中保卫祖国",必须支持和帮助争取民族民主的斗争①。马克思和列宁甚至以对待殖民地民族自决权的态度,作为衡量无产阶级是否成熟的"寒暑表"和重要标志,视作社会主义革命的必由之路,看成社会主义国家能否巩固的关键。

民族自决权是彻底的,它既指政治独立,也包括经济独立,要求实现彻底解放。事实上,对殖民地民族来说,政治独立是前提,没有政治独立,根本谈不上经济独立;经济独立则是保证,没有经济独立,政治独立也是不巩固、不完善的。因此,殖民地民族实现政治独立之后,必须继续为巩固政治独立,捍卫国家主权,争取经济独立,实现完全的民族自决而斗争。这一点在联合国的国际法文件中是肯定的。文件认为,民族自决权要求"自由地决定"政治地位,"自由地发展"经济、社会和文化。这个"自由地决定"和"自由地发展"的主体是民族和人民,一切由人民来决定和选择。即使还未建立独立国家,其民族组织的自决斗争也能得到国际法的承认,并且可以否定传统国际法的"有效统治原则"。民族自决权既体现为国家构成的民主原则,还要求反对外来干涉内政的行为,享有自卫权。民族自决权的核心,是实现真正的独立自主,同和平共处五项原则完全一致。它有权自由地选择社会制度和规划独立发展经济的模式,寻找适合本国国情的自由发展的途径。它有权独立自主地处理本民族国家的内政与外交。

当代世界,民族自决权中的独立自主,就是从本国人民和世界人民的根本利益出发,依据国际问题本身的是非曲直,独立地作出判断,确立或调整自己的立场和政策。它具体体现在:(1)不结盟。既不依附于任何大国,同它们结盟或建立战略关系,也不谋求同任何一个友

---

① 《列宁全集》第43卷,第2版,第465页。

国际政治学理论

好国家,包括第三世界国家结盟,即不联合一部分国家去反对另一部分国家。结盟至少有三个不好,其一会在某种程度上受制于人,或被人利用,不能完全掌握自己的命运;其二可能强加于人,或遭人猜疑,阻碍广交朋友;其三会引起对抗,影响国际社会的稳定。不结盟有利于世界的和平、稳定与进步。(2)不受干扰。既不屈服于任何外国的压力,不受任何人的唆使和挑动,也不迁就临时事变,不为一时一事所左右。(3)不搞政治游戏。在处理国家间关系时不玩牌,既旗帜鲜明地反对霸权主义,又要积极发展正常的国家关系。不能因为反对霸权主义就不发展国家关系,也不能因为要发展国家关系就放弃反对霸权主义的立场,更不能因为要同它们之中的一国发展关系,就损害另一国的利益。独立自主原则的核心是:自己当家做主,从国际问题本身的是非曲直出发,按符合本国人民和世界人民根本利益的标准办事。独立自主不是闭关自守,它同对外开放是相辅相成的。没有国家的独立,就没有人民的一切,就不可能建设成为一个现代化的富强国家。独立来之不易,必须十分珍惜它,捍卫它。独立自主,不是搞闭关自守,也不是推行狭隘民族主义;相反,它正是国家走向国际舞台、处理对外关系的一条原则。闭关自守或狭隘民族主义同独立自主原则是截然相反的两回事,前者与世隔绝,自我孤立,后者则同履行维护世界和平、促进人类进步的崇高的国际义务是一致的。独立自主,以相互平等、相互尊重为前提,与霸权主义根本对立。它不仅立足本国,也要面向世界,它既捍卫本国的独立、主权完整与尊严,也尊重别国的独立、主权完整与尊严,它要求本国不称霸,也反对来自任何方面和以任何形式出现的霸权主义。世界上所有国家,不论大小、贫富、强弱,都是主权国家,在维护民族自决、国家独立、主权和尊严方面应该一视同仁。

民族自决权确立为国际法原则,以联合国名义赋予殖民地半殖民地人民争取独立和解放的合法权利,得到世界各国的普遍赞同。民族自决权不仅成为被压迫国家和被压迫民族反对殖民主义、帝国主义和霸权主义的法律武器,而且在法律上要求殖民地宗主国立即承认它们的独立,不得以任何借口阻碍被压迫民族实现民族自决权。世界各国

第七章 秩序论 国际政治的稳定秩序与国际机制

均须依照《联合国宪章》和国际法文件之规定,有义务采取剥夺或个别行动,促进民族自决权原则的实现。任何国家不得采取共同或个别行动,促进民族自决、自由及独立权利之任何强制行动,因为这是完全违背国际法原则的。马克思列宁主义的创始人一直把民族自决权作为社会主义和国际主义的原则,坚信压迫其他民族的民族是不能获得解放的。马克思和列宁特别要求压迫民族的无产阶级和社会主义国家坚持民族自决权原则,坚决支持被压迫民族争取民族独立和解放的斗争,否则就是对社会主义的背叛。马克思列宁主义认为,对它们来说,坚持民族自决权,不是一个抽象的正义或博爱的问题,而是它们自身解放和巩固胜利的重要条件。这些思想属于马克思主义基本原理,在今天仍然具有现实的指导意义。

二、主权平等原则

主权,即国家主权,是国家固有的本质属性。国家主权从内容上看,包括:(1)国家安全权益,即国家维护主权独立、领土完整、人民生存和不受侵犯的权益。(2)国家政治权益,即独立自主管理内政外交的权益。(3)国家经济发展权益,即经济繁荣、科技进步和人民生活水平不断提高的权益。(4)国际社会中的平等互利权益,即国家不分大小、强弱、富贫,也不论社会制度的差异,在国际法上的地位完全平等。这些权益不可分割,也没有主次之分,乃是国家一切活动的基础和根本目标。虽然国家安全权益涉及国家生死存亡,属第一位的根本利益,但如果缺少其他权益作后盾,也是名存实亡。国家利益建立在主权的基础上,只以主权为依据,不以实力为标准。有的学者只注重前三权,忽视国际社会的平等权,这是不全面的。一个国家在国际社会的平等地位不受尊重或被侵犯,这是主权不完整的表现,也必然影响前三权的尊严和行使。

国家主权从领域上分,主要表现为对内的管辖权,对外的独立权、平等权和国防上的自卫权。管辖权,即领域管辖权(包括领土、领空、领海和资源的管辖)及国籍管辖权(人的管辖权)。独立权,即完全按自己的意志和本国的权益处理事务。平等权,即国际事务的平等参与权和决策权。自卫权,即国防建设权和单独或集体自卫权。国家主权的最基本特征,在于具有最高的权威性、无可非议的合理性和绝对的排他性,不容他国染指,不许他国插手,不准他国干涉。

主权同领土完整、人民的权利与义务和政府的职责相连。国家主权具体表现为领土主权、人民主权和政府主权。领土主权,即领土完整,国家统一;人民主权,即各国人民有权选择适合自己的社会制度和参与国家事务;政府主权,即人民选举的政府有权管理自己的国家和处理对外事务。以领土主权、人民主权和政府主权为主要内容的国家主权,是统一不可分割的,神圣不可侵犯。即使领土主权、人民主权和政府主权出现矛盾,也属国家主权内部事务,任何国家不得插手,这是由国际法基本准则所决定的,为国际社会所公认。

国家主权独立与平等原则,是反对和否定君权神权的产物,其首创代表人物是法国古典法学家让·布丹和荷兰政治思想家雨果·格劳秀斯。布丹把主权界定为"国家绝对和永恒的权力",主要着眼于国内主权;格劳秀斯写出巨著《战争与和平法》,突出国家对外主权。18世纪,法国启蒙运动思想家卢梭的《社会契约论》一书主张"人民主权"论,标志着资产阶级主权理论的成熟。卢梭认为,"主权的实质就是全体的意志",即"公意"。主权是社会公约赋予国家支配其成员的"绝对权力",它凌驾于全体成员之上,谁侵犯它,"就要不能不使它的成员同仇敌忾",因而主权不受限制,不可转让,对外也具有独立的性质①。

主权平等,一直是国际社会追求的目标。法国资产阶级大革命和美国独立战争,就是实现主权完整的战争。苏维埃俄国一建立就宣布国家不分大小,一律平等。中华人民共和国一直把维护国家独立和主权完整同争取和平的国际环境一道作为对外战略的首要目标。第三世界一系列新兴国家从未停止巩固政治独立和实现经济独立的努力。战后成立的联合国,在其宪章中明确宣布"各成员国主权平等之原则"。50年来,联合国多次通过宣言和决议,具体规定主权原则的内

---

① 卢梭:《社会契约论》,商务印书馆1980年版,第27页。

第七章 秩序论 国际政治的稳定秩序与国际机制

容和范围,其中重要的文件有:1962 年关于"国家对自然资源之永久主权"决议、1970 年关于将永久主权扩及到邻接海域的决议、1970 年关于主权平等六要点的原则宣言、1972 年关于主权扩及到沿岸水域和大陆架上覆水域的资源的决议、1974 年关于"每个国家对其全部财富、自然资源和经济活动享有充分的永久主权,包括拥有权、合作权和处置权在内,并得自由行使此项主权"的决议,等等。1970 年,联合国通过的《国际法原则宣言》明确规定了主权平等的六条要点:(1)各国法律上一律平等,(2)各国均享有主权的固有权力,(3)各国均有义务尊重他国的国际人格,(4)国家的领土完整及政治独立不受侵犯,(5)各国均有权利选择其政治、社会、经济及文化制度,(6)各国均有责任履行其国际义务,并与其他国家和平相处。这六条要点的提出,标志着主权平等的规范化。

由于国际社会的发展和强权政治的存在,关于国家主权的争论从未停止过。其中有些意见和建议包含有新形势新问题的新思考的合理内核,但有些理论实质上是力图否定主权,为干涉内政制造舆论。当今世界出现的"主权原则过时论"、"内政外交不可分论"、"新干涉主义论",同我们强调的主权平等是不相容的。至于国际政治经济的联盟和地区共同体,加入国家协商确定在关税、市场、外贸等方面彼此让出一部分主权,以取长补短、互相协作,实现共同发展,这同我们所主张的尊重国家主权并不矛盾。因为:(1)主权涉及政治、安全、经济各个方面,是一个整体,为了全局利益,让出部分主权,并不损害主权的完整。我们强调主权利益是总体利益,并不把它绝对化。(2)主权的重要原则是平等,在平等的基础上,彼此协商,互谅互让,对等互利,正是相互尊重主权平等的表现。我们强调的主权利益是相互具有的平等利益,反对单方面限制。(3)主权的要害是独立自主,让出一部分主权,换取整体利益,只要是自愿的、由本国独立决策,就是合理的。我们强调国家主权利益,主要是维护独立自主的原则,反对别国干涉内政。当然,随着科技革命的发展和国际相互依存的加深,我们不能把主权问题绝对化,但必须明确在主权原则的三个关键问题上是不能动摇的。这三个关键是:(1)完全独立自主的决策;(2)主权问题上

国际政治学理论

的对等;(3) 符合整体的国家利益。

三、和平共处五项原则

和平共处原则,是社会主义国家首先提出的。它是社会主义国家总体和平外交的反映,也是社会主义国家尊重不同社会制度并存的事实所采取的重大决策。十月革命胜利后,世界上新出现了社会主义国家同垄断资本主义国家间的关系。面对这种关系,帝国主义国家首先采取军事干涉的"扼杀"政策,苏维埃俄国作为第一个社会主义国家则在胜利的第二天就通过《和平法令》,宣布奉行和平外交,并于粉碎外国军事干涉之后立即明确提出同所有国家政府"和平共处"的政策。苏维埃俄国的依据是:(1) 社会主义国家在一个或几个国家内获胜将在"一个相当时期内"仍然同世界其他"资产阶级的或资产阶级以前的国家"并存;(2) 需要"把自己的全部力量用来进行国内建设";(3) 你打垮了帝国主义的武装进犯,"他就会来讲和的"。苏维埃俄国的经验表明,和平共处是靠斗争取得的,必须以反对外来干涉为前提。和平共处是有原则的,它建立在互不侵犯、互不干涉内政和互通有无、平等互利的政治经济基础上。

中华人民共和国作为和平共处五项原则的倡导国,首先将其载入自己国家的根本大法,并积极推向世界,作为处理国际关系的根本准则。20 世纪 50 年代中期,中国和印度、缅甸正式倡议的"互相尊重主权和领土完整、互不侵犯、互不干涉内政、平等互利、和平共处"五项原则,从指导同邻国关系到同第三世界发展中国家关系;从指导不同社会制度国家间关系到相同社会制度国家间关系;从指导同友好国家关系到同推行强权政治的霸权主义的国家关系,经历了一个长期的努力和斗争过程。目前,中国在与世界 100 多个国家的建交声明或公报中都写进了和平共处五项原则,并为世界各国所确认。特别重要的是,在中国和与会国的共同努力下,1955 年召开的亚非会议,把和平共处五项原则写进会议最后公报,扩大为十项原则。公报认为"各国应当在消除不信任和恐惧,彼此以信任和善意相待的情况下",在尊重基本人权、尊重联合国宪章的宗旨和原则、尊重一切国家的主权和领土完

第七章 秩序论 国际政治的稳定秩序与国际机制

整、承认一切大小国家的平等和不干预或干涉他国内政等十项原则的基础上,"作为和睦的邻邦彼此实行宽容,和平相处,并发展友好合作"。随后,鉴于社会主义国家间关系的经验教训,中国政府于1956年11月1日发表声明,正式宣布将和平共处五项原则扩大为社会主义国家间相互关系的准则。1972年2月28日发表的中国同美国的联合公报具有重大意义,双方同意:各国不论社会制度如何,都应依据和平共处五项原则"来处理国与国之间的关系"。正是在社会主义中国的不懈努力下,随着亚非拉新兴独立国家进入联合国,和平共处五项原则正式成为国际法准则,虽然国际法文件规定的条目较多,但其基本精神是完全一致的,使用的语言基本相同。《联合国宪章》开宗明义要求世界各国,"力行容恕,彼此以善邻之道,和睦相处"。联合国大会先后通过的《给予殖民地国家和人民独立宣言》、《关于各国依联合国宪章建立友好关系及合作之国际法原则之宣言》、《各国经济权利和义务宪章》等文件,均"相信所有国家的人民都有不可剥夺的权利来取得完全的自由、行使主权和保持国家领土完整","任何国家,不论为任何理由,均无权直接或间接干涉任何其他国家之内政、外交",承认"各国法律地位平等","每一国均有权利自由选择并发展其政治、社会、经济及文化制度";要求"互不侵犯"、"互不干涉"、"公平互利"、"和平共处"、"和平解决争端"。联合国有关文件的通过与实施,进一步扩大了和平共处五项原则的影响,使其成为世界各国公认的国际关系基本准则。当今世界,只要遵循和平共处五项原则,社会制度不同的国家可以友好相处,互相合作;如果违背和平共处五项原则,即使社会制度相同的国家也可能出现对抗,甚至发生冲突。

和平共处五项原则是一个不可分割的有机联系的整体。它以尊重各国主权完整为前提,重在反对侵犯和干涉,贵在平等互利基础上的和平共处。它宣告:国家不分大小强弱和贫富,在国际关系中都应该享有平等的权利,它们的主权和领土完整都应该得到尊重,而不应该受到侵犯和干涉。只有互相尊重主权和领土完整,互不干涉内政,和平才有保障。对于任何一个国家主权和领土的侵犯和内政的干涉,都不可避免地要影响国家关系和危及和平。如果各国保证互不侵犯,互不干涉内政,就可以在各国的关系中创造和平共处的条件,各国人民就有可能按照他们自己的意志选择他们自己的政治制度和生活方式。如果各国在国际事务中均享有平等互利的权利,就可以在各国的关系中保持长期的和平共处。和平共处五项原则,以尊重各国人民对社会制度的选择为前提,反对任何干涉内政的行为。不同社会制度国家的出现,是人类历史发展的必然,是各国人民自己选择的结果,这是一个长期的客观存在。既然如此,就应尊重各国人民的选择,实行长期共处。"共处"有"战争共处"、"冷战共处"、"和平共处",相比较而言,还是和平共处好。当然,要长期共处下去,以不平等和强权政治为特征的势力范围与大家庭方式不行,"输出革命"也不行,必须遵循"你不吃掉我,我不吃掉你"的双方都能接受的原则,这只能是和平共处五项原则。

和平共处五项原则具有强大的生命力。第一,它是国家生存和发展的基础,相互交往的前提。主权是国家的最基本属性,领土完整同国家主权不可分割。任何国家都有独立自主地选择和完善适合本国国情的政治、经济、文化制度的权利,都有独立自主地制定本国内外政策的权利,都有独立自主地捍卫国家主权和领土完整的权利,都有独立自主地享受国际事务中的平等互利的权利。如果说,互相尊重主权和领土完整是和平共处五项原则的核心,那么,互不侵犯、互不干涉内政、平等互利、和平共处,则是对核心的根本保证。为了保证国家主权和领土完整,必须排除武力和武力威胁,互不侵犯,必须尊重不同社会制度共存的事实,不得以任何借口干涉别国内政,必须把平等互利结合起来,要求事实上的平等,必须承认共处的必然性,和平的普遍愿望,真正和平共处。第二,它同强权政治根本对立,要求世界各国平等参与和决定国际事务,享受公平合理的利益。国际政治中先后出现过以强权政治为特征的殖民统治秩序、军事集团组织、势力范围关系、大家庭模式等等"共处"形式,都不得人心。时至今日,这些强权式的"共处"形式均行不通了,日益遭到世界各国的反对。相比较而言,还是和平共处好。和平共处五项原则就是反对强权政治的产物,并与之根本对立。它坚决反对任何国家以社会制度和意识形态的异同作为

第七章　秩序论　国际政治的稳定秩序与国际机制

占领别国领土、干涉别国内政的借口,坚决反对以大欺小、仗富欺贫、恃强凌弱的行为。它给予各国人民反对侵略和干涉斗争以法律武器,要求大小国家间、富贫国家间一律平等,包括法律上的平等和事实上的平等。实现世界各国不分社会制度的异同、综合国力的强弱、经济发展的差异、人均收入的多少,均有在国际事务中的平等发言权、决策权和互利权。第三,它反映世界各国,特别是广大第三世界发展中国家的普遍愿望,适应了战后国际政治格局演变的客观需要,具有广泛性、正当性和公平合理性。它超越社会制度和意识形态的异同,也不从经济实力和政治军事实力出发强加于人,要求求大同存小异,提倡民主协商,和平解决国际争端,显示了和平共处五项原则的强大生命力。

四、反对侵略战争与和平解决国际争端的原则

世界是复杂的,不仅社会制度不同,民族习惯和文化传统各异,而且经济发展水平千差万别,存在着种种矛盾和冲突。长时期以来,世界各国人民饱受战争灾难,纷纷要求反对侵略战争,维护世界和平,和平解决国际争端。

在世界舞台上,社会主义国家首先明确宣布反对侵略战争,力主和平解决国际争端,只要存在一丝和平希望,也从不放过。十月革命胜利后第二天通过的苏维埃俄国的《和平法令》,第一次界定"兼并或侵占别国领土的行为"含义,公开声明侵略战争"是反人类的滔天罪行"。苏维埃俄国身体力行,先后同许多国家签订了"互不侵犯条约"。中华人民共和国倡导的和平共处五项原则,把"互不侵犯"放在国家间关系的突出地位,旗帜鲜明地反对侵略战争,得到了世界各国的一致赞同。

正是在社会主义国家和世界各国的共同努力下,联合国在国际法文件中首次更改了传统国际法关于国家拥有"诉诸战争权"的规定,并将战争明确区分为侵略战争和反侵略战争,正式宣布禁止侵略战争和非法使用武力。《联合国宪章》关于"宗旨及原则"的规定中首先指出:"维持国际和平及安全;并为此目的,采取有效集体办法,以防止且

国际政治学理论

消除对于和平之威胁,制止侵略行为或其他和平之破坏;并以和平方法且依正义及国际法之原则,调整或解决足以破坏和平之国际争端或情势。"宪章要求各国"在其国际关系上不得使用威胁或武力,或以与联合国宗旨不符之任何其他方法,侵害任何会员国或国家之领土完整或政治独立"。经过多年对"侵略定义"问题的审核和争论,最终于1974年12月14日由联合国大会正式通过《关于侵略定义的决议》。决议除前言外,共分8条。第一条明确将侵略定义为:"侵略是指一个国家使用武力侵犯另一个国家的主权、领土完整或政治独立,或以本《定义》所宣示的与联合国宪章不符的任何其他方式使用武力。"决议指出:"一个国家违反宪章的规定而首先使用武力,就构成侵略行为的显见证据。"决议列举七种主要形式,不论是否经过宣战,都构成侵略行为,即"(1)一个国家的武装部队侵入或攻击另一国家的领土;或因此种侵入或攻击而造成的任何军事占领,不论时间如何短暂,或使用武力吞并另一国家的领土或其一部分;(2)一个国家的武装部队轰炸另一国家的领土;或一个国家对另一国家的领土使用任何武器;(3)一个国家武装部队封锁另一国家的港口或海岸;(4)一个国家的武装部队攻击另一国家的陆、海、空军或商船和民航机;(5)一个国家违反其与另一国家订立的协定所规定的条件,使用其根据协定在接受国领土内驻扎的武装部队,或在协定终止后,延长该武装部队在该国领土内的驻扎期限;(6)一个国家以其领土供另一国家使用让该国用来对第三国进行侵略行为;(7)一个国家或以其名义派遣小分队、武装团队、非正规军或外国雇佣军,对另一个国家进行其严重性相当于上列各项行为的武力行为,或者该国实际卷入了这些行为。"决议还专门授权联合国安理会,除上述七种主要形式外,有权依据《联合国宪章》的规定确认新的侵略行为。决议最后特别指出,殖民地半殖民地和附属国人民争取民族自决的斗争,符合国际法文件的规定,是应该享受的正当权利。联合国的"侵略定义""绝不妨碍"被压迫民族和被压迫国家取得这些权利,以及"寻求和接受支援的权利"。

反对侵略战争与和平解决国际争端,是不可分割的。当代世界的国际争端多为帝国主义和霸权主义造成的。国际法强调和平解决国

第七章　秩序论　国际政治的稳定秩序与国际机制

际争端,最主要的意图是将其作为防止国际战争和维护世界和平的重要途径,以限制帝国主义和霸权主义的侵略行径。同战争方式相比,和平解决国际争端,时间可能拖长一些,但损失较小,后遗症会少,也不至于造成新的危害。依据国际法的规定,和平解决国际争端的主要方式有:当事国的直接谈判、第三国的斡旋和调停、组织国际调查委员会调解、联合国安理会的调解和仲裁及国际法院的裁决和判决,等等。国际争端,种类繁多,性质各异,错综复杂,要真正实现和平解决,是极为困难的。总结战后国际关系的经验,国际争端的和平解决必须具备三个基本条件:第一,以反对帝国主义和霸权主义为前提。当代世界的国际争端多为帝国主义和霸权主义造成的,和平解决首先要区分侵略与反侵略的界限,坚持原则,主持正义。和平解决应是公正合理的解决,不能偏袒侵略者。第二,求同存异。国际争端都是激烈的,矛盾重重,但从世界全局出发,均能找到共同点。当今世界各类国际争端的解决应以和平共处五项原则为基础。只要从和平共处五项原则出发,共同点就会增多,如反对帝国主义和霸权主义的侵略和插手、禁止核军备竞赛和实现彻底裁军、争取和平与发展的主题,等等。在这些共同点上,不同社会制度和不同宗教信仰的差异,民族纠纷和领土争吵,以及地区冲突,都存在着互相了解、互相尊重、互相同情和互相支持的可能性。求同存异为国际争端的和平解决开辟了切实可行的途径。第三,互谅互让。国际争端的和平解决不能是你吃掉我或我吃掉你,应该是相互妥协,互谅互让。中国政府在解决香港归属、边界争端和海岛主权等问题上提出的"一国两制"、"互谅互让"、"主权搁置下的共同开发",是和平解决国际争端的良好方案,在世界范围内产生了较大影响。在这些方案中,有谅解,有妥协,照顾了各方的利益。

第三节　当今世界的国际新秩序方案

一、美国的"世界新秩序"主张

第一次海湾战争以后,当时的美国总统布什正式提出了美国的世界新秩序方案,现任总统克林顿上台以后,也在重申这一主张。

国际政治学理论

1990年8月至1992年底,布什关于美国世界新秩序主张的系统讲话,大约不下50次,其中最为重要的讲话有:1990年10月1日在联合国大会上的讲话、1991年1月19日发表的国情咨文、1991年3月6日在国会联席会议上的讲话、1991年4月13日在亚拉巴马州马克斯韦尔空军基地的讲演、1991年1月发表的《美国国家安全战略报告》,等等。这些讲话,系统阐述了美国世界新秩序的内容。

国情咨文属于政策性文件,具有权威性,它"为进入下一个美国世纪明确规定了一项全面的日程"(《在国会联席会议上的讲话》)。在这个政策性文件中,布什把建立世界新秩序称为"处于生死存亡关头的""一个宏伟的主张",其目标是"把不同国家吸引到一起从事共同的事业,实现人类共同的愿望:和平和安全、自由,以及法治"。"全世界因此可以抓住这个机会(即海湾战争的胜利——作者注),来实现建立一种世界新秩序的长期以来怀抱的希望。这就是,野蛮行径将一无所获,侵略将遭到集体的抵抗。"国情咨文明确宣称:"两个世纪以来,美国给世界树立了一个自由和民主的令人鼓舞的榜样。数十年来,美国领导了保持和扩大自由之福泽斗争。在当今迅速变化的世界上,美国的领导是必不可少的。""正是这一领导的重任以及实力,使美国在一个寻求自由的世界中成为自由的灯塔。"美国政府和人民需要"发挥新的首创精神——以便为下一个美国的世纪作好准备"。

在国会联席会议上的讲话认为,当前世界上"存在建立一个新的世界秩序的十分真实的前景"。这个世界新秩序,"用温斯顿·丘吉尔的话说,是一种'公正和公平的原则发挥作用……保护弱者对付强者的世界秩序'"。其任务是建立"一个摆脱冷战僵局的联合国,准备实现其创始人的理想的世界";"一个自由和对人权的尊重在各国得以实现的世界"。

在空军基地的讲话给"世界新秩序"规定了明确的目标和一套原则。目标是:"以新的方式同其他国家合作,以制止侵略,实现稳定,实现繁荣,首先是实现和平。"原则是:"和平解决争端,一致反对侵略,减少并控制军火,公正对待各族人民。"讲话要求"发扬沙漠风暴行动的成果,使这种世界新秩序具有新的形态和动力,明智地动用武力,向我

第七章 秩序论 国际政治的稳定秩序与国际机制

们能力所及的地方伸出同情之手",认为"世界新秩序是处理新世界可能出现的各种情况的手段","寻求世界新秩序,在某种程度上是要求不要出现骚乱的危险"。讲话称世界新秩序"之所以能承担使命并得以实现,不仅是由于共同的利益,而且还由于共同的理想",并说:"这些在世界各地孕育了新的自由的理想在我们的祖国——美国——得到了最大胆、最明确的体现。世界从来没有像现在这样频频着眼于美国的范例。千百万人从美国思想中看到了希望,也是从未有过的。"

《美国国家安全战略报告》以建立世界新秩序为目标,全面规划了美国的政治、经济、国防战略和地区战略。报告的序言以"世界新秩序"为标题,指出"旧秩序已被一扫而尽,新秩序尚未形成"。在建设世界新秩序这个目标的过程中,"美国的领导是必不可少的","那些通过结盟与我们有紧密联系的国家仍将是我们最密切的伙伴",我们需要"联盟、联合以及一个新的联合国"。报告认为,建立世界新秩序最重要的措施,是建立"新的集体安全机制"。它在美国的领导下,以美国军事实力为后盾,以多边或双边的安全协定为基础,由各地区盟国共同组成并共同分担责任,"建立地区和全球均势",形成"一个国际安全网络"。

依据布什的讲话,美国的世界新秩序主张和政策主要有以下几个特点:(1)目标的双重性:和平与自由并提。和平,即制止侵略,和平解决争端,实现稳定,实现法治,实现繁荣;自由,即美国的自由,推广到全世界,促进各国的自由、民主和人权、实现"政治多元化"、"经济私有化"和"自由市场经济"。(2)结构的双结合:美国的领导和盟国结合并发挥联合国作用的国际合作;美国的军事实力和各地区盟国结合的"新集体安全机制"。(3)原则的双调门:既主张和平解决争端,一致反对侵略,减少并控制军火,公正对待各族人民,又强调"确保美国在全球的战略利益"。这些原则的要害是局限于处理国际事务的方式,而不强调消除国际争端的根源,甚至会以美国全球战略利益为由带来新的麻烦。(4)做法上的双手段:既依靠联盟、联合和新联合国,又宣称要"明智地动用武力"。

需要指出的是,美国的新秩序叫"世界新秩序",不是国际新秩序。

国际政治学理论

我们曾对"世界政治"同"国际政治"两个概念作了明确的区分,其关键就在于是否涉及国内政治。美国的世界新秩序同"世界政治"相同,不仅指的是国家间关系,还包括国内事务,其实质是以老大自居,恣意干涉别国内政,输出自己的意识形态和价值观。因此,我们可以由此得出结论:美国的世界新秩序,也可能给人类带来暂时的和平与稳定,但结局只能是"一球一制"和"一球一头"的世界新秩序。

二、发展中国家的国际经济新秩序方案

第三世界发展中国家在争取政治独立,建立新兴主权国家之后,继续为改变国际经济不合理关系和发展民族经济,展开了各式各样的联合行动和斗争。它们通过不结盟运动和77国集团发表声明,作出决议,宣布自己的主张,规定自己的行动。

进入20世纪60年代以后,新兴民族主义国家的大量涌现、不结盟运动的广泛深入、77国集团的发展和联合国贸易发展会议的建立,在政治、经济等领域为提出建立国际经济新秩序方案,进行了一系列的准备。

1964年10月,不结盟国家首脑会议在埃及开罗举行第二届会议,通过《和平和国际合作纲领》,正式提出建立国际新秩序的口号。1974年4月,由第四次不结盟国家首脑会议建议,联合国召开专门研究原料和发展问题的第六届特别会议。会议通过了77国集团起草的《关于建立新的国际经济秩序的宣言》和《行动纲领》,全面阐述了建立国际经济新秩序的方案。"文件第一次正式承认经济上的不公正对世界安全和和平的威胁,同军事和政治紧张关系与冲突一样大。"①随后,在实践中,它们日渐认识到"经济新秩序"与"政治新秩序"密不可分,所以近年来它们改为要求建立一种"国际政治和经济秩序"。

《关于建立新的国际经济秩序的宣言》提出了建立新的国际经济秩序所应遵守的20条基本原则。《关于建立新的国际经济秩序的行动纲领》确定了建立新的国际经济秩序的10项基本目标。其主要内

---

① 南方委员会的报告:《对南方的挑战》,中国对外翻译出版公司1991年版,第194页。

第七章 秩序论 国际政治的稳定秩序与国际机制

容有:(1)在国际经济关系方面,要求实行各国主权平等的原则;一切国家在平等的基础上充分有效地参与解决世界经济问题;每个国家对自己的自然资源和一切经济活动拥有充分的永久主权;各国有权采取措施,限制和监督跨国公司的活动,等等。(2)在国际贸易方面,要求采取措施改善贸易条件,增加出口收入,消除发展中国家的长期贸易逆差。首先,拟订一项商品综合方案,促进各种原料生产国组织的活动,增加发展中国家的出口收入;在发展中国家进出口商品间建立公平的关系;迅速制定国际商品协定,建立缓冲储存,稳定初级产品价格,扩大天然产品的销路。其次,要逐渐拆除关税壁垒,增加发展中国家产品进入发达国家市场的机会,并实行普遍优惠制;增加补偿资金,促进出口多样化,满足发展中国家的发展需要。(3)在国际金融货币方面,要求改革国际货币制度,使发展中国家充分有效地参与国际金融货币问题的决策过程。增加对发展中国家的发展援助,发达国家应采取行动,实现将其国民生产总值的11%援助发展中国家和履行官方发展援助0.7%的指标;采取紧急措施,减免缓发展中国家的债务负担。(4)在工业化和技术转让方面,国际社会应鼓励发展中国家实现工业化,帮助它们提高工业生产的能力和培训专业管理人员,增加它们在世界工业生产中的份额;拟定国际技术转让行动实则,使发展中国家能以较为有利的条件获得现代技术,以利于工业化。(5)在运输和保险方面,发展中国家要求更多地、公平地参与世界海洋运输,降低运费和保险费;发达国家应帮助发展中国家发展自己的保险事业。(6)在发展中国家间的经济合作方面,要求采取单独的和集体的行动,加强发展中国家在经济、贸易、财政和技术方面的相互合作,促进集体自力更生和经济一体化。①《关于建立新的国际经济秩序的宣言》和《行动纲领》集中反映了第三世界发展中国家的愿望,属第三世界发展中国家的正式方案。此后,第三世界发展中国家对方案虽有进一步补充和完善,但基本内容始终未变。

发展中国家的国际经济新秩序方案,"建立在所有国家的公正、主

---

① 《世界经济百科全书》,中国大百科全书出版社1987年版,第199页。

国际政治学理论

权平等、互相依靠、共同利益和合作的基础上,而不问它们的经济和社会制度如何,这种秩序将纠正不平等和现存的非正义并且使发达国家与发展中国家之间日益扩大的鸿沟有可能消除,并保证目前一代和将来世世代代在和平和正义中稳定地加速经济和社会发展"①。这就是说,发展中国家的国际经济新秩序方案,不涉及社会制度,不干涉各国的经济模式及发展道路,不采用强制手段实现一胜一败,而是通过谈判对话和平协商,改革发展,力求公平合理,共同繁荣。

三、中国的国际新秩序倡议

早在1988年9月,邓小平代表中国政府首次提出建立国际政治经济新秩序的倡议。随后,中国政府多次声明,始终主张国际新秩序应以和平共处五项原则为基础。

1988年,邓小平会见印度总理时,明确倡导在和平共处五项原则的基础上建立国际新秩序。邓小平说:"世界总的局势在变,各国都在考虑相应的新政策,建立新的国际秩序。""世界上现在有两件事情要同时做,一个是建立国际政治新秩序,一个是建立国际经济新秩序。""关于国际经济新秩序,早在1974年我在联合国大会发言时,就用了很长时间讲这个问题。""至于国际政治新秩序","我们应当用和平共处五项原则作为指导国际关系的准则。""这五项原则非常明确,干净利落,清清楚楚","我们向国际社会推荐这些原则来指导国际关系"②。

邓小平同志总结国际关系的实践,一直认为和平共处五项原则是处理国与国之间关系的"最好的方式",最具有强大生命力,"其他方式,如'大家庭'方式,'集团政治'方式,'势力范围'方式,都会带来矛盾,激化国际局势"③。东欧剧变、苏联动荡之后,他更强调"现在确实需要以和平共处五项原则作为新的国际政治、经济秩序的准则"④。

---

① 《建立新的国际经济秩序宣言》,《人民日报》1974年5月5日。
② 《邓小平文选》第3卷,第282—283页。
③ 《邓小平文选》第3卷,第96页。
④ 《邓小平文选》第3卷,第360页。

第七章 秩序论 国际政治的稳定秩序与国际机制

"要有所作为","积极推动建立国际政治经济新秩序"。"我们谁也不怕,谁也不得罪,按和平共处五项原则办事,在原则立场上把握住。"①

1990年,中国政府代表团在联合国大会上明确介绍了中国国际新秩序倡议的主要内容:(1)每个国家都有权根据本国国情选择自己的政治、经济和社会制度;(2)世界各国特别是大国必须严格遵守不干涉他国内政的原则;(3)国家之间应当相互尊重,求同存异,和睦相处,平等相待,互利合作;(4)国际争端应通过和平方式合理解决,而不应诉诸武力,或以武力相威胁;(5)各国不分大小强弱都有权平等参与协商决定世界事务。

1991年3月25日,中国第七届全国人民代表大会第四次会议的政府工作报告,全面阐述了中国国际新秩序倡议的主张和思想。报告指出:

> 在世界新旧格局交替之际,人们越来越关注未来世界的和平与发展,特别是世界新秩序问题。战后四十多年的历史已经证明,未来的历史还将继续证明,霸权主义和强权政治最终都是行不通的。邓小平同志早在1988年就指出,现在需要建立国际经济新秩序,也需要建立国际政治新秩序。中国政府认为,互相尊重主权和领土完整、互不侵犯、互不干涉内政、平等互利、和平共处五项原则,概括了最根本的国际关系准则,也符合联合国宪章的宗旨和原则,反映了新型国际关系的本质特征。我们主张在和平共处五项原则基础上建立国际新秩序。这种新秩序包括政治新秩序和经济新秩序,两者是密切关联、相辅相成的一个整体。国际新秩序的核心应当是所有国家不分大小、强弱、贫富,都是独立自主的,都是国际社会的平等成员。这种新秩序完全不同于以极少数大国的霸权主义和强权政治为基础的旧秩序。我们认为,国际新秩序的基本内容应当是:各国有权根据本国国情,独立自主地选择本国的社会、政治、经济制度和发展道路,任何国家尤其是大国不得干涉别国内政,不应把自己的价值观念、意识形态和

---

① 《邓小平文选》第3卷,第363页。

发展模式强加于别国;互相尊重主权和领土完整,任何国家不得以任何借口侵犯或吞并他国领土,国际争端应当通过和平谈判合理解决,反对诉诸武力或以武力相威胁,反对以战争手段解决国际争端;国际关系中不得以大压小,以强凌弱,以富欺贫,国际事务应由世界各国平等参与协商解决,不能由一个或几个大国垄断,任何国家都不应谋求霸权或推行强权政治;改革旧的国际经济关系,代之以公正合理、平等互利、等价交换的国际经济新秩序。毫无疑问,这样的国际秩序,符合各国人民的愿望和根本利益,必将有利于争取世界持久和平,有利于各国谋求共同发展。建立国际政治和经济新秩序的任务是伟大而艰巨的,将是一个历史进程。中国政府和人民愿意同世界各国政府和人民一道,为争取逐步实现这一历史任务而作出坚持不懈的努力。

特别重要的是,七届人民代表大会四次会议决议明确将建立国际新秩序作为中国外交政策的重要组成部分。决议指出:我们要一如既往地奉行独立自主的和平外交政策,反对霸权主义和强权政治,在和平共处五项原则的基础上,同一切国家保持和发展友好合作关系,为建立国际政治和经济新秩序,促进人类进步事业和整个世界的和平与发展,做出应有的贡献。

1992年1月31日,中国总理在联合国安理会首脑会议上就国际新秩序提出了中国政府的基本主张,认为"国际新秩序应该建立在互相尊重主权和领土完整、互不侵犯、互不干涉内政、平等互利、和平共处五项原则的基础上,其核心是互不干涉内政,各国政府和人民,都有权根据自己的国情选择自己的社会制度和意识形态"。"国家不分大小、强弱、贫富,都有权作为国际社会的平等成员参与国际事务,为世界的和平与发展做出自己应有的贡献。""国际新秩序应包括经济新秩序。当前南北差距仍在扩大,矛盾更为突出,已成为国际生活中一个不稳定因素。建立一个公正合理、平等互利和妥善处理债务负担的国际经济新秩序比以往任何时候都显得更加迫切和重要。"

1992年10月12日,中国共产党第十四次全国代表大会政治报告对中国国际新秩序的主张作了进一步的论证。报告指出:"建立什么

第七章　秩序论　国际政治的稳定秩序与国际机制

样的国际新秩序,是当前国际社会普遍关心的重大问题。根据历史经验和现实状况,我们主张在互相尊重主权和领土完整、互不侵犯、互不干涉内政、平等互利、和平共处五项原则的基础上,建立和平、稳定、公正、合理的国际新秩序。这一新秩序包括建立平等互利的国际经济新秩序。世界是多样性的,各个国家之间存在着种种差异。各国人民都有权根据本国的具体情况,选择符合本国国情的社会制度和发展道路。国家无论大小、强弱、贫富,都应当作为国际社会的平等成员参与国际事务。国与国之间理应互相尊重,求同存异,平等相待,友好相处。国与国之间的分歧和争端,应当遵照联合国宪章和国际法准则,通过协商和平解决,不得诉诸武力和武力威胁。霸权主义和强权政治,少数几个国家垄断和操纵国际事务,是行不通的。建立国际新秩序是长期的任务,中国人民将同各国人民一道,为此作出不懈的努力。"

1993年3月15日,中国第八届全国人民代表大会的政府工作报告再次重申了中国关于国际新秩序的主张。报告说:

> 建立国际新秩序,是世界各国人民的强烈愿望。中国政府主张在和平共处五项原则的基础上,建立和平、稳定、公正、合理的国际新秩序。我们认为,国际关系应该民主化,国家不分大小、强弱、贫富,都是国际社会的平等成员,都有权参与国际事务的讨论和解决,不能以大欺小,以强凌弱,以富压贫。必须承认世界的多样化,各国都有权选择适合本国国情的社会制度、意识形态、经济模式和发展道路,别国不得干涉。国际争端必须坚持用和平方式解决,反对诉诸武力或以武力相威胁。必须改变现行的不公正不合理的经济秩序,而代之以建立在平等互利基础上的经济新秩序。中国人民愿同世界各国人民一道,为维护世界和平,促进人类进步事业,作出不懈的努力。

依据中国政府关于国际新秩序的文件和报告,我们可以清楚地看出,中国国际新秩序的主要特点是:(1)目标是维护主权独立及和平与发展,不是社会制度和意识形态的输出。在中国政府和领导人关于国际新秩序的文件和讲话中,没有一句是宣扬中国的意识形态和价值观的。中国政府的立场是:求同存异,把国家利益放在首位,特别强调

国际政治学理论

维护主权,并把不干涉内政作为新秩序的核心。(2)原则是集中体现联合国宪章宗旨的和平共处五项原则。中国政府认为,和平共处五项原则是经得起考验、是行之有效的,并已被世界各国政府普遍认可。(3)结构是和平、稳定、公正、合理。各国不分大小,一律平等,均有权参与国际事务的讨论和解决,均有权选择适合本国国情的社会制度和发展道路,反对少数大国操纵国际事务。新秩序不仅要求和平与稳定,而且力图实现公正与合理。

需要强调的是,中国的新秩序倡议,叫做"国际新秩序",不是"世界新秩序",它追求的是国家间关系的民主化、平等化、合理化,维护的是主权独立与平等以及世界的和平与发展,根本不涉及社会制度和意识形态这些纯属国家内政问题,因此,可以说,中国的国际新秩序是"一球多制"、竞争共处的新秩序。

四、国际新秩序的理论探讨

建立什么样的国际新秩序,如何建立冷战后的国际新秩序,这是当前国际社会普遍关心的重大问题,各国学者均在进行探讨,我们也想从理论上作些论述。

一般来说,国际秩序的建立,以实力为后盾,主要依据胜利者的蓝图。冷战结束后,世界形势发生了根本性的变化,建立国际新秩序虽然不能排除实力的较量,但必须从世界大多数国家的共同愿望出发,照顾大小国家的利益。因此,从当今世界的实际情况出发,我们认为,同旧秩序对立的国际新秩序,应以和平与发展为共同目标,以和平共处五项原则为共同法律依据,以国家主权利益为共同利益基础。三个"共同",是当今世界客观存在的最大共性和最普遍的一致,具有平等互利、协调合作、求同存异、竞争共处的特征。这对世界每一个国家来说都是公平合理的,易于取得共识。

国际新秩序以和平与发展为共同目标,立足于政治同经济的统一,把发展生产力同改革不平等关系相结合,既维护世界的安全与稳定,又追求世界的进步和共同繁荣,完全符合世界各国的共同愿望。和平与发展是世界性的,其最大特征在于超越社会制度和意识形态的

第七章 秩序论 国际政治的稳定秩序与国际机制

异同。和平不仅是战争的对立面,而且同经济发展相连,涉及消除社会不平等,解决贫富悬殊等问题。维护世界和平,既要反对霸权主义,消除侵略他国领土行为,倡导以和平方式公平合理解决一切国际争端,在所有国家间实行和平共处,又要制止军备竞赛,实行真正的裁军;还必须解决发展中国家的贫穷问题,改善南北关系,缩短南北差距,消除世界和平的非军事威胁。发展问题的主要内容是变革国际经济旧秩序,限制和打破国际垄断资本的剥削和控制,建立公平合理、平等互利的国际经济新秩序,它既为国际政治新秩序奠定扎实的物质基础,也是建立国际政治新秩序的目标。谋求发展,同维护世界和平一样,是极其艰巨的,它要求反对军备竞赛,促进裁军,建设有利于共同发展的和平环境,并腾出人力和资源,集中用于发展。它提倡南北对话,用对话代替对抗,既要求北方国家增加发展援助,又在相互依存中求得共同发展。它主张南南合作,要求在集体自力更生的基础上,相互帮助,互通有无,取长补短,合作发展。和平与发展,紧密相连,不可分割。世界各国只有在和平中才能求得发展,因为和平的国际环境是各国正常经济生活和经济往来的基本条件。同样,世界各国也只有在不断发展中才能增强和平力量,维护世界和平,因为不消除地球上贫困落后的现象,不解决贫富悬殊问题,势必影响世界各国的经济发展,损害社会政治生活稳定,威胁世界和平与安全。正是基于这样的客观事实,维护和平与促进发展已成为世界各国的共同愿望。

虽然各种类型国家需要的和平与发展各有特色,但具有共同点。这些共同点是:(1) 和平与发展取代战争与革命成为时代的主题。同两制矛盾和战争与革命的对抗相比,和平与发展所揭示的矛盾上升为主要矛盾。两制矛盾虽然十分重要,但在当今世界涉及面较小,不像和平与发展那样面向全球。它不要求摧毁任何一种社会制度,不排斥任何一个国家,能为世界各国所接受。(2) 和平与发展是当前制约和决定国家兴衰强弱的最重要因素。任何国家要想在世界上站住脚,都离不开它。当今世界,一味热衷于军事实力的抗争不得人心,每个国家都在加强以经济与科技为中心的综合国力的发展。(3) 和平与发展是世界性的任务,不是少数国家的事情,需要世界各国的共同努力。

国际政治学理论

当今世界是一个整体,各国间相互依存日益加深,任何国家都不可能孤立地谋求和平与发展,只有联合起来共同努力才能实现。

国际新秩序以和平共处五项原则为共同法律依据,既强调了处理国际事务的和平方式,又以不干涉内政为前提,突出了消除国际争端根源的重要性。和平共处五项原则同《联合国宪章》的精神是完全一致的。

联合国从成立之日起,就以维持国际和平与安全、发展国际间以尊重人民平等权利及自决原则为依据的友好关系和促进国际合作为宗旨,明确规定了国家间关系的原则,随后,在世界各国,特别在第三世界国家的共同努力下,终于在70年代一致同意将宪章所列的指导国家间关系原则正式列入国际法,并将其系统化,确定为17条,其基本内容是中国、印度、缅甸于50年代中期共同倡议的和平共处五项原则的延伸和扩大。国际政治新秩序以联合国制定的国际法准则为基础,完全是公平合理的,必将得到世界各国的赞同。中国政府多次提出以和平共处五项原则为基础,建立国际新秩序,不仅符合联合国的规定,而且完全纳入国际法准则,其精神是完全一致的。由于和平共处五项原则能够为不同制度的国家服务,能够为发展程度不同的国家服务,能够为左邻右舍和所有国家服务,因而已为世界一百多个国家写进政府文件,且比联合国文件概括得简要明确,干净利落,清清楚楚易于记忆,日益深入人心,成为世界各国普遍使用的原则概念。和平共处五项原则是同强权政治相对立的。强权政治是国际政治旧秩序的基础,以侵犯主权和干涉内政为合法;和平共处五项原则作为国际政治新秩序的基础,推动了国际关系的民主化进程。和平共处五项原则无论就其适用范围还是深远影响来说,都是不可低估的。它既适用于国家间的政治关系,又适用于国家间的经济文化关系;它既指导双边关系,又指导多边关系。只要遵循和平共处五项原则,社会制度不同的国家可以友好相处,互相合作;如果违背和平共处五项原则,社会制度相同的国家也可能出现对抗,甚至发生冲突。当前,和平共处五项原则已成为举世公认的国际法准则,是国际社会判断是非的主要标准。奉行五项原则的言行,得到支持和赞扬;破坏五项原则的言行,遭到反对和谴责。五项原则的最大优点是适用于世界所有国家,无一例

第七章 秩序论 国际政治的稳定秩序与国际机制

外。所有这些,都充分显示了国际新秩序以和平共处五项原则为基础的重大意义和作用。

国际新秩序以主权利益为共同利益基础,反对强权政治,实行相互尊重主权范围内利益前提下的民主政治。在国际社会,国家不分大小、强弱、贫富,在主权利益上都是对等的,相互不得伤害和干涉。当今世界,只有相互尊重主权,才能实行民主政治。强权政治以追求霸权、热衷干涉、迷信强制为主要内容,奉行"强权即公理"的哲学,其最大特征是损害或干涉别国主权。它在当代世界的主要表现形式是:组织军事集团,建立军事基地,进行军事干涉与威胁,搞"势力范围"和"大家庭模式",等等。尊重主权利益前提下的民主政治要求尊重各国人民对社会制度的选择,维护国家独立和主权完整,主张世界各国平等相待,民主协商,要求消除世界事务中的强权行径,和平解决国际争端,完全按和平共处五项原则办事。如果说,强权政治是国际旧秩序的基本特征,那么,民主政治则是国际新秩序的基本特征。民主政治是对强权政治的否定,是反对强权政治的产物。民主政治之所以具有强大的生命力,主要在于:(1)尊重各国主权利益,要求平等交往,友好相处,任何国家都不得以社会制度异同为借口,干涉别国内政,也不以意识形态的异同决定亲疏。(2)提倡民主协商,平等参与决定国际事务,既不互相伤害,又要平等相待,寻找各方都能接受的公平合理的方案。任何国家都不把自己的意志强加于人,都不谋求霸权。(3)主张求同存异,要求承认分歧,尊重各国意见,照顾各国利益,但不使这些分歧妨碍共同的愿望和要求。应该首先重视国际关系和相互交往中最主要的问题。在国际新秩序下,国家不分大小强弱,一律平等,国家之间互相尊重,求同存异,和睦共处,平等相待,互利合作。各国的内部事务由各国自己处理,世界的共同事务由各国协商办理。不同社会制度、不同意识形态、不同发展程度国家友好相处,一切国际争端都通过和平谈判公平合理地解决,而不诉诸武力或以武力相威胁。这就是尊重主权利益前提下民主政治的新秩序。

从上述三个"共同"出发,我们给冷战后的国际新秩序设计一个模式,叫做"一球多制"、竞争共处的新秩序。

国际政治学理论

中国政府为了和平统一祖国提出的"一国两制"方案,成功解决了香港和澳门问题,也为台湾的前途树立了典范。国际上"一分为二"的情况很多,整个世界,就有两大制度,三类国家,也可借鉴"一国两制"的办法去解决。

自从人类出现奴隶制以后,世界就开始处于不同社会制度并存之中。只不过相当长时期内彼此隔绝,相互交往不多。20世纪的世界日渐成为一个整体,先后诞生的垄断资本主义国家、社会主义国家和民族主义国家相聚一球,联系频繁,矛盾与冲突也从未间断。但无论怎么说,这三类国家,甚至连同残存的封建君主制国家,长期并存,共处于世界。"一球多制",这是客观存在的事实,不以人们的意志为转移。从国家阶级实质看,当今世界存在的主要是资本主义制度和社会主义制度,也可用"一球两制"概括之。"一球多制"或"一球两制"符合当今世界的现实,比推行资本主义的"一球一制"的模式要好得多,它理所当然地受到世界各国的赞同。

"一球多制",竞争共处的新秩序主要包含什么样的内容呢?

第一,"一球多制"立足于人类历史发展的必然,要求承认不同制度国家并存的事实,尊重每一个国家主权和所有国家的主权范围内利益。"一球多制"模式是以承认和尊重世界各国人民对社会制度的选择和以国家主权利益为共同利益基础为前提的。既然世界上存在着人民赞同的多种社会制度和三类国家,那就要承认这个事实。只有在这个基础上,才能正常共处,友好合作。真正承认世界上这个历史事实,既表现为尊重各国人民的选择,承认社会制度问题纯属各个国家内部事务,相互不得干涉,又要照顾所有国家的主权范围内的利益,承认不同社会制度和三类国家长期并存,竞争共处,不能以社会制度为借口,挑起争端,损害他国利益。为保证这一点,世界各国必须具有共同遵循的原则。总结国际关系的实践,"势力范围"方式、"大家庭"模式、"集团政治"原则,都会加剧多制矛盾,激化国际紧张局势;最能为世界各国所接受的就是和平共处五项原则。和平共处五项原则的生命力就在于承认多制并存,尊重世界各国人民的选择。

第二,"一球多制"以国际合作为主要内容,要求维护世界和平,促

第七章 秩序论 国际政治的稳定秩序与国际机制

进共同经济发展。应当承认,当今世界并存的两种不同社会制度和三类国家,既是对抗的,又是可以合作的。两种制度和三类国家的对抗,人所共知;相互间的合作,也屡见不鲜,其中以反法西斯战争中社会主义苏联同垄断资本主义的英国、法国、美国以及同亚非拉某些国家的同盟,战后中美关系由对抗走向对话和两国关系的正常化,以及发展中社会主义国家同民族主义国家组成的第三世界和南北对话、南南合作,表现最为典型。"一球多制"模式建立在国际合作的基础上,确信相互合作,相互补充,相互学习,相互吸取,对各方有利。当然,这不是主观臆想,而是客观条件造成的。这些客观条件主要有:(1)面临共同任务。在国际政治中,国家利益高于阶级利益,民族斗争重于阶级斗争,国家的安全与发展超过意识形态的异同。当前,维护世界和平是世界各国的共同愿望,发展经济是世界各国的共同要求。和平与发展既然成为当今世界的主题,当然就成为世界各国的共同任务。人心所向,势必超越一切。(2)都有发展的潜力。社会主义制度经历种种曲折,继续前进,显示了顽强的生命力,其优越性正在发扬光大;民族主义国家的资本主义都是进步的生产方式,即使垄断资本主义也未完全腐朽,还有适应形势发展不断调整政策的较强的"反弹能力"。它们都在为世界经济的繁荣作出自己的贡献。当今世界经济上的相互依存,国际格局的演变,决定了多方合作有利于共同繁荣。(3)谁也消灭不了谁。两种制度和三类国家的合作,一般都是在经过一番激烈争斗之后才出现的。长期的较量达到力量相持,谁也消灭不了谁。当今世界,社会主义国家虽然发生困难,出现反复,处于低潮,但这只是暂时的现象,社会主义制度无论如何是摧不垮的。从经济政治地位看,三类国家关系中,发展中民族主义国家同社会主义国家有着相似的历史命运,面临更多的共同要求,而同垄断资本主义国家的矛盾始终存在,至今还未完全解决。何况,旧的国际格局已经打破,新的格局尚未形成,世界正处于多极化过程中。两种制度的力量对比,必须同三类国家的对抗与合作和超社会制度的国家间关系联系起来,从世界全局出发,考虑各种因素。总之,共同的任务、发展潜力、谁也消灭不了谁等客观条件,为两种制度和三类国家的合作,为世界各国的合作奠定了基础,提供了可能。

第三,"一球多制"提倡和平竞赛,要求承认矛盾,正视冲突,和平解决争端。两种社会制度国家之间的矛盾和国家间的利益冲突是客观存在的,不可避免的,回避它也是不现实的。早在150年前,当共产主义的"幽灵"在欧洲徘徊时,旧欧洲的一切政治势力都为驱逐这个"幽灵"而结成了神圣同盟。面对第一个社会主义国家的诞生,西方垄断资本主义国家间尽管矛盾重重,甚至刀枪相见,但仍然采取了协调一致的联合武装干涉行动。反法西斯战争胜利以后,垄断资本主义制度国家同社会主义制度国家间的矛盾和斗争日趋严重,一度成为国际范围内的突出现象。西方垄断资本主义国家对社会主义国家先后采取了"扼杀"战略、"冷战"遏制战略和"西化"战略,相互间的矛盾和冲突始终存在。同样,垄断资本主义国家对民族主义国家的镇压、干涉失败之后,也出现了新形式的矛盾。即使不同社会制度国家的合作时期,也未结束对抗,而是对抗的另一种形式。实现合作需要斗争,它不是召之即来的;合作中也充满矛盾,争吵谈判,唇枪舌剑,无休无止。"一球多制"模式,并不否认矛盾,回避冲突,它只是要求实行求同存异,和平竞赛,和平解决国际争端。社会主义、共产主义也好,民族主义、垄断资本主义也好,无论是指思想体系,还是社会制度,既不能诉诸武力,靠刺刀去移植,也不能凭借某种优势,用干涉内政的做法强加于人。唯一正确的出路在于通过和平竞赛,靠发挥各自的优越性去吸引,去解决。换句话说,社会制度的差异,谁先进,谁落后,谁继续发展,谁退出历史舞台,根本的一条是靠高生产力与公平合理的分配,由各国人民去最终选择。当然,事物总是发展的,社会制度终究要向高层次演变,这也是不以人们的意志为转移的。但这是各国内部的事务,别国不得干预。我们之所以坚信社会主义一定胜利,就是建立在社会主义完全有能力加速生产力发展的基础之上的,它最终将会超过发达的垄断资本主义,以此去吸引各国人民,进行新的选择。

第四,"一球多制"涉及国际政治种种现象,要求超越社会制度的差异,面向全球。

在当代世界,社会制度的差异是长期存在的,但不是唯一的。世

第七章 秩序论 国际政治的稳定秩序与国际机制

界上的事情是复杂的。国际政治形成体系,表现为各式各样的政治关系,是世界范围内战争、和平、强权、民主等政治现象的总称。国际政治不等于两制间政治,不能简单地看成是社会主义同垄断资本主义的对立,更不能把这种对立看成是短时间内就能解决的问题。在一些人看来,似乎世界上只有两支队伍:一支队伍在这一边排好队,喊道:"我们赞成社会主义",另一支队伍在那一边排好队,喊道:"我们赞成垄断资本主义",这就是国际政治!这种把国际政治看成纯而又纯的两种制度的对立,乃是一种迂腐可笑的观点。特别在以"一球多制"为模式的国际新秩序中,两种制度的对立,不是唯一的因素,也不始终处于中心地位,它一般来说只是其中的一部分。因此,任何国家都不能以社会制度的差异为借口,挑起世界冲突,从外部开展一种社会制度埋葬另一种社会制度的斗争,这是国际关系的基本原则所不能容许的。任何国家也不能以重视社会主义同垄断资本主义的对抗为名,漠视国际政治中其他现象,特别是国家利益关系,用一种基本矛盾掩盖其他基本矛盾,用一种运动否定其他运动,用一种内容限制其他内容,把本来五光十色、丰富多彩的国际政治,变成某种现象独来独往的孤军活动。这是对两种制度对抗作用的夸大,是对国际政治的曲解。

国际新秩序,以"一球多制"为模式,既以和平与发展为共同目标,又建立在世界公认的和平共处五项原则的基础上!既不要求摧毁任何一种社会制度,排斥某个国家,又不采取暴力打碎旧秩序的办法,要求承认和照顾所有国家的主权利益;既反对霸权主义和强权政治,又对事不对国,主张世界各国一律平等,和平共处;这完全符合世界各国的愿望和要求,是最为公正合理的。当然,国际政治新秩序的建立必须同国际经济新秩序的建立同步,并以其为强大的经济基础,但建立国际政治新秩序的活动,也能为建立国际经济新秩序提供必要的政治前提。应该承认,国际新秩序的建立不会一帆风顺,而将是非常困难的。这是一个长期的利益与实力的协调和斗争的历史进程,需要世界各国的联合行动。我们相信,经过世界各国的共同努力,一个公正合理和平等互利的国际政治新秩序必将在国际社会中崛起。我们应该有这个信心。

第八章 时代论
国际政治所处的时代环境

时代,即依据某种特征为标准划分的社会和事物发展的历史阶段。凡称之为"时代",必须以重大事件作为界标,具有特定的内容,能产生时间较长和范围较广的深远影响。时代属于世界发展进程和基本方向的最高战略概括,是国际政治所处的大环境。

时代是含义极为广泛的概念。从大环境看,世界上有各式各样的时代,如人生时代、科技时代、军事时代、社会时代。还有种种具体时代,如神治时代、理性时代、工业时代、信息时代……时代划分标准不同,所揭示的问题本质也出现极大差别。但是,对国际政治影响最大的、起决定性作用的,则是以生产力发展水平为基础的科技时代、以战争武器为内涵的军事时代、以生产关系性质和阶级关系为依据的社会发展时代。这三类时代相互联系相互作用,构成了国际社会的大环境,规定了国际政治的方向、内容和运行机制,并从不同角度制约着国际政治的发展。我们既要从综合的角度去认识三类时代对国际政治的相互制约,又不能把不同标准划分的时代内涵及其对国际政治的作用混淆了,更不能用其中一类时代去更改和否定社会发展时代的演变方向。

时代环境问题是国际政治中的基本问题,国际政治的运行和发展方向离不开时代,必须从理论与实际的结合中进行分析与研究。只有弄清国际政治面临各式各样时代的内容与特征,及其不同作用,才能

第八章 时代论 国际政治所处的时代环境

正确地把握国际政治的主题及其发展规律,树立新观念,制定新战略,开创新局面。

第一节 科技革命发展的新时代

一、科技革命时代的含义

科技革命时代,即以代表生产力的生产工具为特征划分的科技发展的历史阶段。它以生产工具的演变为界标,把人类历史划分为:石器时代、青铜器时代、铁器时代和机器时代。机器时代依据动力的变换又称之为:蒸汽时代、电气时代、原子能时代。当前,世界上出现了"计算机时代"、"电子信息时代"、"航天时代"、"光子时代"、"超导时代"、"生物工程时代"等等新提法,均以科技革命的新发展为依据,从生产力大跃进的角度揭示了世界范围的新现象。

科学技术属生产力范畴,"是第一生产力"[①],是一种在历史上起推动作用的革命力量。国际政治体系的形成与演变,国际政治主要内容的确定及其发展规律,均同科技革命紧密相连,是以科技革命为基础的。

国际政治,作为体系也好,作为社会现象和关系也好,表现出种种矛盾、冲突和协调合作,均是科技革命的产物,并随着科技革命的发展而更新。宏观地看,它始于以蒸汽机为代表的第一次科技革命时代,活跃于以电气为代表的第二次科技革命时代,目前正面临着以原子能和计算机为代表的第三次科技革命时代的挑战。

国际政治处于科技革命时代环境,要求适应生产力的发展,把生产力标准作为观察和判断国际政治的主要依据。

二、两次科技革命时代与国际政治

国际政治体系的形成,主要根源于两次科技革命时代。18世纪开始的遍及英国、法国、德国的第一次科技革命时代,以蒸汽机的发明与

---

① 《邓小平文选》第3卷,第274页。

应用为主要内容。机器大工业取代了工场手工业,世界开始从闭关自守的中世纪向相互开放和密切联系的现代社会转变。机器大工业的出现,在一个世纪内创造了比过去一切年代总和还要多的物质财富,初步把世界划分为工业生产和农业生产两大区域,把国内剥削推向世界,开始形成国际剥削网。19 世纪中期到 20 世纪初,由美国带头,在欧洲和日本出现的第二次科技革命时代,以电的发明和应用为主要标志。电气化的广泛应用和现代交通的四通八达,更新了工业结构,加速了生产的集中,扩大了领土的瓜分,不仅推动生产力的发展,引起生产关系的变革,而且正式形成了具有全球规模,以整体性、联系性和不平等性为特征的国际政治体系。

正是在两次科技革命时代,世界发生了翻天覆地的变化,人类开始进入现代国际社会,国际政治不仅形成独特的完整体系,而且成为现代国际社会内最突出的现象。

第一,两次科技革命把世界连成一体,导致国际政治的整体化。科技革命向人类提供了先进的交通工具和联系手段。轮船、汽车、火车、飞机的广泛运用和电报、电话的普及,加速了国家间的联系,方便了国家间的交往,大大缩短了世界在空间和时间上的距离,促进了国际政治的全球化。世界上的事情开始完全联结在一起。科技革命使机器大工业走向世界,在全球范围内围绕大工业实现了国际分工,形成了世界经济,密切了各国关系,使国际政治成为不可分割的统一整体。世界经济的紧密联系,决定了国际政治的完整统一。国际政治的完整统一具体体现在它的全球性和整体性上。全球性指的是联系的广度,整体性则揭示了联系的深度。两次科技革命正是从广度和深度两方面导致了国际政治的整体化。

第二,两次科技革命确立了垄断资本对国际政治的控制,种下了国际冲突的祸根。科技革命带来的生产力大发展和生产关系的变化,最明显的表现是垄断统治的确立。垄断取代自由竞争成为全部经济政治生活的基础。垄断组织利用科技革命的优势,以军队为先导,使资本和商品随大机器工业脱离本国基地,主要面向世界,追逐超额利润,最终从经济上、政治上和领土上把世界瓜分完毕,使绝大多数国家

第八章　时代论　国际政治所处的时代环境

沦为殖民地和半殖民地。世界正式划分为压迫民族与被压迫民族两大对立营垒。从此,垄断使民族利益、国家利益与阶级利益交织在一起,并把阶级对立、民族矛盾和国家争端引进国际政治领域,成为国际冲突的普遍现象。科技革命产生了少数具有绝对优势的强国,为欧洲垄断资本统治世界奠定了物质经济基础。少数强国的垄断资本力图控制国际事务,欺侮弱小国家,为所欲为,在世界范围内起主导作用。强权政治与革命政治同时兴起,日益普遍化和尖锐化。科技革命加速了大国兴衰的过程,造成各国垄断资本实力的不断变化。强国间发展的不平衡造成垄断资本间的争夺不可避免,也无法调和。科技革命的发展给世界带来了繁荣,也造成了世界范围内的种种冲突。这些都是同享受先进科技革命成果的欧美垄断资本的活动分不开的。

第三,两次科技革命提高了资源的地位,决定了国际政治的主要内容。科技革命增大了资源的重要性。而资源在东方殖民地半殖民地又特别丰富,两者紧密联系在一起。由于科技革命,资源不仅成为国家社会经济发展的必要条件,衡量国家实力的重要标志,而且成为影响国家间关系至关重要的因素。对资源的控制和争夺取代对财富的抢劫,更新了殖民政策的内容。科技革命愈发展,原料愈缺乏,追逐和争夺原料来源的斗争愈紧张,那么,占据殖民地的斗争也就愈激烈。殖民地成为帝国主义的生命线,要害是资源;强国同弱国的关系及其相互间的关系,要害也是资源。对资源的占有和分配成为帝国主义国家间的战争与和平,以及国际政治中的冲突与合作的决定性因素。欧美帝国主义国家一向把东方看做自己幸福的基础。东方各国的不可计量的自然资源,即棉花、石油、黄金、煤炭、矿石等,就是它们相互间"纠纷的苹果"。

第四,两次科技革命引起兵器的根本性变革,使战争成为国际政治领域的突出现象。一般说来,科技革命首先是在军事领域开始和落实的。军队在科技发展中起着重要的作用。两次科技革命发明的火药武器和机械化武器,即枪、炮等热兵器,取代沿用数千年的刀、矛、剑、戟等冷兵器,其杀伤力、杀伤范围和杀伤距离在当时无与伦比,使武器发生了根本性的变革。随着武器的变革,军事战略技术和战争样

国际政治学理论

式及规模也在不断更新和扩大。战争的残酷性急剧增强。兵器根本性的变革,带来战争目标的扩大、战争手段的残酷和战争破坏力的增强,均使战争与和平问题成为国际政治中普遍而又突出的现象。

三、战后新科技革命时代及其对国际政治的影响

第三次科技革命时代,始于20世纪50年代前后,迅速发展于70年代,目前仍在继续。也有人认为,从80年代起世界进入了第四次科技革命时代。新的科技革命以原子能和电子计算机的发明与应用为主要内容,席卷了几乎所有的发达资本主义国家、新兴工业国家和某些社会主义国家,开始成为世界性的潮流。世界越来越多的国家,特别是一些大国,纷纷将发展高科技作为国家战略的重点,既用于军事,又用于经济,以增强综合国力。1983年开始,美国提出高边疆政策和"星球大战计划"。随后,苏联提出"加速发展战略",经互会国家共同制定了"到2000年科技发展综合纲要"。与此同时,欧洲共同体国家和日本也分别提出"尤里卡计划"和"人体新领域研究计划"、"地球科学新领域研究计划"。我国也十分重视高科技的研究,制订了"八六三工程计划"。其他一些第三世界国家也不甘落后,相继提出了自己的计划或纲要。80年代的世界充满以高精尖科学技术为表现形式的经济、政治和军事三位一体的激烈较量。新的科学技术革命遍及所有科学技术领域,不是个别理论和单项生产技术的突破,而是具有全面性、相互渗透性。数学、物理、化学、天文、地理、生物等自然科学领域全都发生了新的革命,并且是同步前进,相互结合,多层次、大纵深地发展。当今世界不仅产生许多新兴的综合性基础理论,如控制论、信息论和系统论,而且建立起一系列新兴工业群,如原子能工业、电子计算机技术、航天技术、生物工程、光学工程等,其重要特征是,突破了技术发展中局限于人的体力扩大和手足延伸的"骨骼系统",使人类在物质生活中的地位发生了深刻的变化,能轻而易举地驾驭自然,得以完全自由地发展。新科技革命导致世界进入一个新的发展阶段。世界在变小,成为"地球村",国际间的联系和交往由于具有前所未有的高效率手段,因而不受时间与空间的限制。世界在开拓新领域、新空间,上至太

第八章 时代论 国际政治所处的时代环境

空,下到海底,各行各业均发生了深刻的变化。特别在资源问题上,世界不仅减轻了对资源的依赖,变扩大资源的消耗为有效地利用资源,而且发现了新的资源领域——信息。信息作为新资源在人类活动中的地位与作用,举足轻重,不可估量。

战后出现的并仍在继续进行的新科技革命,是人类历史上规模最大、范围最广、层次最高、影响最深远的一次革命,属科技革命史上全新的时代。它给人类带来了最好的机遇,也提出了新的挑战。国际政治面临这样的新时代不能不受影响而发生重大的变化。现在看来,表现最为明显的变化,一是国际政治日益经济化,政治与经济相互渗透;二是国际政治正在走向多元化,出现了许多新现象;三是国际政治开始各种矛盾相互交错和复杂化,加强了更新生产关系的发展趋势。

新的科技革命,更新了"实力"的内涵,推动国际政治经济化。长时期来,世界各国均以军事为依据,以武装力量的人数及对资源的占有与控制作为衡量实力的主要标志。第二次世界大战前后的世界,实力即军力,实力等于对资源的占有与控制。当时的世界是军事制约政治、实力的内涵,是着眼于武装力量对资源的占有和控制,表现形式是数量。新的科技革命缓解了资源在国家实力中的重要地位,减轻了经济发展和军事对资源的依赖;新科技革命,吸引各国重视高精尖技术的运用,变追求数量为立足于质量;新的科技革命削弱了军事冲突的作用,提供了武力以外的新的抗衡手段。军事力量的过分增强,不仅会拖垮经济,损害国家形象,而且其作用也不及科技的威力。当今世界,各国的实力主要不再以武装力量和占有资源的数量为依据,而着眼于以科技为中心的综合国力,着眼于质量。谁的综合国力强,谁就能在国际政治中增强自己的地位。实力内涵的更新,迫使世界各国完成了从生存意识到发展意识的飞跃,并纷纷调整政策,均把推进科技革命的发展确定为国家战略重点,开始由军事到经济的重点转移。国际政治中的军事角逐,也日益演变为综合国力的较量。在综合国力较量中,政治经济化的趋势逐渐加强,政治军事化依然存在,但其趋势开始减弱。发展经济已成为保障国家安全的重要因素,推行国际战略的强大手段。

新的科技革命造成生产和资本的国际化,以及世界经济一体化与区域化的同步发展,加速了国际政治的多元化趋势。新科技革命,把世界上每一个国家,包括社会制度不同、生产方式不同、发展水平不同的国家的经济生活联结在一起,加深了世界各国的相互依存,促进了世界整体化的发展。世界的整体化和相互依存显示了国际政治多元化。国际政治多元化是以世界的整体化和相互依存为基础的。国际政治的多元化,既表现为主权国家的独立自主地位普遍得到加强,少数大国主宰世界时代的结束,显示了世界民主化进程,又标志着共同利益的增多和国际局势的相对缓和,以及相互联系的密切和交往,反映了多元并立、对话协调、竞争共处的发展趋势。多元化增多对话的趋势和缓冲因素,有利于国际社会管理,协调机制的完善,政治矛盾有可能在自身范围内得到控制和解决,不一定必走战争道路,更难无限扩大战争的范围。

新科技革命加剧了世界各国发展的不平衡和南北关系的两极分化,增加了国际政治的复杂化。新的科技革命成果多为少数发达国家垄断,相互依存是不对称、不平等的。国际化与民族化的矛盾在加深,国家间事实上的不平等和利益分配的不合理显得更加突出,国际冲突不可避免。国际冲突不仅来自南北双方的地位的不平等和贫富悬殊以及北方国家的技术封锁与贸易保护主义,也表现为新技术革命带来的大国发展不平衡和实力对比的新变化。美苏关系变为美俄关系和美欧日关系的发展,相互制约,相互作用,显得更加复杂多变。国际冲突是在世界国际化和整体化加强的前提下出现的,产生了许多新现象,必将呈现出错综复杂的局面。

新的科技革命,带来了人类社会生产力的大发展,必将推动生产关系的变革,为国际政治的演变奠定了正确的方向。生产力的大发展和相互联系和往来的加强,必将加剧生产社会化和生产资料私有制的矛盾,为消灭剥削和阶级对立创造了物质条件,奠定了经济基础。生产力的大发展,虽然给西方国家带来了繁荣,但也加深了内部固有矛盾和相互间冲突;生产力的大发展虽然给社会主义国家和发展中国家提出了挑战,但由于推行改革开放政策,也是一种较好的机遇。国际

第八章 时代论 国际政治所处的时代环境

政治的演变虽然因此变得复杂、曲折,但至少在方向上得到进一步的明确。新的科技革命,最终会通过生产力的大发展,带动生产关系的演变,实现国际社会的完全公平合理。这就是科技革命影响国际政治的辩证法。

第二节 军事演变的新时代

一、军事时代的含义

军事时代,即以武器革命为特征划分军事演变的历史阶段。军事时代,是先进的科学技术在军事领域中的应用并引起武器革命性变化的产物。军事革命是整个科技革命优先的独立领域,它虽然以科技革命为基础,但又是促进和刺激科技革命的特殊力量,能在国际政治中发挥独立的作用。

迄今,以武器革命为特征的军事时代,主要经历了三次大的演变。长时期内,人类的战争活动普遍使用的是石块和树枝。随着铁器的发明,以刀、矛、剑、戟为代表的冷兵器的出现,世界开始了以第一次兵器革命为特征的军事时代。从18世纪起,由于火药的发明和机器工业的兴起,世界进入了以第二次兵器革命为特征的军事时代,其内容是以枪、炮为代表的热武器取代了冷兵器。在热武器为特征的军事时代,战争发挥了巨大的威力。它加速了全球范围内国际政治体系的形成,把国内剥削与压迫推向全世界,形成国际剥削网,造成了国际社会长期动荡不安的局面。从此,战争与和平、强权与民主、反动与革命开始成为国际政治的主要内容,变成影响和制约世界全局的根本问题。1945年,美国在日本的长崎和广岛投下的两颗原子弹,揭开了以核武器为特征的军事演变新时代的序幕。随着原子弹的爆炸声,国际政治发生了许多重大的变化。它不仅更新了战争与和平的内容,而且导致了战后国际关系新规范的形成。世界各国的外交活动,不是在核威慑中进行,就是谋求以和平共处五项原则为基础的竞争共处。

国际政治学理论

二、军事演变新时代的内容

军事演变新时代,以核武器为特征,亦称原子核时代。核时代不等于核战争,它既可以为人类造福,也能给人类带来灾难。原子能的和平应用,可以解决世界各国发展经济的能源问题;核大战的爆发,必将毁灭整个地球。核武器既是战争武器,又是防止战争的工具,也可作威慑手段,具有实战性、防战性和威慑性的多种作用。

以核武器为主体的武器系统,包括爆炸系统和投射系统,前一系统即是原子弹和氢弹,后一系统则为陆基导弹、战略轰炸机、航天飞机和核潜艇。核武器具有无可比拟的超杀伤能力,除先进的投射系统打破传统地域界限引爆造成的大量死伤外,还具有冲击波、光辐射、贯穿辐射、放射性污染及电磁脉冲五种破坏作用,其杀伤能力之强,危害范围之广,都是前所未有的,甚至把太空领域、外层空间变成了继陆地、海洋、天空之后的"第四战场"。美国和苏联曾垄断了世界95%以上的核武器,爆炸总当量超过了140亿吨,可以反复毁灭地球约30次。它们之间的核竞赛如果引向核大战,必将是新的世界大战,其灾难性后果难以估计。西方提出的"核冬天"理论认为:如果美苏发动一场50亿吨TNT当量的核战争,不仅会有10亿人当场死亡和相同人数受害后的缓慢死亡,而且将影响整个地球生态环境,土地和江河会冻结,地球会被黑暗所笼罩,大部分动植物会灭绝,引起全球性灾难。尽管这些理论过于简单和悲观,但也不是毫无道理的。

同历次兵器革命完全不同,核武器不是纯粹的技术兵器,而是具有强烈的政治性的武器。它的作用既体现在杀伤力上,又表现为威慑力,以及动员全国人民群起而攻之的号召力。"威慑"理论,既是鼓吹战争的理论,又是防止战争的理论。它具有两重性,且政治性大于军事性。"威慑"一词,自古有之,它是随着战争的出世而使用的。"威慑",即是以声势或威力相慑服,以达到《孙子兵法》所说的"不战而屈人之兵"的目的。西方的"势力均衡"理论就是以"威慑"为核心的。原子弹的一声爆炸,更新了"威慑"的含义,使之出现了许多新的因素。"核威慑",即是以核武器为手段,实现自己的战略目标。它取决于核能力和使用核力量的意志。"核威慑",不再是单方的、虚虚实实的、低危害的一般战术性威慑,而是举世公认的、双方都有约束力的、危及人类生存的根本性战略威慑。同传统威慑相比,"核威慑"的主要特征是:威力最大,又最不便实施。"核威慑"不是销毁核武器,而是进行核竞赛。核竞赛的结果,是出现核均势,陷入威慑困境。核武器发展到一定阶段,就有可能难以起到杀人作用,核战争在相互威慑中难以打起来。其原因就在于它是以世界和平与世界毁灭之间的抉择为前提的。这就是核武器政治性的具体体现,是"核威慑"久盛不衰的要害。核武器,杀伤力量强,破坏性最大,但如果不进行宣传,扩散信息,无人知其厉害,也难以实现"威慑"效用。但核战争的恐怖宣传,必然带来相反的结果,会激起世界各国人民的反对,也无法达到预期目的。"核威慑"作用越大,反对核竞赛的呼声就越高,核战争就更可能打不起来。不仅人民反对,而且谁也不敢打,"核冬天"理论在这方面的作用是应该承认的。

从核武器的特性看,当今世界面临的核时代,带来种种矛盾的现象,必须辩证地进行分析。第一,核时代虽然增大核战争和世界大战的危险,但核时代不等于核战争,相反有可能使其避免,而核能的和平利用还可以造福人类。第二,核时代虽然以核武器的发明为特征,但核武器既是战争武器,又是防止战争的工具,具有实战性与防战性的双重作用。第三,核时代虽然是军事演变的特殊时代,但迄今更多活跃在政治领域,主要发挥的是政治性作用。核武器的双重作用,主要体现在"核威慑"上。威慑性多于实战性,威慑作用是主要的。"核威慑"既是一种最有力的威慑手段,又是最难以实施的一种威慑手段。"核威慑"与其说是军事性的,不如说是政治性的。

三、军事演变新时代对国际政治的影响

国际政治本来是国际社会极其错综复杂的现象,核时代中的国际政治就更加复杂了。核战争和"核威慑"渗透进国际政治各个方面,对其体系、国家间关系和种种政治现象均产生重大影响。

正如科技革命新时代在经济上加深了国际政治体系的整体性、相

国际政治学理论

互依存性和不平衡性一样,核时代也从政治上把整个世界连在一起,加深了相互依存性。因为核战争的灾难性后果,使核武器和"核威慑"产生了一种凝聚力,提供了生死与共的纽带。核时代把国际社会的安全提到了首位,变成了世界各国的共同任务。它要求世界各国不分社会制度、宗教信仰、民族,最大限度地联合起来,反对核战争和核竞赛,反对造成核战争危险的霸权主义和强权政治。核武器的威力之大,其后果是一损俱损,构成对整个人类的威胁。国际政治体系中的三类国家,只有协调合作,一致对"核",共渡难关,才能在和平的环境中推动国际社会的发展。其他别无出路。核武器的威力之大,毒化了国际气氛,不仅加剧世界性的军备竞赛,也使各国人民长期处于紧张之中,这是举世公认的。但正是这一强大威力,把核武器变成一种凝聚力,加深世界各国的相互依存,把世界各国的国家主权利益同整体利益紧密相连。于是出现了以核武器为纽带的"你中有我,我中有你",相互渗透的更为错综复杂的局面。当然,核时代中的世界,只有少数超级大国拥有强大的核武库,并作为推行霸权主义和强权政治的工具,因此,它除加强国际政治体系的整体性外,还扩大了整体性内的不平等性。

核时代中国家间政治关系最大的变化,是冷战时期美苏两国从合作转向对抗,又趋向缓和,一度成为战后影响最大、地位最重要的双边关系,超过任何其他类型的关系。美苏关系之所以在冷战时期特别突出,并引人注目,就在于它们拥有世界95%以上的核武器,足以毁灭整个地球,产生了"相互核威慑"。正因为如此,美苏关系具有特定的内容,为其他任何国家间关系所不及。第一,它们之间的关系是冷战时期世界上最强大的两个军事大国间关系。美苏两个大国的军事实力为世界所仅有,其他任何国家都不能与之相比,短期内很难缩短相互间的差距。第二,它们之间的关系注入了核因素,形成了"核对峙"和"核均势"。冷战时期世界上两个最大的核大国,完全具备发动核大战和世界大战的能力。第三,它们之间的关系以"核威慑"为主要依据,并主要围绕着核军备竞赛和核裁军活动展开。冷战时期美苏关系在国际事务中,特别在战争与和平问题上,具有最大的发言权,主要根源于双方的"核对峙"和"核均势"。"核对峙"大大加剧"冷战"、"争夺"

第八章 时代论 国际政治所处的时代环境

的残酷性和"缓和"的脆弱性,它同组织军事集团、建立世界军事基地、挑起地区冲突、加紧军备竞赛相结合,共同激化了冷战时期全球对抗的紧张程度。"核均势"则使相互核威慑陷入僵持局面:既害怕核战争又在局部战争中寻找出路;既避免直接开战又通过代理人加剧地区冲突;既加紧军备竞赛又频繁进行裁军活动。冷战时期美苏关系出现的新的缓和,不会消失"核对峙"和"核均势"产生的矛盾状态。"核对峙"和"核均势"带来相互关系的复杂性和矛盾性,必然对世界全局产生相应的影响。世界一方面为核阴影所笼罩,同时出现了反对核武器和销毁核武器的强烈呼声与群众性行动。主要国家间关系均打上了核烙印。

核时代中的国际政治现象,突出了战争与和平问题,使之发生了重大变化。第一,核战争的危险和灾难性后果,造成整个人类生死与共,使反战情绪与和平要求真正成为世界各国的普遍愿望,和平开始凌驾于战争之上变成国际社会的根本性问题。第二,核战争的危险和灾难性后果,更新了战争与和平的内涵。战争不仅有常规武器,也会使用核武器;战争不仅以一方取胜结束,也会两败俱伤;战争不仅带来有限灾难,也会毁灭地球;战争不仅能打起来,也会被阻止或推迟。核大战和世界战争不再是不可避免了,而是完全有可能被推迟或阻止。同样,关于和平的传统观念,也需要随之改变。和平不仅是为了打赢战争,应该把重点放在防止战争上,特别要以反对核竞赛为主要内容;和平不仅是战争的对立物,也与发展问题紧密相连。和平是发展的前提,发展是和平的保证。发展问题能否解决对和平的维护关系极大。核时代中战争与和平内涵的更新带来的直接后果是:(1)"冷战"、"争霸"和"缓和"成为核大国"全面战争"的替代物,使"核均势"维持了相对和平;(2)局部战争的增多,成为"全面战争"危险的扩散地,保证了核威胁下世界性的总体和平;(3)和平虽然能够维护,但由于核威胁的存在,它只能同局部战争共处,同强大核武库并存。西方有的学者称当前的和平为"核和平"或"导弹和平"。第三,核战争的危险和灾难性后果,导致了军备竞赛的异化,提高了裁军的地位和作用。战后以来,军备竞赛与裁军谈判和裁军会议同步进行。军备竞赛的激烈,

国际政治学理论

也带来裁军呼声的增高和裁军活动的频繁。1946年1月24日,第一届联大鉴于原子武器的出现和使用通过的第一项决议就是建立原子能委员会,要求其就"从国家军备中取消原子武器和一切其他主要的大规模毁灭性武器"提出具体建议。此后,每届联大均把裁军列为会议主要议程。60年代以后,随着超级大国核军备竞赛的逐步升级,联合国加强了裁军工作,先后通过多项关于地区"非核化"的决议和宣言,并召开"非核国家会议"和裁军特别大会,建立了裁军谈判委员会,审议并通过了《综合裁军方案》。80年代,联大宣布"国际和平年",并通过裁军决议多达近200项,为反对军备竞赛发挥了积极作用。

核时代的国际政治,虽然深受核战争和核威慑的影响和制约,但并未根本改变战争同政治的关系。第一,在核时代,战争依然从属于政治。它主要体现在:战争同样是为政治服务,战争是否进行,还是由政治决定。核时代的任何战争都有其政治目的,也同样不是实现政治目的的唯一手段,因为政治问题并非必须通过战争来解决。在核时代,战争的危险虽然存在,但不是不可避免;世界战争和核战争虽然能够防止,但局部地区的常规战争从未间断;战争的地位和作用相对降低,各国在经济科技与政治领域内找到了更为有效的替代手段;战争作为暴力活动的独立性有所削弱,行使威慑手段日渐加强,开始成为一种政治工具而具有双重性;所有这些,正是政治制约战争的结果,是战争为政治服务的具体表现。第二,在核时代,武器依然受人控制。任何武器,包括核武器,只是对战争的规模、样式、结局产生巨大影响,但武器的使用同样出于政治目的,且必须由人去控制。任何先进武器都是由人类发明的。人类既然能制造各种先进武器,当然具有掌握和控制先进武器的能力。何况有矛必有盾,先进武器出现以后,防御性武器也会随之问世,使其彼此制约。人类对武器的控制,不论是用盾对付矛,还是是否或何时使用先进武器,包括核武器,均是出于政治目的,为政治服务。第三,在核时代,和平依然需要武器的保卫。核时代的战争确实会带来灾难性后果,核战争必将毁灭人类,各国在战争与和平问题的处理上必须特别谨慎小心,但核时代不等于核战争,核时代的世界,还不是一个没有战争的世界,也不是没有侵略的世界。霸

第八章 时代论 国际政治所处的时代环境

权主义作为一种历史现象并未消失,以强权政治和不平等为特征的国际政治经济旧秩序依然存在,阶级矛盾、民族纠纷、宗教冲突、国家权益和经济发展水平的千差万别,短期内难以解决。这些矛盾的存在,一旦激化起来,完全有可能转化为战争。当然,在核时代,消除对和平的威胁,理应尽力寻求政治解决,但反对霸权主义,禁止侵略行为,绝不能离开正当的武装自卫与反击。和平需要靠和平与发展去争取,也需要武装的保卫。

第三节 社会发展的新时代

一、社会发展时代的界定

依据唯物史观,以社会制度变化为内容的社会发展时代是同科技生产的发展相适应的。石器时代是原始社会时代,青铜器时代是奴隶制社会时代,铁器时代是封建专制时代,机器时代是资本主义时代和社会主义时代。20世纪初,电的发明和应用推动国际社会进入了一个崭新的时代。从此,对社会发展时代的回答就成为揭示国际政治发展规律和实现无产阶级与被压迫民族解放的根本问题。正确判断国际政治格局,制定国家的内外政策,也必须以正确认识社会发展时代为前提。而正确认识社会发展时代,应该既立足于经济,联系科技革命时代的演变,又从政治出发,面对不同社会制度并存的问题,既批判右的错误,又要防止"左"的干扰,必须立论准确,阐述全面,符合世界的客观实际。

对社会发展时代的认识,不能主观随意,而应有严格的界定。这些界定以事实为依据,抓住问题的实质,既坚持马克思主义的指导,又要从世界的全局出发。

关于社会发展时代的第一个界定,是坚持阶级分析。认识时代,首先要弄清哪一个阶级是时代的中心,决定着时代的主要内容、时代发展的主要方向、时代的历史背景的主要特点,等等。观察国际问题,同认识任何社会问题一样,不能没有阶级观点,但又切忌处处以阶级斗争为纲。因为世界是由国家组成的,是区分为阶级的,既要抓住阶

国际政治学理论

级实质,又要从民族利益与国家间关系出发。忽视阶级分析是错误的,什么都是阶级斗争也是不现实的。但是,往往有人借口新变化新现象丢掉阶级观点,这在认识时代时特别要引起重视。还有人从实力地位出发判断处于时代中心的阶级,这也是极其片面的。确定哪个阶级是时代的中心,第一,不以力量的强弱为依据,主要看是否是新兴阶级。新兴阶级在开始的时期,力量都是相对弱小的,如奴隶社会向封建社会过渡时期的封建地主阶级、封建社会向资本主义社会过渡时期的资产阶级是这样,由帝国主义向社会主义过渡时期的无产阶级也不会例外。但是,新兴阶级属于上升阶级,其发展趋势必然是由小到大,由弱到强,是任何人也阻挡不了的。处于下落地位的阶级,力量即使强大,也是暂时的,无论如何挽救不了必然退出历史舞台的命运。本身都在倒退,何以成为时代的中心?第二,不从新兴阶级的孤立活动出发,主要看围绕新兴阶级运转的阶级关系,特别是下落阶级同新兴阶级的关系。下落阶级对待新兴阶级的担忧与害怕心理及控制政策,从另一个角度反证了新兴阶级的地位和深远影响。单从下落阶级的矛头所向及其活动内容就能确定处于时代中心的阶级。第三,不能为新兴阶级的暂时挫折左右,主要看时代的发展方向。无论过去和将来,每个时代及其新兴阶级都有个别的、局部的、时而前进时而后退的现象,这是正常的,不足为奇。我们不能被这种曲折的表面现象所迷惑,应着眼于大方向,从发展趋势中坚信处于时代中心阶级的地位。

对社会发展时代的第二个界定,是面向全球。时代之所以称为时代,就是因为它是世界各式各样现象的总和。包括有种种典型的和不典型的、大的和小的、先进国家或落后国家所固有的现象和战争。凡称之为时代,必定具有世界性,包括全球范围的种种现象。它不是局部地区和个别国家的现象,而是所有地区和国家的现象。它不是一般的现象,而是"固有"的现象,带有历史的必然性,显示出独有的特征,为别的时代所不具备。这些固有现象是通过"总和"表现出来的。"总和"不是固有现象的简单相加,而指的是相互制约、相互作用形成的既矛盾又统一的有机整体。"总和"既包括政治,又有经济、文化……从"总和"认识时代,不能孤立地看问题,切忌片面性,既要立足于

第八章 时代论 国际政治所处的时代环境

世界范围内政治、经济、军事、文化各个方面的全局,寻找反映"整体"的"合力",又需要从相互联系中弄清主要关系。"总和"构成了时代的主要内容。

对社会发展时代的第三个界定,是立足于事实。必须挑出那些特别突出、引人注目的历史事件作为划分时代的路标。一般来说,两个时代并未被一堵墙隔开,而是由许多过渡环节联系起来。这许多过渡环节需要的时间无法机械固定,因为世界历史的尺度是以数十年来衡量的。用世界历史的尺度来衡量,早一二十年或迟一二十年是算不得什么的,是微不足道的。但是,作为不同的时代,必须以事实为依据,挑出特别突出、引人注目的历史事件作为路标。当然,这些特别突出、引人注目的历史事件,不是主观臆想的,而是客观存在的;不会是一件,而是多件,能够揭示全局的;不会是同年同时发生,而可能相差一二十年。它跟自然界和社会上所有的界限一样,是有条件的、活动的、相对的,而不是绝对的。

从社会发展时代的一些界定来看,这里所说的时代,指的是历史上的大时代,即依据某种特征为基础划分的人类社会发展的历史阶段。它以某个阶级为中心,以揭示全局的重大历史事件为路标,能在世界范围内产生深远的影响,属于国际社会发展进程和基本方向的最高战略概括。凡称之为历史上的大时代,从时间上说,不是十几年、几十年,而是一个相当长的历史时期;从范围来说,不仅涉及局部地区,而是面向世界,整个地球;从内容方面说,不是指个别国家、个别地区的个别情节,而是世界各式各样现象的总和,包括典型的和非典型的、先进国家和落后国家所固有的现象;从发展方向说,尽管时代的现象纷繁复杂,又各具特色,甚至会出现不平衡和种种曲折倒退,但其发展趋势总是随着处于时代中心的阶级的历史使命运动的。

二、20世纪初世界进入社会发展的新时代

20世纪初,世界发生的最大变化,是帝国主义的出现,并把世界划分为压迫民族与被压迫民族两大对立营垒。

世界出现压迫民族和被压迫民族,是在资本主义上升时期。它是

国际政治学理论

随着资本主义的殖民掠夺而开始产生的。但在一个相当长的时期内,这还只是局部性的、并不十分突出的现象。帝国主义把整个地球瓜分完毕以后,最终把世界分成了两大对立营垒:一部分是人数众多的、附属的、没有平等权利的被压迫民族,另一部分是拥有巨量财富和雄厚军事实力的少数压迫民族。两大民族的区分包括四种具体区分:(1)帝国主义宗主国与殖民地、半殖民地国家的区分。由于世界被瓜分完毕,帝国主义把广大的亚非拉地区变成了自己的殖民地和半殖民地,使民族压迫成为世界性的普遍现象,最终形成了帝国主义殖民体系。世界上出现了帝国主义宗主国和殖民地半殖民地国家。两类国家虽共处于一球,但以控制与从属为主要特征。(2)欧美垄断资产阶级与殖民地、半殖民地民族资产阶级的区分。帝国主义由于建立控制殖民地半殖民地的殖民体系,而使世界资产阶级出现了根本性的变化。世界资产阶级开始一分为二:在帝国主义宗主国,资产阶级从上升的先进阶级变成了向下没落的阶级。在殖民地和半殖民地,民族资产阶级面对帝国主义的侵略和封建主义的束缚,属进步的革命阶级,是向上发展的、能够代表真诚的、战斗的、彻底的民主主义的资产阶级。它们并且相互对抗,其矛盾是不可调和的。殖民地、半殖民地被压迫民族的资产阶级反而同无产阶级一道,起来代替向下没落的垄断资产阶级。(3)世界无产阶级内革命部分与机会主义部分的区分。帝国主义由于掠夺殖民地和半殖民地而享有高额垄断利润,所以,它们在经济上就有可能去收买无产阶级上层,从而培植、形成和巩固机会主义,使国际无产阶级分成两部分:一部分是机会主义派,另一部分是革命派。这样,帝国主义和机会主义之间就有着深刻的经济联系。这种经济联系就在于国际垄断资本对殖民地、半殖民地的剥削。殖民地半殖民地不仅是帝国主义发财致富的主要源泉和赖以生存的基础,而且也成为机会主义的一个滋生地。机会主义由于受帝国主义超额利润的收买而同本国资产阶级一道,朝着靠剥削亚非两洲以建立帝国主义欧洲的方向共同努力,成为叮在殖民地半殖民地人民身上的寄生虫。(4)压迫民族工人与被压迫民族工人所处的实际地位的区分。帝国主义殖民政策的结果,使养活欧美全社会的,不仅是本国劳动者的劳

第八章　时代论　国际政治所处的时代环境

动,而几乎是被掠夺的殖民地人民的劳动。因此,压迫民族的工人和被压迫民族的工人所处实际地位是不一样的:在经济上有区别,压迫民族的工人在一定程度上参加了本国资产阶级剥削被压迫民族工人和人民群众的勾当。在政治上有区别,与被压迫民族工人比较,压迫民族工人在许多政治生活方面都占特权地位。在思想上或精神上有区别,压迫民族工人无论在学校中或在实际生活中,总是受着一种轻视或蔑视被压迫民族工人的教育的。正是这些实际地位的不同,造成了压迫民族工人往往容易接受本国资产阶级的偏见,滋长了民族沙文主义。这些区分是当时世界基本的、极其重要的和必然发生的典型现象,是由帝国主义本质决定的。

　　帝国主义的出现及其把世界区分为压迫民族和被压迫民族给当时的世界带来了哪些具体的新现象呢?(1)垄断成为全部经济政治生活的基础。它表现为垄断同盟取代自由竞争占据统治地位,并把整个世界瓜分完毕;它加紧对最重要的原料来源的掠夺,给当时所有一切经济机构和政治机构罩上了一层依赖关系的密网,使瓜分世界和重新瓜分世界的斗争特别尖锐起来。(2)帝国主义战争不可避免,成为当时世界最重要的典型现象。(3)争霸与反争霸的斗争、民族民主运动和无产阶级革命并列为三大运动。其中特别重要的是,作为时代主要特征的帝国主义和民族运动。(4)帝国主义国家之间的矛盾、帝国主义同被压迫民族的矛盾、垄断资产阶级同无产阶级的矛盾、垄断资本主义国家同社会主义国家的矛盾,并列为相互联系的四类基本矛盾。

　　20世纪初的帝国主义给世界造就的新现象,归结起来就是垄断资本制度的确立及其扩张与掠夺形成的、以两大民族的区分为核心、对世界上大多数居民施行殖民压迫和金融扼制的世界体系,以及由此引起的世界性矛盾与运动。这些新现象告诉我们:(1)无产阶级和殖民地半殖民地被压迫民族是新时代的中心,决定时代的主要内容和发展方向。无产阶级和殖民地半殖民地被压迫民族处于新时代的中心,既表现为阶级关系的激化和革命运动的兴起,又根源于垄断资本及其造就的世界体系。垄断统治的确立宣告了资本主义最高阶段的到来和垄断资产阶级向下没落的开始。它把无产阶级和殖民地半殖民地被压迫民族推上了时代的中心地位,使它成为新的生产方式,即社会主义和民族主义的代表,将要取代作为资本主义最高阶级的垄断资本主义。无产阶级要想把垄断资本主义推向一个新阶段,必须首先打破现有的世界体系。这就需要联合被压迫民族和其他进步力量。由于现有世界体系内只有无产阶级和被压迫民族的民族资产阶级才是新的生产方式的代表,它们不能不处于时代的中心,决定时代的发展方向。这是历史赋予的使命。(2)新时代的主要内容是丰富多彩的。它既包括被压迫民族反对帝国主义的民族民主运动和无产阶级社会主义革命,也表现为帝国主义大国争霸及其战争,以及与此相连的世界人民反霸斗争与和平运动。从反对帝国主义出发,世界上的进步政治势力也是多种多样,主要有:以帝国主义国家无产阶级和社会主义国家为代表的社会主义力量,以殖民地半殖民地被压迫民族资产阶级为代表的民族主义力量,由不同国家阶级、阶层和不同意识形态信仰的团体组成的和平力量。这些主要内容和主要进步力量,既是并列、各自独立的,又是紧密相连、不可分割的,必须进行综合的考察。由于帝国主义政治经济发展不平衡规律的作用,新时代的主要内容和主要力量都有可能出现于世界舞台的主要地位。否认这一点就有陷于教条主义的危险。无产阶级虽然处于时代的中心,但作为一种革命运动不可能永远是高潮。我们在观察时代时,要把处于时代中心的无产阶级同其运动是否占据世界主要地位区别开来,不能借口重视无产阶级社会主义革命,而否定或贬低其他进步力量和革命运动,把本来五光十色、丰富多彩的时代内容,变成无产阶级独来独往的孤军奋战。(3)时代的发展方向是从帝国主义向社会主义过渡。这一过渡,首先是立足于垄断,从其历史地位出发的。帝国主义就其经济实质来说,是垄断资本主义。这就决定了帝国主义的历史地位,因为在自由竞争的基础上,而且正是从自由竞争中成长起来的垄断,是从资本主义结构向更高级的社会经济结构的过渡,是过渡到社会主义的开始。而国家垄断则是社会主义的最完备的物质准备,是社会主义的"入口"。垄断之所以成为过渡到社会主义的开始,主要取决于它的历史地位。垄断的历

第八章　时代论　国际政治所处的时代环境

史地位指的是资本主义的最高阶段,是资本主义社会的没落状态。从字面上看,"没落"过于形象化,易造成误解,以为很快就要死亡,但它的本意是很清楚的,指的是过渡的资本主义。世界向社会主义过渡,是以帝国主义所建立的世界体系为依据的。这个世界体系在经济上是用金融密网笼罩的;在政治上是由殖民统治控制的,在军事上是靠军事集团和战争威胁维持的,其基本特征是整体性、相互联系性和不平等性。正是从世界体系的主要内容和基本特征出发,世界向社会主义过渡包含着两个具体的过渡:一是通过民族自决的间接过渡,一是直接过渡到社会主义。前一过渡指的是殖民地半殖民地国家,后一过渡讲的是欧美帝国主义国家。这两个过渡是紧密联结在一起的,是有益于社会主义大方向的。一般来说,一切民族都将走到社会主义,这是不可避免的,但是各个民族的走法却不完全一样,每个民族都会有自己的特点。民族自决,由于反对帝国主义而一直视作世界社会主义运动的一部分。通过民族自决的实践,可以丰富民主制以及向社会主义过渡的多样形式,而直接过渡不能脱离争取民族自决和政治民主的斗争。其他的道路是没有的。这就是说,向社会主义过渡是两个具体过渡的结合过程,它只能在各先进国无产阶级反对资产阶级的斗争同不发达的、落后的被压迫的民族所掀起的一系列民族民主运动联合起来的时代中进行。

那么,究竟怎样实现向社会主义过渡呢?具体说:第一,这个过渡的矛头,不是直接指向一般资本主义,而是以帝国主义为主要对象。因为资本主义已一分为二,区别为帝国主义和殖民地半殖民地的民族资本主义,而世界各种根本问题只能从帝国主义存在的观点来考察。没有一个对内对外政策的重大问题可以不顾这种趋向而解决。第二,这个过渡的动力,不是某一个矛盾,而是所有基本矛盾。正是这些矛盾的尖锐化,成为以世界金融资本取得最终胜利开始的这一过渡历史时期的最强大的动力。帝国主义除了在本国之外,还亲自在东方为自己挖掘了坟墓。被压迫民族的资产阶级同垄断资产阶级相对立而同欧洲无产阶级一道"正在起来代替"欧美没落的资产阶级。第三,这个过渡的途径,主要不是无产阶级同垄断资产阶级的直接决战,而是通

273

国际政治学理论

过反对帝国主义的斗争来实现的。压迫其他民族的民族是不能获得解放的这个国际主义和社会主义的根本原则,是无产阶级获得自身解放的首要条件,实现向社会主义过渡的必由之路。社会主义革命不会仅仅是或主要是每个国家的革命无产者反对本国资产阶级的斗争,而将是受帝国主义压迫的一切殖民地和国家、一切附属国反对国际帝国主义的斗争。欧美国家过渡到社会主义的过程,不会是经过社会主义在这些国家里平衡成熟,而会是经过一些国家对另一些国家进行剥削,再加上对整个东方进行剥削的道路来完成的。这就是说,垄断揭示了向社会主义过渡的历史必然性,帝国主义所建立的世界体系则决定过渡不会是直接的,而只是曲折的过程。它包含着两个具体过渡,并且相互促进;它不可能在所有国家同时进行,只能是一个国家一个国家逐渐发展,并且往往是从帝国主义链条中的薄弱环节和资本主义经济不大发展的国家首先开始。

综上所述,如果要给新时代下一个完整的定义,最好概括为"从帝国主义向社会主义过渡的时代"。这种概括既从政治入手,立足于阶级关系,又以经济为基础,突出垄断的特征;它既揭示出无产阶级和被压迫民族的时代中心地位,又未抹杀时代内容的整体性和多样性;它既指明了社会主义的大方向,又显示出过渡的长期性和曲折性。既然是过渡,就必有一个过程,必有中间环节,必有一个时期,不可能是短时期的直线发展。应该说,这种概括最能准确地、完整地反映当时世界全貌,避免了"左"和右的干扰。

三、新时代处于相持阶段的新变化

世界新时代,从 19 世纪末 20 世纪初算起,或以第一次世界大战和十月革命为界。这期间特别经历过世界反法西斯战争的伟大胜利,国际形势发生了重大的新变化。现在的问题是需要弄清楚,这些新变化是什么样的变化,它对时代的发展产生了何种影响,这对于正确认识和判断当今世界国际政治面临的时代是至关重要的。

从世界政治经济的实际情况看,战后以来至少发生了下列主要的变化:

第八章 时代论 国际政治所处的时代环境

(一) 社会主义国家的诞生和曲折发展

随着两次世界大战的结束,欧亚和拉美建立了众多的社会主义国家,形成了社会主义阵营,在世界面前证明了社会主义制度的强大生命力,显示出优越性。这些国家经过不长的一段时间建设,或成为工业国,或由农业国向工业国转变,均改变了原来的贫穷落后地位。特别是一些社会主义国家的改革,又在建设社会主义事业上,有了新的开拓,出现了新的生机。社会主义国家建设的成就是谁也抹杀不了的。但是,社会主义国家的发展是曲折的。一是某些社会主义国家推行霸权主义政策,损害了社会主义的形象;二是一个模式的僵化的传统经济政治体制,阻碍了社会主义生产力的发展;三是社会主义国家的改革,困难重重,在内外压力下会出现不同的后果,产生不利于社会主义制度的影响。这些都在全世界面前影响了社会主义制度优越性的发挥。

(二) 第三世界的崛起

第三世界是在战后民族解放运动取得重大胜利的基础上形成的,是由亚非拉地区新独立的主权国家组成的联合力量。它们有着相似的命运,面临共同的任务:历史上,大都是帝国主义的殖民地和半殖民地,遭受着长期的殖民压迫与剥削;政治上,大都是战后新独立的国家,面临维护国家主权和建立国际政治新秩序的共同任务;经济上,大都是落后的发展中国家,有着建立国际经济新秩序、实现经济独立的普遍愿望。第三世界的崛起,标志着殖民体系的瓦解,开始了世界多极化进程。特别像中国这样的发展中的社会主义国家宣布属于第三世界,开始打破以意识形态为基础组合的国际格局,开辟了发展中的社会主义国家同发展中的民族主义国家的新型合作关系。

(三) 科技革命的新发展

战后兴起的新的科技革命,以原子能和电子计算机的发明与应用为主要内容,席卷了几乎所有发达的垄断资本主义国家、新兴工业国家和某些社会主义国家。新的科技革命遍及所有领域,它不是个别理论和单项生产技术的突破,而是具有全面性、相互渗透性,属多层次大纵深的同步发展。它给世界带来的最大影响,一是国家间的相互依存在加深,相互联系与交往由于具有前所未有的高效率手段,而不受时间与空间的限制。任何国家的发展都离不开世界。二是国家间以经济与科技为中心的综合国力竞赛日益突出,军事冲突与军备竞赛相应减弱。政治经济化逐渐超过政治军事化。三是国家间的不平衡发展在加剧,特别是南北贫富的差距更加扩大。不平衡正在打破原有的平衡,世界呈现出更加错综复杂的局面。在新的科技革命中,发达的垄断资本主义国家受益最大。高精尖技术的优势带来经济的持续发展;经济繁荣不仅为社会安定奠定了基础,而且为国家内外政策的调整提供了条件。当今世界,垄断资本主义国家纷纷将发展高科技作为国家战略的重点,在其内外政策中,正在加强经济手段,淡化军事色彩,但并未放弃暴力。

上述变化虽然不是世界的全部,但已揭示出当今世界的基本面貌,即世界区分为三类国家、相互关系呈现出错综复杂的局面。三类国家,指的是发达的垄断资本主义国家、发展中的民族主义国家和社会主义国家。社会主义国家虽然为数不多,发展曲折,但显示了强大的生命力和相当的优越性。发展中的民族主义国家和发达的垄断资本主义国家,虽然同属资本主义体系,但相互间的利益是难以调和的。相反,它们同社会主义国家有着相同的任务,其一致性远远大于同发达的垄断的资本主义国家的关系。三类国家的区分说明国际政治体系包含着三类国家体系,国际政治的种种现象,在实质上均是三类国家内部和相互间关系的产物,只不过由于主权国家充当了行为体,多极化趋势在加强,因而表现出来的更多是双边关系、三角关系和一体化关系,并往往融合社会制度、国家权益和强权政治等因素为一体,呈现出错综复杂的局面,需要进行具体分析。三类国家的区分是两大民族区分的继续和演变。当时世界的新现象,在这里到处可以看到它们的存在,但是发生了重大变化,呈现出许多新特点。垄断基础依然如故。但国家垄断和国际垄断所起的作用比私人垄断大得多,形式也发生了变化。帝国主义战争的危险虽然不能说完全消除,但是可以避免,事实上战后以来近50年再也没有爆发过。世界区分为压迫民族

第八章 时代论 国际政治所处的时代环境

与被压迫民族的现象,随着民族解放运动的胜利和独立国家的涌现,正在发展中的民族主义国家同发达的垄断资本主义国家的关系中体现出来,更多表现为地位的不平等和贫富的悬殊。三大运动中的反霸和平斗争,更加广泛深入,不仅同争霸及其战争相对立,而且同经济发展密不可分。虽然无产阶级革命继续处于低潮,但革命的客观条件同样存在。民族解放运动也正在向纵深发展,具体表现为以发展中国家为主体的不结盟运动、建立国际经济政治新秩序的斗争,以及反封建反独裁的民主化进程。四类基本矛盾,或退居次要地位,或改变形式,或曲折发展,或有所缓和,但均未得到完全解决。这就是说判断时代基本问题变与未变,呈现出什么样的新特点,均不能离开三类国家的区分。三类国家的区分及其内外关系,实质上是阶级区分与阶级关系,但主要通过国家权益表现出来,以服从国家间关系的基本原则为前提。

从世界发生的重大变化和出现的新情况看,我们应该得出什么样的结论呢?正确的回答是:当今世界国际政治仍然面临向社会主义过渡的时代,但进入了一个新阶段。

从时代的一般界定和当今世界变化相结合来观察,无产阶级和被压迫民族处于时代中心的地位未变,只不过更多体现在社会主义国家和第三世界国家的身上,时代的主要内容未变,但呈现相互渗透的错综复杂局面,表现出来的形式以国家为主体;时代的发展方向未变,这只要从垄断资本主义国家几十年来的内外政策无一不是对付无产阶级和社会主义国家和第三世界国家的事实就可得到证明。垄断资本主义国家虽然在经济上和军事上占据优势,但从长远看处处被动,因为它们是把社会主义的发展看成是自己的主要威胁。事物的发展是辩证的,只有立足于对立的双方观察问题,才能避免被表面现象所迷惑。正是从这些基本事实出发,世界所面临的时代没有变。当然,从战后世界的新变化和新情况出发,最好将过渡时代的"帝国主义"提法换一下,改为"垄断资本主义"较为适宜。因为,帝国主义包括两层含义,除指垄断资本主义外,主要体现为军事扩张形成的世界体系。当今世界,垄断资本的金融密网虽未完全打破,只是有所松动,但殖民统

国际政治学理论

治已经瓦解,战争威胁相对减缓,帝国主义统一的世界体系已经由相互联系的三类国家体系所代替。既然情况发生这么大的变化,就不应拘泥于旧概念。我们过去说的帝国主义是对美国、英国、法国、联邦德国和日本等国的总称,往往同帝国主义阵营联系起来,均作为敌我矛盾对待。现在看来,作为阵营标志的北大西洋公约组织虽然存在,但相互军事往来在减弱,经济关系在突出。特别是它们的内外政策均在调整,且程度不一,相互矛盾日益发展,应区别对待。如果重提旧概念,不仅忽视它们内外政策的调整,而且会把它们推向一起,到处树敌,不利于我们利用矛盾,广交朋友。同时,不能不注意到,多年来我们尽量避免使用"帝国主义"这个概念,对于对外侵略扩张的行径,均以"霸权主义"称呼。从我国政策的连续性考虑,也不宜再提它,不然易给人政策老变的印象。何况,概念的更新并不影响实质性问题,又何乐而不为呢?

至于有人提"从资本主义向社会主义过渡"的时代,也不十分妥当。因为当今世界的资本主义仍然一分为二,即西方的垄断资本主义和发展中国家的民族资本主义。前者从发展趋势看正在走下坡路,后者则处于上升阶段,属于新兴力量。民族资本主义不仅具有存在和发展的历史合理性与进步性,而且同垄断资本主义相对立,其生存与发展有利于世界向社会主义过渡。从时代的内容看,也应提从垄断资本主义向社会主义过渡的时代。从科学性出发,概念也要力求准确、周密。

一般来说,历史上的大时代均经历过新制崛起、两制相持、新制完全胜利三个阶段。从垄断资本主义向社会主义过渡的时代也不例外,目前已从社会主义制度崛起进入了社会主义同垄断资本主义两制相持的阶段。如果以上述新变化为主要标志,相持阶段开始的时间大约是60年代左右。

为什么说进入了相持阶段,它的主要依据是什么呢?

第一,两制均有发展的潜力。社会主义制度是自有人类历史以来最完全最进步最合理的。从俄国十月革命的胜利到反法西斯战争胜利后一批社会主义国家的诞生,社会主义作为新兴社会形态被证明是

第八章 时代论 国际政治所处的时代环境

有强大生命力的。60年代以来,社会主义国家先后实行的改革是完全必要的,它显示了社会主义制度的优越性和发展潜力。当前,社会主义国家的改革虽然方向不同,做法各异,出现了曲折,但社会主义自我改善的改革是一定会取得胜利的。至于垄断资本主义,虽然处于向下没落时期,正在走下坡路,但目前还有较强的调整能力和发展潜力。这是因为,垄断具有两重性,不仅存在生产和技术停滞腐朽的趋势,而且产生生产和技术的发展趋势。从私人垄断到国家垄断,到国际垄断,都加速了生产力的发展。何况,世界上从没有纯粹的垄断,它总是同自由竞争结合在一起的。垄断同竞争的结合,更能容纳较高的生产力。垄断是在各种政治形式下发展的,它除具有反动的趋向外,也追求民主制,并有能力使各种政治形式服从自己的需要。特别值得重视的是,垄断可以人为地延缓自己的死亡。对它来说,行之有效的"药方",一是发动战争,转移国内视线,转嫁危机;二是保持和扩大民族差距,既可以利用矛盾,又为加强剥削提供条件;三是实行"收买",腐蚀和分裂对手,扩大自己的社会基础。事实已经证明,这是垄断资本主义延缓死亡的"秘诀"和"症结"所在。当然,垄断的调节和发展能力总是有一个极限的,一到极限,必然过渡到新的阶段。

第二,两制出现战略相持。早在150年前,当共产主义的"幽灵"刚在欧洲徘徊时,旧欧洲的一切政治势力都为驱逐这个"幽灵"而结成了神圣同盟。面对第一个社会主义国家的诞生,西方垄断资本主义国家,立即推行"扼杀"战略,采取协调一致的行动,多次发动武装干涉,力图把苏维埃政权"扼杀在摇篮里"。当法西斯猖獗时,它们又"祸水东引",推动德国军事侵略苏联,梦想"坐山观虎斗","渔翁得利"。随着反法西斯战争的胜利,欧亚地区新建立一批社会主义国家,并组成社会主义阵营。苏联一跃而为强大的社会主义国家。社会主义中国的出现,更是改变了国际政治格局,壮大了社会主义的声威。以美国为首的西方帝国主义国家立即抛出"冷战"遏制战略,鼓吹"多米诺骨牌"理论,组织军事集团,建立军事基地,实行军事围堵、政治孤立和经济封锁,甚至发动"冷战"遏制战略下的热战,以实现其"让肉烂在锅里"的战略目标。在"冷战"遏制战略下,社会主义国家顶住了压力,粉碎了侵略,巩固了政权,取得了经济建设的重大胜利,在世界人民面前显示了旺盛的活力。两制国家经过长期的较量,达到力量相持。它们更多以主权国家相待,不能不注意国家间关系的基本原则了。从敌视到谈论国家间关系的原则,就是战略相持的表现。当然,从两制国家的经济、军事实力看,社会主义国家处于劣势,特别在当前更是如此;但如果从70年的发展趋势看,社会主义国家是不可低估的。特别重要的是,社会主义国家同发展中国家在许多方面是一致的。这个共同点远远超过发展中国家同垄断资本主义国家的关系。在两制国家力量对比中,应该承认这一重要因素,看到同垄断资本主义国家相对立的国家大多数,人口大多数。

第三,两制开始了新的合作。两制国家间的合作,虽然早就存在,但在战前只是军事领域中的现象。反法西斯战争胜利后,两制国家一直处于敌对状态。随着美苏关系的缓和以及中美两国关系正常化,两制国家间的敌对状态基本解除,合作开始在更多的国家和更多的领域中进行。从此,两制双方均不再以对方为共同的敌国,两大阵营的界限打破了;虽然意识形态问题始终存在,但更多是从国家间关系出发。两制合作以双边关系为主,建立在和平共处五项原则的基础上;合作领域日渐增多,包括政治、经济、文化各个方面,也涉及军事。这种合作的前提,是从各自的利益出发对和平与发展的愿望。在国际政治中,国家权益高于阶级利益、民族斗争重于阶级斗争,国家的安全与发展超过意识形态的异同。当前,两制国家从自身利益出发,也希望有一个和平的国际环境,热衷于战争的总是极少数。垄断资本主义国家出于自身利益的需要,既可能发动战争,也会维护和平。社会主义国家对待战争的态度是:不怕,反对,以革命战争相对抗。社会主义国家是最热爱世界和平的,虽然不排除个别社会主义国家也会发动对外侵略战争,但在当前,争取和平的国际环境,建设社会主义,更是放在第一位的紧迫任务。当然,两制国家间的合作,并未结束对抗,且合作中充满了竞争。

同社会主义制度崛起的阶段相比,相持阶段的内容和特点有了许多更新,主要有:(1)和平与发展上升为世界的主题。战争从来就是

第八章 时代论 国际政治所处的时代环境

世界政治的主要内容。垄断资本统治之初,更是使用战争武器去夺取财富与权力。第二次世界大战前后,各阶级、各集团、各个国家为了实现自己的政治目标,往往借助于军事手段,战争与革命充斥整个世界舞台。随着国际形势的演变和三类国家的区分,世界战争的危险虽然存在,但是可以避免;军事冲突相对减少,经济联系日益增强。和平与发展越来越成为世界各国的共同愿望,尽管各国的出发点不尽相同。维护和平与发展,要求反对霸权主义,变革国际政治经济旧秩序,但对事不对国,注意同国家间关系相区别,只着眼于世界范围内的强权政治和不平等现象。(2)"一球多制",竞争共处。20世纪的世界日渐成为一个整体,先后诞生的垄断资本主义国家、社会主义国家同民族主义国家相聚一球,联系频繁,矛盾与冲突也从未间断。社会主义制度的崛起,属于国家内部矛盾的必然产物,是垄断资本主义国家首先从外部进行干涉,开创了国内问题国际化的恶劣先例。随后,社会主义国家也犯有某些"输出革命"的错误,致使两制国家长期处于敌视之中。随着三类国家的发展,谁也战胜不了谁,于是转向相互承认,加强合作,缓和紧张局势,开始了"一球多制",竞争共处。"一球多制",竞争共处,是以承认和尊重世界各国人民对社会制度的选择为前提的。社会制度问题纯属各国内部事务,相互不得干涉。不同社会制度,既不能诉诸武力,靠刺刀去移植,也不能凭借某种优势,用干涉内政的办法强加于人。唯一的出路是通过和平竞赛,发挥各自的优越性去吸引对方,而且只能是由各国人民自己去选择。"一球多制",竞争共处,共处是长期的,竞争则贯穿始终。既然是竞争,就会有反复,胜利与波折同在。世界只能在曲折中前进。(3)世界由两极走向多极。新制崛起之时,旧制仍占优势,世界虽然打开了一个缺口,但依然是少数大国的一统天下。反法西斯战争胜利之后,世界上先后形成了以东西方之间的冷战为内容的两大阵营对峙,中间经过两个超级大国争夺霸权和世界人民反霸斗争为特征的三个世界的划分,到东西南北关系的政治格局,显示了多极化的发展趋势。中美苏(俄)三角关系的突出、美欧日之间竞争的激烈、地区合作组织的发展和第三世界国家在国际事务中的更多发言权,表明霸权主义到处碰壁,强权政治越来越行不通了。

国际政治学理论

超级大国操纵国际事务的局面已经有了很大的改变。两主角支配的世界正在变成多主角活动的舞台。两制相持既得益于世界政治的多极化发展,又为它提供了保证。新制崛起也好,两制相持也好,甚至新制在全世界的完全确立也好,都不会是脱离国际政治的孤立活动。它们是紧密相联的。

同新制崛起相比,相持阶段的内容和特点,既揭示了世界的进步与多样性,又增加了向社会主义过渡的复杂性。如果说,新制崛起阶段的过渡不仅仅是无产阶级同垄断资产阶级的直接决战而必须立足于两大民族的区分,主要围绕反帝国主义斗争进行的话,那么,相持阶段的过渡更不是社会主义国家同垄断资本主义国家的直接决战,而应沿着和平与发展的世界主题,由各国人民自己去解决。世界仍然是一个整体,应从全局中看待过渡。在相持阶段,尽管两制国家间的矛盾相当严重,特别是"西化"与"反西化"的斗争较为突出,但这始终是过渡中的一种现象。对垄断资本主义国家来说,这是既定政策,不会放弃的。但它往往立足于国家权益,各有打算,均掩盖着种种别的图谋,其中有类似毛泽东所说的夺取与控制"中间地带"的企图。对此,社会主义国家既要重视,坚决抵制,也不能为它所左右,忘记世界主题,放松国内建设。在相持阶段,向社会主义过渡,既然不是社会主义国家同垄断资本主义国家间的决战,那又怎样进行呢?它取决于两制国家的内部发展,主要依靠变革国际政治经济旧秩序的斗争,在"一球多制",竞争共处中,让各国人民自己去选择;它应纳入和平与发展的世界主题,迂回前进。社会主义国家也好,垄断资本主义国家内的无产阶级也好,均不能离开世界主题另搞一套,单独行动,孤军奋战。这就是说,相持阶段的过渡,也不是直接的,它需要的时间更长,所走的道路更加曲折,我们既不能因此丧失信心,悲观失望,也不能急躁冒进,掺杂主观因素,当然,向社会主义过渡的长期性和曲折性是历史发展的必然,但社会主义国家的主观判断是否科学,决策是否正确,对社会主义的发展和相持阶段的长短,也是大有作用的。

四、社会发展新时代与国际政治

历史是一面镜子。世界上许多事情常常有惊人的相似之处。我

第八章　时代论　国际政治所处的时代环境

们在论述国际政治面临新时代时,回顾一下资本主义在欧洲取代封建主义的全过程,不能不发人深省。

从资本主义生产方式产生起,到资本主义经济和政治制度在欧洲完全确立止,前后大约经历了四五百年的漫长岁月。如果从 1640 年的英国资产阶级革命开始,也有 250 多年的时间。由封建主义向资本主义过渡的过程中,欧洲政治中至少有三个重要现象,应该引起重视。(1)明显存在着新制崛起、两制相持和新制完全确立三个时期。前一时期的典型现象是,战争连绵不绝,革命时有发生,其中包括:英法两国的资产阶级革命战争、波兰意大利等国的民族解放战争、拿破仑帝国的对外侵略战争和英俄法之间的争霸战争。特别是英法两国的革命战争最为突出。资产阶级用自己的军队,以武装的革命对付武装的反革命,几经波折,复辟与反复辟,最终掌握了政权,上升为统治阶级。相持时期,欧洲虽然只有英、法两个资本主义国家,并与其他封建国家和殖民地国家并存,但战争逐渐减少,大国之间开始均势外交,出现了缓和局面。一些国家的对外扩张,也从战争武器转用商品重炮,鼓吹自由贸易。特别是阶级革命发展缓慢,呈现出新的特征。后一时期,大多数国家经过不同道路走向资本主义。德国经由自上而下的统一,资产阶级同容克地主结成联盟,开创了一条独特的道路。意大利是欧洲第一个资本主义民族,最早产生新生产方式的萌芽,但直到 19 世纪 60—70 年代才在资产阶级同自由派贵族相互妥协的基础上实现了独立和统一,成为欧洲最后一批资本主义化的国家。欧洲资本主义化主要是通过和平手段实现的。(2)争霸与反霸斗争成为主要内容贯穿始终。法国大革命前后,欧洲主要是封建主义大国,如俄普奥之间的争霸和英法间的争霸。拿破仑帝国建立之后,开始了对外侵略扩张,用战争摧毁封建专制,输出了资本主义,以新的面目加入了争霸欧洲的行列。非常有趣的是,尽管法国在对外侵略过程中打着反封建的旗号,但是在欧洲政治中不是两个仅有的资本主义国家英法两国的联合行动,而是资本主义的英国同封建主义的俄国等结成联盟,共同对付资本主义的法国。国家利益即使在当时也是高于意识形态和社会制度的异同。争霸与反霸的斗争贯穿全过程,严重影响着欧洲政治的发展。欧洲的资本主义化就是在争霸与反霸的斗争过程中由各国人民在本国内自行完成的。(3)法国新生资产阶级政权对外政策发生演变,并未阻止新制的完全胜利。法国资产阶级大革命是欧洲划时代的大事,它对欧洲从封建主义过渡到资本主义起了决定性的作用。拿破仑帝国的出现加速了这一进程。但是法国资产阶级革命的单独胜利和拿破仑的野心导致了东侵西夺,导致了神圣同盟的入侵。正是在拿破仑对外战争中产生了沙文主义,把民族解放战争变成了掠夺其他民族的侵略战争和同其他大国争霸的战争。一支新型的革命军队完全变成了侵略扩张的工具。尽管拿破仑战争的全过程均打着反对封建专制和解放被压迫民族的旗帜,实质上前后有着质的区别。这表明,国内制度虽然未变,但对外政策发生了根本性的变化。民族沙文主义领导人利用革命胜利带来的强大军事实力和经济实力,打着革命的旗号,在反对外来干涉过程中推行霸权主义和强权政治的政策。正如列宁所指出的,拿破仑"奴役欧洲许多早已形成的、大的、有生命力的民族国家的时候,法国的民族战争便成了帝国主义战争,而这种帝国主义战争**又反过来**引起了**反对拿破仑帝国主义的民族解放战争**"①。法国作为新制度的代表,其政策的演变,不仅没有破坏欧洲革命的进程,反而加速了其发展。

显而易见,在国际政治面临的新时代中出现的许多相似的地方,应该进行历史比较。虽然它具有新时期的特点,不能简单地类比,但我们应该站在历史的高度,进行高层次的理论探讨,既要努力避免就事论事和传统模仿两种趋向,又要从中受到启发,悟出真理,从而得出正确的结论。至少有一点可以肯定,国际政治不涉及新旧制度更替的问题,这属于国内政治的范畴,但各国新旧制度的更替,也是在国际政治的发展过程中独自进行的。我们不能否认社会发展时代的演变对国际政治的影响。

---

① 《列宁全集》第28卷,第2版,第5页。

附录1
试论冷战后国际政治中的主权与"球权"*

国际政治学,是与国际政治的产生、发展和演变紧密相连。国际政治,指的是行为主体间(主要是国家间)围绕权力、权利、利益相互作用形成的有机整体,是全球范围内战争与和平、冲突与合作、霸权与主权、强权与"球权"、结盟与不结盟、动荡与秩序的总称。国际政治虽然纷繁复杂,变化无穷,但国际政治的实质,始终是权力政治与权利政治的较量。权利,即合理合法的权力与利益,以国际法为依据;权力,则包括合理的权力与不合理的权力,以实力为特征。长时期来,权力政治与权利政治的较量,始终以权力政治为主导,这是不争的事实。冷战后,权力政治与权利政治的较量,在国际新环境下发生重大变化:权利政治上升为矛盾的主要方面。这就是冷战后国际政治中产生的重大新现象。

一

纵观国际政治演变发展的历史,权力政治与权利政治的较量,始终作为一条主线贯穿其中。国际政治始于两次科技革命(机器和电的发明应用)及资本主义生产方式的外向活动,形成于19世纪末20世纪初垄断资本把世界瓜分完毕。整个世界超越民族、国家和地区界

---

* 原文载《太平洋学报》2002年第1期。

限,最终连成一体,全球范围的国际政治开始出现在世界舞台。

全球范围的国际政治以18—19世纪为起点表明:国际政治的形成与发展以科技革命为内容的世界经济演变为基础,同资本的国际活动息息相关;国际政治内容丰富多彩,纷繁复杂,但主要围绕国家权益运转;国际政治以国家为主要行为体,主要表现为大国兴衰的历史活动。迄今为止,国际政治的发展与演变大体上经历了四个时期。

第一时期,15世纪到19世纪末,以殖民扩张权力和殖民体系形成为标志。1415年,葡萄牙殖民者沿着大西洋东岸南下,侵占了北非摩洛哥的休达地区,建立了世界上第一个以强权摧残权利为特征的殖民据点。随后,西班牙、荷兰、英国、法国、德国、俄国等接踵而来,在美洲、非洲、亚洲地区大肆扩张,亡国灭族,用强权进行了人类历史上空前野蛮的屠杀和掠夺。最终,英、俄、法、德、日、美六个帝国主义大国掀起了夺取和征服殖民地的狂潮,将整个世界瓜分完毕,建立了完整的以军事统治和经济掠夺为特征的殖民体系和市场体系,实现了早期垂直统治的全球化。这一时期的国际政治集中表现为以殖民主义强权灭亡主权和摧残人权为主要内容的殖民政治。殖民统治是国际政治中最早的权力政治。

第二时期,1914—1945年,以两次世界大战为标志。两次世界大战是帝国主义恶性发展的必然结果。资本主义经济发展不平衡规律和帝国主义大国的强权争霸,重新瓜分殖民地和势力范围的野心,军事结盟军事集团的不断分化组合,使战争不可避免。两次世界大战给人类造成的灾难规模空前、破坏剧烈。第一次世界大战,先后卷入国家31个,共15亿人口,占当时世界总人口的3/4;战争死亡1000万人,相当于过去千年间欧洲发生的全部战争死亡人数的总和,伤2000余万,其中350万人为终身残疾。大战的直接战费为1805亿美元,间接战费约1516亿美元,总计约3321亿美元,超过1793—1907年欧洲历次战争开支总和的10倍。① 第二次世界大战,共有61个国家和地区参战,卷入人口20多亿,占当时世界人口的80%,战场遍及欧洲、亚

---

① 王绳祖主编:《国际关系史》第3卷,世界知识出版社1995年版,第444页。

附录1 试论冷战后国际政治中的主权与"球权"

洲、非洲和大洋洲,伤亡近1亿人,其中死亡6500万,物资损失约为4万亿美元,占参战国国民收入的60%~70%,仅军费就高达9000亿美元。① 两次世界大战,伤亡人数之多,损失财产之巨,涉及范围之广,历时时间之长,都是世人难以忘怀的。特别是众多弱小国家的主权被肆意践踏,人权被野蛮摧残,权力政治给历史留下了最悲惨的一页。垄断资本的国际活动,不仅加剧大国争霸,扩大民族压迫,带来战争灾祸,而且将革命从国内推向国外,变成国际革命。世界各国人民正是从垄断资本的国际活动造成的民族灭亡、主权丧失、人权毁灭的深重灾难中奋起进行争取和维护权利的斗争,并选择新的社会制度。战争引起革命,革命制止战争。两次世界大战的历史既是血与火的历史,又是权利政治同权力政治开始较量的历史。第一次世界大战引发了俄国的十月革命胜利,社会主义开始取代资本主义,主权开始战胜强权,揭开了人类历史的新纪元。第二次世界大战导致了反法西斯力量大同盟的胜利和法西斯的灭亡,引发了中国民族民主革命的胜利和中华人民共和国的诞生,引发了一系列殖民地半殖民地国家的独立,开创了主权和人权战胜强权的历史新局面。这一时期的国际政治集中表现为以军事集团重新瓜分殖民地、势力范围同反帝反殖斗争为主要内容的战争与革命政治。

第三时期,1945年至80年代末90年代初,以美苏两极的冷战为标志。反法西斯战争胜利后,国际环境发生重大的根本性变化。一是社会主义阵营和帝国主义阵营的对峙转变为两个超级大国的争霸,核恐怖威胁着人类和平;二是联合国的成立,国际规范日渐确立,国际机制开始健全,虽然曾一度成为美苏争霸的场所,但"球权"的扩充对主权和人权也有所保障;三是以发展中主权国家为主体的第三世界开始活跃于国际社会舞台,改变了整个世界的面貌。三个世界的矛盾逐渐取代两大阵营的对抗成为当时的主要现象。美苏争霸愈演愈烈,控制与反控制的斗争此伏彼起,弱小国家的民族民主革命席卷全球,权利与权力的较量开始进入联合国,以"球权"为依据。这一时期的国际政

---

① 王绳祖主编:《国际关系史》第6卷,世界知识出版社1995年版,第7—8页。

治集中体现为以权力争霸同维护主权和人权的斗争为主要内容的控制与民主政治。

第四时期,冷战结束后,以单极化与多极化较量为标志。冷战结束后国际社会出现了三大历史趋势:经济全球化趋势、政治多极化趋势以及国际环境的和平与发展趋势。这三大趋势表明,高科技发展,凝聚全球,影响各国,经济因素上升为国际关系首位,世界战争长时间内打不起来,世界革命也失去客观依据,世界强化了一个由主权国家组成、确立有共识的国际规则的市场经济体系和国家体系,"球权"的作用更为突出,各国间相互联系、相互依存、相互渗透日渐加深。三大趋势有一个共同特点,即多样化的统一,统一于主权国家共同制定、共同遵循的游戏规则,就是统一于"球权"。应该承认,这些规则是发达国家主导的,对发达国家最为有利,对发展中国家则是利弊均存的"双刃剑"。但是,同以往以垂直式统治体系为内容的全球化不同,今天的全球化以主权国家为基础,平等与不平等并存为特征,这是人类历史上的一大进步。当然,世界唯一的超级大国美国领导世界的单极化同主权平等相待的多极化的较量继续存在,侵犯主权和践踏人权的现象时有发生,地区和国内冲突与战争也从未间断。这就需要世界各国,特别是发展中国家充分利用和平与发展主题的大好时机,参与"球权",充分完善自己、发展自己,相互共同努力,反对霸权主义,改革现有国际规则,调整国际机制,通过多极化的发展,使全球化更加公平合理。这一时期的国际政治集中体现为以健全国际机制,充实完善"球权"、主权与人权,反对霸权为主要内容的权利政治。

从国际政治发展和演变的四个时期中,我们看到有三个规律性的现象发人深思。这就是:(1)天下大势分久必合,合久必分。在国际政治中没有永久的敌人和朋友,只有永久的国家利益。(2)国际政治内容丰富,形式多样,但"永恒的主题"只有一个:战争与和平。当前是和平变为主流,战争的内容日益高科技化,地区冲突与合作成了战争与和平"永恒主题"的主要表现形式。(3)国际政治的实质始终是权力与权利的较量。发达国家多从实力地位出发,追求的是权力,维护的是权力,扩大的也是权力;而弱小民族和发展中国家更多是追求权

附录1　试论冷战后国际政治中的主权与"球权"

利、维护权利、巩固权利。国际政治中的国家间关系,究其实质,就是权力政治与权利政治的关系。为此,我们必须重视"球权"。

二

冷战结束以后,国际政治中权利与权力的较量提出一个重要的理论问题,即主权、人权和"球权"的界定及三者的关系问题。权利政治,说到底就是反对霸权,维护主权与人权、"球权",充实完善主权与人权、"球权",使三权完整地统一。

在冷战后的国际政治中,如何正确界定主权、人权和"球权",这是首先要弄清楚的问题。

主权、人权、"球权"均属于合理合法的权利,是现代文明的三大标志。人权是人的生存和发展的基本权利,它包括生命权和生存权、政治权和公民权、经济社会和文化权、民族权与和平权、发展权与环境权……等等,这些权利是密不可分的。人权必须保护,但各国由于历史背景、社会制度、阶级状况、文化传统、宗教信仰的不同,实施的人权重点并不完全一样。人权是神圣不可侵犯的,但人权不是特权,也不能绝对化。在享有人权上,人人平等,不能相互损害。主权是国家生存和发展的基本权利,它包括国家安全权、政治权、积极发展权和国际社会的平等权。换句话说,主权就是国家内政的最高管辖权、外交的独立决策权、国防的自卫权和国际事务的平等权,其特点是具有完全的独立自主性、最高的权威性和无可非议的合理性。主权也是神圣不可侵犯的,但主权也不能绝对化。"球权",指的是国际社会合理合法的正当权力与利益,即国际社会共有的权力,或称全球权利、全球利益。它具体表现为《联合国宪章》和国际准则所规定的国际组织的权力与利益。近些年来,国内外学者热衷论及的"国际机制"、"国际规制"、"国际制度"问题,尽管见仁见智,各有千秋,但透过现象看本质,我以为其核心就在于"球权"。

从历史渊源看,人权思想问世在先,主权法定最早,"球权"也因人权与主权的互动而随后登上国际舞台。17世纪的荷兰国际法之父雨果·格劳秀斯,最早从"正义"的"权利"角度,区分为人的"自主的"

"合法权"和国家的"自主的""合法权",同时用"国际之法"确定了"球权"的作用,首次揭示了三权的内在联系。1648年的《威斯特伐利亚和约》既法定了主权,又宣布了"球权"的诞生。18世纪美国的《独立宣言》和法国的《人权宣言》最早法定了国家的人权与主权。从《威斯特伐利亚和约》、《维也纳和约》,到《国际联盟盟约》、《联合国宪章》,各国的人权与主权得到广泛的认同,从国内法扩大为国际法,国际社会的"球权"从无到有,由小到大,涉及领域由少到多,不断拓宽扩展,都是由主权国家在清算战争罪行的大前提下,合作、协调,既维护主权又对等转让主权的结果。一部国际关系史,既是战争与和平史、大国争霸史、主权国家关系史,也可以说是"球权"演变史。

有一种观点发人深省:在人类社会中最重要的又最不完善的知识,是关于人的知识。这一观点寓意深刻,富有启迪。同样,我们由此也可以这样认为,在人类社会中最重要又最不完善的知识,是关于国家的知识和关于国际社会的知识。三种知识的核心,就是人权、主权与"球权"。在人类社会中,人是最宝贵的,一切必须以人为本。为了人的充分发展,制造发展的机会,提供发展的保障,人权需要主权与"球权"。主权源于人权,"球权"源于主权,三权紧密相连。人是区分为不同民族不同国家的,社会制度与意识形态、价值观念、伦理道德、文化传统,千差万别,多种类型。人类社会的发展趋势又是多样化的统一,从无序走向有序,不会长期停留在分散、分割的无政府主义状态中,鉴于纷繁复杂的社会现实,人类不可能统一于一个强制性的模式和一种声音的世界政府,也不可能统一于某大国的霸权帝国,只能统一于"球权"。"球权"最大的特点和优点是各国平等协商,共同管理,"依法治球"。总之,"球权"是国际社会选择的最佳的统一模式,它既承认了世界的多样性,又选择了有序的模式,"和而不同"。

应该承认,"球权"早已出现,是同资本主义的产生和发展相适应的。"球权"的突出和全球利益的紧迫是第二次世界大战以后的事情。随着反法西斯战争的胜利、联合国的成立和欧亚众多社会主义国家的建立,以及亚非拉地区一系列殖民地民族的独立,世界从无序走向有序,"球权"以新的面目活跃于国际社会。人权与主权原则开始超越社

附录1 试论冷战后国际政治中的主权与"球权"

会制度和意识形态的差异从欧洲扩展到全世界,受到全球范围的普遍尊重,变成真正的普世权利。从此,人权与主权开始具有国际性。以"球权"为基础的全球性国际社会完全更替了以"文明民族"为基础的欧洲国际社会。"球权"用"爱好和平的国家"和"联合国人民"取代了欧洲"国际法"中的"文明国家"和"文明人",从规则上制约了"种族优越论"基础上的双重标准。"球权"进一步充实和完善了主权和人权的内涵,不仅明文规定"人人生而自由,在尊严和权利上一律平等","重申基本人权""与大小各国平等权利之信念,"把人权与主权相统一①,而且将主权与人权规定得更为详细,更为具体,正式提出"球权"的保护问题。从此,主权与人权、"球权"互补互动。

1945年成立的联合国,从最初的51个会员国增加到今天的189个,《联合国宪章》反映了人类的共同愿望:建立一个和平与稳定、平等与合作、发展与繁荣的新世界。联合国的活动已涵盖了人类社会的众多领域,充分显示了"球权"的作用。在人类历史上,从来没有任何一个机构具有像联合国这样广泛的代表性,也没有任何一个组织像联合国这样通过国际合作对世界产生如此重大和深远的影响,也没有任何一个法规、章程像《联合国宪章》这样全面包含着"球权"、主权、人权,为国际社会指明了应循之路,成为国际关系的指南。现在是重视"球权"和建设"球权"的时候了。

既然"球权"始终同主权、人权相联系而活动于国际社会,我们必须树立正确的"球权"观和正确的主权观、人权观。我认为至少应该明确以下几点。

第一,"球权"、主权、人权,不是特权。三权的主体是所有国家、全体人民和各个国际组织。权利都是共有的、相互的、普遍的,其核心是相互尊重、相互平等,绝不能变成少数国际组织、少数国家、少数人的特权。三权中,主权是第一位的,但主权的维护不能离开人权的保障和"球权"的强化。三权同等重要,必须同时注重发展三权、充实完善三权,各国虽然依面临的环境不同和国情各异而应有所侧重,但不可

---

① 参见《联合国宪章》。

把某一权变成特权,甚至凌驾于其他两权之上。

第二,"球权"、主权、人权,不是绝对的,可以相互转让。三权的原则和内容始终存在一个不断充实完善的过程,因为"权利永远不能超出社会的经济结构以及由经济结构所制约社会的文化发展"(马克思语)。三权既是权利,同时又有义务制约,义务的规定在某种意义上说就是权利的一种转让。主权源于人权,"球权"源于主权。主权既可法定人权,保障人权,充实人权,又可建构主权。在某种意义上说,人权的国际化和"球权"的强化,就是主权的对等让渡。"球权"既是主权对等转让的结果,必要时"球权"也可转让给地区组织和某些主权国家,这类现象在国际关系史上屡见不鲜。

第三,"球权"、主权、人权,不是孤立的,是相互联系而存在与活动的。三权的关系相辅相成,相得益彰,相互渗透,互为表里。

第四,"球权"、主权、人权,既是正当的权利,又可能成为一种政治行为。三权均有可能被霸权利用,其手法是实行权利的"双重标准",将三权截然分开,使其相互对立起来。

当今世界,全球化的发展、多极化格局的趋势和"地球村"的出现,使主权与"球权"、主权与人权的关系,变得更加重要。主权与人权的关系曾有专文论述①,这里不再重复,本文着重谈谈主权与"球权"的关系。主权与"球权"的关系就是国家与国际社会的关系。

国际社会不同于国内社会,"球权"不像主权那样具备国家属性。国际社会是一个无世界政府的社会,没有统一的主权、统一的价值观念和统一的伦理道德。"球权"主要依靠法规、准则行事,即"依法治球"。主权除依靠法规章程之外,还有综合国力和政府系统的保障。

国际社会主要由国家所构成,"球权"更是来源于主权的对等让渡。"球权"由主权国家共同确定,也由主权国家共同管理。"球权"与主权紧密相联,"球权"与国际关系同步发展。"球权"的产生与拓展,离不开国际关系的冲突与合作,离不开主权国家间的斗争与协调。"球权",不是西方的全球主义,也不是世界政府的权力,它与其说是理

---

① 载《国际问题研究》2001年第2期。

附录1 试论冷战后国际政治中的主权与"球权"

想主义的,不如说是现实主义的。"球权"的扩展与实施,都是同现实问题分不开的。"球权"管理的是国际事务,主权管理的是国家事务,虽然"球权"没有主权的权威性大,但当今世界"球权"的作用不可低估,且越来越大,它已使国际社会开始从无序变为有序。具体说:它制约了战争和霸权主义,降低了世界战争爆发的可能性,能维持一个相当长时期的和平环境;它保障了各国国家主权的平等,为各国的和平与发展提供了越来越多的大好机遇;它缓解了一个又一个的国际冲突与危机,不仅提供了国家间协商、调解的准则与舞台,而且实施种种监督,发挥协调与控制机制的作用。当今世界应大力维护"球权",强化"球权"。

迄今为止,在"球权"的制定与实施过程中,大国发挥了主导作用,获取了更多利益,各国之间只有形式上的平等,从没有真正平等过。但应当承认,"球权"反映了世界各国的共同愿望,提供了维护主权、实现发展的强有力保证。"球权"一旦形成,同样制约大国的行为,任何国家都难以随意践踏统一的行为规范。虽然"球权"的局限性大,但这是历史发展的必然,在一定时期内具有进步意义,其局限性是无法避免的。所以说,主权国家应当全面参与国际事务,行使"球权",享有属于自己应有的权利,但要加强团结,努力发展自己,既遵循"球权",按"球权"办事,又要改革"球权",使其不断充实完善,用"球权"维护主权与人权。

国际社会是多样化的统一,国际社会中的国家,享有正当的权利,也应尽自己的义务。权利与义务是对等的。任何主权国家,无论社会制度异同,国家大小强弱,均离不开国际社会。主权国家作为国际社会的一员,处于市场体系和国家体系之中,其生存与发展必然受"球权"和全球利益的制约。主权国家作为国际社会的一员,处于国际社会的监督之中,其生存与发展必须遵循国际法的公认准则,并须得到国际社会"球权"的认可和支持。作为国际社会的一员,主权国家处于同其他成员国的相互作用之中,国家离不开世界,其生存与发展必须遵循"球权",以尊重别国的生存与发展权益为前提。在国际社会中,各国国家主权都是对等的,相互依存的,不得相互损害。各国要处理

国际政治学理论

好国家利益与全球利益的关系,必须以主权为前提,加快同世界接轨,处理好国家同国际社会的关系,即主权同"球权"的关系。第一,主权与"球权"的关系中,主权是第一位的,但必须走向世界,同国际社会协调并尊重"球权"。走向世界,有利于主权国家平等参与世界事务,享受应有的"球权",既可参与制定国际社会规则,也可平等地同别国进行竞争,摆脱被动局面。这其实是主权职责的扩大,标志着主权从国内走向国际。第二,主权原则不是绝对的,既要维护主权,又要参与"球权",遵循"球权"的正当要求。在"球权"面前国家应主动调整主权结构,完善主权职能,改变主权行使方法,作某些限制。在某种情况下,应服从国际社会的游戏规则,尽自己应尽的义务。为了长远的、更大的、根本的主权利益,有些主权问题是可以讨论的,作些让步也是必要的。我在1994年出版的《国际政治学概论》中对此作出了明确的论述,认为:(1)主权涉及政治、安全、经济各个方面,是一个整体,为了全局利益,让出部分主权,并不损害主权的完整。我们强调主权利益是总体利益,并不把它绝对化。(2)主权的重要原则是平等,在平等的基础上,彼此协商,互谅互让,对等互利,正是相互尊重主权平等的表现。我们强调的主权利益是相互具有的平等利益,反对单方面限制。(3)主权的核心是独立自主,让出一部分主权,换取整体利益,只要是自愿的、由本国独立决策,就是合理的。我们强调国家主权利益,主要是维护独立自主的原则,反对别国干涉内政。当然,随着科技革命的发展和国际相互依存的加深,我们不能把主权问题绝对化,但必须明确在主权原则的三个关键问题上是不能动摇的。这三个关键是:完全独立自主的决策、主权问题上的对等、符合整体的国家利益。这样的让步,与其说是主权的限制,不如说是主权的调整。① 第三,主权与"球权"的关系,相辅相成、互补互让。"球权"以主权为基础,没有主权哪来"球权";主权以"球权"为依托,没有"球权",主权是不完整的。主权因"球权"而走向世界,合理地扩大权限;"球权"靠主权增添实力,发挥越来越大的作用。

---

① 梁守德、洪银娴著:《国际政治学概论》,中央编译出版社1994年版,第268页。

附录1　试论冷战后国际政治中的主权与"球权"

正确处理主权与"球权"关系,必须严防霸权生事,在主权与"球权"的两大领域内,开展反对霸权主义的斗争。

应当承认,主权、"球权"同霸权间,冲突是不可避免的,战争也会时有发生,但协调也是始终存在的。冲突中有协调,协调中有冲突,国际机制的作用日益增大。冷战后的国际政治始终贯穿着主权、"球权"与霸权的关系。由于冷战后权利政治的突出,霸权主义也在注意利用国际机制,寻求权利借口。因此,主权、"球权"在反对霸权的同时,必须处理好相互间的关系,绝不能把主权原则和"球权"原则绝对化。

冷战后,国际政治中主权与"球权"同霸权的较量,主要面对的是美国的新霸权主义。同以往霸权主义不同,美国新霸权主义,除以实力、强力相威胁外,还尽量利用权利,披上"合法"外衣。美国新霸权的目标,不在于攻城掠地,建立统一的世界大帝国,当帝王式的救世主,而是谋求充当国际社会的领导,实施领导权。美国新霸权的手法是,以强大高科技军事实力为后盾,主要运用经济手段,推行强权政治。但在关键时刻,往往借助军事,用战争补充经济,强化政治。即使采用军事战争,也是大力施展政治手段,建立核心,健全机制,民主协商,寻求"合法"。美国新霸权的特点是,恩威并重,强制与民主共用,违法与"合法"结合,在领导策略上下工夫,以获取美国最大国家利益。美国的新霸权,从内容到形式均有更新,是霸权史上的大突破,借用美国一再鼓吹的"领导世界"的政策,我们称为"领导霸权"。

霸权主义是践踏国际法准则的政策和行为。美国的新霸权,实质未变,手法更新,既是违法,又尽量借助国际机制,寻求"合法"外衣,具有两重性,因而欺骗性大。面对美国的新霸权,我们应该怎么做呢?我的想法是,从实际情况出发,解放思想,实事求是,转变观念,开拓创新,既要坚持原则,反对霸权主义,又要具体问题具体分析,切忌简单化、模式化、绝对化。①

第一,美国的新霸权,不同于以往"帝国霸权"。前者是践踏国际法准则的政策和行为,它不涉及社会制度,也不泛指国内政策;后者是

---

① 参阅梁守德:《国际格局多极化中的美国新霸权》,载《中国评论》(香港)1999年10月号,第16页。

腐朽没落制度的主要标志。反对帝国霸权必须摧毁社会制度,内政外交一齐反;而反对美国的新霸权,应该按国际法办事,遵循不干涉内政原则,把内政外交严格区分开来。

第二,美国的新霸权主要是战略性战争的策源地,不是所有军事战争的策源地,更未形成世界战争的策源地,演变为世界各国的公敌。反对美国的新霸权,不能作为敌国反,不可对准它的所有外交政策,应该注意时间和地点,它在什么时候什么地点搞霸权,我们就要在那个时候那个地点反对它。在反对美国新霸权的同时,必须加强和发展国家间的正常外交关系。

第三,美国的新霸权既然具有两重性,我们就应该针锋相对,以坚定的两手反对它的两重性,必须立足于演变中的国际大环境和中国的国情,在高举反霸旗帜的同时,充分利用现有国际机制,以国际法准则为尺度,在联合国内团结多数,同新霸权进行各种形式的较量,有理有利有节,争取最大的胜利。

当然,霸权的发展有自己的内在规律,称霸与反霸的斗争也会随之不断发生变化。美国的新霸权究竟如何发展,世界各国还应冷静观察,韬光养晦,拭目以待,出奇制胜。

三

冷战后的国际政治就是权利政治这一现象的突出,对世界各国(包括中国)国际政治学的学科建设提出了新的挑战,也带来了机遇。

孙子兵法中有句名言:"知己知彼,百战不殆。"这讲的是军事,也是政治。推而广之,同样适用于社会科学的发展。有人据此将社会科学区分为"己学"与"彼学"两大类。己为彼用,彼为己用,彼己互通互联,互补互动,这是社会科学领域的常见现象,也是社会科学发展的重要途径。国际政治学,包括理论、历史、现状,就是"彼学"与"己学"的结合、统一。离开"彼学"、"己学"的互联互通、互补互动,就没有国际政治学。

冷战后,"世情"即国际环境和国际形势,千变万化,进入新世纪,变化仍在继续。同样,各国的国情也发生了一系列重大变化。因此,科学判断"世情",必须正确认识国情,而科学判断国情,也必须正确认识"世情","两情"紧密联系,不可分割。我们任何时候都应同时加强"彼学"与"己学"的研究。当前特别要注意从"新的实际情况出发",转换观念,说明新情况,回答新问题,得出新结论,在开拓创新上下工夫。应当承认,美国的国际政治学学科建设,开始时间早(距今约80年),学派林立,观点五花八门,较为成熟,至今仍保持着学科的活力。究其原因,不能不归功于"彼学"与"己学"的结合研究,在知己知彼上颇见工夫,堪称楷模。中国国际政治学的学科建设,起步晚,正处于开创阶段,特别需要以马克思主义为指导,认真借鉴吸收美国国际政治学的优秀成果,在"彼学"与"己学"的结合上做出成绩。中国国际政治学的学科建设具有三个鲜明的特征。第一,它是一门新学科,处于开创阶段。新兴学科由于起步较晚,需要创业,填补空白,既有严峻的挑战,又是大好机遇。第二,它是一门政策性强的学科,经历了一个从政治家领域走向学术界成为学者领域的过程。政治家的研究,重现实,政治性的政策研究多;学者的研究,重理想,以学术为主,系统性的综合研究多。政治性强的学术研究,应该以马克思主义为指导,处理好坚持与发展的关系,重视学术性,承认独立性,建立自己的学科体系,但决不能忘记立足于国家的根本利益。第三,它是一门具有国家特色的世界性学科。凡国际政治学都有普遍的共性,即研究对象和主要内容属于同一范畴,但各国国际政治学必须突出本国特色,显示鲜明个性,为国际政治学的发展做出自己的贡献。为此,必须处理好外国优秀成果同洋为中用的关系,决不能教条主义式的全盘照搬。

冷战结束后,国际环境发生重大转折,经济全球化正在发展,政治多极化趋向明显,文化多样化争奇斗艳。其最大共同点是日益走向统一,统一于市场体系和国家体系之中,统一于共识的法律规章之中,统一于"球权"之中。面对这种新形势,国际政治学的学科建设,至少必须明确研究三个关键问题:第一,国家的"定位"。无论双边关系、多边关系、国际关系,首先需要弄清谁是敌国、谁是友国?谁是竞争对手,谁是战略伙伴?第二,对外战略目标的"定向"。是攻城掠地、击溃对方,以成败为目的,还是共存共荣,以双赢结局论英雄?第三,判断是非,解决国际事务的"定标"。是强权即公理,实力决定一切,还是以《联合国宪章》和国际法规定为准则?是屈从于霸权还是遵循"球权"?这是当前急需作出正确回答的问题。

众所周知,美国国际政治学虽经多次论战,创建了近十个主要学派和几十种有影响的理论,但其主要特色是"权力政治"。现实主义学派以权力政治为核心,后起的学派其实也多属于"多枝型的现实主义"。现实主义至今仍是"理解国际关系的一个基本框架"。① "权力政治",虽然包含合法与非法两部分,但以迷信武力,追求权力为特征。它们在国际关系中,总要首先定位敌国,组建集团,实行结盟,并以掠夺、占领为目标,以意识形态和扩大自己的国家利益为判断国际事务的标准。美国国际政治理论的这一特色,同美国的国情和文化传统密切相连。美国是英国的移民殖民地,也是欧洲资本主义的分店,从19世纪末20世纪初起,就同欧洲列强一道将整个世界瓜分完毕,开始以强国身份进入世界舞台,直接控制和主导国际事务。美国文化是基督教文化,上帝赋予的"使命感",使美国常常扮演"救世主"角色,以"拯救世界"为己任。这些国情和文化传统是美国长期推行"权力政治"的深层原因,美国的学派学者深受熏染,不能不打上某些烙印。

中国国际政治学起步较晚,目前仍处于开创阶段。同美国相比,中国的国情和文化传统有重大的区别。中国是典型的半殖民地半封建国家,长期遭受西方列强的瓜分和掠夺,被迫卷入国际政治旋涡,经过长期奋斗,终以社会主义国家面目登上世界舞台。中国的文化传统崇尚和平,提倡权利和仁爱。长期受这种典型的国情和深厚的文化传统熏染的中国学派和学者,又面临着和平与发展主题的时代环境,无不要求一种以"权利政治"为核心的国际政治学。"权利政治"应成为中国国际政治学理论的最大国家特色。

在当今国际社会中,权利,国国均享,毫无例外。从权利政治出发,国际关系中的国家定位,不再是首先区分敌我,而是谨慎判断霸权主义与恐怖主义的危险。霸权主义是践踏国际法准则的政策和行动,

---

① 转引自倪世雄等:《当代西方国际关系理论》,复旦大学出版社2001年版,第249页。

附录1 试论冷战后国际政治中的主权与"球权"

属于国家行为,但不是国家的全部行为。恐怖主义是世界的公害,属于跨国跨地区行为,不能同某一国家完全等同起来。国家间关系应该建设友好合作关系或处理好竞争对手与战略伙伴的关系。权利从来都是平等的,不分国家大小。权利政治要求共存共荣的国家关系,任何国家都不应以损害别国利益为目的,而要确立平等协商、和平发展的"共赢"原则,在双边关系、多边关系和国际关系中寻求国家利益的最佳切合点。权利均以法律原则为准绳,法律面前均无特权。权利政治主张以国际法准则为判断是非和解决国际事务的标准。国际事务的正确与否,只能依据国际法。作为国家,要"依法治国",同样,作为国际社会,也要"依法治球",这是时代的要求,也是国际关系民主化的标志。今天,判断国际是非的其他标准都应退居次要地位。

中国国际政治学的建设,为什么要求以权利政治为核心呢?除国际大环境外,主要是由中国的国家地位决定的,因此需要继续深化认识中国国情,正确定位中国在世界舞台上的地位与作用,并在中国同外国的"己学""彼学"互联互动和比较中,加强研究,进一步开拓创新。

第一,中国是战后率先从半殖民地半封建社会基础上成长起来的发展中经济大国。以往新兴大国都是通过殖民扩张发展起来的,属于殖民国家系列,中国都曾深受其害。美国曾是英国的殖民地,但以移民为特点,原住民被赶尽杀绝,变成欧洲资本主义的分号,后演变成为新殖民大国,同半殖民地的中国的处境完全不同。中国的崛起走的是全然不同的道路,完全得益于独立自主,开拓创新,改革开放,互利合作,没有任何掠夺行为。当然,说中国是经济大国,是从总体规模上讲的。无论国民生产总值,对外贸易额,还是外汇储备,中国均居世界前列,处于前10名左右。近年来亚洲金融危机期间,中国维持人民币不贬值,顶住了冲击,显示了中国的大国实力和大国风度。但从高科技的短缺,人均收入低下和地区发展不平衡看,中国仍属于发展中国家。当然中国将来总有一天会变成世界性强国。但中国无论如何变化,总不会消除发展中国家的印记。

什么是发展中国家印记呢?这就是:受人侵略和欺侮的殖民地半

国际政治学理论

殖民地历史以及对长期奋斗来之不易的独立自主、和平与繁荣的珍惜。从发展中国家发展起来的中国,永远站在发展中国家一边,决不会欺侮同自己历史命运相似、面临维护独立和发展经济相同任务的其他发展中国家。更为重要的是,中国作为发展中国家的发展,离不开和平环境,必须走同世界接轨的道路,在平等互利的"双赢"中获得发展,其他道路是走不通的。

第二,中国是一个有较强综合国力的世界性政治大国,是迈向多极化格局中的"一极"。说中国是世界性政治大国和多极化格局中的"一极",主要依据是:安理会常任理事国席位、发展中国家身份和制定有独立自主、自成体系、完整系统的外交战略。其标志在于中国提出了建立"国际新秩序"的方案。中国的国际新秩序方案,以和平与发展为共同目标,以和平共处五项原则为共同法律依据,以主权平等为共同利益基础。"三个共同",即共同目标、共同法律依据、共同利益基础,是当今世界存在的最大共性和最普遍的一致,具有平等互利、协调合作、求同存异、竞争共处的特征,对每一个国家来说都是公平合理的,易于取得共识。我们认为,这种方案的关键性内容是,不主张打碎旧秩序,而要求"改革"旧秩序,平等协商、和平合作;不期望当救世主,而要求联合国发挥真正的主导作用;不赞同"一极"领导,而要求多极制衡,实现大小国家一律平等;不采取军事结盟方式,而倡导伙伴关系,充分体现了平等合作,实现双赢的原则。

以往新兴大国均是通过战争实现自己的新秩序,往往采取打垮敌手,彻底摧毁旧秩序的方法。中国国际新秩序方案表明,中国是在和平环境下倡导建立新秩序的。中国认可现有国际机制,遵循"球权",愿意同各国一道,以联合国为中心,共同致力于世界的和平与发展。中国国际新秩序的主要特点是,反对霸权和强权,全面、完整地落实《联合国宪章》精神和国际准则,主张"一球多制","一球多元",使世界更平等、更合理、更美好。即使将来中国变成军事政治强国,也是政治制约军事,仍是维护世界和平的坚强力量。

第三,中国是世界唯一的以社会主义为主体、以资本主义为补充的"一国两制"的国家。"一国两制"是当今中国的伟大创举,必将开

附录1　试论冷战后国际政治中的主权与"球权"

创世界的新局面。香港、澳门的顺利回归,使中国的"一国两制"从理想变成现实,我们相信台湾同大陆的和平统一,必将使中国的"一国两制"更加完善、更加成熟。

中国的"一国两制","一国"指的是主权和统一;"两制"指的是中国特色的社会主义和中国特色的资本主义两种制度。中国特色的社会主义,不同于传统社会主义,不再以阶级斗争为纲,而以经济建设为中心,属于对内坚持发展生产力的社会主义,对外主张和平的社会主义。香港、澳门和台湾的资本主义均是中国资本主义,带有中国特色。它不同于西方资本主义,更不是帝国主义,属于民族资本主义范畴。它同中国共产党合作过,始终向往祖国,需要大陆基地作依托。中国特色的社会主义,坚持以经济建设为中心,从"三个有利于"(即有利于解放生产力、有利于增强综合国力、有利于提高人民的生活水平)的根本标准出发,不仅不能将香港、澳门、台湾的资本主义社会主义化,而且需要中国特色的资本主义作窗口、作桥梁、作发展生产力的补充。中国特色的资本主义,以"一国"为前提,必须同中国特色的社会主义和平共处、长期合作。可以说两制的关系是:利益渗透,兴衰相依,优势互补,共同繁荣。"一国两制",不仅谁也不能吃掉谁,而且谁也离不开谁。

中国的"一国两制",突破了传统模式,揭示了解决特殊地区和国际问题的和平性,对待不同社会制度的超越性和处理多方利益的一致性,为国际社会作出了新贡献。试问,普天之下,古往今来,有哪一个国家能具有中国这样的雄伟气魄和宽广胸怀,敢于做前人从未做过的事,特别是包容、发展和繁荣不同社会制度的事业。中国既然能在国家内部容许不同社会制度存在,发展了国家学说,那么在国际社会完全能处理好同任何类型国家的关系,和平共处、互利合作。

中国的"一国两制"使中国第一次以崭新的面貌出现在国际舞台上,不仅有力地证明了中国的和平诚意与和平努力,而且随着香港、澳门的回归和台湾的统一,必将增强中华民族的凝聚力,加大中国的综合国力,进一步充实完善中国的"一国两制"伟大事业,成为国际社会维护世界和平与发展的强大力量。

中国的正确定位说明三点：(1) 中国的崛起，来自改革开放、得益于同世界接轨，中国的发展离不开世界。(2) 中国愿意融入国际社会、成为负责任的一员。作为迈向多极格局的"一极"，中国应该对国际社会作出自己积极的贡献。中国虽然要警惕民族沙文主义的影响，但不能说，中国发挥应有的作用也是"威胁论"。(3) 总结国际关系的历史经验，在世界上推行帝国主义、法西斯主义、军国主义和霸权主义的国家，都是"一国一制"的国家，这是众所周知的事实。中国实行"一国两制"，为国际社会开创了一条新的发展道路，更能保证新崛起的中国永远是一支重要的和平力量，将会始终抓住权利这面旗帜，为人类作出更大的贡献。

从如此定位的中国国情出发，建设中国国际政治学只能抓住权利政治这条线，运用马克思主义的立场、观点和方法，以新的视角，全面完整准确地认识国际社会。只有这样，中国国际政治学才会有自己的特色，才会出现新的面貌，显现鲜明的国家特色，创建众多学派，为世界国际政治学学科的发展作出应有的贡献。

附录 2
中国国际政治学理论建设的探索[*]

中国国际政治学作为一门独立学科诞生于 20 世纪 60 年代,其标志是 1963 年中共中央关于加强外国问题研究的文件,从此开始了中国高等学校正式设立国际政治专业,系统地组织国际问题的教学和研究,正规地培养专业人才。同第一次世界大战后兴起的西方国际政治学和国际关系学学科相比,中国起步较晚。作为中国国际政治学理论建设,如果从 20 世纪 80 年代中期算起,最多也只有近 20 年的时间。

当前,在中国学术界,国际政治理论主要有三种类型:(1)中国学者研究整理的政治家的国际政治理论(以马克思列宁主义、毛泽东思想和邓小平理论中的国际政治理论为代表);(2)中国学者翻译评介的西方国际政治理论和国际关系理论;(3)中国学者独立研究的中国国家特色的国际政治学理论。这三类理论视角不同、主题各异,但相辅相成、不可分割,均应开展深入研究。

中国国际政治学理论建设究竟从何入手呢?笔者认为同其他理论创新一样,至少必须弄清楚三个方面的问题:第一,必须在中国国情与世情(世界形势)的结合上,铸造中国国家特色。第二,必须确定新的主题和主线,寻找新的视角。第三,必须与时俱进,开拓创新,围绕主题和主线,系统论证相关的基本理论和基本问题及其内在的联系,

---

[*] 原文载《世界经济与政治》2005 年第 2 期。

国际政治学理论

构建创新体系。

一、铸造鲜明的中国国家特色

2004年,《中共中央关于进一步繁荣发展哲学社会科学的意见》指出:"繁荣发展哲学社会科学的总体目标是努力建设面向现代化、面向世界、面向未来,具有中国特色的哲学社会科学。"繁荣哲学社会科学的关键,是加强所属学科的理论建设。各学科理论的当代价值必须通过理论的特色创新来实现。与时俱进是理论的品质,特色创新是理论繁荣发展的根本动力。理论的特色创新是当代社会科学学者必须担负的历史使命。中国国际政治学理论是否要铸造中国国家特色,目前学术界正在取得共识。"中国特色"属何种性质概念?"中国特色"是否较为狭窄,不宜于研究世界性的学科?中国特色能自发铸造吗?中国学者研究的成果能自然具有中国特色吗?等等。这些问题必须正确认识,不然不利于中国国际政治学理论的建设。

在中国国际政治学理论建设中,笔者先后于1993年和1994年发表了两篇专题论文①,以《辞海》对"特色即独特、特质、杰出"的界定为依据,从哲学的高度,用事物共性与个性的统一、普遍性与特殊性的统一、内容与形式的统一原理,系统论述了国际政治学理论突出"中国特色"的必要性、重要性以及如何铸造"中国特色"的问题。笔者的主要观点是:特色包括中国特色,不是政治概念,不属意识形态范畴,它是任何理论内在规律性的要求。特色越鲜明,理论越有活力。中国特色既包括国家特色、地区特色,也有学派特色、学者特色。不同学派和学者的特色,均应繁荣国家特色,丰富完善国家特色。国家特色不是一种模式,而是众多模式的互补,必然会形成众多的学派。

特色既是事物的灵魂和理论的内在表现,又是认识事物和繁荣理论的思想方法和实践方法。特色需要创新,特色的本质内涵就是创新,不创新就谈不上什么特色。铸造特色,就是解放思想、实事求是、

---

① 梁守德:《关于中国外交学的中国特色的探讨》,载《外交学院学报》1993年第4期,第51—55页;梁守德:《试论国际政治学的中国特色》,载《国际政治研究》1994年第1期,第15—21页。

附录2 中国国际政治学理论建设的探索

与时俱进的创新过程。与时俱进,铸造特色,是实践的必然要求。实践永无止境,铸造特色从不会完结。实践呼唤并产生理论,理论又指导并推动实践。如此循环往复,永不停止地铸造创新的特色。与时俱进,铸造特色,是一种精神状态和思想方法。中国特色是一个与时俱进、艰苦开拓、不断创新的自觉过程。铸造特色,必须反对教条主义和实用主义,包括反对"东教条"和反对"西教条",花大力气,下苦工夫,追踪不断变化的国内外形势,努力开展宏观与微观研究。特别是在新世纪的大转折时期,我们应当防止一种危险,警惕理论和意识形态中坚持固化、僵化和老化,抗拒变化,否定创新,阻止铸造特色的"原教旨主义"现象!

有种误解,需要澄清。强调特色,虽然否定共性的翻拍,这样只会是僵化的教条,但也不是纯粹的绝对化,这样定要陷入狭隘私利的泥潭,面目全非。特色只能是共性和个性的统一,因为个性离不开共性,而共性总是寓于个性之中。国际政治学理论的中国特色,必须在马克思主义的指导下,以中国政治家的国际政治理论为范式,吸取中国文化传统和西方国际政治学理论的优秀成果,力求符合世情的实际和国情的实际,寻找世情同国情的最佳汇合点。这是铸造中国特色的必由之路。美国国际政治学现实主义大师汉斯·J.摩根索就是从事物共性与个性的统一上进行理论探讨的。他在《国家间政治》中专门论述了这一问题并指出:"对国际政治的性质和规律进行理论探索时,面临的最大的困难是观察者必须处理的材料含义不清。一方面,他必须努力理解的事件都是独立的事件,它们以这种方式只出现一次,空前绝后;另一方面,它们又是相似的,因为它们是社会力量的显示。"他引用米歇尔·迪·蒙田的话说:"正像没有一件事、一个形状和另一件事、另一个形状完全相似一样,也没有任何东西与另一东西完全不同,这正是大自然巧妙的混合。如果我们的面孔毫无相像之处,我们将无法区分人与野兽;如果我们的面孔毫无区别,我们就无法彼此辨认。"正是基于大自然巧妙的混合,摩根索特别强调,"国际政治理论必须不断警

国际政治学理论

惕的,正是此类对于政治事件的'歪曲的、勉强的和偏颇的解释'"①。中国哲学家冯友兰先生在其《中国哲学史》一书的"绪论"中明确指出:中国哲学虽然没有"形式上的系统",但有"实质上"的系统,"讲哲学史之一要义,即是要在形式上无系统之哲学中,找出其实质的系统"。"惟其如此,所以大哲学家之思想,不但皆为整个的,而且各有其特别精神,特别面目。"②这就是强调事物的共性与个性的有机统一。

那么,究竟如何铸造国际政治学理论的中国特色呢?中国特色就是中国化,最根本的是要"符合"世情和国情的实际,关键在于认准世情和国情的最佳汇合点。

经过几个世纪的发展演变,当今世界最大、最本质的世情是什么?笔者认为世情以时代主题和主要矛盾为集中体现。当今世界的主要矛盾已经不是战争引起革命、革命制止战争、以世界革命为纲,而是世界各国日益增长的和平与发展需要同不公正、不平等国际经济政治旧秩序的矛盾。这一主要矛盾决定了国际政治的主要任务是维护和平与发展,建立更加公正合理的国际经济政治新秩序。

世情发生变化,中国国情又是如何呢?应该怎样定位中国呢?笔者认为:(1)中国是二战后率先从半殖民地半封建社会基础上和平崛起的发展中经济大国;(2)中国是一个有综合国力的世界性政治大国,是迈向世界多极化格局中的"一极";(3)中国是处于社会主义初级阶段的大国,实施以社会主义为主体、以资本主义为补充的"一国两制"。

中国的国情和定位,集中到一点就是指明中国的主要矛盾发生了变化。当今中国社会的主要矛盾不是阶级斗争,而是人民日益增长的物质文化需要同落后的社会生产之间的矛盾。这一主要矛盾决定了当今中国的最大需要和根本任务:对内是发展生产力,以经济建设为中心;对外是维护世界和平,促进共同发展。

中国是世界的重要组成部分,中国也离不开世界。认清国情和判断世情是紧密相连、不可分割的。为了铸造中国特色,必须准确把握

---

① 〔美〕汉斯·J.摩根索:《国家间政治:权力斗争与和平》,北京大学出版社2007年版,第44页。

② 冯友兰:《中国哲学史》上册,华东师范大学出版社2000年版,第10页。

附录 2　中国国际政治学理论建设的探索

国情与世情的最佳汇合点。这就是：中国与世界共处于同一时代，即和平与发展为主题的时代，均应用好时代提供的战略机遇期。中国面临的主要矛盾和世界面临的主要矛盾相似，主要任务相同。当今世界，中国同世界绝大多数国家有共同的利益基础，即使同唯一的超级大国美国的共同利益也日益广泛。

正是这些汇合点，虽不完全准确，但至少可以成为铸造国际政治学理论的中国特色之源，千万不可忽视。

二、确定权利政治的中国新视角

从当今世界的世情和当今中国的国情的最佳汇合点出发，探索中国国际政治学理论建设的新视角应以权利为主题和贯穿始终的主线。国际政治像一切政治一样，是争取和维护权利的斗争。无论国际政治的内容多么复杂，权利总是它的主题和核心。无论国际政治的终极目标如何界定，权利总是它的直接目标。那么，作为中国国际政治学理论新视角的权利是什么？有何特征？权利政治的内容和实质如何把握？这是中国化的关键，必须准确地说清楚。

权利是什么？简要地界定，权利就是合理合法的权力和利益。从历史上看，权利的界定众说纷纭，仁者见仁，智者见智，各有千秋。为了全面准确地界定权利，笔者主张从哲学、法律和政治经济相结合的角度，统一地揭示权利的基本特征。

从哲学的角度看，权利来源于"正义"。世界各民族从来就有神鬼之分，正义与邪恶之说教。古老的希腊哲学、犹太教、基督教、伊斯兰教、佛教以及儒家学说等等，无不具有对世俗的反省与批判以及向往、追求和设计最高理想境界，体现了人类社会的共同愿望。它们相互间千差万别，但也有许多共识，其最大的共同理想就是"正义"。而这个"正义"理想的基本内涵都是"平等"与"自由"，其实质就是"权利"。可以说，"正义"是"权利"的前身，"正义"就是"权利"。"正义"一词的使用由来已久。在近代思想家那里，主要用于人的行为，以同神学对抗。现代西方思想家主要用做评价社会制度的一种道德标准，被看做人、民族和国家的首要价值。美国哈佛大学教授约翰·罗尔斯专门

国际政治学理论

研究正义理论,其在20世纪70年代出版的《正义论》一书中明确地解答了正义与权利的关系,认为"在一个正义的社会里,平等的公民自由是确定不移的,由正义所保障的权利决不受制于政治的交易或社会利益的权衡"①。实际上,"正义"只是赋予权利合理的内核和道德价值,但不能避免政治的影响和利益的制衡。

"权利"思想同"正义"一样,古已有之,但从思想变成现实,却取决于经济政治的发展。权利要求"滋长自由平等思想的土壤正是商品生产"②。权利与其说是"天赋",实则是"商赋"。"商赋"经由政治法定下来,权利才算真正落实。近代以来的《威斯特伐利亚和约》(1648年)、美国的《独立宣言》(1776年)和法国的《人权宣言》(1789年)表明,权利开始被法定下来,不仅写进了国内法,也取得国际法的认可。第一次世界大战后的《国际联盟盟约》和第二次世界大战后的《联合国宪章》不仅将权利推广到全世界,不分种族、性别、贫富、强弱,而且将权利区分为人权、民族自决权、国家主权和以国家为依托的国际组织的规章、准则的权利,即全球权利和全球利益,我们称为"球权"。③权利规定人人平等、族族平等和国国平等,一视同仁。这说明,权利从一开始就是政治的主要内容,并同权力进行较量。权利同政治既紧密联系,又相互制衡。权利就是权利政治。

中国国际政治学理论建设以权利为主题,应赋予权利全面的科学内涵。权利,以人为本。权利,既以人的种种需要为出发点,服务于人的全面发展,又要发挥人的集体作用。这是顺应国际社会历史发展的必然途径,也是国际政治运作的内在要求。以人为本就是使国际政治顺应历史潮流,沿着和平、发展、合作、共赢的道路,树立全面、协调、可

---

① 〔美〕约翰·罗尔斯:《正义论》,何怀宏等译,中国社会科学出版社1988年版,第2页。
② 《列宁全集》第1卷,人民出版社1955年版,第428页。
③ 球权就是国际社会的正当权利,即全球权利、全球利益;球权的主体是国际组织,主要是联合国和世界贸易组织这样的政府间国际组织;球权的依据是国际法和国际准则,仅发挥有序行为规范的"软实力"作用,缺乏"硬实力"的保障。参见梁守德《试论冷战后国际政治中的主权与"球权"》,载《太平洋学报》2003年第1期,第13—23页;《世界经济与政治》2005年第2期。

附录2 中国国际政治学理论建设的探索

持续的科学发展观,处理好政治、文化、经济的关系,实现世界各国日益增多的共同利益和最广大人民群众的根本利益,促进国家的繁荣和人类的全面发展。以人为本是一个总的要求、总的原则,实现以人为本必须分领域、分层次逐步进行。人区分为阶级和民族,生活在国家之中,并活跃于国际舞台,人在发展中为自己构筑了许多平台。为了社会经济繁荣和人的全面发展,人类构筑的平台,总要产生相应的权利。民族的独立要求民族自决权,国家的诞生产生了主权,国际社会的行为规范和有序化催生了"球权"。民族自决权、主权、球权,既是人权的延伸,又是人权的让渡;既是保障人权的需要,又是人权的扩大。当前在以人权、民族自决权、主权和球权为主要内容的权利中,主权是第一位的,球权开始上升为关键地位,而人权始终是前提。坚持以人为本,既要从人的需要出发,尊重人、关心人、为人的自由发展服务,又要引导人、组织人、发挥人的集体作用。因为"只有在集体中,个人才能获得全面发展其才能的手段,也就是说,只有在集体中才可能有个人自由"①。权利不仅是人类社会(包括众多民族和所有国家)的共同普遍要求,而且要顺应历史发展不断充实完善。当然,权利不是自发扩展的,而总是在同强权的较量中取得的。权利的充实完善是一个不懈斗争的过程。正是从这个意义上说,以人为本的权利政治就是以人权为基础,以主权为首位,以球权为保障的人权、民族自决权、主权和球权互联互动及其同强权较量政治。

权利,以法为准。权利既是法律制定的,又由法律保护,依法治球。权利由于法定,就具有合法、平等和为政治所左右的特性。权利政治就是依法治球,这是国际社会长治久安、稳定发展的根本保证。依法治球,就是从机制上、法律准则上保证每个国家平等参与。依法治球的前提是有法可依,基础是提高国际社会的法律准则意识和行为规范观念,关键是充分发挥《联合国宪章》和国际准则的作用,尊重和维护国家的正当权利,监督和制裁国家的不法行为,并不断改革联合国,使其更能适应形势发展的需要。权利同义务始终是相伴而存在

---

① 《马克思恩格斯全集》第3卷,人民出版社1995年版,第84页。

的,凡有法定的权利,就有法定的义务。义务是对权利的制约,也是权利的转让,两者是相辅相成的,均为权利的正当实施。权利,既是法定的,又有义务相制衡,这就说明,权利不是绝对的,可以不断充实完善,也应相互转让。因为"权利决不能超出社会的经济结构以及由经济结构所制约的社会的文化发展"①。权利是合法正当的,但不能视为特权。权利是依法共有的、普遍的,其核心是相互尊重、相互平等,决不应该把某些权利变成少数国家少数人的特权。权利包含的四权(人权、民族自决权、主权和球权)在今天的国际社会均有法可依,因而必须同时注意发展。各国虽然面临的环境不同和国情各异而在权利的法定上会有所侧重,但不可把某一权变成特权,甚至凌驾于其他权利之上。权利不是孤立的,总是权利间相互联系而存在与活动的。在法律上权利间的相互关系相辅相成,相得益彰,相互渗透,相互制衡。特别是在同强权的较量中,应协调一致,共同对抗。权利既是正当的、合理合法的,又可能成为强权政治行为。所有权利均可能被强权和霸权利用,其手法是实行权利的"双重标准",将权利截然分开,使其对立起来。为此必须依法定权,依法护权,依法治权。正是从这个意义说,权利政治就是法治政治。

权利,以力为基。在权利中,力量特别重要,没有力量,就没有权利。力量是权利的根基。我们之所以把力量称做权利的根基,就在于力量是权利的重要组成部分,也是实现权利和维护权利必要的手段和可靠保证。力量越大、越强,权利就越充分、越有保障。作为权利根基的力量,当然是合理合法的力量,不是非法的权力,如强权和霸权。这种合理合法的力量,指的是综合国力,包括经济、政治、军事、文化等物质力量和精神力量两大类,即西方国家常说的硬实力和软实力。我们说的综合国力,并不贬低、排斥军事实力,反而要借重军事实力。军事实力是综合国力的重心,任何时候都不能掉以轻心,放错位置。超级大国是经济大国、军事大国、政治大国、文化大国之和的总称,是力量的表现,属权利范畴的正常现象。如果过度扩军备战,破坏经济建设,

---

① 《马克思恩格斯选集》第3卷,人民出版社1995年版,第305页。

附录2　中国国际政治学理论建设的探索

损害人民生活,失去力量均衡,或擅自发动战争,侵犯别国主权,践踏国际法准则,那就应当受到谴责。权利的基本内核是合理合法。实力的显示,是否违法侵权,不在于实行武力或开第一枪,而在于是否符合公认的国际准则和行为规范以及应遵循的必要程序。在现实国际政治中,权力则包含两部分:合理合法的权力和非法无理的权力,如强权和霸权。权力政治的要害就是绝对主权,倚重霸权,实力决定一切。法律准则只是工具,能用就用,不能用就抛在一边。应该承认,权利政治与权力政治相连的地方在于既用法也用力。两者的区别在于:前者依法重力,法先力后,力随法动,法力并用;后者则是依力借法,力先法后,法为力用,力重法轻。如果说权力政治是现实主义的核心,那么,权利政治则是理想同现实的结合。正是从这个意义上说,权利政治就是合理合法的力量政治。

"以人为本"、"以法为准"、"以力为基",全面准确地揭示了权利的内涵和权利政治的实质。简单地说,权利政治就是行为主体平等参与,以公认规则为准绳,公平竞争,协调共处,团结合作,共同建立以和平发展为主题的国际新秩序。

奥林匹克运动的发展为权利政治提供了重要启示。奥运会的含义,在现代社会更多地超越了体育,已经成为政治、经济、文化和国家实力的象征。奥运会重在同一规则下的实力竞赛。有竞赛,以规则为依据,当然有先有后,并无全败之说,因为"善胜不败,善败不亡",重在参与,意在精神。何况一次胜败虽决,但竞赛远未结束,一次不是全部,更不是永远。奖牌胜负是暂时的,精神胜负则是永恒的。重要的奥运精神有:(1)尊重规则。公正规则上的竞赛,就是活力之所在。(2)尊重对手。尊重别人是竞赛要求的道德底线,它与规则同等重要。没有规则,无法平等竞赛;没有道德,难以公平竞赛,甚至会把竞赛变成群殴。(3)贵在敬业。具备敬业精神,精益求精,就会胜不骄,败不馁。虽然落后,仍要跑至终点,这种敬业精神同样是受人尊敬的胜利者。

2004年雅典奥运会结束,国际社会公认形成一、二、三集团的体坛格局。雅典奥运会的格局说明一个问题,即任何国家独霸奥运会越来

国际政治学理论

越不可能,在一个规则和同样道德精神下的实力竞赛只能出现多极化的格局。即使某个国家称霸奥运会,也不可能控制奥运会,掠夺和侵犯别国,只是奖牌暂时多几块而已。

由此可见,奥运会的经验表明:准则规则、道德精神和力量同等重要,缺一不可,必须协调发展,正确显现主权同"球权"的合作。奥运会如此,国际政治的运转更应如此。这应该成为以权利为中心的国际政治的运转范式。创建权利国际政治学的特色创新理论,完全能从中得到许多启示。

三、构建中国化理论的创新体系

中国化理论的创新体系,关键在当代中国化和中国话语上下工夫,至少应具备三个要素:一是确定中国新视角的新主题和新主线;二是寻找围绕新主题和新主线的主要基本理论问题;三是以中国化新主题、新主线为中心探究基本理论问题的内在联系。只有以此为基础,才能构建中国化国际政治学理论的创新体系。

我们认为,一切体系的真正内容都是由于产生这些体系的那个时期的需要而形成起来的,所有这些体系都是以过去的发展为基础的。我们在构建中国国际政治学理论体系时,不要单从书本出发,主观抽象地演绎,而要从实际出发,以历史的整个发展为基础,深入研究国际社会发展的起点和切入点,反思世界发生的最基本的实践活动,弄清实践中提出的重大问题以及在解决这些问题中所形成的理论概念,努力实现学术观点创新、学术体系创新和科研方法创新。这是构建科学体系的关键。

构建中国国际政治学理论创新体系,最重要之处在于首先弄清新主题如何成为贯穿国际政治全过程始终的新主线以及怎样揭示国际政治的逻辑起点和落脚点、切入点和中心点、重点和亮点。这是构建创新体系的关键之关键。

国际政治源于全球化。没有经济全球化,就不可能出现全球范围的国际政治。近代以来,世界经历了两次经济全球化,均对国际政治产生了深远的影响。两次全球化具有全方位的特点。它以科技发展和先进生产力为动力,在资本主义的主导和各民族国家的互动下,世界范围内的人员、资本、物资、商品、思想意识、文化价值等等的跨国界的交往、交流和交融,使世界区分为东方和西方,又紧密联系在一起,形成了日益紧密的以相互联系、相互依存、相互渗透为特征的市场体系和国家体系。中国人常说,没有规矩不成方圆。市场体系和国家体系均以规章、准则为纽带,使世界走向多样化的统一,"和而不同"。回顾历史,早期全球化给世界带来的变化是:第一,早期全球化是人类社会完成的使命。以资本主义为主导同各民族的互动,使世界连成一体,又鲜明地划分了西方和东方。日渐形成的市场体系和国家体系,由于资本主义滋生出殖民主义、帝国主义和法西斯主义的历史怪胎,必然具有掠夺性和统治性的特征:它以殖民帝国主义为基础,以强制依附为纽带,商品重炮一直贯穿其中。尽管资本主义及其滋生的历史怪胎犯下种种罪行,但它是进步的、不可避免的历史进程。第二,早期全球化具有"双重使命":破坏性与建设性。破坏的使命中有进步性,建设性的使命中也不乏掠夺性。从世界历史的角度看,双重使命的全球化充满矛盾统一的辩证法。第三,早期全球化是资本主义的全球化,出现了"原生的"资本主义和"派生的、转移来的"资本主义。① 由于各民族的互动又催生了三胞胎:民主主义、民族主义和社会主义,显示了多样化的统一。这是不可否认的历史事实。即使当时出现更多的资本主义,也不是一件坏事。在当时世界的广大地区,资本主义不是多了,而是少了。资本主义的发展不但是一个进步,而且是不可避免的。

同早期全球化相比,当代全球化同样是人类社会履行的历史使命,呈现出许多新现象和新变化:第一,当代全球化不再以殖民帝国为基础,始终伴随着西方对东方的强制暴力,而形成了以主权国家为基础,虽有南北双方摩擦、竞争和冲突,但出现了共同发展、共同繁荣的总趋势。第二,早期全球化形成的市场体系和国家体系主要以殖民宗主国的法律为依据,呈现垂直依附和强制掠夺的特征;当代全球化形

---

① 《马克思恩格斯全集》第46卷上册,人民出版社1979年版,第47页。

成的市场体系和国家体系则以主权国家共同创建和确认的《联合国宪章》、世界贸易组织的章程和国际准则为准绳,具有横向共赢的特征。第三,早期全球化处在"创业与殖民"和"战争与革命"两个主题时代,资本主义滋生的殖民主义、帝国主义、法西斯主义怪胎成为国际政治中最大的重要的现象,被压迫民族和世界人民同它们的矛盾成为当时世界最主要的矛盾,因而战争频仍、强权盛行,武装反抗也最为激烈,争独立、护主权、求和平已成为世界的主流。全球化推动主权国家成为国际政治的主要行为体,国家间关系制约着国际社会的发展。当代全球化主要处在以"和平与发展"为主题的时代,世界战争打不起来,经济建设成为世界各国的中心任务。发达资本主义国家滋生的霸权主义怪胎同民族主义因宗教狂热滋生的恐怖主义怪胎并列,引起天下不得安宁。全球化不仅提升"球权"的重要地位与作用,而且在国际社会形成主权与"球权"合作治理的局面。由于当代全球化正在进行,其多样化结局还有待演变,但和平、发展、合作已成为世界的历史潮流。

两次经济全球化揭示了国际政治的产生和发展的规律以及涉及的种种现象的全貌。它具体表现为国际政治始终以资本主义先进生产力的外向活动为动力,以滋生的怪胎殖民主义、帝国主义、法西斯主义、霸权主义为先锋,以各民族、各国家的互联互动为中心,以东西方与南北方为依托,日渐形成多样化统一的世界市场体系和国家体系。

世界市场体系和国家体系既然均以东西方和南北方的互联互动为依托,那么,国际政治就是东西方政治或南北方政治。东方和南方,多是殖民地半殖民地民族和发展中国家,总是以争取权利和维护权利的行为参与国际政治的;西方和北方,多是压迫民族宗主国和发达资本主义国家,总是以争取权力和维护权力的行动参与国际政治的。东方和南方同西方和北方的关系始终存在,完全可以作为两条主线观察世界、追踪国际形势的发展。这就是说,国际政治自始至终贯穿一条红线,即权利政治同权力政治的较量。冷战结束之后,世界出现了一种新现象,除了冲突、对抗之外,和平与合作日渐成为主流,权利政治上升为主要地位。东方和南方仍以权利为重点,西方和北方也开始关注权利,但从不放弃权力的追求。西方和北方的政治家和学者多从权力的角度认识世界、判断是非,完全是可以理解的。东方和南方的政治家和学者多从权利的角度认识世界、判断是非,也是顺理成章,无可指责的。中国国际政治学理论建设以权利政治为新视角,不仅是主观愿望,也是历史发展的必然和客观规律的要求。这表明权利同权力一样从不同视角成为国际政治新主题和贯穿始终的新主线,并揭示了权利作为国际政治的起点和归宿、中心点和切入点、重点和亮点的功能。

从国际政治产生发展演变的规律中,我们弄清了权利政治的新主题和新主线及其揭示的起点、切入点和中心点的功能,因而为发现相关的基本理论问题及其内在联系、为构建创新体系提供了必要的前提,奠定了坚实基础。

附录 3
中国国际政治学学科建设的回顾与思考[*]

国际政治学作为一门独立的学科诞生于第一次世界大战后的英国和美国,经过 80 多年的论争和建设,已经发展成为一门学派林立、枝繁叶茂、比较成熟的社会科学。20 世纪中叶,中国摆脱了殖民侵略,走向自立自强,开始以一个大国的身份进入国际社会并且发挥着重要作用,中国的国际政治与国际关系研究也从极少数政治家和理论家那里走进了学术界。到了 20 世纪末 21 世纪初,在中国,与国际政治和国际关系相关的各类国际问题研究机构估计有上百家。单是全国的高等院校就有 40 多所成立了国际关系学院、国际政治系或外交学系,从事国际政治学教学与研究的人员数以千计。国际政治学方面的刊物逐步增多,出版的著作、发表的论文不计其数,国际政治学在当今中国社会科学领域已经成为一门显学。那么,中国的国际政治学诞生于何时?经历了几个阶段?如何建设中国特色的国际政治学?近年,学术界对这些问题一直存在着争议。笔者就这些问题提出自己的一些看法,以期引起讨论,达成共识。

一、中国国际政治学诞生的标志

中国人对国际政治的研究可以说由来已久,熟悉中国古代史和中

---

[*] 原文载《河南社会科学》2005 年第 1 期。

附录3 中国国际政治学学科建设的回顾与思考

国传统文化典籍的学者可能会追溯到春秋战国时期诸侯国的谋士们对各国之间关系的研究,并将《战国策》中记载的谋士们的雄辩立论认为是中国古代社会最早的对于国际关系问题的研究。熟悉中国近代史的学者可能会追溯到鸦片战争以后林则徐、魏源等人对当时世界的研究,他们被称为清朝中国第一批"睁眼看世界的人"。熟悉中国现代史和学术史的人可能会追溯到1919年"五四"运动时期中国人为了"民族救亡"而对世界的研究。"五四"运动以后,一批欧美国家的国际关系和国际政治著作与一部分留学欧美的中国学者的国际政治和国际关系著作在中国的出版、1934年《世界知识》杂志的创刊以及北京大学、清华大学和复旦大学等高等学校国际政治、对外关系的有关课程的开设,使中国国内的国际政治学研究达到了一个新高度①。

然而,我们今天所讲的中国国际政治学指的是1949年中华人民共和国成立后,新中国以大学专业和科研机构为基础的学术界所创立的一门社会科学,特指中国相关专业学者研究国际社会演变和发展规律的科学学科。新中国成立后,学术界一直重视国际问题研究,始终将其放在"一级学科"的重要位置。然而,在相当长一段时间里,中国的国际问题研究呈现出"三多三少"的特点,即动向应用研究多,基础理论研究少;专题和地区研究多,综合系统研究少;政策性问题研究多,学术性问题研究少。中国虽然有了"国际问题研究",但是尚未产生自己的国际政治学学科。

那么,中国的国际政治学诞生于何时?其标志是什么?

从英、美国际政治学的诞生来看,国际政治与国际关系的研究首先是政治家的领域,然后才走向学术界。1648年《威斯特伐利亚条

---

① 〔日〕中西治:《新国际关系论》,汪鸿祥译,学林出版社2002年版,第25页。该书列举这一时期中国翻译出版的著作有:1924年布赖斯的《国际关系理论》和贝尔的《国际关系理论》;出版的中国学者的著作有:1926年吴品今的《国联盟》,1927年周鲠生的《近代欧洲外交史》,1928年萨孟武的《国际联盟与国际纠纷》,1933年王亚南的《现代外交与国际关系》,1935年陈豹隐的《现代国际政治讲话》,1936年张抚琴、姜君辰的《国际政治原理》,1938年曹伯韩的《国际关系》,1946年刘独峰的《国际学大纲》,1948年焦敏之的《近代国际政治》。该书评价说,这时期中国的"国际关系研究开始从历史研究向理论研究和系统化研究的方向发展"。

国际政治学理论

约》签订后,以欧洲为中心的国际关系起伏跌宕,欧洲各国的政治家们提出了一系列国际关系的基本准则和国际政治的基本理论。1914—1918年的第一次世界大战是人类历史上第一次大规模的战争,其破坏之大,损失之惨重,令人触目惊心,亲自经历这场战争的各国人民强烈渴望和平。1919年5月30日,出席战后"巴黎和会"的英、美代表建议在各自国家内建立国际政治和国际关系的研究机构,在高等学校设置相关专业,重点进行战争与和平的研究。此后不久,英、美两国的大学陆续设置了国际政治与国际关系的专业和研究所,开设专业课程,评定专业教授职称。自此,对国际政治的研究开始从政治家的领域走向学术界,从多学科的交叉研究演变成为一门独立的学科,并出现了多种各具特色的学术流派。正是基于这样的背景,德国的学者主张以"巴黎和会"上政治家们的建议作为国际政治学诞生的标志,该主张获得了西方国家多数学者的广泛认同。① 在日本,学者们"一般认为所谓新学科,特别是社会科学的新学科,历来是通过在大学这一场所开设讲座并进行研究而确立"②。据此,日本学术界把1951年东京大学教养学部教养学科首次开设国际关系理论的专业课程作为日本国际政治学学科诞生的标志。有鉴于此,笔者认为,一门学科的建立必须同时具备三个条件:一是以高等学校和研究机构为基地;二是设置相关专业,招收专业学生;三是开设专业课程,评定专业职称。

因此,笔者认为中国国际政治学学科的诞生,应以1963年12月中共中央下发的关于加强外国问题研究的文件为标志。因为正是依据这一文件的规定,中国各地不仅建立了许多外国问题研究机构,更重要的是将北京大学、中国人民大学和复旦大学的政治系改名为国际政治系,第一次在中国高校设置国际政治专业,招收专业学生,开设国际政治专业课程,并开始正规地培养国际问题的专业人才。正是在这样的基础上,中国的国际政治学研究开始从政治家领域走向学术界,正式被作为一门独立的学科进行建设。

---

① 倪世雄编:《当代美国国际关系理论流派文选》,学林出版社1987年版,第525页。
② 〔日〕经冢作太郎:《国际关系理论讲义》全订本,凤舍1972年版,第6页。见〔日〕中西治:《新国际关系论》,汪鸿祥译,学林出版社2002年版,第10页。

附录3 中国国际政治学学科建设的回顾与思考

虽然早在20世纪50年代初期中国人民大学就设立了外交学系,之后又在此基础上创立了外交学院,随之又建立了国际关系学院、国际政治学院(今中国人民公安大学前身),但是由于是按语种和国家特殊需要设置专业,更多培养的是外交、公安和国家安全方面急需的外语专门人才。虽然这三所学校较早地开设了国际政治学与国际关系的部分课程,但是由于它们是一种特殊性的职业教育和外语训练,而不是现在这样进行系统的学科建设和普通高等教育,所以不能将其作为中国国际政治学科诞生的标志。当然,我们应当承认的是,这三所学校为中国的国际政治学的学科建设奠定了基础,并且与当时国内的其他外国问题研究机构一起,成为中国国际政治学学科建设的开路先锋。

二、中国国际政治学的发展阶段

中国国际政治学自诞生以来经历了40多年,从研究的视角、方法和内容上来看,中国国际政治学的40多年发展历程大致经过了起步、补课、发展和创新四个阶段。

(一) 起步阶段(1964—1979)

1964年,根据中央的指示,北京大学、中国人民大学和复旦大学成立国际政治系,设置国际政治专业,开设国际政治专业课程,这标志着中国国际政治学的教学与研究工作开始起步。以北京大学为例,1964年春,该校政治系改为国际政治系,当年秋季开设国际政治专业相关课程,招收国际政治专业学生。同时,中国人民大学和复旦大学也招收了新生,并且根据当时的分工,开设了一系列各具特色的国际政治专业课程。"文化大革命"期间,中国人民大学被解散,其国际政治系部分教师被并入北京大学国际政治系,我国的国际政治学学科受到极大冲击。尽管如此,北京大学和复旦大学两个学校的国际政治系,在十分艰苦的环境下继续坚持国际政治学专业的教学与研究工作。由于当时的国际国内政治斗争的需要,中国国际政治学理论学科的建设主要还是从研究革命导师和政治家的国际政治理论入手进行学术探讨。20世纪60年代主要是研究帝国主义理论、民族殖民地理论以及战争与和平理论,当然还有世界革命的理论等。20世纪70年代主要

国际政治学理论

是研究"三个世界"理论、时代理论以及"大三角"国际战略格局理论等。大家知道,"三个世界"理论是毛泽东在世的时候提出来的,但是对这一理论的阐发和论证却是在他逝世一年以后开始的。实际上一直到1978年年底,党的十一届三中全会以后,对"三个世界"理论的研究才开始真正进入了学术性探讨和研究时期。

笔者之所以将1964年到1979年这一阶段作为中国国际政治学学科建设的起步阶段,最主要的原因或者说根据有三点:一是像国外一样,中国的国际政治学学科的理论研究开始在这一阶段从政治家领域进入学者领域,中国的国际政治学学科进入了学术探讨和学科建设的新时期;二是在这一阶段,中国的国际政治学专业仅仅开设部分专业课程,学科和理论研究主要是集中在帝国主义、民族殖民地、战争与和平、世界革命、国际战略格局、时代等专题理论方面,而综合的、系统的国际政治学学科建设还只是刚刚开始;三是在这一阶段,中国的国际政治学理论的研究,仅仅局限于马克思主义国际政治理论领域,而对中国以外的其他国家的国际政治学理论基本没有涉及或者说很少涉及,仅仅是为了供批判使用才引进和介绍了一小部分西方国家和苏联的理论性著作。其实,笔者认为,真正意义上的中国国际政治学理论和学科是在经过20世纪80年代"补课"阶段以后才进入发展阶段的。

(二)补课阶段(1979—1987)

党的十一届三中全会以后,中国进入了解放思想和改革开放的新时期,中国的国际政治学研究和学科建设也进入了一个新的阶段。1979年春,邓小平在党的理论务虚会议上指出,"要加强对世界政治的研究,我们过去忽视多年了,现在也需要赶快补课"①。邓小平的讲话既指明了中国国际政治学学科建设的紧迫性,也为国际政治学学科的建设创造了良好的条件。当年,在"文化大革命"中被解散的中国人民大学又恢复了招生,其原来的国际政治系更名为科学社会主义系,开始招收国际共产主义运动和科学社会主义专业的本科生。同时,北

---

① 《邓小平文选》第2卷,人民出版社1994年版,第180—181页。

附录3 中国国际政治学学科建设的回顾与思考

京大学和复旦大学的国际政治系在招收国际政治专业本科生的同时,开始招收国际政治学专业的硕士生和博士生;中国人民大学也开始招收国际共产主义运动和科学社会主义专业的硕士生和博士生,后来也开始招收国际政治与国际组织专业的硕士生;山东大学科学社会主义系、华中师范大学科学社会主义研究所等高等学校的有关系(所)也开始招收相关专业的本科生、硕士生和博士生。在这一时期,中国国际政治学的学科和学位点的建设工作取得了突破性进展,为国际政治学学科的进一步建设和发展奠定了良好的基础,学术界在这一时期也开始明确提出了要把国际政治学或国际关系学作为独立的学科来研究的主张。

1980年,在中国国际关系史研究会成立大会上,金应忠提交的论文——《试论国际关系学的研究对象和任务》,是至今能够查到的中国学者第一次发表的关于国际关系学或国际政治学学科建设方面的文章。① 陈乐民于《国际问题研究》杂志1981年第2期上发表的论文——《当代西方国际关系理论简介》,是国内第一次介绍和评析西方国际关系理论方面的文章。1982年7月,时任国际问题研究所所长的李汇川对前来实习的北京大学国际政治系的学生讲,为了增强对西方国际关系理论的分析和鉴别能力,学校应该开设马列主义国际关系理论课,要向马克思、列宁、毛泽东等革命导师学习国际关系理论。北京大学国际政治系接受了这一重要建议,于1983年首次开设了马克思主义国际关系理论课②,这是国内高校在新时期最早开设的马克思主义国际关系理论课③。与此同时,北京大学、中国人民大学等高校相继开设了具有中国特色的"国际政治概论"课,从中国视角系统讲授国际政治理论。1984年,《中共中央关于改革学校思想品德和政治理

---

① 中国国际关系史研究会:《国际关系史论文集》,三联书店1981年版。
② 同上。
③ 外交学院成立了国际关系理论教研组,曾在1963年"为使学习国际知识的同志们在研究《毛泽东选集》时有一个系统的索引","按照国际关系基本理论诸问题的体系",编选了《毛泽东同志关于国际问题的语录》(内部读物),这本书现在在北京大学国际关系学院资料室可以见到,书号为0000599。这本书说明至少在20世纪60年代初,外交学院就开设过马克思主义国际关系理论课。

论课教学的通知》要求在全国高校开设新的公共政治理论课——"世界政治经济与国际关系"。1985年,北京大学、中国人民大学、复旦大学等高校借助国际政治系的力量率先在国内高校中面向全校文科学生开设了"世界政治经济与国际关系"课程。此后,华中师范大学等具有国际问题研究力量的高校也开始陆续在本校政治系或政治教育系开设国际政治学理论课程。自此,国际政治学理论开始从国际政治学专业走向政治学专业和公共政治课堂。1985年,当时的国家教委社科司组织北京大学、中国人民大学、复旦大学、北京外国语学院、东北师范大学等院校集体编写《当代世界政治经济与国际关系》教学大纲,并由高等教育出版社出版。随后,社科司又组织编写出版了示范性教材《当代世界政治经济与国际关系概论》①。1986年,中国人民大学国际政治系编辑了"世界政治经济与国际关系"课程的《资料选编》,举办了面向全国的讲习班。这一阶段,中国学术界在国际政治学理论研究的对象、任务、方法、体系、内容等方面发表了一批学术论文,按照国际政治学的基本要求出版了几种具有中国特色的国际政治学理论著作或教材②。在引进和介绍以及评析西方国际关系理论方面,中国学术界做了大量的工作,取得了可喜的成绩。除了发表一系列文章外,1985年陈汉文编著的《在国际舞台上——西方现代国际关系学概说》出版。该书介绍了西方国际关系学的发展历史、现状、问题等,对摩根索、多伊奇、卡普兰和奈等人的学说进行了详细的探讨。同年,倪世雄、金应忠主编了《当代美国国际关系理论流派文选》,比较全面地介绍了当代美国各种国际关系学术流派的经典著作,首次引进国外国际关系理论著作,并且运用马克思主义的观点对各学派代表人物的主要论点做了简评。中国社会科学出版社于1987年1月开始翻译出版

---

① 该书由梁守德、叶宗奎、冯特君主编,高等教育出版社1987年出版。
② 如陶军主编:《当代国际政治与国际关系》,华中师范大学出版社1986年版;俞源主编:《世界政治》,四川人民出版社1986年版;梁守德、刘金质、李石生主编:《世界政治与国际关系》,湖北人民出版社1987年版,等等。

附录3 中国国际政治学学科建设的回顾与思考

"国际关系理论译丛"。① 这一阶段,中国学者关于国际关系史方面的研究成果丰富,出版了一批国际关系史的著作或者教材。② 随着学科的建设和发展,中国国际关系和国际政治学界迫切需要运用自己的理论进行研究。1987年8月,中国历史上第一次"国际关系理论研讨会"在上海外国语学院召开,这是一次具有划时代意义的学术会议。至此,改革开放后,中国国际政治学的补课阶段基本完成。

(三)发展阶段(1987—2004)

1987年上海"国际关系理论研讨会"的召开,标志着中国国际政治学学科建设进入了全面发展的新阶段。这次会议首次集中了全国主要从事国际政治与国际关系研究与教学的学者,系统研讨了国际关系学理论研究的对象、框架体系,特别强调要在马克思主义指导下建设"具有中国特色的"国际关系理论。③ 这说明中国国际政治学界在学科建设上和理论创新上进入了"自觉"阶段。④ 随着冷战的结束,国际局势发生了翻天覆地的变化,如何应对急剧变化了的世界,各国政治家和学者们纷纷提出了自己的理论主张或者学说。中国国际政治学界认识到这是中国历史上第一次有机会、有能力与国际学术界探讨国际政治理论的大好时机。20世纪90年代以后,中国国际政治学界十分活跃,接连召开了一系列国际关系理论或者国际政治学理论研讨会。主要有:1991年北京大学国际关系研究所主办的"跨世纪的挑战——中国国际关系学科的发展"国际研讨会、北京大学国际政治系与中国人民大学国际政治系联合举办的"全国高校国际政治理论课教

---

① 该译丛包括〔美〕威廉·奥尔森、戴维·麦克莱伦、弗雷德·桑德曼编:《国际关系的理论与实践》,王延等译,中国社会科学出版社1997年版。随后又出版了《当代国际关系理论》(〔美〕斯坦利·霍夫曼著,林伟成等译)等书。

② 如《国际关系史》(王绳祖主编,法律出版社1983年版)、《现代国际关系史》(颜声毅主编,世界知识出版社1984年版)等十余种。

③ 上海市国际关系学会:《国际关系理论初探》,上海外语教育出版社1991年版。

④ 笔者始终主张建立有中国特色的国际政治理论。笔者所强调的"特色",指的是要从西方理论、马列主义理论和中国传统文化中吸取养分,在体系、内容和概念上加以创新。笔者认为特色是"自觉"的行动,而不是"自发"的行动。笔者对这一问题的看法可详见《世界政治与国际关系》(导言),湖北人民出版社1987年版;《国际政治学概论》(导言),中央编译出版社1994年版;《国际政治学理论》,北京大学出版社2000年版。

国际政治学理论

学研讨会"、1994年北京大学国际政治系和国际关系研究所主办的"21世纪的中国与世界"国际学术研讨会、1996年中国国际关系史学会在烟台召开的"国际关系理论研讨会"、1998年中国国际关系史学会和复旦大学国际政治系联合举办的"全国国际关系理论研讨会"等。

在一系列国际关系理论研讨会的推动下,中国的国际政治学理论学科的建设得到了巨大的促进,要不要建设有中国特色的国际政治学理论已经成为历次会议讨论的重点。尽管大家在这个问题的认识上还没有也不可能完全一致,但是要求在理论上进行创新、在国际学术界要有我们中国人的声音和一席之地已经成为广泛的共识,并且为此开展了卓有成效的工作。首先,中国学术界通过自己的研究出版了一系列专著,如1988年中国社会科学出版社开始出版的"当代国际问题研究丛书",1995年上海人民出版社开始出版的"当代国际政治丛书",北京大学国际政治系组织出版的"北京大学国际关系学系列教材"、"21世纪国际政治丛书"、"国际问题研究丛书",中国人民大学国际政治系组织出版的"21世纪国际政治系列教材"和"当代世界与中国丛书",文汇出版社出版的"复旦国际政治研究论丛",长征出版社出版的"当代国际关系理论丛书",复旦大学出版社出版的"国际关系系列教材"等。① 再加上其他各种专著和教材,中国学者研究国际政治学理论的著作大概有100种以上。其次,翻译和引进国外最新理论著作蔚然成风,单是以丛书形式出版的就有中国人民公安大学出版社出版的"国际政治学汉译名著丛书"、上海世纪出版集团出版的"东方编译所译丛"、浙江人民出版社出版的"国际关系当代名著译丛"、世

---

① 有代表性的著作有:张季良主编:《国际关系学概论》,世界知识出版社1989年版;张历历等主编:《现代国际关系学》,重庆出版社1989年版;倪世雄等主编:《世纪风云的产儿——当代国际关系理论》,浙江人民出版社1989年版;杨铮等主编:《当代国际政治》,河南人民出版社1989年版;程毅、杨宏禹主编:《国际关系基础理论》,华中师范大学出版社1991年版;金应忠、倪世雄著:《国际关系理论比较研究》,中国社会科学出版社1992年版;冯特君、宋新宁主编:《国际政治概论》,中国人民大学出版社1992年版;梁守德、洪银娴:《国际政治学概论》,中央编译出版社1994年版;冯绍雷等:《国际关系新论》,上海社会科学出版社1994年版;王逸舟:《当代国际政治析论》,上海人民出版社1995年版;李少军:《国际政治学概论》,上海人民出版社2002年版;楚树龙:《国际关系基本理论》,清华大学出版社2003年版,等等。

附录3 中国国际政治学学科建设的回顾与思考

界知识出版社出版的"国际关系学名著系列"、北京大学出版社出版的"国际关系理论前沿译丛"等,国外个别学派在中国经单独翻译和出版的著作以及涉及世界政治学、全球政治学等方面的著述大概也有数十种。近年,北京大学出版社还出版了影印的西方国际关系理论著作丛书。国内发表的关于国际关系方面的论文更是不计其数,各种各样的国际关系与国际政治理论研讨会频频召开。这一时期,全国能够招收国际政治学专业学生的院校有40多所,有资格招收硕士生和博士生的教学和研究机构分别有几十家和十几家。2002年10月,中国高等教育学会国际政治研究专业委员会(中国高校国际政治研究会)正式成立,这是中国国际政治学科建设的大喜事,必将进一步促进中国国际政治学学科建设的全面发展。① 所有这些,在10年前是不敢想象的事情。正如本文开始所言,国际政治学在当今中国社会科学领域的确已经成为一门显学。因此,我们可以自豪地说,国际政治学理论在中国已经进入了一个良好的发展时期。

(四) 创新阶段(2004—)

2004年是中国国际政治学科建立40周年,也是中国国际政治学理论年。为了总结40年来中国国际政治学研究的成果,探索中国国际政治学理论建设的方法和途径,2004年3—6月,中国人民大学国际关系学院联合北京大学国际关系学院和复旦大学国际关系与公共事务学院在中国人民大学举办了一系列学术研讨活动;7月,全国高校国际政治研究会在兰州大学举办了学术年会;9月,全国高校国际政治研究会又在解放军外国语学院专门召开了"中国国际政治学理论建设"研讨会;10月,中国国际关系学会在北京大学召开了学术年会;12月,中国国际关系学会、全国高校国际政治研究会、中国社会科学院世界经济与政治研究所、外交学院、北京大学国际关系学院、中国人民大学国际关系学院、复旦大学国际关系与公共事务学院、上海交通大学国际关系与公共事务学院联合在上海交通大学举办"中国国际关系理论第三次研讨会"。这些理论研讨会大都规模大、层次高、成果丰富,尤

---

① 孙君健:《十年一剑出鞘来——中国高等教育学会国际政治专业委员会成立》,《国际政治研究》2004年第1期,第5—8页。

其是"建立中国人自己的国际政治理论"已经成为绝大多数与会学者的共识。学者们从本体论的角度就中国国际政治理论构建的基本范畴、对象、体系、范式、特色等问题进行了深入的探讨,这标志着中国国际政治学研究已进入了理论创新的新阶段。

三、中国国际政治学研究应注意的几个问题

通过对中国国际政治学发展历程的回顾,笔者认为在国际问题研究和学科建设上既要与时俱进,又要转换脑筋。当前特别要注意以下三个至关重要的、具有普遍意义的问题。

(一) 坚持国际问题研究的国家特色

事物都是共性与个性的统一。个性离不开共性,但共性只能寓于个性之中,这是人所共知的哲学常识。在国际问题研究中应强调国家特色。何谓特色?它指的是独特、特质、开拓创新。在国际问题研究中强调国家特色,应是突出鲜明个性,从自身角度观察国际社会,与时俱进,提出新思维,说明新问题,得出新结论,探讨人类社会发展的客观规律。特色是学科的灵魂,缺少灵魂的学科,毫无用处。特色总是同整体性和普遍性相联系而显现的,在国际问题研究中强调国家特色,不是脱离整体和普遍性而凭空捏造,无中生有,而是要求在学习、继承的基础上发展创造。它拒绝的是教条式的全盘照搬,也反对否定一切,要求在继承和比较中进行创新。①

国际问题被作为学科进行研究,英、美、法三国最早,距今已83年,特别是美国的学科建设最为兴旺发达,仅在国际关系理论方面,在美国国内就发生过三次大的论战和无数次小的论战,出现了近十个主要流派和几十种有影响的理论。美国国内的研究成果大都反映了美国的国家利益,彰显了美国特色。美国国际关系理论中的美国特色,同美国的超级大国地位和美国的国情、文化传统不无关系。美国原来是英国的移民殖民地,也是欧洲资本主义的分店,19世纪末20世纪初,美国就同欧洲列强一道将整个地球瓜分完毕,开始以强国身份进

---

① 梁守德、洪银娴:《国际政治学理论》,北京大学出版社2000年版。

入世界舞台,直接控制和主导国际事务。美国文化是基督教文化,美国常强调上帝赋予的"使命感",常常扮演"救世主"角色,以"拯救世界"为己任。美国的各学派和学者深受熏染,无不打上深深烙印,呈现鲜明的美国特色。

如前所述,中国国际问题研究虽起步较早,但作为学科研究则始于 20 世纪 60 年代。应该承认,中国的国际问题研究,特别是学科建设晚于美国。同美国相比,中国与美国在国力、国情和文化传统上有重大的区别。中国曾是典型的半殖民地半封建国家,长期遭受西方列强的瓜分和掠夺,被迫卷入国际政治旋涡,经过长期奋斗,终以社会主义国家形象登上世界舞台。今天的中国,在经济上,是从半殖民地半封建社会的基础上演变而来的发展中经济大国;在政治上,实行以社会主义为主体,并容纳资本主义某些因素的"一国两制",奉行独立自主的和平外交政策;在文化传统上,是贯穿着"仁爱、和平"的"和合文化"主张的国家。中国是正在崛起的大国,中国国际问题研究的学派和学者,应该自立于世界国际问题研究之林,占有一席之地。中国应有自己观察世界、认识国际社会的立场、视角和方法。

(二)弄清"权利政治"的核心,从新的视角研究国际问题

国际政治尽管纷繁复杂,但权利政治同权力政治的较量,始终作为一条主线贯穿其中。长期以来,权力政治一直处于主导地位,冷战结束后才开始发生变化,权利政治上升为矛盾的主要方面,成为当前国际政治的新气象。① 权利政治,说到底就是反对强权,维护并充实完善人权、主权与球权,使三权相辅相成,实现完整的统一。

西方哲人说过,在人类社会中,最重要又最不完善的知识是关于人的知识。人生活在民族、国家中,活跃于国际社会中,所以说关于国家和国际社会的知识,也是属于人的知识。因此,权利,主要表现为人权、主权、球权,均属合理合法的权力与利益,是现代文明的三大标志。人权是人的正当权利,主权是国家的正当权利,球权是国际社会的正

---

① 梁守德:《国际政治中的权利政治与中国国际政治学的建设》,《国际政治研究》2000 年第 4 期,第 1—11 页。

国际政治学理论

当权利,具体表现为主权国家共同制定的《联合国宪章》和国际法准则,以及其他被国际社会公认的行为规范。

从历史渊源看,人权思想问世在先,主权法定最早,球权也因人权与主权的互动而随后登上国际舞台。1648年,《威斯特伐利亚和约》既法定了主权又宣布了球权的诞生。18世纪美国的《独立宣言》和法国的《人权宣言》正式法定了人权与主权。从《威斯特伐利亚和约》、《维也纳和约》,到《国际联盟盟约》和《联合国宪章》,各国的人权与主权得到广泛的认同,从国内法扩大为国际法,国际社会的球权从无到有、由小到大,涉及领域由少到多、不断拓展,都是由主权国家在清算战争罪行的大前提下,妥协、协调,既维护主权又对等转让主权的结果。一部国际关系史,既是战争与和平史、大国争霸史、主权国家关系史,也可以说是球权演变史。

球权管理的是国际事务,主权管理的是国家事务,虽然球权没有主权的权威性大,但当今世界球权的作用不可低估,且越来越大,它已使国际社会开始从无序变为有序。

迄今为止,在球权的制定与实施过程中,大国发挥了主导作用,获取了更多利益,各国之间只有形式上的平等,从没有真正平等过。但对大国来说,球权也是"紧箍咒"。

应当承认,球权反映了世界各国的共同愿望,提供了维护主权、实现发展的强有力保证。虽然球权的局限性大,主要以实力为依据,但在公认的游戏规则面前,各国平等,国际行为规范在所有国家都适用,因而在一定时期内具有进步意义。所以说,主权国家应当全面参与国际事务,行使球权,享有属于自己应有的权利,但要加强团结,努力发展自己,既遵循球权,按球权办事,又要改革球权,使其不断充实完善,用球权维护主权和人权。①

当前,国际环境正在发生重大变化,经济全球化迅猛发展,政治多极化趋向明显,文化多样化争奇斗艳,其最大共同点是"和而不同",既日益走向统一,又各呈特色,相得益彰。此间的"统一",不是统一于世

---

① 梁守德:《谈"球权"》,《国际政治研究》2001年第3期,第7—8页。

界政府和霸权领导,而是统一于市场体系和国家体系之中,统一于共同的国际行为规范中。这就要求我们在重视主权和人权的同时,必须承认球权,把它提高到一个重要地位,使主权既同人权又同球权科学地统一起来。主权、人权、球权是紧密相连而活动于国际舞台的,既不能轻视某一权,也不能相互割裂开来。三权的相互关系相辅相成,谁也离不开谁,可以说是一损俱损,一荣俱荣。现在是重视球权的时候了,任何损害球权的行为,都是违背历史潮流的。这就是说,必须把三权科学地统一起来,才能正确观察国际形势,研究国际问题。权利政治同"强权即公理"的权力政治完全不同,这一点应是研究国际问题的新视角。

(三) 抓住首要问题,科学界定国际问题研究中的"定位、定向、定标"问题

《孙子·谋攻篇》云:"知彼知己,百战不殆。"这讲的是军事,也是政治。推而广之,同样适用于社会科学的发展。有人据此将社会科学区分为"己学"与"彼学"两大类,颇有见地。己为彼用,彼为己用,"彼"、"己"互通互联、互补互动,这是社会科学领域的常见现象,也是社会科学发展的重要途径。国际问题学或国际问题研究,就是"己学"与"彼学"的结合,更需要知己知彼。国际问题研究中为什么要知己知彼?简单地说,就是给国家定位,因为这是国际问题研究首先要解决的问题。在国际社会中,谁是敌国,谁是朋友?谁是竞争对手,谁是战略伙伴?同谁对抗,同谁合作?必须对此进行科学的定位,并适应形势的变化不断调整相互关系。当前,必须正确判断"恐怖主义"与"霸权主义"的危险,研究主要打击目标。同冷战时期的霸权主义相比,冷战后的霸权主义发生了重大变化。它不再同社会制度相连,作为世界敌国对待,而是属于践踏国际法准则的政策和行为。有霸反霸,不涉及其他,这是正确的做法。"9·11"事件后,"恐怖主义"上升为世界公害,它与世界各国为敌,肆无忌惮地残害人类,既践踏人权,危害主权,也无视球权,必须对此予以足够的重视。恐怖主义、霸权主义已成为当今世界的主要威胁,必须有恐反恐、有霸反霸。

历史是一面镜子。19世纪末20世纪初,垄断资本把全球瓜分完

毕,整个世界超越民族、国家和地区界限,最终联成一体,全球范围的国际问题开始出现在既对立又统一的国际社会舞台。迄今为止,国际社会的发展演变,均以世界经济政治为基础,紧紧围绕国家权益运转,主要表现为大国兴衰的历史活动,大体经历了五个时期:(1)殖民主义体系形成与反殖民主义斗争时期;(2)帝国主义瓜分世界与反帝国主义斗争时期;(3)法西斯主义猖獗与反法西斯斗争时期;(4)两霸争夺与反霸权主义斗争时期;(5)霸权主义与恐怖主义并存与反恐、反霸时期。从国际社会发展演变的五个时期中,笔者发现有三个规律性的现象发人深思,这就是:首先,在国际社会中没有永久的敌人和朋友,只有始终不变的国家利益;其次,国际社会内容丰富,形式多样,但"永恒的主题"只有一个——战争与和平,只不过不同时期各有侧重;再次,国际社会纷繁复杂,曲折常变,但万变不离其宗,始终是围绕国家利益运转,表现为权利政治同权力政治的较量。

以史为镜,可以知兴替。从这些规律性现象中我们是否可以这样"定向":当前正在进入一个大转折时期,恐怖主义、霸权主义已成为新时期影响全局的主要危险。不同文明和不同社会制度国家间长期共存、求同存异,共同努力建立公正合理的国际新秩序,实现国际关系民主化,促进共同发展,共同繁荣,开创人类美好的未来。

中国人讲究"名正言顺"、"师出有名",说话办事要有准绳。当今世界,观察国际形势,判断国际是非,需要新的"定标"。标准不是意识形态和社会制度,也不是"强权即公理"、实力决定一切,它名正言顺的是《联合国宪章》和国际准则。国际事务只能由世界各国共同协商解决,不能屈从于霸权,而应遵循球权,因为球权是以主权和人权为基础的,最能代表世界各国的共同要求。世界上的事情,应由世界各国共同管理,关键之处在于球权同人权、主权的统一。

国际问题研究的"定位"、"定向"、"定标",从来就是"与时俱进"的。为此,必须解放思想,实事求是,既要破旧思想、旧认识、旧判断,破落后于实际或与实际不相符合的思想、认识和判断,又要立与实际相一致的新思想、新认识、新判断,只有这样,中国的国际政治学才能实现更大的质的飞跃。

后　记

（一）

《国际政治学概论》，属国家"八五"重点科研项目，是梁守德多年教学与科研的结晶。1991年写成初稿，曾在校内铅印作为教材使用，并征求意见。经过三年的深入研究和笔耕，重新安排结构，突出中国特色，今年正式出版，内容增多，面目一新。

本书从结构到内容由梁守德确定，并撰写大部分章节。洪银娴参与了总体设计、书稿整理和部分节、目的写作。在写作过程中，借鉴和参考了学术界现有学术成果。李义虎、马甸军、韩朝东提供部分节、目的一些资料。中央编译出版社政治经济编辑室大力协助出版，使本书得以早日问世。在此一并表示谢意。

作　者

1994年秋

于北京大学承泽园

（二）

《国际政治学概论》1994年出版以后，很快销售一空，应读者要求，也由于教学需要，改由北京大学出版社重新出版，并将书名改为《国际政治学理论》。此次出版，除作少许修补外，未作较大变动，基本保持原貌，因为我们认为，本书的观点、认识和论证基本正确，符合新世纪国际环境的演变趋势。

感谢北京大学出版社责任编辑金娟萍和有关同志的支持与帮助！

作　者
2000年春
于北京大学承泽园